市民生活関係法の
新たな展開

大西泰博先生古稀記念論文集

吉田和夫
大木　満　【編著】
大野　武

敬文堂

大西泰博先生

はしがき

　大西泰博先生は、2019年2月にめでたく古稀を迎えられ、同年3月をもって早稲田大学をご退職されます。大西先生は、早稲田大学法学部を卒業後、同大学院法学研究科に進学され、故篠塚昭次先生の下、民法学・土地法学の研究を始められました。その後、社会科学部助手、専任講師、助教授、教授として40年余りにわたり、研究・教育に尽力されてこられました。

　大西先生の研究面での主要な業績は、いうまでもなく土地法学に関するものであり、とりわけ土地利用や土地所有の理論的研究について多数の論文が公表されております。その中でも最も大きな研究業績が主著『土地法の基礎的研究―土地利用と借地権・土地所有権』（敬文堂）であります。土地は、市民の生活や暮らしにとって必要不可欠なものでありながら、一方では私的利益追求の対象であり、他方では公共的利益実現の対象でもあることから、土地に関わる法現象は極めて広範かつ複雑な諸相を呈して現れてくることになります。本書は、このような複合的な研究領域に対して、基礎理論、法解釈学、政策論、比較法など総合的・学際的な視点から考察を行うことで、「総体としての土地法」を展開するものであります。このような重層的な考察に基づいて提示された土地利用権論や土地所有権論は、法は現実の市民生活を脅かすことのないように調整されなければならないという一貫した視点で貫かれております。

　また、教育面においても多大なご貢献があったことは言を俟ちません。社会科学部および法学部において数多くのゼミ生を指導され、多数の有為な人材を世に送り出してこられました。また、1994年に開設された大学院社会学研究科においても、研究者志望の学生だけでなく、実務で活躍する社会人も幅広く受け入れられました。大西先生は、平素は学生の自主性を重んじつつも、要所では厳しい姿勢で的確なご指摘をするという指導方針を取られていたように思います。このようなご指導により、学生は自由に学ぶことの楽しさ

に気づくと同時に、自立した研究者や実務家あるいは社会人として必要な資質を身につけることができたのです。

　本論文集は、以上のように大西先生がこれまで行ってこられた研究や教育と直接的な関わりを持つ方々、具体的には、大西先生がかつて所属されていた篠塚研究室の後輩の研究者、大西先生がご専門とされてきた土地法領域の研究者、大西先生から直接に指導を受けた研究者や実務家あるいは社会人によって執筆されたものであります。本論文集の各論文は内容的に多岐に渡るものとなっておりますが、これは各執筆者に自由にご寄稿頂きたいとの大西先生のご意向によるものであります。ただし、ここに一定の共通のテーマ性を見出すことができない訳ではありません。本論文集のタイトルにある「市民生活関係法」とは、大西先生が大学院社会科学研究科で開講されてきた研究指導の名称に由来しておりますが、各章の「土地法・住宅法」「契約法・消費者法」「競争法・行政法」はいずれも市民生活に関わる重要な法分野であります。そして、いずれの論文もこれに関わる現代的なテーマが取り上げられていることから、本論文集のタイトルを「市民生活関係法の新たな課題」とした次第であります。

　大西先生におかれましては、今後もご健康に恵まれ、公私ともにご活躍されますことを、執筆者一同心より祈念致しまして、本論文集を大西先生に進呈させて頂きます。

　最後に、ご多用中にもかかわらず、本論文集に貴重なご玉稿をお寄せ頂きました執筆者の皆様に心より御礼申し上げます。また、困難な出版事情の中、このような論文集の出版にご快諾頂きました敬文堂の竹内基雄社長に執筆者を代表して心より感謝申し上げます。

2019年1月吉日

　　　　　　　　大西泰博先生古稀記念論文集編集委員会
　　　　　　　　　　　　編集委員　吉田　和夫
　　　　　　　　　　　　　　　　　大木　　満
　　　　　　　　　　　　　　　　　大野　　武

市民生活関係法の新たな展開

〈目　次〉

はしがき ……………………………… 吉田　和夫
　　　　　　　　　　　　　　　　　大木　満 (i)
　　　　　　　　　　　　　　　　　大野　武

第1部　土地法・住宅法

人役権の導入に関する一考察
　―起草過程および地役権の解釈を手がかりとして― ‥秋山　靖浩　3

改正民法と建築瑕疵責任
　―瑕疵修補に代わる損害賠償請求権を中心に― ……松本　克美　21

マンションの解消を考える
　―オーストラリア・ニューサウスウェールズ州の区分所有解消制度を
　　参考に― ………………………………………… 岡田　康夫　35

区分所有はどこへ向かうか
　―フランス区分所有法の2014年改正から― ………… 寺尾　仁　65

借地契約における正当事由制度の再構成 ………… 大野　武　85

市民生活と土壌汚染問題 ……………………… 内田　輝明　111

現行地方税制における不動産鑑定評価の利用のあり方の諸問題
　………………………………………………… 立花　俊輔　127

第2部　契約法・消費者法

信用保証協会の保証契約における動機の錯誤をめぐって
　―近時の判例の動向との関係― ……………… 大木　満　147

インターネットにおける価格の誤表示………………吉田　和夫　*167*

インターネットにおけるプラットフォーム型複合契約
　　　………………………………………………南部あゆみ　*193*

消費者契約における仲裁条項の効力について
　　─アメリカのPDAAsの有効性をめぐる議論からの示唆─
　　　………………………………………………倉重八千代　*231*

特定商取引法42条および48条でいう「関連商品」
　　　……………………………………………………鎌野　邦樹　*263*

第3部　競争法・行政法

独占禁止法違反の定量的評価モデル……………柏木　裕介　*289*

所有者不明土地の収用
　　─所有者不明土地についての不明裁決と不明裁定─
　　　……………………………………………………平松　弘光　*319*

指定管理者制度の軌跡と今後の展望…………濵田　由美　*373*

あとがき……………………………………………大西　泰博　*399*

第1部　土地法・住宅法

人役権の導入に関する一考察
―起草過程および地役権の解釈を手がかりとして―

秋 山 靖 浩

I　はじめに

1　地役権と人役権

　地役権は、土地（要役地）の便益のために他人の土地（承役地）を利用する物権である（民法280条）。その特徴として、土地（要役地）の便益のために認められる点に加えて、地役権者が承役地の利用を独占するのではなく、承役地所有者の利用を排除しない形で承役地を利用することができる点（非独占利用型の利用権である点）を挙げることができる。

　これに対して、その所有者の利用を排除しない形で他人の土地を利用する物権という点では地役権と共通するものの、土地ではなく人の便益のために認められるものは、「人役権」と呼ばれる。すなわち、人の便益のために他人の土地を利用する物権が人役権であり、地役権と異なり、要役地の存在は不要とされる。

2　人役権導入論

　現行民法は地役権のみを承認しているところ、近時、民法への人役権の導入を立法論として主張する見解（以下「人役権導入論」という）が有力化している。論者によりニュアンスの違いはあるが、人役権導入の意義・必要性として、おおむね次の2点を挙げている。

　第一は、物権としての人役権を承認する点である(1)。これには、2つの側面

（1）川島武宜＝川井健編『新版注釈民法（7）物権（2）』（有斐閣、2007）946〜947頁等［中尾英俊］参照。

がある。①ある土地を他人が利用すること自体は債権でも実現可能であるが、その利用を「物権」として構成することによって、第三者対抗力を備えることが可能となる。さらに、②地役権では要役地の存在を必要とするから、土地（要役地）の所有者しか他人の土地（承役地）の利用権を取得しえない（もっとも、所有者に限られるかについては争いがある。Ⅲ2参照）。これに対し、人役権を承認すれば、土地に何らの権原を有しない者であっても、他人の土地の利用権の主体になることが可能となる。(2)

　第二は、一定の場面において人役権を積極的に活用しようとする点である(3)。人役権導入論は、人役権が《私人間の契約によって設定することができる、承役地所有者の利用を排除しない形での承役地の利用権》であることに着目する。その上で、市街地開発、まちづくり、放置された土地の管理、文化的利益の保護などのために、人役権を積極的に活用することを主張している。人役権を民法に導入することが、これらの活動を積極的に進めるための法的基盤になるというわけである。

　以上の人役権導入の意義・必要性を踏まえた上で、人役権を導入することが果たして許されるか、さらに、人役権を導入する場合に人役権をどのような権利として構成するべきか、などが議論されている。(4)

（2）例えば、地役権のみを承認している現行民法の下では、電気事業者が他人の土地に電線路を敷設するためには、送変電所を要役地、当該他人の土地を承役地として、電線路敷設のための地役権を設定することになる。もっとも、送変電所の所在地が別の土地に変わった場合には、要役地の変更に伴い、改めて地役権設定契約（および地役権設定登記）をすることを余儀なくされる。これに対し、人役権が承認されれば、電気事業者を主体とする人役権の設定が認められ、このような不便は解消される（川島＝川井・前掲注（1）946～947頁［中尾］）。

（3）川島＝川井・前掲注（1）941頁［中尾］、大沼友紀恵「人役権制度の比較法的・立法論的考察」成蹊大学一般研究報告46巻6分冊（2012）20～21頁、民法改正研究会『日本民法改正試案（民法改正研究会・仮案〔平成20年10月13日案〕第1分冊：総則・物権』（第72回日本私法学会シンポジウム資料）91頁等を参照。

3 本稿の目的・構成

人役権導入論が受容されるためにはなお様々な検討が必要であるが、本稿では、現行民法に即した検討を行う。具体的には、(1) 民法が地役権のみを承認した理由（起草過程）、および、(2) 地役権の解釈における人役権との接点を取り上げる。(1) については、人役権がどのような理由で物権から排除されたのかを確認することによって、民法への人役権導入に際して克服するべき点などを読み取ることができるだろう。また、(2) の地役権の解釈では、人役権を部分的に承認したと見られる場面など、人役権との接点が既に指摘されている。このような接点を通じて、仮に地役権という法形式の下で人役権的な権利も容認されているならば、現行民法において人役権が厳格に禁止されているわけではないとの評価につながり、人役権導入のハードルが格段に下がることになるだろう。

そこで、以下では、まず、民法の起草過程を取り上げた上で（II）、次に、地役権の解釈において人役権との接点が見られる場面を検討する（III）。最後に、これらの検討を通じて、民法への人役権の導入に対してどのような示唆が得られるかを指摘する（IV）。

なお、本稿で取り上げる人役権について、あらかじめ付言しておく。

まず、人役権という用語は、人の便益のために他人の物を利用する物権ではあるものの、上記1の人役権と異なり、人役権者にその物の独占的利用を認める――したがってその物の所有者の利用を排除する――タイプの人役権にも用いられることがある。本稿では、このタイプの人役権を「広義の人役

（4）具体的な立法提案として、山野目章夫「新しい土地利用権体系の構想――用益物権・賃貸借・特別法の再編成を目指して」民法改正研究会『民法改正と世界の民法典』（信山社、2009）118頁。

本稿筆者も、比較法学会第81回（2018年度）学術総会ミニ・シンポジウム「人役権制度の比較法研究」にて、吉井啓子教授、水津太郎教授、青木則幸教授とともに若干の検討を行った。その成果は、比較法研究80号に掲載される予定である。なお、本稿は、同誌に掲載予定の拙稿（「ミニ・シンポジウム『人役権制度の比較法研究』――日本」）と部分的に重なるところがある。

権」と呼ぶ。これに対し、「狭義の人役権」あるいは単に「人役権」と呼ぶ場合には、上記1で述べた性質を有する人役権、すなわち、《人の便益のために他人の土地を利用する物権であり、その土地の所有者の利用を排除しないタイプの人役権》を指すものとする。

次に、人役権の客体は、土地に限らず、建物や動産も想定されうる。しかし、本稿では、地役権と比較する観点から、人役権の客体を土地に限定して（すなわち土地に設定される人役権に限定して）考察を進める。

II 立法過程

1 用益権等を削除するべきであるとの提案

旧民法は物権として用益権・使用権・住居権（以下「用益権等」という）[5]を置いていた。しかし、現行民法の起草過程では、用益権等を物権から排除することが提案された（以下「用益権等削除提案」という）。その主な理由は、次のように説明されている。[6]

第一に、用益権等は日本の慣習に存在しておらず、今後新たに設ける必要もないという理由である。

第二に、用益権等を設けると、かえって経済上の弊害が大きいという理由である。具体的には、所有者は、物に種々雑多な物権が付着すると、所有権の実質を失う——所有権がないのも同然の状態となる——ことによってその物への愛着を失う。他方で、物権者の側も、その物が自分の物になるわけではないから、物に対して冷淡な態度をとる。その結果、所有者も物権者も物

---

(5) 用益権は「所有権ノ他人ニ属スル物ニ付キ其用法ニ従イ其元質本體ヲ變スルコト無ク有期ニテ使用及ヒ収益ヲ爲スノ權利」と、使用権は「使用者及ヒ其家族ノ需用ノ程度ニ限ルノ用益權」と、住居権は「建物ノ使用權」とそれぞれ定義されていた（旧民法財産編44条・110条）。

(6) 法典調査会民法総会議事速記録（日本学術振興会版）1巻84～99丁における梅謙次郎委員の説明、梅謙次郎『民法要義巻之二物権編［訂正増補第31版］』（有斐閣、1911）264～266頁の他、広中俊雄『物権法［第2版増補］』（青林書院、1987）478～480頁、川島＝川井・前掲注（1）940～941頁［中尾］を参照。

を改良しようとせず、物の改良が妨げられることになるという。

　第三に、用益権等に対する需要があるとしても、その需要は債権を用いることで十分に充たすことができるという理由である。仮に土地から得られる収益を隠居や寡婦に生涯与える慣習があるとしても、そのようなことは、土地所有者に一定の義務を負わせる（必要があればそれを担保するためにその土地に抵当権や質権を設定する）ことによって実現可能である。それにもかかわらず、第三者にも対抗可能な物権として用益権等を設けることには弊害が大きい。仮に債権では需要を充たすことができず、物権にしなければならない事態が生じた場合には、特別法で物権を設ければよい。

2　用益権等を設けるべきであるとの提案

　用益権等削除提案に対しては、用益権等をやはり設けるべきであるとの提案（以下「用益権等存続提案」という）も出された(7)。その理由は次のように説明されている。(i) 所有者がその所有権の一部を分けて他人に与えたり売り渡したりするのは、所有者の自由である。もっとも、物権法定主義が採用されることから、用益権等を規定しておかなければ、所有者はそのような自由を行使することができない。そこで、民法上、用益権等を物権として設定することができるとしておくのが穏当である。(ii) 用益権等を設けると経済上の弊害が生ずるとしても、弊害が生じないように規律すればよい。

　しかし、用益権等存続提案は賛成少数で否決され、用益権等削除提案に従い、用益権等は物権から排除されることとなった。

3　分　析

　起草過程における議論からは、次の３つの点を読み取ることができるように思われる。

　第一に、狭義の人役権を物権から排除することが念頭に置かれていたわけ

　（7）法典調査会民法総会議事速記録（日本学術振興会版）１巻85〜86丁における井上正一委員の提案を参照。

ではなかった点である。起草過程を見ると、物権から排除するか否かをめぐって議論の対象になっていたのは、あくまでも用益権等、すなわち、広義の人役権であったからである。

このことは、用益権等削除提案が理由として挙げた「経済上の弊害」にも現れている。広義の人役権は他人の物を独占的に利用する権利を権利者（用益権者等）に与えることから、その物に対する所有権がその実質を失う結果、所有者は物への愛着を失い、物の改良を怠ることにつながる。用益権等削除提案は、この点に着目して経済上の弊害が大きいとした。これに対し、狭義の人役権は、所有者の利用を排除しない形で土地の利用を権利者に認めるにとどまるから、その土地の所有者が、土地の所有権の実質が失われたなどとは考えず、土地への愛着を持ち続けることが可能である。そうであれば、用益権等削除提案が想定するほどの経済上の弊害は生じないと考えられる。以上によると、経済上の弊害を理由に積極的に排除するべき対象となったのは、あくまでも広義の人役権であった——狭義の人役権が主たる対象になっていたわけではない——と見ることができる。

第二に、所有者が所有権の実質を失うことに対する否定的評価と、所有者が自己の権能を物権として他人に分け与えることに対する肯定的評価とが対立していた点である。

用益権等削除提案は、用益権等の物権が設定された場合に所有権の実質が失われてしまうことを理由としていた。所有権から（用益権等の設定という形で）重要な使用収益権能が奪われることに対する否定的な評価を見て取ることができる。これに対し、用益権等存続提案は、所有者が自己の所有権から使用収益権能を切り分けて、用益権等の設定という形で他人に与えることを肯定的に捉えているようである。両提案には、以上の点での基本的な対立があったといえるだろう。[8]

第三に、用益権等削除提案の理由として、用益権等によって実現しようと

（8）法典調査会民法総会議事速記録（日本学術振興会版）1巻95〜96丁における井上正一委員の発言を参照。

する目的が債権であっても実現できるのであれば、用益権等をあえて物権にする必要はないと指摘されていた点である。この指摘には、用益権等を物権として設ける需要や必要性がそもそもあるのか、また、仮にあるとしても、それを上回る弊害が生じるならば用益権等を物権として承認することには慎重であるべきだ、という思考を見て取ることができる。

III 地役権の解釈における人役権との接点

1 「便益」の解釈
（1）要役地の使用価値の客観的増加

民法280条にいう「他人の土地を自己の土地の便益に供する」とは、承役地を便益に供することによって要役地の使用価値を客観的に増加させるものでなければならないと解されている。したがって、例えば、たまたま要役地に居住する者の個人的な利益（動物学者たる居住者が承役地で昆虫採集をするなど）のために地役権を設定することは、要役地の使用価値を客観的に増していないことを理由に、許されないとされる[9]。

要役地の使用価値の客観的増加を要求するのは、便益が要役地それ自体の便益になっていなければならないという趣旨からである。最終的には要役地の所有者がその便益を享受することになるとしても、民法280条にいう便益はあくまでも、要役地それ自体の便益に着目していることから、要役地の使用価値の客観的増加を要求するというわけである[10]。

他方で、要役地の使用価値を客観的に増加させている限り、便益の種類に制限はなく、その内容として広範なものが認められるとされる。財産的価値を有する必要は必ずしもなく、単に精神的な利益を与えるにすぎないものであっても、それが要役地の使用価値を客観的に増加させているならば、便

---

(9) 末川博『物権法』（日本評論新社、1956）351頁、舟橋諄一『物権法』（有斐閣、1960）426頁、我妻栄［有泉亨補訂］『新訂物権法（民法講義II）』（岩波書店、1983）410頁、鈴木禄弥『物権法講義［五訂版］』（創文社、2007）14頁等。

(10) 末川・前掲注（9）351頁等。

益として許容される。[11]

　もっとも、承役地を便益に供することによって要役地の使用価値が客観的に増加するといえるかどうかは、一概に決まるものではない。便益の種類や内容によって、その判断の仕方は異なってくると考えられる。具体的に見ていこう。

（2）便益が要役地の使用価値と直接的に結びついている場合

　例えば、甲土地が公道に接続しているものの、既存の通路では自動車の通行に不便があり、乙土地を通行すると公道への出入りが容易になる場合に、甲土地を要役地、乙土地を承役地として、乙土地を自動車で通行する内容の地役権が設定されると、公道へ出入りするのが便利になることによって、甲土地の使用価値が客観的に増加すると評価される。このように、通行を内容とする地役権の場合には、要役地の使用価値が客観的に増加するか否かを判断することはそれほど難しくないだろう。通行という便益が要役地それ自体の使用価値と直接的に結びついているからである。

（3）便益が要役地の使用価値と何ら関係しない場合

　これに対して、例えば、甲土地の所有者が個人の研究や趣味の目的で昆虫採集をするために乙土地に立ち入る（その立入りを乙土地が受忍する）という内容は、上記（1）で述べたように、民法280条にいう便益として認められない。甲土地の所有者自身の利益とはいえても、甲土地の使用価値とは何ら関係しておらず、甲土地の使用価値が客観的に増加することもないからで

---

(11) 末弘厳太郎『物権法・下巻第一分冊』（有斐閣、1922）627頁、末川・前掲注（9）351頁、舟橋・前掲注（9）426頁等（なお、舟橋・前掲注（9）426頁は、「要役地の利用に関するものである限り、精神的利益にとどまる場合にも、地役権の設定を認めようとする見解」として末川・前掲注（9）351頁等を挙げた上で、「その精神的利益が土地自体の客観的な便益と考えられる場合にはともかく、そうでなければ問題であろう」と述べて、この見解を批判している。しかし、末川・前掲注（9）351頁は、民法280条にいう便益として要役地の使用価値を客観的に増加させることが必要であるとした上で、精神的利益でも構わないと述べており、要役地の使用価値を客観的に増加させない精神的利益は便益に含めない趣旨であると解される）。

ある。

(4) 諸事情に照らしての判断が必要な場合

(a) もっとも、上記（3）の昆虫採集のための乙土地への立入りという内容であっても、例えば、甲土地の所有者が昆虫販売業を営んでおり、甲土地で昆虫の繁殖を行っていたとすれば、果たしてどうなるだろうか。

土地の使用価値は、その用途や使用態様、そして何よりも、その土地上での人の活動の性質によって決まるものであると考えられる。そうだとすれば、ある便益が土地の使用価値を客観的に増加させるか否かも、これらの諸事情に依存して判断せざるをえないであろう。[12]上の例においても、甲土地の所有者の活動の性質等に照らすと、昆虫採集のための乙土地への立入りという便益であっても、甲土地の使用価値を客観的に増加させるものである——それゆえに地役権の成立が認められる——と評価する余地があるのではないだろうか。

(b) もう1つ、別の例を挙げてみよう。

地役権の具体例として、要役地からの眺望を確保するために承役地上での建築を制限する内容の地役権（観望地役権）が挙げられるが、このような観望地役権についても、要役地が眺望の望める立地にあり、要役地が（眺望を売りにした）マンションや旅館等に利用されている場合を念頭に置いているからこそ、承役地の建築制限という便益が要役地の使用価値を客観的に増加させていると評価することができる。仮に、ある土地がおよそ眺望を期待しえない立地であり、かつ、眺望と無関係の用途で利用されている場合であるならば、上記便益は要役地の使用価値を客観的に増加させているとはいえないとして、観望地役権の成立が否定される可能性があると考えられる。[13]

(c) 登記実務においても、[14]便益が要役地の使用価値を客観的に増加させて

---

(12) 山野目章夫「物的義務の現代的再生」法学53巻6号（1990）213頁参照。「およそ現代における土地利用が複雑・多彩にわたる事実に鑑みれば、土地の使用価値が増大するかどうかは、しばしば、『客観的に』は決まらず、当該土地の上で人間が展開する活動の性質如何に依存する」と指摘する。

第1部　土地法・住宅法

いるか否かについて、要役地の用途や使用態様、要役地上での人の活動の性質等を考慮していると解される例が見られる。例えば、送水時に一時的に流量を調整するために、流水を滞留させる堤防周辺の土地（遊水地）を承役地とし、越流堤（遊水地に水を流すため本堤の一部を低くした部分）に係る土地を要役地として、地役権の設定の登記をすることができるとされている（昭和54・11・16民三5776号民事局長回答・登記先例追加編Ⅵ772頁）。この例では、承役地（遊水地）に流水を滞留させると要役地（越流堤に係る土地）の流失等が防止されるという意味では、要役地の使用価値を客観的に増加させていると見ることも不可能ではない。しかし、要役地が水流のコントロールという用途ないし活動に使われているからこそ、承役地への流水の滞留によって要役地の使用価値が増加していると捉えた方が、便益の理解として無理がないと考えられる。[15]

（d）以上に挙げた複数の例では、便益の内容が、要役地の使用価値に何らかの形で関わってはいるものの、通行地役権の例のように要役地の使用価値と直接的に結びついているわけではない。それゆえに、要役地の使用価値を客観的に増加させていると直ちには評価することができない。そこで、要役地の用途・使用態様、要役地上での人の活動の性質等を考慮して、要役地の使用価値を客観的に増加させているか否かを判断する必要があると考えられる。

---

(13) 場面は異なるが、地役権が成立していても、要役地の利用状況の変化等により要役地に供される便益が永続的に消滅した場合には、地役権も消滅するという解釈が見られる（大阪高判昭和63・3・18判タ660号132頁参照。事案の解決としては地役権の消滅を否定）。この解釈に照らすと、要役地に当初から便益が供されていない場合には、地役権はそもそも成立しないと解することも考えられるだろう。
(14) 中村誠「地役権の登記」鎌田薫ほか編『新不動産登記講座4各論Ⅰ』（日本評論社、2000）304〜306頁参照。
(15) 山野目・前掲注（12）213頁。

（5）要役地の使用価値を客観的に増加させているか否かの判断——3つの類型

以上によると、要役地の使用価値を客観的に増加させているか否かの判断の仕方は、おおよそ3つの類型に分けることができそうである（【図】参照）。

まず、上記（2）で取り上げた通行地役権のように、便益の内容が要役地の使用価値と直接的に結びついている場合には、特段の事情のない限り、要役地の使用価値を客観的に増加させていると評価することができる（【図】①）。これと対極をなすのが、便益の内容が要役地の使用価値と何ら関係がない場合であり、要役地の使用価値の客観的増加は認められない。上記（3）で挙げた、要役地所有者の研究や趣味のために他人の土地に立ち入るケースがこれに該当する（【図】③）。

そして、以上の両極の間に、便益の内容が要役地の使用価値に関わってはいる——したがって【図】③には当たらない——ものの、【図】①ほどには要役地の使用価値に直接的に結びついていない場合がありうる。上記（4）に掲げたいくつかの例は、これに該当する。この場合には、要役地の用途・

【図】

	①	②	③
便益と要役地の使用価値との関係	要役地の使用価値に直接的に結びついている	要役地の使用価値に関わっているが、①ほどではない	要役地の使用価値と何ら関係がない
具体例	通行地役権	観望地役権 流水を滞留させる堤防周辺の土地（遊水地）を承役地、越流堤（遊水地に水を流すため本堤の一部を低くした部分）に係る土地を要役地とする地役権	要役地所有者の研究や趣味のために他人の土地へ立ち入ること
要役地の使用価値を客観的に増加させているか	増加させている	要役地の用途・使用態様、要役地上での人の活動の性質等に照らして、要役地の使用価値を客観的に増加させているか否かを判断	増加させていない
民法280条にいう「便益」に当たるか	当たる →地役権の成立が認められうる	上記の判断によって決まる	当たらない →地役権の成立は認められない

使用態様、要役地上での人の活動の性質等に照らして、要役地の使用価値を客観的に増加させているか否かが判断されることになる（【図】②）。

（6）【図】②の類型における判断の特徴——人役権との接点

【図】②の類型（上記（4）も参照）に特徴的なのは、要役地の使用価値を客観的に増加させているか否か——民法280条にいう「便益」に当たるか否か——が、要役地の用途・使用態様、要役地上での人の活動の性質等の諸事情に依存して判断される点である。このような判断の仕方が採用される結果、どのような事情をいかなる形で考慮するか次第では、かなり柔軟な判断を行うことが可能となる。(16)

もっとも、【図】②の類型における以上のような判断の仕方に対しては、次の疑問が生じる。

もともと要役地の使用価値を客観的に増加させることが要求されたのは、便益が要役地それ自体の便益になっていなければならないとされたからである（上記（1）参照）。ところが、【図】②の類型では、この判断は要役地の用途・使用態様、要役地上での人の活動の性質等の諸事情に依存してなされるところ、これらの諸事情の中には、人（要役地上で活動を行う者など）の利益も混入しているのではないだろうか。例えば、上記（4）（c）で取り上げた、遊水地を承役地とし、越流堤に係る土地を要役地とする地役権でいえば、要役地の用途や要役地上での人の活動の性質という事情を介して、水流をコントロールする者の利益を考慮していると見ることができそうである。

このように見ると、民法280条にいう便益では、要役地それ自体の便益に

---

(16) 本文に述べた点を踏まえて、人役権導入論からは、歴史的建造物の保全等を目的とする非営利団体等が、その所在地を要役地、保全しようとする歴史的建造物等の所在地を承役地として、地役権を設定することも可能ではないか、なぜなら、歴史的建造物の所在地が保全されれば、周囲の住環境も良好に保たれ、要役地の便益になるといえるからである、との主張も見られる（大沼友紀恵「物の文化的利益の確保のための一般財産法上の所有権の制限の比較法的研究（2・完）」一法10巻1号（2011）165頁。小澤英明「景観地役権」判タ1011号（1999）33頁注10も参照）。

着目し、要役地の使用価値の客観的増加を要求するとしながら、実のところ、【図】②の類型における判断では、その便益が要役地上で活動を行う者の利益になっていることを考慮に入れているように思われる[17]。少なくとも、【図】②の類型において、要役地の使用価値を客観的に増加させているか否かについて判断する際に、考慮される諸事情として人の利益が混入することは避けられないだろう。そして、人の利益を考慮する程度が大きくなればなるほど（それを考慮して要役地の使用価値の客観的増加を認定する範囲が広がれば広がるほど）、これにより成立した地役権は、地役権（要役地の便益のための権利）という法形式をとりつつも、事実上は人の便益のための権利（すなわち人役権）という性格を帯びることになるだろう。

以上の意味で、【図】②の類型における便益の有無——要役地の使用価値を客観的に増加させているか否か——の判断には、諸事情を考慮する際の「人の利益」の混入を通じて、人役権を事実上承認する契機が潜んでいるといえる。

2　地役権の主体——土地賃借人は地役権の主体となりうるか
（1）問題の所在

民法280条は他人の土地を「自己の土地」の便益に供すると規定していることから、要役地の「所有者」が地役権の主体になることを念頭に置いている。これを受けて、地上権者・永小作人・賃借人が、自己の利用する土地のために地役権が存在しない場合であっても、独自の資格で地役権を取得することができるか——地役権の主体になることができるか——が議論されている[18]。

---

(17) このことは、民法280条にいう便益について、要役地の使用価値が「客観的に」増加することを要件としたことに対する疑問にもつながる。小澤・前掲注（16）33頁注10は、「民法の条文を離れて『客観的な』便益を要件とするのは、根拠が疑わしく、またその『客観的』の意味も不明である。このような要件を付加して地役権の成立を困難にすることで誰のどのような利益を守ろうとしているのか判然としない」と指摘する。

（２）判例・学説

判例は、土地の一部を賃借する者が、自己の借地部分の便益のために、土地の他の部分を継続して通行していた場合であっても、当該他の部分の上に通行地役権を時効取得することはできないとした。土地賃借人は、他人の土地を「自己の土地」の便益に供する者とはいえないからである（大判昭和2・4・22民集6巻198頁）。

その後の下級審裁判例も、この解釈を基本的に承継している。すなわち、民法280条にいう「自己の土地」とは自己の所有地と解されること、さらに、民法281条が地役権は要役地の所有権に従たるものとしてその所有権とともに移転する旨を定めていることなどを理由に、地役権者となりうる者は土地所有者その他土地を直接支配できる物権者に限られ、債権を有するにすぎない土地賃借人は地役権者になることはできないと解している（東京地判昭和28・2・4下民集4巻2号156頁、東京地判昭和30・9・21下民集6巻9号2040頁、東京地判昭和32・2・8新聞48号12頁、東京地判昭和39・11・25判時408号38頁、東京高判昭和62・3・18判時1228号87頁等）。[19]

これに対して、学説では、地上権・永小作人だけでなく土地賃借人も地役権の主体になりうると解する見解が通説である。地役権は土地の所有ではなく利用の調整を目的とするから、地上権者・永小作人も自己の利用する土地のためにその利用権の範囲内で地役権の主体になりうること（民法267条参照）、そして、土地賃借権の物権化の傾向を踏まえると土地賃借人についても同様に解してよいこと、などを理由とする。[20] また、登記実務においても、

---

(18) これに対して、土地（要役地）のために地役権が設定されている場合には、その後、要役地の地上権者・永小作人・賃借人になった者も、設定行為に別段の定めがない限り、その地役権を行使することが可能である（民法281条1項本文）。

(19) 下級審裁判例はいずれも、土地賃借人の地役権取得が争われた事案であり、地上権者・永小作人の地役権取得が争われた事案は存在しないようである。

(20) 舟橋・前掲注（９）427頁、我妻［有泉］・前掲注（９）412頁、川島＝川井・前掲注（１）946頁［中尾］等を参照。

地上権者がその地上権の存続期間の範囲内において地役権者になることができる（昭和36・9・15民事甲2324号民事局長回答・登記先例追加編Ⅲ651頁）だけでなく、土地賃借権についても、それが登記されている場合には、その存続期間の範囲内においてその賃借地を要役地とする地役権の設定の登記をすることができるとされている（昭和39・7・31民事甲2700号民事局長回答・登記先例追加編Ⅳ155頁）。

(3) 議論の意義——人役権との接点

地上権者・永小作人が独自の資格で地役権の主体になりうることと、土地賃借人が同様に地役権の主体になりうることとの間には、《地役権が何に対して便益をもたらすか》の点で大きな違いがある。

地上権者・永小作人が自己の利用する土地のために地役権を取得した場合には、これらの者がその土地を支配する権利を有していることから、地役権の便益を受けているのは土地自体であると見ることが可能である。ここでは、土地所有者がその土地の便益のために地役権を取得した場合と同様に、便益を受ける土地＝要役地の存在が前提とされている。

これに対して、土地賃借人が自己の利用する土地のために地役権を取得することを、同様に捉えることはできない。賃借権は債権にすぎず、その土地を支配する権利を含んでいない以上、土地賃借人を地役権者とする地役権によって便益を受けているのは、土地自体ではなく、あくまでも土地賃借権であると解さざるをえないからである。したがって、土地賃借人が独自の資格で地役権を取得できる（地役権の主体になりうる）と解することは、いわば土地賃借権を要役地とする地役権を認めることに他ならない。[21]このような地役権は、便益を受ける土地＝要役地が存在しておらず、むしろ、土地賃借権を介してその主体たる土地賃借人が便益を享受している点で、「一種の人役権を承認する結果」[22]となっている。

---

(21) 加藤雅信＝加藤新太郎編著『現代民法学と実務（上）』（判例タイムズ社、2008）259頁［山野目章夫発言］。
(22) 舟橋・前掲注（9）427頁。川島＝川井・前掲注（1）946頁［中尾］も参照。

3 要役地所有権に付従しない地役権

地役権は、要役地の便益のための権利であることから、要役地に付従する性質を有している（民法281条1項本文）。

もっとも、地役権設定契約を結ぶ際に、要役地を第三者に処分すると地役権は消滅するという特約などを結ぶことにより、特定人（この例では地役権設定契約時の要役地の所有者）のための権利にすることも許されている（同項ただし書）。これは、人役権に相当するものを認めていると評価することができる。[23]

Ⅳ　むすび――人役権の導入に対する示唆

以上の検討からは、民法への人役権の導入に対する示唆として次のような点を抽出することができると考えられる。

第一に、現行民法には既に、人役権導入を許容する土台が随所に見られる点である。

現行民法の起草過程では、広義の人役権は物権から積極的に排除されたものの、人役権（狭義の人役権）は必ずしもそうではなかった（Ⅱ3の第一点）。そして、地役権の解釈においても、便益（要役地の使用価値の客観的増加）の判断における人の利益の混入、あるいは、土地賃借人が地役権の主体になりうるという解釈などを通じて、人役権を事実上容認しているのではないかと解することが可能であった（Ⅲ1～3）。これらによると、現行民法において人役権の存在が厳格に否定されてきたわけではなく、むしろ、人役権を受け入れる土壌が多分にあると見ることができるだろう。

第二に、民法への人役権導入に当たっては、人役権の設定された他人の土地の所有権の実質が失われるという弊害にどのように対処するかが問われる点である。

現行民法の起草過程において、用益権等を物権から排除する理由として、

---

(23) 松岡久和『物権法』（成文堂、2017）240頁。

これらの権利が他人の物に設定されると、その物の所有権の実質が失われることが挙げられていた（Ⅱ1）。これは広義の人役権を念頭に置いた指摘であったが、人役権（狭義の人役権）にも同様に当てはまりうる。広義の人役権とは異なり、人役権の設定された土地の所有者の利用が完全には排除されない——人役権者がその土地の利用を独占しない——とはいえ、人役権者のために土地を利用させる限りで、その土地の所有権に対する一定の負担にはなるからである。しかも、人役権における人の便益には多種多様なものがありうるところ、それらの便益の中には、人役権の設定された土地に大きな負荷をもたらしかねないものも想定される。狭義の人役権であっても、人役権の設定された土地の所有権の実質が失われる事態が起こりうるわけである（むしろ、人の便益のための権利であるからこそ、このような事態が起こりやすいともいえるだろう）[24]。

　以上によると、人役権を導入するに当たっては、人役権がその設定された土地の所有権に対する過度の負担にならないように、人役権の内容や効力の観点において一定の対処をすることが必要になると考えられる[25]。

　第三に、民法への人役権導入は、所有権概念の根本的な問い直しにつながる点である。

　民法の起草過程では、用益権等削除提案が、所有権から（用益権等の設定という形で）重要な使用収益権能が奪われることを否定的に評価していた。これに対し、用益権等存続提案は、所有権から（用益権等の設定という形で）使用収益権能を切り分けて他人に与えることをむしろ肯定的に評価していた（Ⅱ3の第二点）。狭義の人役権においても、人役権を導入すると、複数の者の便益のために、土地を利用する権能をそれらの者（人役権者）に分

---

[24] 例えば、廃棄物事業者の便益のために、他人の土地に有害廃棄物の保管を内容とする人役権の設定が認められてよいか、などの問題が生じうる（この点は、前掲注（4）のミニ・シンポジウムにおける横山美夏教授の発言から示唆を得た）。
[25] 本稿では取り上げることができなかったが、比較法的見地からも、本文に述べたことが妥当すると考えられる（前掲注（4）の拙稿を参照）。

け与えることが促進される可能性があるが、これは同時に、所有権の重要な権能が複数の者に分断される状態を認めることになるだろう。このことは、包括的な権能を含むものとして観念されてきた所有権の概念にどのような影響を及ぼすことになるだろうか。

　以上の三点の示唆を踏まえつつ、民法への人役権の導入が許されるか、また、人役権を導入する場合にどのような権利として構成するべきか、などについてさらに検討を進めることを今後の課題としたい。

改正民法と建築瑕疵責任
―瑕疵修補に代わる損害賠償請求権を中心に―

松　本　克　美

I　問題の所在

　購入した、ないし注文建築をした建物に瑕疵があった場合、従来の民法（後述の改正前の民法）では、買主が売主に売買契約上の瑕疵担保責任（改正前民法570条）を追求する、注文者が請負人に請負契約上の瑕疵担保責任を追求する（改正前民法634条）ことが考えられた。[1]

　これに対して、2017年6月に公布された改正民法（施行は2020年4月1日）では、「瑕疵」という文言は民法から削除され、これに代えて、売買契約に関して、引き渡された目的物が種類、品質又は数量に関して「契約の内容に適合しない」という文言が定められた（改正562条）。

　改正前民法における売主の瑕疵担保責任の効果は、損害賠償請求と契約目的達成不能の場合の解除の2種類（改正前570条、566条）、請負人の瑕疵担保責任の効果は、瑕疵修補、瑕疵修補に代わる、ないし瑕疵修補とともにする損害賠償請求であり（改正前634条）、解除は認められていなかった（改正前635条）。これに対して、改正民法における契約内容不適合責任の法的効果は、目的物の修補請求、代替物の引渡し、不足分の引渡しによる追完請求（改正562条1項）、追完がない場合の代金減額請求（改正563条）であり、それに加えて、改正415条による損害賠償請求、541条及び542条の規定による

（1）なお建物の買主が直接契約関係のない瑕疵ある建物を建築した建築施工者に不法行為責任を追及するほか、買主や注文者が契約関係のある売主や請負人に対して瑕疵担保責任とともに不法行為責任を追及することも多い。建築瑕疵をめぐる民事責任全般ついては、松本克美「建物の安全と民事責任―判例動向と立法課題―」立命館法学350号1753頁以下（2013年）を参照されたい。

解除権の行使を妨げないものと規定された。

さらに、請負契約の目的物の瑕疵についての瑕疵担保責任の規定は削除された結果、請負目的物に契約内容不適合がある場合には、有償契約への売買契約の準用規定（改正559条）を媒介として、売買契約の契約内容不適合責任の規定が請負契約にも準用されることとなった。

筆者は、建築瑕疵をめぐる改正民法の問題点について、既に「瑕疵」概念と「契約内容不適合」概念の異同に焦点を当てて検討をしたが[2][3]、本稿では、理論的にも実務的にも重要な瑕疵修補に代わる損害賠償請求権の問題を建替費用相当額の賠償の可否の問題とともに検討する。

叙述の順序としては、まず、改正前民法で明文の規定のあった建築請負契約目的物の瑕疵修補に代わる損害賠償請求権について検討し、次に不動産売買目的物の瑕疵修補に代わる損害賠償請求権について検討しよう。

II　建築請負契約の場合

1　改正前民法

（1）条文

改正前民法634条は請負人の担保責任の表題のもと、次のように規定していた。

634条1項　仕事の目的物に瑕疵があるときは、注文者は、請負人に対し、相当の期間を定めて、その瑕疵の修補を請求することができる。ただし、瑕疵が重要でない場合において、その修補に過分の費用を要するときは、この限りでない。

2項　注文者は、瑕疵の修補に代えて、又はその修補とともに、損害賠償の請求をすることができる。この場合においては、第533条の規定を準用する。

（2）松本克美「民法改正と建築瑕疵責任」立命館法学375・376号2191頁以下（2018年）。

（3）松本克美「契約内容不適合責任と消費者—建築瑕疵責任事例を中心に—」現代消費者法39号54頁以下（2018年）。

(2) 瑕疵修補請求と瑕疵修補に代わる損害賠償請求の関係

改正前民法634条1項の瑕疵修補請求権と2項の瑕疵修補に代わる損害賠償請求権とは、請負人がどちらの請求権を選択してもよく、従って、瑕疵修補を請求せずに直ちに瑕疵修補に代わる損害賠償を請求することができると解されてきた[4]。瑕疵ある建築物を施工するような請負人に修補を任せて、大丈夫であるのか、施工に対する信頼を損なっている場合、特に瑕疵が多少の不具合のレベルを超えて重大な瑕疵であるような場合には、そのような瑕疵を作り出した請負人に修補を依頼するのではなく、直ちに修補に代わる損害賠償請求をすることが通常であろう。その意味で、瑕疵修補をすることなく、直ちに瑕疵修補に代わる損害賠償を請求できることは合理的であり、注文者の利益にかなった規定であったと言える。

2 改正民法

(1) 条文

改正民法は改正前の634条を削除したため、請負契約の目的物に契約内容不適合があった場合には、民法559条により原則として、売買における契約内容不適合責任の規定が準用される。改正民法では、売買契約目的物に契約内容不適合があった場合の損害賠償については、改正前民法とは異なり独自

---

(4) 最判昭和54・3・20判時927号184頁は「仕事の目的物に瑕疵がある場合には、注文者は、瑕疵の修補が可能なときであっても、修補を請求することなく直ちに修補に代わる損害の賠償を請求することができる。」とする。我妻栄はこの問題を次のように説明している。「瑕疵の修補に代えて損害賠償を請求するとは、修補を請求することと選択的に行うことができる趣旨である。従って、修補が不能であるか、または瑕疵が重要でなくその修補に過分の費用を要する場合(634条1項但書の場合)だけでなく、瑕疵修補が可能な場合にも、修補を請求せずに直ちに修補に代わる損害の賠償を請求することができると解すべきである。」(我妻栄『債権各論中巻二(民法講義Ⅴ3)』(岩波書店、1962年)638頁—傍点は引用者。以下同様)。同旨をいうものとして、幾代通・広中俊雄編『新版注釈民法(10)債権(7)』148頁(内山尚三執筆)(有斐閣、1989年)、潮見佳男『基本講義Ⅰ契約法・事務管理・不当利得・第2版』(新世社、2009年)236頁など。

の損害賠償の規定はなく、債務不履行の損害賠償の規定である民法415条による損害賠償請求権の「行使を妨げない」という規定になっている（改正564条）。

改正民法415条は次のように規定する。

415条（債務不履行による損害賠償）

1項　債務者がその債務の本旨に従った履行をしないとき又は債務の履行が不能であるときは、債権者は、これによって生じた損害の賠償を請求することができる。ただし、その債務の不履行が契約その他の債務の発生原因および取引上の社会通念に照らして債務者の責めに帰することができない事由によるものであるときは、この限りでない。

2項　前項の規定により損害賠償の請求をすることができる場合において、債権者は、次に掲げるときは、債務の履行に代わる損害賠償の請求をすることができる。

一　債務の履行が不能であるとき。

二　債務者がその債務の履行を拒絶する意思を明確に表示したとき。

三　債務が契約によって生じたものである場合において、その契約が解除され、又は債務の不履行による契約の解除権が発生したとき。

（2）瑕疵修補に代わる損害賠償の性質

ア　「履行に代わる損害賠償」説（415条2項説）　瑕疵修補に代わる損害賠償の法的性質は、瑕疵の修補という「履行に代わる損害賠償」であると解すならば、それを請求できるのは、415条2項の場合に限定されることになる。すなわち、瑕疵修補が不能の場合（同項1号）、請負人が瑕疵修補の履行を拒絶する意思を明確に表示した場合（2号）、または請負契約が解除され、または債務不履行による解除権が発生した場合（3号）。この場合は、改正民法634条と比べて、瑕疵修補を請求せずに、直ちに損害賠償請求ができたのと比べて、瑕疵修補に代わる損害賠償についての要件が過重され、注文者に不利益が生じることになる。

法制審議会民法（債権関係）部会の幹事でもあった潮見佳男が、瑕疵修補

を追求請求権の例とした上で、瑕疵修補に代わる損害賠償を履行に代わる損害賠償と捉えた上で、履行＝修補請求をして不能だったり、債務者に履行を拒否する意思が明確、ないし契約が解除された、ないし解除権が発生した時に、初めて損害賠償請求できるとする「追完請求権の優位性」[5]に基づく415条2項が適用されるという見解を公表している。[6]

イ 「債務の本旨に従った履行をしないとき」の損害賠償説（415条1項説） 他方で、建築請負契約の目的物に契約内容不適合があった場合は、「債務の本旨に従った履行をしないとき」に当たると解し、従って、それによって生じた損害賠償は直ちに請求できるのであるから、瑕疵修補を請求することなく、瑕疵修補に代わる損害賠償を請求することも妨げられないと解すことも可能ではないか。

法制審議会の同部会で事務局を務めた法務省大臣官房審議官の筒井健夫及び同部会で関係官として審議に加わった村松秀樹が編者を務める『一問一答 民法（債権関係）改正』では、次のように、追完請求と損害賠償の選択説に立つような解説を加えていることが注目される。やや長くなるが重要なので、そのまま引用しておこう。

「仕事の目的物が契約の内容に適合しないことを理由に修補等に代えて損害賠償請求をする場合については、新法第415条第2項の債務の履行に代わる損害賠償請求の規定は適用されず（文言から明らかなように、この問題は規定の射程外である。）、基本規定である同条第1項の枠内で処理されるから、条文の文言上は解除権の発生等を考慮する必要はない（同条第2項第3号参照）。その上で、同条第1項に基づき具体的にどのような要件の下で損害賠償請求が許容されるかは解釈に委ねられているが、同条第2項とは切り離し

---

(5) 改正民法は前述したように民法562条で新たに追完請求権の規定を設けている。この追完請求権の規定の趣旨を、債務不履行の場合に、債権者は、まずは追完請求権を行使して（562条）、その追完請求権の履行が不能である場合には損害賠償を請求できる（415条2項）と解する考え方である。
(6) 潮見佳男『基本講義・債権各論Ⅰ契約法・事務管理・不当利得・第3版』（新世社、2017年）250-251頁。

て理解し、解除権の発生等を考慮する必要はなく（催告をして解除権を発生させる必要もない。）、かつ、軽微な不適合が存するにとどまる場合にも損害賠償請求は可能であると解するのが適切ではないかと考えられる。」[7]

3 学説状況

改正民法はまだ施行されていないので、この問題に関する判例はない。また、学説においてもこの問題に焦点を当てた見解は、まだわずかしか公表されていない。

学説の中では、前掲の潮見説の他、同部会での審議過程では、請負契約目的物の契約内容不適合の規律については、「包括準用規定（559条）によって処理されることとなるため、その契約の特質に応じた解釈の余地は否定されないという旨の説明」[8]がなされたことを根拠に、追完の優先が原則だとしても、「契約類型によって、その契約の特質に応じて、追完に代わる損害賠償の用件についても、契約類型によって、その契約の特質に応じて、追完に代わる損害賠償の要件について異なる解釈が展開される可能性は、なお残るということになろう」とする指摘もある。[9]

前述の『一問一答』の見解は、請負契約の特殊性を根拠とするのではなく、債務不履行一般において、そもそも追完請求をすることなく、債務不履行によって生じた損害賠償請求は可能と解し、415条2個の履行に代わる損害賠償には瑕疵の修補費用相当額の賠償は含まれないと解しているように見える。学説の中には、この点で、同見解が提起しているのは415条2項の規律する「填補賠償の理解に関わる問題であり、今後大きな議論となるであろう」との指摘がある。[10]

（7）筒井健夫・村松秀樹編著『一問一答　民法（債権関係）改正』（商事法務、2018年）341頁。

（8）法制審議会民法（債権関係）部会・第99回議事録2頁（村松秀樹関係官発言）。

（9）田中洋「履行・追完に代わる損害賠償」潮見佳男・千葉恵美子・片山直也・山野目章夫『詳解改正民法』（商事法務、2018年）139頁。

4　私　見

　私見は、かつて、修補に代わる損害賠償は、債務の履行に代わる損害賠償と解されるので、改正民法415条2項が適用されるが、重大な瑕疵を作った請負人に対しては、履行を請求する信頼が失われているので、履行は「債務の発生原因及び取引上の社会通念に照らして不能」と解して、修補の請求をすることなく直ちに損害賠償を請求することも可能とする見解を発表した[11]。私見は、改正前民法634条が「修補に代わる損害賠償」という文言を使っていることから、「修補に代わる損害賠償」＝「履行に代わる損害賠償」と解したものである。

　しかし翻って考えてみると、目的物に瑕疵（契約内容不適合）があった場合、そのこと自体の損害賠償は、必ずしも「履行に代わる」損害賠償と考える必要はないとも言える。すなわち、債務の本旨に従った履行でないために、契約内容に不適合で修補が必要な瑕疵が生じたことに対する損害賠償と捉えればよく、必ずしも「履行に代えて」の損害賠償と構成する必然性はない。むしろ、415条2項が適用される契約内容不適合の修補の履行に代わる損害賠償とは、＜契約内容不適合の修補を請求したのにそれを履行しない場合の損害賠償＞として捉え、他方で、＜契約内容不適合の修補を請求しない損害賠償＞という意味での＜契約内容不適合の修補に代わる損害賠償＞は、債務の不履行より生じた損害の賠償として端的に415条1項を適用するという法的構成が考えるのではないか。

　先に引用した『一問一答』は、「修補等に代えて損害賠償請求をする場合については、新法第415条第2項の債務の履行に代わる損害賠償請求の規定は適用されず（文言から明らかなように、この問題は規定の射程外である。）」とするが、むしろ「修補等に代えて損害賠償をする場合」というよりも、「修補請求せずに損害賠償請求をする場合」には415条1項が適用されるといった方が理解しやすいのではないか。何れにしても、こうした考え方の

---

(10)　笠井修「請負（1）―契約不適合責任」前掲注（9）所収499頁。
(11)　松本・前掲注（2）2211頁。

第1部　土地法・住宅法

基底には、契約内容不適合の場合に、先ず追完請求をすべしとする追完優先の原則を否定することが含意されている。

III　不動産売買契約の場合

1　改正前民法

改正前民法においては、売買目的物に瑕疵があった場合に、買主が売主に追求できたのは、前述したように、契約目的達成不能な場合の契約解除と損害賠償だけであった。請負契約の瑕疵担保責任の場合に認められていた瑕疵修補や瑕疵修補に代わる損害賠償は売買契約の瑕疵担保責任としては規定されていなかった。

2　品確法

もっとも住宅の品質の確保の促進に関する法律（品確法）が適用される新築住宅の構造耐力上主要な部分等の隠れた瑕疵については、売買契約の目的物であったとしても、民法の請負契約の瑕疵担保責任の規定が適用されるので（品確法95条）、瑕疵修補請求や瑕疵修補に代わる損害賠償も可能であった。今回の民法改正とあわせて、品確法も一部改正された。その要点は、一つは、「瑕疵」概念を品確法では残し、その定義として、「この法律において『瑕疵』とは、種類又は品質に関して契約の内容に適合しない状態をいう。」という定義規定を置いたこと（2条5項）、いまひとつは、請負契約の瑕疵担保責任の規定が削除されたことを受けて、改正民法415条、541条、542条、562条及び563条の規定が適用されるとの規定を設けた点にある（94条3項、95条3項）。

3　改正民法と私見

改正民法における売買契約の目的物に契約内容不適合の場合の瑕疵修補に代わる損害賠償の問題は請負契約の目的物の契約内容不適合の場合と同様である。なお考え方としては、瑕疵修補に代わる損害賠償は、売買では履行に

代わる損害賠償として415条2項が適用されるが、請負契約の場合は、その契約の特質に応じて、瑕疵修補に代わる損害賠償は415条1項の問題となるというように考えることもできなくはない。[12]

しかし、私見は、上述のように「瑕疵修補請求をしない損害賠償」には415条1項が適用されると考えるので、同様の結論を導くのに請負契約の特質を根拠とする必要はないと考える。

IV 建替費用相当額の損害賠償

1 改正前民法

(1) 建築請負契約の場合

建築請負契約の目的物である建物に重大な瑕疵があり、建替が必要な場合に、建替費用相当額の損害賠償請求が可能かという問題については、改正前民法635条が建物の瑕疵の場合の契約解除を制限していたことを理由に、解除以上の不利益を請負人に負わせることになる建替費用相当額の賠償請求は認められないとする否定説をとる裁判例・学説と、重大な瑕疵がある場合には建替費用相当額の賠償請求も認められるとする肯定説が対立していた。[13]

しかし、最高裁は、瑕疵が重大で建替えざるを得ない場合には請負人の瑕疵担保責任に基づき建替費用相当額の賠償請求が認められるとして肯定説に立つことを明らかにした(最判平成14・9・24判時1801号77頁)。[14] なお、改正前民法は、瑕疵が重要でない場合において、その修補に過分の費用を要するときは、瑕疵修補ができないことを定め(改正前634条1項但書き)、判例は、この理は、瑕疵修補に代わる損害賠償請求の場合にも当てはまるとしていた(最判昭和58・1・20判時1076号56頁)。しかし、その反対解釈として、瑕疵が重要であれば、過分の費用を要する場合でも瑕疵修補や瑕疵修補に代わる

---

(12) 田中・前掲注(9)はこのような考え方を示唆するものであろう。

(13) この点の判例・学説の対立については、松本克美「欠陥住宅被害における損害論」立命館法学280号1575頁以下(2001年)参照。

(14) 本判決の詳細については、松本克美・判批・法時75巻10号101頁以下(2003年)参照。

第1部　土地法・住宅法

損害賠償請求は認められることになろう。実際に、明治民法典起草者の穂積陳重は、法典調査会でそのように説明しているし[15]、学説も同旨を論じている[16]。前述の最判平成14年も同様の考えを前提にしていると推察できる。

(2) 売買契約の場合

売主の瑕疵担保責任の法的性質を法定責任説は次のように説明する。特定物はその特定物を引渡し時の現状で引き渡せば引渡債務を履行したことになり（改正前483条）、債務不履行責任は生じないが、それでは買主にとって不公平であるので、法が特に認めた責任が瑕疵担保責任である。この場合の損害賠償の範囲は、当該売買契約の目的物である当該特定物については、＜瑕疵がないものを給付すること＞が観念できないので、瑕疵がないものが履行された場合に得られたであろう利益、すなわち履行利益の賠償は請求できず、＜瑕疵がないものと信頼したことにより被った損失＞、すなわち信頼利益の賠償しか請求できない[17]。

このように売主の瑕疵担保責任に基づく損害賠償の範囲を信頼利益に限定する法定責任説に立つと、建替費用相当額は瑕疵がないものが履行された場合の利益を賠償請求することと同じであり、履行利益の賠償請求であるか

---

(15) 明治民法典の起草過程における法典調査会では、請負契約の目的物に建物に重大な瑕疵があっても契約解除できないとの635条の規定をめぐる議論において、住むのが危険な建物の場合はどうなるのかという質問が出された。これに対して、穂積陳重は、「其家ノ建テ方ガ非常ニ疎末デアツテ其中へ住居スルノガ危険デアルト云フサウ云フ場合ニ於テハ多分ノ費用ヲヨウシマセウケレドモ夫レヲ充分ニ直スト云フコトガ出来ナケレバ往カヌノデアリマス」と答えている（法務大臣官房司法法制調査部編『日本近代立法資料叢書4・法典調査会議事速記録四（復刻版）』545頁（商事法務研究会、1984年）。

(16) 我妻・前掲注（4）639頁は、重大な瑕疵がある場合には、瑕疵修補の請求ができ、それは「修補の可能な場合に限ることはいうまでもないが、過分の費用を要するときでもよい」とし、また修補に代わる損害賠償も請求できるとする。

(17) 法定責任説についての紹介・分析として、野澤正充「瑕疵担保責任の法的性質（1）―法定責任説の三つの考え方」同編『瑕疵担保責任と債務不履行責任』（日本評論社、2009年）15頁以下。

ら、瑕疵担保責任に基づく損害賠償としては認められないとして、これを否定することが考えられる。実際の下級審裁判例でも、そのような理由で建替費用相当額の損害賠償を否定した例がある。[18]

他方で、売主の瑕疵担保責任に基づく損害賠償の範囲は信頼利益の賠償に制限されるとしつつも、この場合の信頼利益とは、瑕疵があることによって目的物の価値が実際は売買代金額よりも低かったのに、それを知らずに代金を支払ったことによる損害、すなわち、売買代金額と実際の目的物の価値との差額と捉え、瑕疵が重大であるから目的物の価値はゼロであるとして、売買代金相当額の損害賠償を認める裁判例も存在した。[19]

なお前述したように品確法が適用される新築住宅に関しては改正前民法の請負人の担保責任の規定が適用されるため、売買で購入した建物に重大な瑕疵があり建替が必要な場合には、建替費用相当額の賠償請求が認められる。[20]

2 改正民法と私見

前述したように、改正民法は改正前民法が瑕疵担保責任に基づく損害賠償請求の規定を通常の債務不履行の損害賠償の規定と別に定めていたのと異なり、契約内容不適合に基づく損害賠償には債務不履行の場合の損害賠償一般に適用される改正民法415条が適用されるものとした（改正564条）。

従って、売買であろうが、請負であろうが目的物である建物の契約内容不適合に対する損害賠償について建替費用相当額の損害賠償請求が直ちに制限されるような規定上の根拠はないと解される。なお改正前民法の元でも建替費用相当額の賠償を認めると、売買契約や請負契約を解除した場合の効果と

---

(18) 大阪地判平成3・6・28判時1400号95頁など。
(19) 大阪地判平成10・12・18欠陥住宅判例1集82頁、大阪地判平成12・10・20欠陥住宅判例2集146頁、東京地判平成14・1・10欠陥住宅判例2集240頁など。
(20) 最判平成22・6・17民集64巻4号1197頁は、そのことを前提に、居住利益の控除が認められるかが争われた事例であり、最高裁は当該事案で居住利益の控除を否定した。この判決については、松本克美・判批・法時83巻4号143頁以下（2011年）参照。

して代金額が返還されるのと比較して、建物解体費用や建物再築までの引越代、代替建物の賃貸料、営業用建物であれば休業損害なども加算され、代金額を超える損害賠償額になるから認めるべきでないとする裁判例がある[21]。しかし、瑕疵が重大で瑕疵を修補するのに建替えざるを得ない場合に、その費用が売買代金や請負代金額を超えとしても、それは、そもそも瑕疵のない物を給付すべきなのに瑕疵ある物を給付した売主、請負人が負担すべき損失なのであって、それを買主、注文者に転嫁する方が不合理である。実際の裁判例でも、売買代金額や請負代金額を超える損害賠償が認められることは多いのである[22]。

　もっとも、買主ないし注文者が目的物である建物の契約内容不適合の程度が重大で建替えざるを得ないとして建替費用相当額の損害賠償を請求した場合に、売主ないし請負人が建替なくても契約内容不適合を是正することは可能であるとして、買主ないし注文者が請求した方法（建替え）と異なる方法による履行の追完（562条1項但書き）を主張して争うことも予想される。しかし、562条2但書の売主ないし請負人の履行の追完は、あくまで買主ないし注文者の追完請求権の行使に対する抗弁として、それと異なる方法による追完を売主ないし請負人が主張できることを定めたものである。従って、買主ないし注文者が契約内容不適合の修補を請求せずに修補に代わる損害賠償権を行使した場合には、売主、請負人がそれと異なる方法の追完を主張することはできないと解すべきである。

　もっとも、改正前民法のもとでも、買主や注文者が瑕疵修補に代わる損害賠償として建替費用相当額の損害賠償を請求した場合に、売主や請負人が、

---

(21) 大阪地判平成3・6・28判時1400号95頁など。
(22) 前掲(20)最判平成22年は品確法が適用される新築住宅の重大な瑕疵につき建替費用相当額の賠償を認め、被告の主張する居住利益等の控除を否定した裁判例であるが、最高裁は売買代金3700万円に対して3985万円の賠償を認容した原判決を維持している。その他、大阪高判平成26・1・17は請負人の瑕疵担保責任、不法行為責任に基づき施工代金2450万円のところ、建替費用その他で合計3910万円の損害賠償請求を認容している（欠陥住宅判例7集168頁）。

当該瑕疵を修補するのに建替までは必要でないとして、別の補修方法に基づく補修費用を損害として主張し、場合によっては後者の補修方法に基づく費用が損害として認定されることもある(23)。これは、買主、注文者が主張する損害ないし損害額を、売主、請負人がそうではないとして争うものであって、損害賠償請求事件一般に見られる争いである。このように、契約内容不適合の回復方法として建替えが必要か、そうでない何らかの補強工事で足りるのかをめぐって争われていることは、改正民法後にも生じる事態であって、改正民法に特有な争いではないと解されよう。

V おわりに

民法改正は、現代社会に対応し、市民にとってわかりやすい民法とすることを目的とした改正である(24)。改正論議においては、現在の法解釈や判例の到達点をわかりやすく条文に反映させることが基本であることが度々強調されてきた(25)。

改正前民法では、上述したように、注文建築に瑕疵があった場合には、瑕

---

(23) 例えば、広島高判平成17・10・27欠陥住宅判例4集416頁は、注文者が請負人に瑕疵が重大で建替が必要だとして建替費用相当額等1億円以上の損害賠償を請求したのに対して、判決は、「本判決が地震や台風などの振動や衝撃により倒壊する危険性があるとまではいえず、建替えを要するまとまでは認めがたい」として、補修費用等として1620万円弱の請求のみを認容した。これに対して、注22掲載の各判決は、建替えなくても補修で足りるとする被告側の主張を排斥して、建替費用相当額を認めている。

(24) 法務大臣が債権関係を中心とした民法改正について法制審議会に諮問したのは以下の点である。「民事基本法典である民法のうち債権関係の規定について、同法制定以来の社会・経済の変化への対応を図り、国民一般に分かりやすいものとする等の観点から、国民の日常生活や経済活動にかかわりの深い契約に関する規定を中心に見直しを行う必要があると思われるので、その要綱を示されたい。」(諮問第88号・法制審議会第160回会議・2009年10月28日)

(25) 前掲注(7)『一問一答』は、「今回、民法(債権関係)の一部改正が行われたのはなぜか」という問いの答えとして、「社会・経済の変化への対応を図るための見直しを行うとともに、判例や通説的見解など現在の実務で通用している基本的なルールを明文化することとされた」とまとめている(1頁)。

疵修補を請求することなく、直ちに瑕疵修補に代わる損害を賠償請求することが条文上も認められてきたし、実際上も、そのように損害賠償請求をできることは合理的であったのである。法制審議会民法（債権関係）部会では、このような従来の＜瑕疵修補請求をしない瑕疵修補請求に代わる損害賠償請求＞のあり方を変える必要性については、明示的に議論がされていないのであるから、改正民法は従来のこのような＜瑕疵修補請求をしない瑕疵修補に代わる損害賠償請求＞の実質を変えるものではないと解すべきである。

　そのために本稿では、従来、認められてきた＜瑕疵修補に代わる損害賠償請求＞は、改正民法のもとで＜契約内容不適合の修補請求をしない損害賠償＞と解した上で、これを＜契約内容不適合の修補請求をしたが履行されない場合の履行に代わる損害賠償＞と区別し、前者には改正民法415条1項が適用され、後者には改正民法415条2項が適用されると解することにより、改正前と同じ法的効果を達成することを提案した。このような提案は、契約内容不適合の場合には、まず追完請求をすべしとする追完請求優先の原則は改正民法においても明文で規定されておらず、契約内容不適合の場合に追完を請求するか、追完を請求することなく損害賠償するかは債権者である買主、注文者の選択権に委ねられていると考えるものである。

　なお、買主や注文者が目的物である建物の品質について契約内容不適合の度合いが重大で、建物自体を建替える必要があるとして建替費用相当額の損害賠償を請求した場合、これは追完請求ではなく損害賠償なので、改正民法562条1項但書きの売主ないし請負人の他の追完方法による追完の規定は適用されないと解すべきである。ただし、売主、請負人が建替なくても別の修補方法で契約内容適合性を回復できるとして、買主、注文者が主張する損害ないし損害額を争うことができることは、今までと変わらない。このように解すならば改正民法によって、買主、注文者にも売主、請負人にも殊更不利益は生じないと言えよう。

マンションの解消を考える
―オーストラリア・ニューサウスウェールズ州の区分所有解消制度を参考に―

岡　田　康　夫

I　問題の所在

(1) マンションの解消

　平成29年末の時点で、日本では約644万戸のマンションに約1533万人が居住していると推計される。このうち築40年を超えるマンションは72.9万戸と総戸数の約1割を占め、10年後はその数が約2.5倍の184.9万戸、20年後は約5倍の351.9万戸となる見込みである(1)。こうした高経年マンションの増加に加え、大規模災害に対する防災の観点からも、マンションをより柔軟に「終わらせる」、すなわち既存の建物を取り壊して建て替えたり、敷地を集団で売却する制度を拡充する動きが続いている。区分所有法の建替え制度は、すでに2002年の改正で「費用の過分性」要件が外され、区分所有者及び議決権の各5分の4の特別多数決議があれば建替えができるようになった。また、1995年に制定された「被災区分所有建物の再建等に関する特別措置法」では、大規模災害で被災し建物が全部滅失した場合に区分所有法の建替えに関する規定に準じて区分所有者及び議決権の5分の4の特別多数決議によりその再建を可能としていたところ（同法第1条・第2条）、2013年の改正によって、区分所有建物が全部滅失した場合のその敷地の売却（同第5条）、区分所有建物が大規模一部滅失した場合の建物及び敷地の売却（同第9条）あるいは建物取壊し及び敷地の売却（同第10条）が認められるようになった。さらに、「マンションの建替え等の円滑化に関する法律」の2014年改正により、耐震

---

(1) 国土交通省「分譲マンションストック戸数」「築後30、40、50年超の分譲マンション数」いずれも平成29年末現在／平成30年5月24日更新

第1部　土地法・住宅法

強度が不足している高経年マンションについて、要除却認定を受ければ、やはり集会における区分所有者及び議決権の各5分の4以上の特別多数決議によって、区分所有建物とその敷地の売却が行えるようになった。

こうしたマンションの建替えないし敷地売却（以下、合わせて「解消」と称する）では、本来区分所有者全員の合意を要することになる区分所有建物の消滅を、大多数の区分所有者の意思、すなわち区分所有者及び議決権の各5分の4以上の特別多数決議によって、生じさせることが可能となっている。つまり、解消を望まない区分所有者がいたとしても、その者は自己の意思に反して区分所有権を強制的に買い取られ、他の場所へ移転することを余儀なくされることになる。

（2）2002年改正の評価

1983年の改正で導入された区分所有建物の建替えには、当初、5分の4の特別多数決議をする前提として、「費用の過分性」が必要であった。すなわち、区分所有法旧62条は「老朽、損傷、一部の滅失その他の事由により、建物の価額その他の事情に照らし、建物がその効用を維持し又は回復するのに過分の費用を要するに至ったときは、集会において、区分所有者及び議決権の各五分の四以上の多数で、建物を取り壊し、かつ、建物の敷地に新たに主たる使用目的を同一とする建物を建築する旨の決議（以下「建替え決議」という。）をすることができる。」と規定していた。この、建物の状況に鑑みて建替えを正当化する客観的要件を廃止し、詳細な建替え手続の要件を加えた上で5分の4の特別多数決議のみによる建替えを可能にした2002年改正については、当初から厳しい声が寄せられている。

山野目教授[2]は、多数決による決定について、「区分所有権が紛れもなく個人の財産である性格をもっていることを考えるならば、それを、本人の意思に反し、多数決で収奪する結果を認めることには、大きな躊躇を感ぜざるをえない。」「私法上の一般原則として多数決建替えにおける客観的前提要件を

(2) 山野目章夫「マンションの建替えを巡る法律改正の評価」ジュリスト1249号44頁以下。

全廃することは、相当でないといわなければならない。」と批評し、建替えに反対する少数者の利益として尊重されるべきなのはマンションの所有権であるが、それは「単に、マンションの経済的価値と物理的な居住空間の保持の、それらの和に尽きるものではないはず」であり、「人々が「住居を起点として形成している社会的人間関係の継続・発展」を追求することの安定的な法律的基盤を保障することが、マンションの所有権に期待される役割にほかならない」としたうえで、新たに整備された建替えの意思形成過程の手続的保障が、客観的要件の撤廃という実体問題への処置の補償となっているかなお疑問が残ること、少数者の不利益を排除・軽減する措置についても不十分であることなどを指摘して、「建替えに関する客観要件を撤廃したことは、相当に問題のある立法であった。」と結論づける。さらに憲法的価値との適合性を検討し、建替えに合理性を欠くと認められる明らかな事情がある場合は建替え決議は無効と解すべきという解釈論を展開する。

千葉教授(4)は、新建替え決議制度を正当化するためには、旧62条1項において2つの要件によって担われてきた機能、つまり①5分の4以上の特別多数決決議に反対することに合理性があるとはいえないこと、かつ、②建替え決議自体が合理的であることが必要だとする。そして、②については、手続を保障して合理的な意思決定ができるような環境が整備されたといえるがそれでもなお従来に比べて少数区分所有者の手続権保障の観点から慎重な取扱いが必要であるとし、①については、建替え不参加者に対する、売渡請求制度を通じた区分所有権の強制移転と敷地共有持分権の時価での価格賠償の強制それぞれの理論的根拠を示す必要があるとする。

伊藤准教授(5)は、区分所有者に対する団体的拘束を正当化するためには、第1に、決議に反対する区分所有者の所有権の使用・収益・処分の自由を侵害

---

(3) 鎌野邦樹=山野目章夫編『マンション法』(有斐閣、2003年) 197頁〔山野目〕も参照。

(4) 千葉恵美子「検証・新マンション建替え制度——理論的視点から」ジュリスト1249号51頁以下。

第1部 土地法・住宅法

せず、所有権自由の保障の要件を満たしているといえること、第2に、反対者に意見表明をする機会が保障されている、すなわち、デュープロセスの保障がなされ、正当な手続保障の要件を満たすことの2点が必要とされると述べる。その上で、2002年改正について、十分なデュープロセスの保障が行われているが、建替えによって少数者の所有権の使用・収益・処分の自由が侵害されないと評価するための要件として、①老朽、損傷、一部滅失その他、建替えを必要とする理由が存在すること（「理由要件」）、②建物の建替えをしないとした場合において、当該建物の効用の維持または回復（建物が通常有すべき効用の確保を含む）をするのに、過分の費用が必要となること（「費用要件」）が求められるとする。そして、2002年法は、旧法の客観的要件について、決議に反対した少数の区分所有者が客観的要件を充足していないことを立証させることにしたものとして解釈すべきことを主張する。

もっとも、最高裁判所は、団地の一括建替えに関する平成21年4月23日判決において、「区分所有権の行使……は、必然的に他の区分所有者の区分所有権の行使に影響を与えるものであるから、区分所有権の行使については、他の区分所有権の行使との調整が不可欠であり、区分所有者の集会の決議等による他の区分所有者の意思を反映した行使の制限は、区分所有権自体に内在するものであって、これらは、区分所有権の性質というべきものである。

（5）伊藤栄寿『所有法と団体法の交錯——区分所有者に対する団体的拘束の根拠と限界』（成文堂、2011年）第4章第2節。同「マンション建替え決議要件の理論的検討」マンション学第43号43頁以下、さらに同「区分所有の構造に関する議論と展開—共有論における区分所有」民法理論の対話と創造研究会編『民法理論の対話と創造』（日本評論社、2018年）93頁以下も参照。

（6）最一小判平成21年4月23日判例タイムズ1299号121頁。本判決の評釈として、内野正幸・ジュリスト臨時増刊1398号平成21年度重要判例解説20頁、榎透・法学セミナー665号116頁、千葉恵美子・判例セレクト353号15頁、山野目章夫・私法判例リマークス41号30頁、吉田邦彦・判時2080号3頁、熊野勝之・法学セミナー657号6頁がある。その多くは判旨に批判的である。より詳細に本判決を批判的に検討しているのが、原田純孝「マンション建替え制度における居住の権利と土地所有権—とくに団地内建物一括建替えの場合を中心にして—」清水誠先生追悼論集『日本社会と市民法学』（日本評論社、2013年）297頁以下である。

区分所有建物について、老朽化等によって建替えの必要が生じたような場合に、大多数の区分所有者が建替えの意思を有していても一部の区分所有者が反対すれば建替えができないということになると、良好かつ安全な住環境の確保や敷地の有効活用の支障となるばかりか、一部の区分所有者の区分所有権の行使によって、大多数の区分所有者の区分所有権の合理的な行使が妨げられることになるから、１棟建替えの場合に区分所有者及び議決権の各５分の４以上の多数で建替え決議ができる旨定めた区分所有法62条１項は、区分所有権の上記性質にかんがみて、十分な合理性を有するものというべきである。」として、新たな建替え制度には十分な合理性があると評価している。

　また、区分「所有権」の変質をもたらしたものと捉える見解もある。鎌野教授[7]は、区分所有法の2002年改正によって、所有権の絶対性の側面を否定し「所有権の内在的制約」を強める方向で区分所有権が変革され、この結果、区分所有権は、居住の権利として、一般的に借地権（定期借地権を含む）や建物賃借権よりも弱い権利となり得るものとなったと評価する。また、大野教授も、「区分所有権の法的性質は、「費用の過分性」要件という形で共有法理の考え方が反映された所有権としての性質から、多数決によって自己の権利が制約される団体法上の権利としての性質へと変化したものと考える。したがって、現在の区分所有権は、所有権の処分の自由を部分的に喪失した権利となっていると解されるので、もはや通常の所有権と同等の権利であるとはいえなくなっていると思われる」と論じている[8]。

（３）本稿の課題

　すでに述べたように、区分所有建物の解消方法には、建替えの他に集団売却が加わった。この集団売却については、今のところ大規模災害による被災あるいは防災上の必要性という形で売却を正当化する客観的な要件が存在す

（７）鎌野邦樹「マンションの建替え――法はどう変わり現実はどう変わるか」法学教室272号49頁以下、53頁。
（８）大野武「マンションの建替え要件をめぐる議論」マンション学第43号29頁以下、39頁。

る形になっている。近い将来、この要件が外されて区分所有建物の集団売却も5分の4の特別多数決議のみによって行えるようになるかもしれない。しかしながら、客観的な要件がなお必要と考える研究者の指摘をどのように受け止めるべきだろうか。さらに、解消制度の在り方を考察するにあたって、見落とされている点などはないだろうか。本稿では、オーストラリアのニューサウスウェールズ州で新たに導入された区分所有解消手続を検討することによって、日本の区分所有解消制度の在り方について手がかりを得ようと試みるものである。

II オーストラリア・ニューサウスウェールズ州における区分所有の解消制度[9]

1 オーストラリアの区分所有

オーストラリアで最初の区分所有立法が生まれたのは1961年ニューサウスウェールズ州でのことであった[10]。日本と同様に、当初は区分所有建物の建替えや解消といった事態は想定されておらず、区分所有を終了させるには原則として区分所有者全員の合意が必要であった。しかしながら、近年、全員合

---

(9) オーストラリア区分所有法全体については、B. Edgewoorth, *Butt's Land Law* 7 th ed (Thomson Reuters, 2017), Chapter 13, K. Everton-Moore, A. Ardill, C. Guilding & J. Warnken, "The law of strata title in Australia: A jurisdictional stocktake", (2006) 13（1）APLJ P 1 -35. ニューサウスウェールズ州の区分所有法制度については拙稿「オーストラリア区分所有法をみる」マンション学第51号156頁以下（ただし2015年改正前の内容になる）、岡田康夫＝鎌野邦樹「オーストラリア（ニューサウスウェールズ州）のマンション法」マンション管理センター通信2016年6月号20頁以下、他の法域も含む新たな解消制度については拙稿「オーストラリアにおける区分所有法の解消制度」マンション学第56号88頁以下を参照。

(10) オーストラリアは連邦制で各州に民事立法権限が委ねられているため、区分所有の法律は州ごとに別個に制定されている。ニューサウスウェールズ州の1961年不動産譲渡（区分所有）法Conveyancing (Strata Titles) Act 1961は、29カ条からなるオーストラリア最初の本格的な区分所有立法である。その前年にヴィクトリア州で1960年土地移転（区分所有権）法Transfer of Land (Stratum Estate) Act 1960が制定されており、厳密にはこちらが最初の立法とはなるが、その内容はわずか3カ条に留まるごく簡潔なものであった。

意によらない区分所有の解消制度の導入が各法域で検討され、法改正によって実現する州も現れている。その中で現在最も大きな影響力を持つのは、ニューサウスウェールズ州が2015年の改正によって導入した解消制度である。

なお、区分所有に関する基礎的なデータを示しておく。ニューサウスウェールズ大学都市未来研究所の調査によると、2018年現在、オーストラリア全土に区分所有建物は31万6227棟／258万7397戸あり、全人口の約9％にあたる220万人が居住している。58％の建物は1999年以前に建てられている。ニューサウスウェールズ州では、区分所有建物は8万664棟（このうち居住用建物が7万6565棟）／88万9630戸（住戸は81万9490戸）あり、州人口の約15％にあたる113万人が居住している。62％の建物は1999年以前に建てられている。なお、小規模の区分所有建物が非常に多い。やや古いデータだが、ニューサウスウェールズ州の場合、2戸からなる建物が全体の28.3％、3〜5戸からなる建物が24％を占めている。こうした小規模の建物の多くは、1960〜80年代にシドニーの中心部に建てられたものである。

---

(11) 現時点で新たな解消制度を制定したのは、北部準州とニューサウスウェールズ州であるが、他の州でも検討がなされている。詳しくは拙稿・前掲注9マンション学第56号90-91頁を参照。北部準州は、2008年に区分所有者の90％による同意（区分所有者は自己の区分所有権の価値に応じた割合で議決権を持っており、この議決権割合で90％の同意を得ることが必要である）をもって区分所有の解消を認める制度を導入した（Unit Title Schemes Act 2008）。その後制度を拡張し、築30年以上経過した区分所有については区分所有者の80％の同意、築20年以上30年未満の区分所有では90％の同意、築15年以上20年未満の区分所有では95％の同意があれば区分所有を解消できることとした（Termination of Units Plans and Unit Title Schemes Act 2014）。これはシンガポールの解消制度を参考にしている。シンガポールの区分所有解消制度については、辻壽一「シンガポールの解消制度——都市政策と住宅政策——」マンション学第56号94頁以下を参照。

(12) H. Easthope, C. Buckle, & V. Mann, Australian National Strata Data 2018, City Future Research Centre, UNSW Australia, May 2018.

(13) いずれも2011年5月31日時点。Inside Strata, June 2011, P24.

第 1 部　土地法・住宅法

2　ニューサウスウェールズ州の区分所有解消手続[14]

(1) 2015年の法改正

　ニューサウスウェールズ州では、1973年と1996年に大規模な区分所有法改正を行った後、次に計画すべき改正点の一つとして、区分所有者全員の合意がなくても区分所有を解消できる新たな制度の検討を始めた。シドニーで区分所有建物の大量供給が始まってから50年以上が経過し、老朽化した建物が増加して早晩建替え・再開発が必要となりつつあること、特に初期の区分所有建物は小規模のものを街の中心地に建てている場合が多く、高密度の住宅棟に建て替える経済的需要が生じていること、維持管理をきちんと行わないために管理不全・荒廃状態に陥った区分所有建物も珍しくないこと、などがその理由である。視野をより広く取れば、シドニーの都市計画が大いに関与することが見て取れる。過去25年間で130万人から470万人に増加したシドニー大都市圏の人口は今後も増え続け、今後20年間にさらに170万人増加すると見積まれている[15]。これに伴い新たに72万5千戸の住宅供給が必要とされるが、人口密度の高いコンパクトシティを作る政策が採られているため、都市部の大規模な再開発が行われることになるのである[16]。区分所有の解消を容易にする法改正は、その実現手法の一端を担う面がある。

　2015年改正より前は、区分所有を終了termination of strata schemesする方法が2つ定められていた[17]。①全ての区分所有者が区分所有の終了に合意し、登記庁長官に対してその登記を申請する方法[18]、及び②区分所有者等の申

---

(14) Edgeworth, supra note 9, [16.650]-[16.760].

(15) シドニー市そのものは小さいが、実質的なシドニーの都市全体を表す呼称として「シドニー大都市圏Greater Sydney Region」が使われている。シドニー市及びその周辺の30自治体からなり、2017年現在で約470万人の人口を抱えている（オーストラリア全体の約5分の1にあたる）。「シドニーの都市計画―2000年シドニー五輪のレガシーを踏まえて―」Clair Report No.459（2018）37頁。

(16) シドニー大都市圏の長期的な計画を定めたGreater Sydney Region Plan-A Metropolis of Three Cities, 2018 March、前掲Clair Report No.459等を参照。オーストラリアのコンパクトシティ政策については「メルボルンにおけるコンパクトシティ政策について」Clair Report No.462（2018）を参照。

立てを受けて裁判所が審理し、適切と認められる場合に裁判所が区分所有の終了を命令する方法である。しかし、これらの既存の法制度の下で区分所有の終了に至ったケースはごく少数であり、区分所有の終了を巡るトラブルの多発が不安視されていた。このような事情から、新たな制度の導入が模索されたのであった。

　ニューサウスウェールズ州の区分所有法は、区分所有建物の発生から消滅までを扱う開発法と、区分所有の管理面を扱う管理法の2つに分かれており、その両方が2015年に大々的に改正されたのだが、このうち2015年区分所有開発法Strata Schemes Development Act 2015の第10章に、区分所有解消手続Strata renewal process for freehold strata schemesが定められた。ここにいう解消とは、集団売却collective sale、すなわち区分所有の全体を一括売却することと、建替えredevelopment、すなわち既存の区分所有建物を取壊して新たな区分所有を建築することである（2015年区分所有開発法（以下、同法の引用は条数のみ示す。）第154条）。

（2）解消手続の流れ

①区分所有を解消させる提案

　解消手続は、提案に始まる。誰でも（区分所有者の一人でも、開発業者であってもよい）、区分所有の管理団体である所有者法人owners corporation

---

(17) 現行の2015年区分所有開発法にもこの終了制度は存置されている。①にあたるのは第142〜147条、②にあたるのは第135〜141条である。

(18) 専有部分が担保に供されている場合には担保権者の同意が、賃貸されている場合には賃借人の同意がさらに必要である。

(19) 2013年までに解消がなされたのは826件である。そしてそのほとんどが全員の合意による終了であり、裁判所の命令によるものは5件にすぎなかった（NSW Government, Strata Title Law Reform: Strata & Community Title Law Reform Position Paper, (NSW Fair Trading 2013), P20.)。日本のマンション建替え実施件数は実施準備中のものを含めても400件に満たない（平成29年4月1日時点で合計377件。国土交通省住宅局「マンション建替えの実施状況」より）。しかし、オーストラリアでは小規模の区分所有建物が非常に多い点に注意する必要がある。

に対して区分所有の解消を提案することができる（第156条1項）。提案書には、かなり具体的な内容を記載しなければならない。すなわち、(a) 各区分所有者に対して重要な通知であることを示す前文、(b) 提案者の氏名及び住所、(c) 提案者が区分所有内の専有部分に金銭的利害関係を有する場合はその詳細、(d) 提案の概要及び目的、(e) 提案への資金調達の見込み、(f) 解消手続全体にかかる総費用の概算額、(g) 提案者が解消計画作成や専門家への報告書作成依頼のために資金を提供するかどうか、(h) 資金提供がある場合にはその担保の供与方法、(i) 集団売却または建替え後の新たな区分所有への区分所有者の買戻の可能性、(j) 集団売却の場合には：予想される売却価格とその算出方法の説明及び各区分所有者への配分内容；手続完了予定日及び明渡し予定日を含む日程表、(k) 建替えの場合には：各区分所有者に示される予定の契約条項；提案者の建替えへの資金調達方法；必要な行政許可とその取得できる時期及び取得の見込み；建替え開始から完了までの予定期間を含む日程表；区分所有者が提案者に対して明渡しをする予定日、である（第156条2項、2016年区分所有開発規則Strata Schemes Development Regulation 2016第30条）。この提案は区分所有の執行機関である区分所有委員会strata committeeによって審査され[21]、委員会が解消の検討を進めるべきである旨の判断をした場合、あるいは区分所有者の議決権割合の4分の1を越える者からの要求があった場合には、所有者法人[22]の集会が招集される。そして、集会で過半数（議決権割合による）の賛成が得られると、最大8名の区分所有者からなる解消委員会strata renewal committeeが設立される（第157～159条）。

②解消委員会による解消計画の作成

---

(20) 区分所有者全員で構成される団体で法人格を有し、区分所有全体の管理運営を行う（2015年区分所有管理法Strata Schemes Management Act 2015第9条……以下、管理法と略す）。日本法における区分所有者の団体に相当する。

(21) 最大9名からなり、原則として区分所有者の中から選出される。委員長、書記、会計が置かれ、区分所有の日常的な業務執行を行う（管理法第29～31条、36条、41条）。日本のマンションにおける理事会に相当する。

解消委員会の役割は、原則として1年以内に解消計画を立てることである（第166条1項。所有者法人の特別決議（後掲注23を参照）により延長が可能。同2項）。委員会には予算が割り当てられ、必要な場合には不動産鑑定士や弁護士などの専門家を雇うことができる（第164条）。委員会が開催されると14日以内にその議事録が所有者法人へ送付され、掲示板に貼られたり閲覧を希望する区分所有者にコピーが渡されるなどして内容が周知される（第169条）。委員の中に計画される集団売却または建替えに対して利害関係を有する者がいるときは、その旨を委員会で明かさなければならず、委員会は所有者法人に当該委員を除名するか、議決権なき委員として残すか、そのまま委員として活動を続けさせるか、判断を求めることになる（第165条）。

　計画の内容は、集団売却を提案するか建替えを提案するかで異なる（第170条）。集団売却の場合、売却手続の概要、買主の名称または競売若くは公開入札による売却の提案、売却代金額またはその最低保障額、売却の完了予定日、区分所有者の明渡し予定日及び控除すべき売却関連費用の詳細を記さなければならない（同条1項（c）号）。建替えの場合、予定される開発業者の名称、必要な計画許可の詳細、建替え工事の開始から完了までの推計期間、区分所有者が建替えのために退去を求められる期間の長さ、建替えにかかる費用の調達方法、建替えに反対する区分所有者との専有部分売却の契約条項及び専有部分と引換えに支払われる金額の詳細、建替えに参加する区分所有者との専有部分売却の契約条項（金銭の支払いがある場合はその額及び

---

(22) 議決権割合unit entitlementとは、各区分所有者に割り当てられる議決権の大きさを指す（管理法第4条1項）。区分所有建物が設立されるときに、各戸に議決権割合が割り当てられ（通常は分譲価格に応じてその数値が定まる）、登記される（開発法第10条、開発法付則2）。区分所有者は共用部分に対してこの議決権割合に応じた共有持分を保有する（法的には区分所有者の団体である所有者法人が各区分所有者を代理して共用部分を所有する。開発法第28条）。所有者法人は、集会決議によって区分所有を管理運営するが、その通常決議は1戸につき1票の過半数の賛成によって成立する。もっとも、集会において票決を求める動議が出されたときは、議決権割合に基づいて各自の票が計算され、その過半数が得られると可決したこととなる（管理法付則1第14条）。

第 1 部　土地法・住宅法

支払時期も含む）及び、新建物への買戻権を有するときは、当該権利の詳細を記さなければならない（同（d）号）。さらに、専有部分に影響するあらゆる権利の情報、最新の全議決権割合、最有効使用での建物全体及び敷地の市場価値並びに各専有部分の補償価額compensation valueを記した独立鑑定人の報告書、建替えの場合には反対区分所有者の専有部分売買の完了予定日（代金支払が完了予定日と異なるときはその支払予定日も）も記載しなければならない（開発規則第33条）。なお、ここに示される補償価額は、集団売却及び建替えにおける専有部分売却価格の下限を意味し、売却価格が補償価額を下回る内容の計画は許されない（第170条3項・4項）。

　③解消計画の特別決議

　解消計画が完成すると、解消委員会によって、計画を検討するための所有者法人の集会が招集される。通常の集会招集は7日前までの通知によってなされるが、解消計画を検討する集会については14日前までに招集の通知をしなければならない（第172条1項・2項、管理法付則1第7条）。この集会において、議決権割合で4分の3の賛成による特別決議[23]が成立すると、14日以内に解消計画が各区分所有者の元へ送られることとなる（第172条5項、第173条）。また、議決権割合の過半数による通常決議で解消計画を変更したり変更のために解消計画を解消委員会へ戻すこともできる（第172条3項、4項）。

　④区分所有者の検討

　各区分所有者は、解消計画を受け取ってから最低60日の検討期間を経た後、計画への参加の有無を決定する。計画に賛成する区分所有者は、「賛成通知」を通知受領担当者に提出する（第174条1項）。賛成通知によって、当

---

(23) 正確には、適切に開催された通常集会で可決され、かつ、反対票の価値が25％以下に留まることである（管理法第5条1項）。「適切に開催された」とは、招集手続に瑕疵がなく、そして定足数（戸数及び議決権割合で4分の1）を満たしていることを意味する。なおこの要件のゆえに、2戸あるいは3戸からなる区分所有（週内の区分所有の約37％を占める）には新制度は適用されず、これらの区分所有を解消するためには全員合意が必要となる。

該区分所有者は解消計画へ合意したことになる（同5項）。この通知には区分所有者の署名（所有者が複数いる場合は全員）と、担保権者がいる場合にはその署名が必要である。また、すべての署名は集団売却または建替えの当事者でない成人一人が証人とならなければならない（同2項・3項）。特別決議から90日の有効期間内に区分所有者の4分の3以上の賛成通知が得られると、その旨が書面で全区分所有者及び登記庁長官に通知され、共用部分の登記簿に解消計画が登録される。この登録後は、当該専有部分の権利の承継人等に対してもその効力が及ぶ（第176条）。

なお、賛成通知は、登記庁長官へ通知がなされる前ならば撤回できる（第175条）。区分所有者には、計画に賛成しない完全で無限定の自由があり、③の特別決議で賛成票を投じた場合でも、賛成通知提出をするかどうかはその者の自由に委ねられる。

⑤裁判所の命令を求める集会決議

解消計画を実現するためには、土地環境裁判所Land and Environment Courtの命令が必要である。このため、所有者法人の集会が招集され、通常決議を経て、裁判所に申立がなされる（第178条1項）。申立書には、(a)解消計画の写し、(b)賛成通知の写し、(c)計画に反対するすべての反対区分所有者の氏名並びに反対区分所有者の専有部分に担保権を設定しているすべての譲渡担保権者及び約款担保権者の氏名、(d)解消手続を適切に進めた旨を証する所有者法人の宣誓書、集団売却の場合には：(e)買主が専有部分に対して有する利害関係についての宣誓書；(f)土地建物の市場価格（最有効使用での）及び各専有部分の補償価額に関する独立鑑定人の報告書、建替えの場合には：(e)開発業者が専有持分に対して有する利害関係についての宣誓書；(f)各反対区分所有者に対して専有部分と引換えに支払われる金銭の額を詳細に記した文書；(g)土地建物の市場価格（最有効使用での）及び反対区分所有者の専有部分の補償価額に関する独立鑑定人の報告書；解消計画に基づく建替え工事の実施に必要な資金調達に関する情報を詳細に記述した文書、を添付する（第179条1項）。

第1部　土地法・住宅法

　申立がなされた旨の通知は、すべての区分所有者、反対区分所有者の専有部分に担保権を設定しているすべての担保権者、買主あるいは開発業者に送達される（同第2項）。

　なお区分所有建物に賃借人がいる場合、決議から14日以内に、裁判所への申立がなされた旨の通知が所有者法人の書記から賃借人に対してなされる（第178条4項）。

　反対区分所有者及びその他の申立の通知を受領した者は、申立に対する異議を提起できる。異議は通知を受領してから21日以内に提起なければならない（第180条）。

⑥土地環境裁判所による命令

　土地環境裁判所は、所有者法人の申立に基づいて解消計画を検討し、以下の4つの点について確信が得られたときは、解消計画に効力を与える命令を発する：(i) 解消計画が誠実に作成され区分所有者と買主または開発業者との間に計画を妨げるような関係が存在しないこと、(ii) 必要な数の賛成通知を獲得するまでの解消手続が適正に進められたこと、(ⅲ) 裁判所の手続に関する通知がいずれもきちんと送達されたこと、(ⅳ) そして、(a) 集団売却の計画の場合には：各区分所有者の専有部分に配分される売却代金の分配の提案が専有部分の「補償価額」を下回らないこと、及び専有部分の売買に関する契約条項があらゆる状況に鑑みて正当かつ衡平であること、(b) 建替え計画の場合には：反対区分所有者に支払われるべき金銭の額がその所有者の専有部分の補償価額及びその者が賛成区分所有者であったならば受け取れるであろう総額を下回らないこと、並びに専有部分の売買に関する契約条項があらゆる状況に鑑みて正当かつ衡平であること、である（第182条1項）。裁判所は、解消計画の中に上記の要件に抵触する部分があるときは、自己の判断で計画の内容を変更することができる（同2項）。

　なお、各区分所有者は売却または建替えに反対する無限定の権利を有する

---

(24) 調停または和解を試みることもでき、これらが成立するとその合意内容が解消計画とみなされる（第181条2項・4項）。

がゆえに、売却手続が反対区分所有者に可罰的な効果を与えるものであるときは、売却は信義誠実になされていないことになる。[25]

⑦裁判所の命令に従った売却

集団売却の命令が発せられると、すべての区分所有者の権利は買主へ売却され、買主から登記庁長官へ通知がなされて、区分所有の登記は抹消される。これにより、区分所有は終了することとなる（第184条）。

建替えの命令が発せられると、建替えに参加しない反対区分所有者は自己の権利を売却し、所有者法人は解散してその有していた権利義務が開発者または建替えに賛成する全区分所有者に帰属することになる。計画で別段の定めのない限り議決権割合の大きさを各自の持分の大きさとする区分所有者の敷地共有状態が生じ、開発者から登記庁長官への通知によって区分所有の登記が抹消され、区分所有が終了する。敷地の上には開発者によって新たな区分所有建物が立てられ、計画の内容によっては、区分所有者は新建物に対して買戻権（もし解消計画に定められていたなら）を行使できることとなる（185条）。管理組合を原告または被告とする訴訟手続は、開発業者を対象とするものになり、開発業者は登記庁長官に終了の通知を送付しなければならない（同4項）。

なお、裁判所が別段の命令を発しない限り、反対区分所有者が裁判所へ異議を申し立てるためにかかる合理的な費用は、管理組合によって支払われる。管理組合はかかる費用の負担を反対区分所有者に課してはならない（第188条）。

⑧売却代金の計算と分配

集団売却がされると、売却代金は議決権割合に応じて区分所有者の間で分配される（第171条）。建替えの場合、反対所有者は自己の専有部分と引換えに、売却代金の支払いを受けることとなる。いずれの場合も、その金額は専

---

(25) Edgeworth, supra note 9, [16.740]は、シンガポールの判例（*Lim Li Meng Dominic v Ching Pui Sim Sally* [2015] SLR 989; [2015] SGCA 54.）を根拠にこのように述べる。

有部分の「補償価値」を下回ってはならないとされている(第170条3項・4項、第171条2項)。この専有部分の「補償」については、土地収用における損失補償の仕組みが準用されている。すなわち、専有部分の補償価値とは、原則として、専有部分の所有者が1991年土地収用(正当な補償)法Land Acquisition (Just Terms Compensation) Act 1991第55条に基づいて取得できる補償を指す。同条によると、反対所有者に対する補償を算定する際に考慮すべきファクターは、(a) 専有部分の市場価値、(b) 専有部分の特別価値、(c) 残地に生じる損失(残地補償)、(d) 移転諸雑費、(e) 立退きにより生じる非財産的損失である[26]。収用する土地の市場価値そのものを補償額とすると、自らの意に反して土地を手ばなすことになる所有者にとって、過少な補償となる恐れが生じる。このため、市場価値にその他の要因を加えることで、所有者に不利益を生じさせない「正当な」補償を実現している[27]。この5つのファクターのうち、(a)(c)(d)は日本の収用補償にもみられる補償である。これに対し、(b)は(a)に含まれない特殊な価値を示しており、(e)は他の項目と異なり非財産的な損失の補償という特殊な性質を持つ。両者について説明を加えよう[28]。

(b) 専有部分の特別価値(同法第57条)とは、所有者の使用によって生じる市場価値を超える特別な価値のことである。例えば所有者の職場に近接する住宅は、所有者にとって一般的な市場価値を上回る価値があることになる。あるいは、土地の分筆を準備するために費用を支出していた場合や、小売店に近接する倉庫であった場合、基礎工事を行っていたために計画許可の下りる可能性が高くなっていた場合等が、特別価値の生ずる例としてあげられる[29]。

---

(26) 土地の価値は変動するため、どの時点を算定の基準にするかで市場価値の補償額も変わる。2016年区分所有開発規則第27条は、解消計画に記載する補償額については計画を検討する集会の開催日から遡って45日以内の日、裁判所への申立については申立日から遡って45日以内の日を算定基準時としている。

(27) Edgeworth, supra note 9, [17.430].

(28) Ibid., [17.430]-[17.500].

(e) 立退きにより生じる非財産的損失（同法第60条）は、2016年に改正されるまで「慰謝料Solatium」という名称であった。これは、土地収用によって自己の主たる住居から立ち退かざるを得なくなった所有者に生じる非財産的な損失の補償である。本来金銭に換算できない精神的苦痛を算定するのは非常に困難なことであり、かかる補償の必要性については異論もある。このため、1991年土地収用（正当な補償）法の改正が検討された際には、「慰謝料」の補償の要否も論点となった。しかし、この補償は必要であり、しかもその金額が低すぎるとして、最高額を引き上げる改正がなされたのであった。

　法改正を検討する段階で提出された2つの報告書では、「人の人生において家族の家を立ち退かされること以上に破壊的で動揺を生じさせる出来事はそう多いことではない」[30]、「住まいの喪失は、不安の階梯のかなり高い段、おそらくは死別のすぐ下の段に位置する」[31]、「住居の収用は居住者にストレスを生じさせ不安を増大させる。なぜなら、新たな家を見つける必要がある上に、子どものために新しく学校を見つける必要が生じたり、不慣れな地域で人との新たなつながりを作り出さなければならないといったその他の潜在的な問題にも直面するからである」[32]などと述べられている。いずれも、人にとって住まいを失うことを重大な非財産的損失と捉えていることが分かる。両報告書では、このように精神的苦痛を補償する必要性を強調し、それまで最大2万7235ドル（約220万円）であった最高額の引き上げを勧告した。2016年の改正により、名称が「立退きにより生じる非財産的不利益」へ変更されるとともに、補償の最高額は7万5000ドル（約607万円）となった（同法第60条2項（b）号）[33]。

---

(29) Ibid., [17.470].
(30) D.J. Russell SC, Review of the Land Acquisition (Just Terms Compensation) Act 1991, February 2014, P43.
(31) Customer Service Commissioner, NSW Housing Acquisition Review Summary Report, 14 September 2016, P3.
(32) Ibid., P51.

この補償額を算定する際には、(a) 補償権者が土地に対して有する権利の性質、(b) その土地に居住していた年数（特に一時的な居住かそれとも無期限の居住か）、(c) 立退きによって被る不便さ、(d) 土地収用後もなお居住が許される期間、等のあらゆる事情が考慮された上で、裁判官の裁量によって補償額が決定される（同条3項）。慰謝料算定ガイドラインによると、補償権者の失う権利が所有権である場合は原則として最高額が支払われる。失う権利が賃借権の場合は、概ね5年を区切りとした居住年数によって補償額が変わるとされている。⁽³⁴⁾

（3）改正法施行後の状況

改正法は、2016年11月30日に施行された。シドニーは2012年頃から不動産価格が上昇し、不動産バブルと呼ばれる状況が最近まで続いてきた。⁽³⁵⁾2018年はやや沈静化しているが、⁽³⁶⁾新しい区分所有解消制度は不動産バブルの一端を担っているようである。とりわけ集団売却による区分所有解消が活用されており、2016-17年に公表された不動産売買の17.8％を占める。⁽³⁷⁾隣接する複数の区分所有をまとめて集団売却し、広い敷地に大規模な高層建物を計画する取引はsuper strata saleあるいはsuper lot saleと名付けられ、区分所有バブルとも言うべき現象が生じた。2017年、シドニー北西部でそれぞれ15戸からなる3棟の区分所有が6500万ドルで集団売却された。⁽³⁸⁾これは当時の価値の3

---

(33) なお最高額は消費者物価指数の変動に応じて改定される（1991年土地収用（正当な補償）法付則1A）。

(34) Guidelines: Determination of compensation for disadvantage resulting from relocation, NSW Finance, Services & Innovation.

(35) シドニーの住宅価格は、2010-11年を100とすると、2017年に174％まで上昇した。もっともオーストラリアの主要都市はみな住宅価格が上昇しており、同じ時期にメルボルンは154.3％、ブリスベンは124％、アデレードは119.4％にまで上昇している。「不動産のプロに聞く豪州不動産事情第71回　2018年4月以降の不動産の見通し」日豪プレス（2018年5月8日）。

(36) ［不動産のプロに聞く豪州不動産事情第75回　シドニー・エリアの不動産価格］日豪プレス（2018年9月6日）

(37) C. Cumming, "Super-lot sales show no sign of slowing", Sydney Morning Herald (2017/09/26).

倍の値がついたことになり、敷地には200戸の住戸と店舗部分からなる21階建ての建物が建つ予定である。シドニー北部Castle Hillにある、40戸の低層集合住宅と2戸の住宅が建つ11,590㎡の土地がまとめて売却され、その額は非公表だが5000万ドルを超えるといわれている。(39) また、シドニー北部郊外のMacquarieでは、ショッピングセンターを中心とする一体の計画規制が2014年に緩和されたため、大規模な取引が生じている。4棟の区分所有（合計55戸で敷地は全体で5130㎡になる）が区分所有者の90％以上の同意を得て8000万ドルという記録的な高額で集団売却された。時価700万ドルの住戸の見返りに倍額の約1400万ドルが得られた計算になるそうである。(40) その近隣の30戸からなる区分所有は25戸の賛成を得て集団売却となり、4000万ドルで売却された。この土地には総額1億3900万ドルの混合用途建物が建設される予定になっている。(41)

　このような区分所有バブルは、一方では州政府が予測し、期待した動きではある。しかしながら、上に挙げた事例はいずれも北部の郊外であり、利便性の高い地域で大きな収益を見込める物件が高値で取引されていることになる。中心部の非常に古い低層集合住宅が新しい高層住宅に変わってゆくという、州政府の予測が実現するかどうかはわからない。なお、ニューサウスウェールズ大学の都市未来研究所は、不動産データと多数の関係者へのインタビューに基づいて区分所有解消の実現可能性を検証した報告書を2015年11月

---

(38) 1オーストラリアドル＝約82円（2018年9月時点）とすると、日本円にして約53億3千万円になる。

(39) Cumming, supra note 37., A. Maitland, "The 7 stems of the lucrative NSW Strata Collective Sales Process", strataville (https://strataville.com.au/nsw-strata-collective-sales-process/ last visited on 2018/09/25).

(40) Su-Lin Tan Su-Lin Tan, "Macquarie Park record broken as 55 residents for $80m", Commercial Real Estate (2017/08/01), Xander Gagnet, "Is this Australia's most promising suburb?", Commercial Investment (2017/08/16).

(41) "Eco World to redevelop Sydney's Macquarie Park Project", The Uran Developer (2017/11/17), "Eco World to redevelop Sydney's Macquarie Park site", New Straits Times (2017/11/24).

第1部　土地法・住宅法

に出している。この報告書によると、市場主導で区分所有の再開発が進むと想定した場合、①都心部及び沿岸部の不動産価格の高い地域では「高級化」すなわち建物の規模はあまり変わらないが住宅の質が向上する方向での建替えがなされ、②不動産価格がそれほど高くない中部環状郊外部では「高密度化」すなわち住宅の質をほぼ維持したままでより高層の区分所有建物が建設される形での建替えがなされ、③低所得者や移民が多く住み高経年で管理状態の悪い集合住宅が多数存在する西部郊外では「残余化」すなわち開発利益が見込めないため建替えがほとんど進まない、という事態が予測されている。これまでの動きは報告書の分析に合致しているようにみえる。

3　ニューサウスウェールズ州の区分所有解消制度の評価

　ニューサウスウェールズ州の新たな区分所有解消制度は、大きな期待を背景に導入された。「たった一人の反対によって挫折してきた区分所有の売却が今後はもっと容易になる」とか「老朽化した建物の維持管理に多額の費用がかかり、その負担金を支払えずに自殺した者すらいたが、このような苦しみから解放される可能性が高くなった」と指摘されるように、区分所有者全員ではなくその75％の同意が得られれば区分所有を解消できるとすることにより、老朽化して維持管理が困難になったマンションを終わらせることが容易になった。さらに都市工学の立場からは、都市再開発・高密度化を推進するための有用な制度という位置づけがなされている。現在のシドニーは都市が成長を続け、高密度化も推進される状況にある。日本では、地価上昇が続

---

(42) L. Troy, B. Randolph, L. Crommelin, H. Easthope & S. Pinnegar, Renewing the Compact City: Economically viable and socially sustainable approaches to urban redevelopment Final Report (2015/11).
(43) Maitland, supra note 39.
(44) Ibid.
(45) R. Leshinsky, P. Newton, & S. Glackin, "Unintended Consequences of Strata Title for Urban Regeneration", in: E. Altmann, M. Gabriel (eds.), Multi-Owned Property in the Asia-Pacific Region (Routledge 2018), P17-37.

いた時期には、区分所有者が金銭的な負担を負うことなく建替えを実現することができたが、その頃と同じような状況が現在のシドニーに生じていると捉えることができる。

しかしながら、この新たな区分所有解消制度に対しては次のような懸念も表されている。

(1) 所有権の性質の変容

オーストラリアの区分所有において、通常、区分所有者は、専有部分に対する自由土地保有権と共用部分に対する共有持分を保有する。この自由土地保有権は、英米法特有の歴史的由来をもつものの、現在では日本法における所有権とほぼ同様の権利と考えてよい。すなわち、所有者は自らの意思によってのみ目的物に対する所有権を創設あるいは取得し、他者に譲ることができるというのが私有財産権に対する大原則である。従来、区分所有を終了させるために区分所有者全員の合意が必要とされてきたのはこのような考え方に基礎を置いていた。しかし、ニューサウスウェールズ州の区分所有解消制度は、他の区分所有者の75％が同意することにより、反対する区分所有者の意に反してその所有権を処分することを可能にした。このような、所有権に対する基本的な考え方を揺るがす立法がなされたことについては問題視されている。[46] この所有権概念の変容は、もしかしたら一般の区分所有者に十分理解されていないことかもしれない。しかし、戸建て住宅と同様に誰にも追い出されずずっと住み続けられる住宅と認識されてきた区分所有の住宅について、その認識の基盤が失われることになるのは重大である。[47]

(2) 私人による収用の正当化根拠の必要性

専有部分の売却価格が補償価額を下回ってはならないとされ（解消計画

---

(46) Edgeworth, supra note 9, [16.650].

(47) L. Crommelin, L. Troy, N. Randolph and H. Easthope, "Everybody needs good neighbours, especially in strata-Are new Australian lwas enabling forced sales of strata properties justified?", in: G. Searle (ed.), *Compulsory property acquisition for urban densification* (Routledge, 2018), Chap. 11., P154-155.

に関する第170条3項・4項、土地環境裁判所の審査に関する第182条2項(e)号)、補償価額について1991年土地収用(正当な補償)法の規定を準用していることから、土地収用制度との類似性を見て取ることができる。実際、新たな区分所有解消制度は私人である他の区分所有者に土地の強制収用を与えるものであるという指摘があり、土地収用制度と比較した上で「新しい区分所有解消手続は一種の事実上の強制収用と見るのが合理的である。しかも、公益を生み出し私益を控えるという確立された基準を満たさない形態の強制収用で、それゆえ、特に社会的弱者にあたる居住者にとって、土地収用法よりも衡平でない結果を生み出す可能性が高い。」とも論じられている。しかしこれは、伝統的に国家の手に排他的に帰せられていた強制収用の権限を私人に与えるという重大な転換を認めたことを意味する。さらに問題なのは、収用を正当化する根拠が解消手続の要件に含まれていない点である。州政府が区分所有解消制度を導入する正当化根拠は、老朽化し維持管理に過分の費用がかかる状態になった区分所有建物を終了させたり建て替える必要があることである(正面からは言及していないが、実際のところはこれに加えて、人口増加に対応するために都市を再開発し高密度化を進めて住宅を供給する必要があること、も挙げられよう)。しかし、改正法はこうした公共目的を特に要件として定めておらず、どのような目的の解消であれ75％の同意が得られれば解消できることになっている。日本法における客観的要件の欠如にも似たこの仕組みについては、結果として衡平に反する解消が生じやすくなり、特に社会的弱者にとって自己の住み家を失う危険性が高くなると批判されている。

---

(48) C. Sherry, "Strata law overhaul a step too far", Sydney Morning Herald (2015/08/23).

(49) Crommelin et al., supra note 47, P150-154.

(50) Second reading speech; Strata Schemes Development Bill 2015, Legislative Council Hansard (21 October 2015), NSW Fair Trading, Making NSW No.1 Again: Shaping Future Communities Strata & Community Title Law Reform Discussion Paper (2012), P22.

(3) 弱者が住み家を失う恐れ

　最も懸念が大きいのは、高齢者、低所得者、移民等の社会的弱者が、多数区分所有者の決定によって住み家を失う危険性である。すでに法案審議の段階で、労働党Zangari下院議員がこの観点から熱烈な反対論を唱えていた。[52] 年配の居住者や子持ちの居住者が去りたくない家を追い出されてしまうという衝撃的な帰結は、解消に反対する区分所有者にとって不公正なものである。新たに建て替えられた区分所有は高額になるから、改めて購入するのは非常に難しい。また、古い建物が新しい建物に置き換わってゆけば、低所得者に手の届く住宅はどんどんなくなり、安定した住み家を見つけるのがより困難になる。こうした指摘を数多く挙げた後、同議員は、居住用区分所有とそれ以外の区部所有を分けて、居住用区分所有の解消には100％の同意を要件とすべきである（それ以外の区分所有は75％の同意でよい）という対案を提出したのであった。都市未来研究所の報告書でも、市場主導の区分所有再開発は社会的弱者にあたる居住者にとってとりわけ不衡平な結果を生じさせると述べている。[53]

III　考察

　最後に、雑ぱくではあるが、ニューサウスウェールズの区分所有解消制度を日本法と比較しながら考えてみたい。

(1) 客観的要件の欠如と手続重視

　まず共通しているのは、区分所有者の大多数による同意が得られればそれ以外に建物の効用の喪失等がなくても成立するとされている点である。日本法は2002年の改正によって客観的要件が外されたが、ニューサウスウェールズ州改正法では当初から客観的要件がない（この点への批判は上記Ⅱ3(2)）。このことは、たとえ良好に維持管理されている建物であっても、あ

---

(51) Crommelin, et al., supra note 47, P161-162.
(52) Legislative Council Hansard（21 October 2015）.
(53) Troy et al., supra note.42.

るいは建築後間もない新しい建物であっても、解消される可能性があることになる。この客観的要件に、区分所有権喪失の正当化根拠を求める指摘がなされている点も共通する。立法者は、これに対して詳細な手続を用意することによって正当性を担保していることになる。

(2) 特別多数決要件

次に、区分所有者全員の同意が得られなくても、大多数の者の同意が得られれば解消できるとしている点も共通する。もっとも、要求される数値は異なる。日本法が区分所有者及び議決権の各5分の4を必要とするのに対し、ニューサウスウェールズ州改正法は解消計画の承認と解消計画への参加の2つの場面で4分の3の同意を要件としており、日本法よりも要求される数値は低い。なお、解消計画への参加は議決権割合ではなく各戸に1票が割り当てられる計算になり、区分所有者の地位を対等にする意味を持つ。(54) ただし、日本法が複数戸の所有者を1人と勘定するのに対し、複数戸所有者はその戸数分の票を持つことになるから、例えば開発業者が専有部分を大量に買い占めれば、特別多数決要件の達成は容易になる。この点は、日本法の仕組みの方が区分所有者を団体としてとらえる姿勢が強く団体としての意思決定を尊重していることになるであろう。

(3) 解消の方法

日本法は区分所有法で建替えを定め、いくつかの特別法で集団売却が一定の要件の下に行えるようになっている。これに対しニューサウスウェールズ州改正法は最初から集団売却と建替えの二本立てである。区分所有建物の管理の延長線上に解消を置くのではなく、終末期を迎えた区分所有の終わらせ方という捉え方に基づく制度設計といえようか。もっとも、実際に使われているのは主に集団売却のようである。また、次に見るように開発業者による建設がある程度前提になっており、区分所有者自身が自らの建物を自分たちの手で再築するというイメージは全く描けないという指摘もある。(55)

---

(54) 立法担当大臣は、少数の反対区分所有者を保護する策の一つと位置づける。Second reading speech, supra note 50.

(4) 開発業者の位置づけ

　日本法が区分所有者自身によって建替えを進める形になっているのに対し、ニューサウスウェールズ州改正法は開発業者の関与に大きな位置づけが与えられている。解消の提案を出す段階で、すでにかなり詳細な提案内容を作成しなければならない。また提案者は区分所有者に限定されてない。集団売却の相手方や建替えの事業者など、不動産開発を業とする者が深く関わることが、制度の前提になっているように見える。私人による強制収用を認めるという批判は、このような開発業者の位置づけからも首肯できる。もっとも、日本においても開発業者なしに建替えは実現しない。建前と実質の関係をどう調整するか考えさせられる点である。

(5) 裁判所の関与

　日本法との最も大きな相違は、区分所有者の特別決議に加えて裁判所の命令が必要であるという点である。客観的要件の欠如は、裁判所が解消計画を審査することで担保されるという制度設計になっている。(56) 裁判所は、解消手続の進行が適切であり、提出された解消計画の内容が「あらゆる状況に鑑みて正当かつ衡平」である場合に、命令を発する。解消に反対する区分所有者に過度の負担が生じるような計画や、適切な補償額が支払われないような計画であると、解消は認められない。もっとも、「正当かつ衡平」にどのような要素が含まれるかははっきりしない。同種の規定をもつシンガポールの裁判所が補償額の適切さ以上に踏み込まない姿勢を見せていることから、ニューサウスウェールズ州でも基本的に補償額の適切さの判断に留まるのではないかと危惧する者もある。(57)

---

(55) C. Sherry, Law Society Specialist Accreditation Conference paper in 2015, P20は、集団での維持管理の意思形成に苦労してきた区分所有者自身がどうやって自分たちの手で建替えを実現するのか全く想像できないし、金融機関の融資も得られないであろう、新たな解消制度は開発業者による買占めを容易にしただけなのだ、と断じている。

(56) 立法担当大臣は、反対する区分所有者のための最後の決定的な防衛策であると説明する。Second reading speech, supra note 50.

第 1 部　土地法・住宅法

　日本の区分所有解消手続は、被災マンションや耐震強度不足マンションのような場合を除き公的機関の関与がない。しかし、解消手続を裁判所が事前に審査する仕組みは、事後的に裁判によってその可否を争う仕組みよりも、適切な解消を導くことになるのではないだろうか。日本法においても、区分所有解消について何らかの公的機関がその正当性をチェックする仕組みが考えられてよいであろう。

（6）専有部分の売渡対価

　日本法では、建替え不参加者の専有部分について売渡請求権が行使され、専有部分が「時価」で売却されることになる（区分所有法第63条4項）。この「時価」とは、売渡請求権行使当時の区分所有権及び敷地利用権の客観的取引価格のことを指し、物理的な建替えを相当とする状態での建物及び敷地の価格ではなく、「建替え決議の存在を前提としての時価」、つまり、建替えによって実現されるべき利益を考慮した価格であるとされている。[58]これに対し、ニューサウスウェールズ州改正法では「補償価額」を下回らない額とされ、土地の強制収用時における損失補償に相当する額が支払われなければならないとする。両者の違いは、生活環境の喪失についての補償の有無であり、「住まいの喪失」を明確な補償対象としている点にある。[59]

---

(57)　Crommelin et al., supra note 47, P154.
(58)　川島武宜＝川井健編『新版注釈民法（7）物権（2）』（有斐閣、2007年）807-808頁〔濱崎・富澤〕、稲本洋之助＝鎌野邦樹『コンメンタールマンション区分所有法【第3版】』（日本評論社、2015年）434頁
(59)　鎌野教授は、建替え参加者全体が建替え不参加者全体に対してその権利を買い取る構造になっていない点を指摘し、公権力による収用の関係とも、地主・家主と借地人・借家人との関係とも、都市再開発における再開発の場合とも異なるから、生活環境喪失分の補償を認めるべきではないとする（鎌野邦樹「売渡請求」塩崎勤＝澤野順彦編『新・裁判実務大系　不動産鑑定訴訟Ⅱ』（青林書院、2002年）267頁以下、278-280頁）。これに対し、澤野弁護士は収用補償になぞらえて捉えるべきで、生活環境喪失分も保障すべきとする（澤野順彦「時価の算定」塩崎勤編『裁判実務大系19・区分所有関係訴訟法』（青林書院、1992年）504頁、同「買取請求・売渡請求における「時価」丸山英氣＝折田泰宏編『これからのマンション法』（日本評論社、2008年）626頁以下、637-638頁。

すでに見たように（Ⅱ2（2）⑧）、「住まいの喪失」は非常に深刻な事態であり、住み慣れた家を離れることによる苦痛は慰謝すべき対象と考えられている。改正法制定の動きの中で最も懸念されているのは、社会的弱者が住まいを喪失することである。このように、解消に反対する区分所有者が専有部分を売り渡すのは、単に取引の対象となる財を対価と交換するのではなく、「住まい」を失いその精神的苦痛の補填を受ける側面があることを、我々もきちんと認識すべきではないだろうか。最判平成21年4月23日の事件で注目すべきなのは、高齢の区分所有者が自己の意思に反して「終の棲家」を失うことになるその「喪失」の重要さであったと考えられる。すでにアメリカでは1980年代に、人格の観点からの所有理論に基づき居住家屋を代替不能な人格的財産と捉える考え方が示され、その後も「住まい」の法的価値をめぐる議論が続いている。近年ではイギリスでも「住まい」ないし「住まいの喪失」の法的価値をめぐる議論が活発になされている。「住まい」の法的考察は日本でも進める必要があるが、区分所有の解消という観点からも、住まいの喪失という視点を取り込むべきであろう。

---

(60) 前掲注8の熊野評釈、山野目評釈及び吉田評釈を参照。原田・前掲注6・299頁では反対区分所有者がその居住の場を失うことを強いられる点が指摘され、316-317頁では売渡しの対価たる「時価」に、居住上、生活上、社会的関係上の諸利益の喪失に対する「補償」が含まれないことの問題性を論じている。

(61) M. J. Radin, "Property and personhood"（1982）34 Stanford Law rev, 957; M. J. Radin, Reinterpreting Property (U. Chicago P. 1993). 吉田邦彦「アメリカにおける「所有権法の理論」と代理母問題『民法解釈と揺れ動く所有論』（有斐閣、2001年）第7章で詳しく紹介されている。

(62) D. B. Barros, "Home as a Legal Concept"（2006）46 Santa Clara L. Rev. 255, S. M. Stern, Residential Protectionism and the Legal Mythology of Home"（2009）107 Mich. L. R. 1093, J. D. Jones, "Property and Personhood Revisited"（2011）1（1）Wake Forest J. L. & Pol'y 93., etc.

(63) L. Fox, Conceptualising Home: Theories, Laws and Policies (Hart Publishing, Oxford 2006), L. Fox O'Mahony & J. A. Sweeney (eds.), The Idea of Home in Law: Displacement and Dispossession (Ashgate, 2011).

（7）区分「所有権」の変質

　最後に、区分「所有権」の性質の変容を考えよう。先に触れたように（Ⅰ（2））、区分所有法の2002年改正によって区分所有権が変質したという理解がある。団体的制約が強まり、絶対的な処分権限を失った所有権として区分所有権を理解せざるを得ないという捉え方は、改正法の合法的解釈としては理解できる。ニューサウスウェールズ州法の2015年改正も、他の多数の区分所有者の意思によって区分所有権の処分を強制されることになる点で、同じ性質の問題を有している。オーストラリアの法学者からは現在のところ批判的な指摘が見られるに留まり、区分所有権の法的性質の変質はこれから議論されることとなろう。

　しかし、本当に「所有権」の変質と捉えるべきなのであろうか。あるいは、そのような変質を受け入れるべきなのであろうか。客観的要件を置くことなく特別多数決議のみによって建替えを認める仕組みは、共有物分割に関する民法理論との関係からも強く批判されている。伊藤教授によると、共有物の全面的価格賠償は、区分所有建物の建替えと同様に持分という所有権の一種の剥奪（私的収用）を認めることになるが、判例理論では財産的価値だけでなく利用の側面も考慮されて要件設定がなされている。また、共有者の希望と合理性も、裁判所によって客観的に判断される。このことと比較して、現行法の建替え決議制度には正当化根拠が欠けているのである。[64] 所有権の団体的制約が内在化されたという形で肯定的に理解するのではなく、私法的な所有関係の外部から区分所有権に制約がかかるという方向性で考えるべきであるように思われる。長年持ち家政策が採られ、そのなかで戸建て住宅と並ぶ「持ち家」としてマンションが扱われてきた歴史からも、「住まい」の所有権が変質したことを認めるのには慎重な態度が必要なのではないか。

　また、原田教授は、現行の建替え制度は建物の区分所有者間の権利調整の如くに見えるが、その制度の背後には建替えを求める多数者による土地の再

---

(64) 伊藤・前掲注5「区分所有の構造に関する議論と展開」111-115頁。すでに山野目・前掲注2・49頁でも同様の指摘がなされていた。

利用・有効活用の意思が控えており、実質的に見れば〈区分所有権に依拠した市民の居住する権利と、多数共有持分権を有する土地所有者の土地の再利用・有効活用の要求との対抗関係を、建物の区分所有者相互間の権利調整という法形式の下に起立している特殊な制度的仕組みである〉ととらえる。そして、それにもかかわらず、区分所有権に依拠した市民の居住する権利になんらの配慮も払いえない構造自体に根本的な問題ないし欠陥があると考えざるを得ないのではないか、と論じている。

区分所有の解消を単なる区分所有者間の私的な権利調整としてとらえるのではなく、都市における居住空間の再構成を図る制度の一つとして、公法的な側面からの考慮も加えた制度としてとらえ直す〈再設計する〉ことも、考えられてよいのではないだろうか。

---

(65) 原田・前掲注6・301頁

区分所有はどこへ向かうか
―フランス区分所有法の2014年改正から―

寺 尾 　 仁

I はじめに

　区分所有は大きな課題を私たちに突きつけている。一方では世界に広く定着した不動産所有の形式となっているものの(1)、他方ではその管理不全による劣化もまた広範に問題になっており不動産所有の一形式としてのあり方に再考が求められている。本稿では、フランスの区分所有法の推移を手掛かりに、不動産所有、とりわけ住宅所有の形式としての区分所有が抱えている課題と方向を検討する。

　本稿では、1）区分所有法の保護の対象としての管理組合の登場、2）区分所有法が定める管理組合の性格の変化、3）管理組合が果たすべき維持管理の水準の順に論じてゆく。

　本論に入る前に、区分所有法の研究対象としてフランスの区分所有法を取り上げる意義および妥当性を簡潔に述べたい。まずフランスと日本で現行の区分所有法が制定された時期が比較的近く、さらに近年とりわけ管理に関する条文を中心に改正が繰り返されている(2)ことから、法理論の展開の比較対照事例として適切なことである。ちなみにフランスの現行の区分所有法は、「建物区分所有の地位を定める1965年7月10日の法律第65-557号（loi n° 65-557 du 10 juillet 1965 fixant le statut de la copropriété des immeubles bâtis：以下「65年法」と略）」と「建物区分所有の地位を定める1965年7月

（1）例えばVAN DER MERVE（2015）は、21ヵ国の区分所有法を取り上げている。
（2）荒廃区分所有対策を中心としたものではあるが寺尾（2012）を参照。

第1部　土地法・住宅法

10日の法律第65-557号を適用するための1967年3月11日のデクレ第67-557号（décret n° 67-223 du 17 mars 1967 pris pour l'application de la loi n° 65-557 du 10 juillet 1965 fixant le statut de la copropriété des immeubles bâtis：以下「67年デクレ」と略）」という2つの法令によって構成されている。もう1点、フランスでは区分所有住宅が一般的な住宅として広く普及していることも本稿で検討の対象として取り上げる理由である。例えば、フランス本土の住宅のうち区分所有住宅の占める割合は28.1％であり(3)、日本の住宅の中で共同建て持家の占める割合の10.5％をはるかに上回っている(4)。したがって、フランスの区分所有法の展開を分析することは、住宅政策の比較研究を行うにあたっての対照事例のひとつとしても有意義である。

II　区分所有法2014年改正

　フランスの区分所有法のもっとも新しい大改正は「住宅へのアクセスと都市計画の改革に関する2014年3月24日の法律第2014-366号（loi n° 2014-366 du 24 mars 2014 pour l'Accès au logement et un urbanisme rénové：以下「ALUR法」と略）」である。この法律は、区分所有だけでなく、住宅政策から都市計画にわたるきわめて広範な内容をもっている。その中で区分所有法改正を含むのは「第2編住居に値しない住居および荒廃区分所有対策」である。この編の趣旨および目的を、担当のセシール・デュフロ（Cécile DUFLOT）国土均衡・住宅大臣（ministre de l'égalité des territoires et du logement）は、次のとおり述べている。「住宅ストックの改善は、国内で100万人近い人々が健康あるいは安全について危険な状況で暮らしていることを鑑みれば主要な課題である。…（中略）…債務と劣化の負の連鎖の影響を受ける区分所有の数が増えていることに対して、この集合的総合施設の運営とガヴァナンスの規則を見直し、公権力が行使できる手段を高めて負の影響を阻止する必要がある。本法案はこれを目指して2つの目的を求めて

（3）Les conditions de logement en France, édition 2017, p. 118
（4）総務省「平成25年住宅・土地統計調査」

いる。すなわち予防と修復である[5]」。具体的には、①区分所有の把握と識別、②荒廃に関する早期の警告および劣化を抑える運営の近代化、③劣化の抑制に失敗した場合に立直しの過程で公権力が行う支援および後見の３つの柱が立てられた。

ALUR法が新しく制定した制度は「区分所有登録（registre d'immatriculation）」（ALUR法52条、建設・住居法典（Code de la Construction et de l'Habitation：以下「CCH」と略）法711-1条以下）および「破綻区分所有建物再生事業（Opération de requalification de copropriétés dégradées：以下「ORCOD」と略）」（ALUR法65条、CCH法741-1条以下）という公法上の２件であるが、その他に既存の多くの技術的規定を改正した[6]。その結果として、区分所有の状態を「健全」から「修復不能」まで想定し、各状態に応じた管理制度を設けて大きな体系を成立させた（図１）[7]。

III 区分所有法の保護の対象

1 65年法からALUR法

フランスの区分所有法が定める区分所有管理体制の特徴のひとつは、すでに多く指摘されているが管理者（syndic）の地位が強いことである。65年法は「（管理組合（syndicat）の決定の）執行は、必要があれば管理組合理事会（conseil syndical）の監督の下に置かれる、管理者に委ねられる」（17条）と定めている。そして管理者の存在は不可欠であり、「管理者の選任のための区分所有者の集会によって管理者が選任されない場合、１名もしくは複数の区分所有者、あるいは建物のある場所の市町村長もしくは住宅政策の権限を有する市町村間協力公施設法人（établissement public de

---

（5） Exposé des motifs, n° 1179 Assemblée Nationale, pp. 4-5
（6） 制定された個々の制度は、吉井啓子（2018）が詳しく紹介している。
（7） ALUR法による区分所有法改正の狙いや全体像については、寺尾・阿部（2017）および寺尾（2018）で論じているので本稿では省略する。

第1部　土地法・住宅法

表1　区分所有の健全さの状態に応じて適用可能なALUR法案の手段および措置の累進性

	健全	不安定	荒廃	登録	破綻	深刻な破綻	修復不能
区分所有の健全な状態を保障し、あるいは区分所有を立て直すための手段	譲受人への情報提供改善／ガバナンス改善／(区分所有者集会の透明性・議決形式・代理権式)／管理者の責任明確化と役割評価手法／3連の診断／長期修繕計画／修繕積立金／管理組合の銀行口座の個別化	「眠りの商人」対策と彼らからの住戸回収手続き／改正特別受任者	区分所有対応住居改善プログラム事業(*)／共用設備および/あるいは住宅への警察権行使	改正保護プラン／改正臨時支配人／債務弁済プラン策定／裁判所による区分所有人の介入／事業者―支配人の分割	破綻区分所有再生事業		
管理責任	区分所有者集会と管理者				管財人	管財人―支配人	所有者欠如／公権力の認可

(*) ALUR法前に制定され、ALUR法で改正されなかった手段

出典：Ministère de l'Egalité des territoires et du logement. - Projet de loi ALUR : Pour l'accès au logement et un urbanisme rénové, Mesures relatives aux copropriété et à la lutte contre l'habitat indigne, p. 3

coopération intercommunale compétent en matière d'habitat）の長の申請を受理した大審裁判所（tribunal de grande instance）長が任命する」（17条）と定める。これらの条項に反する規約の規定は無効とされる（65年法43条）。これらの条文から、管理組合と管理者の間の役割分担を、フランスにおける不動産私法の有力な研究者であるフランソワ・ジヴォール（François GIVORD）とクロード・ジヴェルドン（Claude GIVERDON）は次のように解釈している。すなわち「株式会社の取締役会と社長の役割分担と比較しうる。管理者は、株式会社の社長のように管理組合の階層組織の中で『固有の権限』を有しているからである」[8]。管理者は、管理組合の受任者（mandataire）あるいは機関という立場にある。

　フランスの区分所有法は、このように管理者に強い地位を与えるのと引換えに管理組合側を保護する詳細な規定を多く定めている。例えば、区分所有者の集会の招集権限を管理者に付与する（65年法18条Ⅰ、67年デクレ7条）と同時に義務であるとも定める（67年デクレ7条8条）。すなわち、管理者は、少なくとも年1回は区分所有者の集会を招集しなければならず、また管理組合理事会、管理組合理事長、あるいは総議決権の1／4（規約でこれより少ない数を定めることは認められる）以上の議決権を有する区分所有者の請求がある場合にも招集しなければならない。そして、招集の形式も詳細に定められている。招集状には、会場・日時・議決を要する各議題を明記した議事次第を記す、招集者が集会の場所と日時を決定する、招集状には管理経費を証明する書類の監査を実施した場所と日時を記す、招集は集会の遅くとも21日前までに送付される、集会は建物のある市町村内で開催される（以上67年デクレ9条）等々である。

　65年法、67年デクレには、解釈上疑義が生ずる箇所が多かったために、1987年に法務大臣（Les gardes des sceaux, ministre de la justice）と住宅政策担当大臣（当時は公共施設・住宅・地域開発・交通大臣（ministre

---

（8）GIVORD et GIVERDON (1987), n° 472

de l'équipement, du logement, de l'aménagement du territoire et des transports))が共同して区分所有委員会(Commission relative à la copropriété : CRC)という諮問機関を設置した(9)。CRCは、26件の勧告(recommandation)(10)を発した。例えば「第1号区分所有者の集会の招集(Convocations des assemblées générales)」「第2号区分所有者の集会の議事次第の作成について(Relative à l'établissement et à la rédaction de l'ordre du jour de l'assemblée générale)」などである。この26件のうち、区分所有の管理に関する勧告が20件、権利構成に関する勧告は2件である。さらに管理に関する勧告20件のうち、7件は管理者と区分所有者の関係に関するものである。その中には第1号、第2号のように管理者と区分所有者の集会に関する勧告、「第8号管理者が区分所有者に請求しうる経費について(Relative aux appels de fonds que le syndic peut exiger des copropriétaires)」など管理者の会計関係の勧告、「第9号区画の任意売買の場合における譲受人と管理者の相互の情報交換について(Relative à l'information réciproque de l'acquéreur et du syndic en cas de vente amiable d'un lot)」など区分所有譲渡時の処理に関する勧告などがある。また2件は管理者と管理組合の関係に関するものである。すなわち「第6号2005年3月14日のデクレおよびアレテの会計規定に服する管理組合の口座について(Relative aux comptes du syndicat des copropriétaires soumis aux dispositions comptables du décret et de l'arrêté du 14 mars 2005)」「第22号個別の銀行口座あるいは郵便貯金口座の開設について(Relative à

---

(9) Arrêté du 4 août 1987 portant création d'une commission relative à la copropriété
目的は、65年法の適用の問題点の整理、その解消に適した解決策の研究および公権力に対する法令面での適応の提案である(1条)。
なお、CRCは2014年に廃止された。Décret n° 2014-132 du 17 février 2014 portant suppression de commissions administratives à caractère consultatif
(10) CAPOULADE et TOMASIN (2018), n° 1111.00 et s. に掲載されている。一部の主題についてはいったん発した勧告を修正する勧告を発しているので総件数はさらに多い。

l'ouverture d'un compte bancaire ou postal séparé)」という管理者による管理組合の会計管理に関わるものである。

さらに消費担当大臣の諮問機関である消費全国審議会（Conseil national de la consommation : CNC）は『区分所有の管理者のサーヴィスの金額の透明性の改善について（L'amélioration de la transparence tarifaire des prestations des syndics de copropriété）』と題する報告書を2007年9月27日に発表した。この文書は「（管理組合による―寺尾注）管理者の選択は、区分所有者の集会の議題となる契約の提案に含まれる情報におおいに左右される。しかし、この文書は標準化されておらず、そこに記載される情報は会社ごとにきわめてバラバラであり、これによって料金と提供されるサーヴィスの比較が難しくなっている」として次の5点の提案をしている。すなわち、①管理者が享受する自由な料金設定と引換えに、契約の内容および報酬の計算方式について区分所有者に対する事前の明確で詳しい情報の提供、②すべての区分所有において管理者が提供するサーヴィスの一覧表、③②の表に挙げられたサーヴィスの提供は通常管理に相当するので、管理者は事前に決定した年間一括契約の枠内で料金を請求、④年間一括契約にないサーヴィスの提供（災害時の対応、区分所有者の臨時集会の召集）については、管理者は、サーヴィスごとに統一料金で請求、⑤管理者は、管理組合の文書保持のための保険契約。

このように65年法からALUR法の制定前までの時期では、区分所有法の規定は、「管理者は法人としての管理組合の機関あるいは受任者であり、区分所有者個人（ut singuli）のものではない」[11]としている。65年法・67年デクレは一方で管理者に対して強い地位を与え、他方では管理者と契約関係にない個々の区分所有者を消費者として保護するという構図を中心に据えていた。さらに、CRCやCNCという行政機関による区分所有法の解釈もこの構図をさらに精緻にすべく試みていた。これに対して、管理組合と個々の区分

---

(11) GIVORD et GIVERDON (1987), n° 475

第1部　土地法・住宅法

所有者の関係は、区分所有者は集会に出席し、議決に加わって管理組合がなすべきことを決め、それに必要な経費を管理費として支払うことが当然とされていた。

2　ALUR法

ALUR法による区分所有法改正のひとつの柱は、管理組合あるいは全体としての区分所有を重視していることである。

改正の最初の大きな眼目は、公法であるCCHに定める区分所有登録（registre d'immatriculation des copropriétés）である（ALUR法52条、CCH法711-1条以下）。すなわち「区分所有の状態および機能不全の発生を予防する目的の施策の実施を市民および公権力が容易に知るために、区分所有者の管理組合に番号を振って登録する制度を創設する」（同711-1条）。これは不動産登記とは別に区分所有管理組合を登録するもので、その内容は①名称、所在地、管理組合の設立年月日、住戸の数および性質、管理者がいる場合その名称、②管理組合が荒廃区分所有（copropriété en difficulté）あるいは所有者欠如宣言（carence）の対象となっている場合はその事実、③管理組合が住居に値しない住宅（habitat indigne）あるいは崩壊の恐れのある建物（bâtiments menaçant ruine）の対象となっている場合はその事実、④会計年度ごとの管理組合の管理および会計情報、⑤建物の主要情報である（同711-2条）。

ALUR法による私法の65年改正で大きな議論となったのは、管理者の選任に関する規定である。第1に最初の管理者の選定方法でディベロッパーに対する区分所有者の力を高めようと試みた。ディベロッパーが区分所有住宅を販売するにあたりALUR法前の65年法は「最初の区分所有者の集会前に、規約あるいは何らかの当事者間の合意によって管理者が任命されている場合、この任命は最初の集会で追認されなければならない」（17条2項）と定めていた。ALUR法は「最初の区分所有者の集会前に、規約あるいは何らかの当事者間の合意によって仮管理者が任命されている場合、…（中略）…

管理組合理事会あるいは区分所有者が複数の管理者契約を互いに検討した後の区分所有者の集会での議決によってしか維持されない」(ALUR法55条Ⅰ1°、65年法17条2項)として、管理組合による管理者選定に競争原理を導入した。さらに管理者契約の更新、更改あるいは締結にあたって「区分所有者の集会が管理者の任命を決定するために招集される場合には、任命に先立って…(中略)…管理組合理事会が複数の管理者契約案を互いに検討する」(ALUR法55条Ⅰ10°、65年法21条3項)と定めた。[12]

次いで、管理者の報酬をより明解に定めた。ALUR法以前では、概算予算に含まれない工事の一覧表をコンセイユ・デタ(Conseil d'Etat)が作成し、そこで挙げられている工事であって区分所有者の集会の議決を経たものについてのみ、管理者の特別報酬の対象となり得るとしていた(65年法18-1A条)。ALUR法は「管理者報酬は、総額方式で決定される。しかし、コンセイユ・デタのデクレが定める特有のサーヴィスの際には、特別で補完的な報酬が認められる」とした(55条Ⅰ⑤、65年法18-1A条)と原則と例外を明示した。

他に議論を呼んだ改正点の中には、管理組合宛てに支払われた金銭の管理について、管理者に管理組合名で個別の口座を開設して管理することを義務つけた(ALUR法55条Ⅰ3°、65年法18条)点もある。フランスでは長い間、管理者は区分所有者から受け取る金銭を自らの銀行口座の中で合わせて管理することができた。この点は、以前から少しずつ改められてきていた。[13]最初は「65年法を改正する1985年12月31日の法律第85-1470号(LOI n°

---

(12) 管理者契約は、区分所有者の集会が年1回開催されることおよび会計が年単位で処理されることから、一般的には毎年更新されることが多いとされる(CAPOULADE et TOMASIN (2018), n° 341 151)。したがって、毎年複数の管理業者から契約案を取って集会で検討することになるが、これは、管理業者にとっても区分所有者にとっても煩雑となった。そのため、2015年には65年法が再度改正され、現在はこの複数の契約案の検討は3年ごととされている(LOI n° 2015-990 du 6 août 2015 pour la croissance, l'activité et l'égalité des chances économiques, article 88、65年法21条)。

(13) CAPOULADE et TOMASIN (2018), n° 341 392

85-1470 modifiant la loi n° 65-557 du 10 juillet 1965 fixant le statut de la copropriété des immeubles bâtis)」が、管理組合名による個別口座を開設するか否を、最初のおよび少なくとも3年ごとの区分所有者の集会で議決するとした（1条、65年法18条）。続いて「市街地の連帯と再生に関する2000年12月13日の法律第2000-1208号（LOI n° 2000-1208 du 13 décembre 2000 relative à la solidarité et au renouvellement urbains）：以下「SRU法」と略」は、管理者に対して管理組合名の個別口座の開設を義務付けたが、同時に区分所有者の集会による議決によってその義務を免除しうることも定めた（77条Ⅰ、65年法18条）。ALUR法は、これらの改正の延長上で管理者に対する管理組合名の個別口座の開設を免除規定なく義務づけた。

　ALUR法は、管理組合と区分所有者の関係も改正した。これも議論の大きな的の一つとなった管理組合における工事積立金（fonds de travaux）の創設義務（ALUR法58条Ⅰ3°、65年法14-2条Ⅱ）である。フランスでは、区分所有者が管理組合に対して金銭を、管理費（charges）、管理費準備金（provision sur les charges）、前渡し金（avances）（以上67年デクレ45-1条）、規約で定める予備費（réserve prévue au règlement de copropriété）（同前35条）、概算予算準備金（provisions du budget prévisionnel）（65年法14-1条2項・3項）、概算予算に含まれない支出準備金（provisions pour les dépenses non comprises dans le budget prévisionnel）（65年法14-2条Ⅰ）などさまざまな範疇に分けているが、これに加えて新たな費目を創設した。工事積立金は全体または一部の区画が住宅である区分所有建物にのみ適用され、法令で定められた工事あるいは概算予算に含まれずに区分所有者の集会で議決された工事に用いられる。フランスでは、区分所有建物の管理費の予算はかかった金額のみを区分所有者が支払うことが原則であり、したがって前渡し金は精算後に残額があれば区分所有者に返済される（67年デクレ45-1条）。これに対して、「工事積立金に支払われた金銭は各戸に付き管理組合が確定して取得する。区画の譲渡の際に管理組合は返済しない」（65年法14-2条Ⅱ）とされている。(14)

区分所有者の集会が工事を決定するにあたって必要となる多数決の要件も引下げた。ALUR法の前は全議決権の２／３以上の賛成を必要としていた「改良、付加あるいは転換に関する工事」「水道供給契約の戸別化および戸別化に必要な調査および工事」を、全議決権の過半数の賛成で足りるとした（59条Ⅰ7°、65年法25条）。全議決権の過半数の賛成を必要としていた「建物の保存ならびに占有者の健康および物理的安全の確保に必要な工事、（中略）住宅を衛生、安全および設備の基準に適合させる工事」「法令あるいは安全もしくは公衆衛生に関する行政警察命令によって義務づけられた工事」「都市計画法典（Code de l'urbanisme）法313-4-2が定める工事」「ハンディキャップあるいは移動が制約されている人々のアクセスを向上させる工事」は集会出席者および代理出席者の議決権の過半数の賛成で決定できるとした（59条Ⅰ4°、65年法24条）。

　さらに区分所有の劣化を巡って、望ましくない区分所有者から区分所有を保護する規定も設けられた。公証人は、区分所有の売買契約手続きと並行して、買主の情報を管理者へ照会し、それに対して管理者は買主あるいはその関係者が当該区分所有建物の区分所有者ではないか、あるいは本人もしくは関係者の中に当該区分所有建物の区分所有者がいても管理者からの支払い請求から45日以上経っても未払いであることがないことを証明する。買主あるいはその関係者の中に管理者からの請求に未払いの区分所有者がいる場合は、公証人は売買契約が締結できないことを売却希望者と購入希望者の双方へ伝える（ALUR法55条Ⅰ9°、65年法20条Ⅱ）。

3　小　括

　ALUR法による区分所有法改正の特徴である、管理組合、あるいは総体としての区分所有の重視は、次の３つの面がある。

---

(14) 実務上は、売主が払い込んだ積立金の未使用額にあたる金額を、売買代金の中に含めて買主が売主に支払う内容の公署証書を、公証人が作成して売買を行なうことが多い（CAPOULADE et TOMASIN (2018), n°242 56）。

第1は、管理組合自体の把握である。ALUR法以前は、管理者が管理組合の受任者でありながら法律上強い地位を有していたために管理組合の存在を独自に位置づけることが少なかった。65年法が消費者保護の観点から保護する対象も管理組合よりは個々の区分所有者と読み取れる条文が多かった。これに対してALUR法は区分所有登録制度を設けて管理組合の把握を目指した。

第2は、管理者に対する消費者としての管理組合保護の方向を明確に表したことである。管理者が管理組合の金銭を管理組合名義の個別口座管理すること、管理者謝金額の原則の明確化がこれに該たるが、必ずしもALUR法だけの成果ではなく、長い間の立法および行政の努力がALUR法でかなりの程度制度化されたと評価できる。

第3は、管理組合と個々の区分所有者の利害が対立する恐れのある状況を示し、それを管理組合、あるいは総体としての区分所有を保護する方向で制度を創設した。払い込んだ金額を区分所有者へ返済しない工事積立金の創設はこの象徴である。さらに、工事に反対する区分所有者および集会に欠席する区分所有者を抑えて工事を決定し易くしたことは、総体としての区分所有を重視したとの表れである。管理組合に対する未払い債務のある区分所有者およびその関係者が、所有区画を増すことを防ぐ制度も、フランスにおける荒廃区分所有の増加メカニズムを管理組合(総体としての区分所有)と区分所有者の関係の観点から踏まえた制度である。

IV 管理組合の性格

ALUR法が管理組合自体の存在を明確に認め、区分所有管理の他のプレイヤーとの関係を整理したことにより、管理組合に付与された性格がどのように変化したのかを検討する。

1 管理者への委任者

65年法・67年デクレの骨格はALUR法によっても変更されていないので、

区分所有の管理を管理者へ委任するという役割は不変である。区分所有者が支払う工事積立金は管理組合名義で管理されるが、管理組合はこの資金を使って管理者あるいは管理者が選ぶ業者に対して工事を発注する立場に立つのであり、この点では従来と変わらない。しかし管理者契約の締結に先立って必ず複数管理業者からの提案を区分所有者の集会で検討することを義務づけたように選択する主体としての管理組合、必要な工事を区分所有者の集会が決定し易くしたように発注する主体としての管理組合という性格を規定したことは注目に価する。

2　過重な債務から立ち直る主体

ALUR法による区分所有法改正の主眼は、荒廃区分所有の予防と修復である。同法は、予防の手段として、建物技術総合診断（diagnostic technique global）、工事積立金、債務不履行の区分所有者等による区画の買い増し禁止などを定めた。荒廃予防の主体は、管理者であり、管理組合は主体として活動することは規定されておらず、「1.」で述べたとおり適切な管理者を選択することが求められている。

　管理組合が取り上げられることが増えるのは、管理が不安定になる段階からである。フランスの区分所有法では、管理組合が不安定になるとその立て直しを目指す制度が定められている。その1つが特別受任者（mandataire ad hoc）である。特別受任者は、管理組合の会計で管理費や準備金等管理組合が請求しうる金額の25％以上が未収金となった場合に、管理者等の申立てにより裁判官（当初は大審裁判所長）が任命する者で、その任務は、①管理組合の財務の状況および建物の状態を分析すること、②管理組合の財務状況を立直すため、および必要があれば建物の安全性を確保するための勧告をすること、③あっせんあるいは交渉をすることである。この制度は「住宅および反排除に向けた結集に関する2009年3月25日の法律第2009-323号（LOI n° 2009-323 du 25 mars 2009 de mobilisation pour le logement et la lutte contre l'exclusion）：以下「09年法」と略」が定めたものである。

第 1 部 土地法・住宅法

　ALUR法はこの制度を改善するために、次の 3 点を改正した。 1 点めは、特別受任者の任命を裁判官（09年法からALUR法までの期間は大審裁判所長）に申し立てる人を増やしたことである。09年法は、管理者による申立てを原則とし、管理組合の会計年度終了後 1 ヵ月経っても管理者が申し立てない場合は議決権の15%を有する区分所有者、水光熱事業者あるいは工事業者で債務が 6 ヶ月以上不払いでありながら管理者へ請求しても履行されない者が申し立てることができるとしていた（19条 1°、65年法29- 1 A条）。ALUR法は、これに加えて県における国務代理官（représentant de l'Etat dans le département）、大審裁判所検事正（procureur de la République près le tribunal de grande instance）、市町村長、住宅政策の権限を有する市町村間協力公施設法人の理事長を加えた（63条 1°、65年法29- 1 A条）。 2 点めは、特別受任者が任命され得る区分所有を増やしたことである。09年法は、特別受任者の任命を大審裁判所長に申し立てることができるのは、管理組合の未収金額が年度予算金額の25%以上となった場合と定めていたが、ALUR法は荒廃が著しい大規模な区分所有の対策のために200戸以上の区分所有にあっては、年間予算額の15%以上の金額が未収の場合には任命を申し立てることができるとした（同前）。 3 点めは、特別受任者の作業と後述する臨時支配人（administrateur provisoire）の作業を組み合わせようとしたことである。09年法では特別受任者は任命後 3 ヶ月以内に報告書を大審裁判所長へ提出するだけだった（19条 1°、65年法29- 1 B条）が、ALUR法はこれに加えて特別受任者が財務上あるいは管理上の荒廃が深刻であることを認める場合は、特別受任者は臨時管理人の任命を裁判官に申し立てるとした（63条 2°、65年法29- 1 B条）。

　管理組合の立直しの第 2 の制度は、臨時支配人である。臨時管理人とは、管理組合の財務状況が大幅な赤字となった場合あるいは管理組合が建物の維持をできなくなった場合に、議決権の15%を有する区分所有者、管理者、あるいは大審裁判所検事正の申立てに基づいて裁判官（当初は大審裁判所長）により任命され、その任務は区分所有の正常な運営を回復させるために必

要な手段をとる者である。この制度は、「住居に関する1994年7月21日の法律第94-624号（LOI n° 94-624 du 21 juillet 1994 relative à l'habitat）：以下「94年法」と略」が定めたものである。臨時支配人の権限は、区分所有者の集会・管理組合理事会、そして場合によっては管理者の権限の全部または一部（ただし65年法26条aおよびbの事項を除く）を委ねられたものである（94年法35条Ⅲ、65年法29-1条）。その権限を実行するため、同法が定めた手段は、管理組合に対して債権者が行う、任命の日付より前の日付の契約上の債務に基づく金銭の支払い請求訴訟あるいは水道・ガス・電気・暖房の料金不払いを理由とする供給停止請求訴訟を、臨時支配人の求めに応じて大審裁判所が6ヵ月間（1回更新可能）中断あるいは禁止することである。さらにこの中断あるいは禁止の命令によって管理組合に対するあらゆる強制執行が停止され、時効の中断も停止される（94年法35条Ⅲ、65年法29-2条）。

　この制度は、94年法による創設以来ALUR法の前も少しずつ拡張されてきた。2000年制定のSRU法は臨時支配人の権限を拡張し、管理者の権限はすべて臨時支配人に委ね、管理者の委任契約を当然に停止するとした（81条11°、65年法29-1条）。

　ALUR法が臨時支配人制度にもたらした改正は次の2点である。1点めは、特別受任者と制度と同じく、任命を裁判官へ申立てる人を増やしたことである。94年法は、裁判所への申立人を、議決権の15％を有する区分所有者、管理者、大審裁判所検事正としていた（35条Ⅲ、65年法29-1条）。ALUR法は、これに市町村長、住宅政策の権限を有する市町村間協力公施設法人の理事長、県における国務代理官を加え、さらに当該管理組合が特別受任者による調査の対象となっていた場合はその特別受任者も申立てを行うことができると定めた（64条Ⅰ1°、65年法29-1条）。2点めは、臨時支配人が用いる手段を増やしたことである。ALUR法は、94年法が定めた債務の弁済停止、金銭支払い請求訴訟の中断等の手段に加えて、管理組合の債

---

(15) 不動産の取得および処分（a）、共用部分の使用・利用、管理に関する規約の修正あるいは制定（b）。

務の繰延べ計画（plan d'apurement des dettes）制度を定めた（64条Ⅰ2°、65年法29-5条）。この計画は、管理組合の債務を繰延べする債権者に対する支払いの工程表を作成する。期間は最長5年間である。計画の作成を臨時支配人の業務とし、裁判官が認可する。また同計画は臨時支配人の業務と管理者の復帰を定め、執行は臨時支配人の業務の終了後に管理者が行う。

3 小 括

このように分析すると、ALUR法は管理組合の性格、あるいは管理組合に期待される役割を一定程度変えたことがわかる。

区分所有法が管理組合に付与している性格は、ALUR法の前後を問わず、基本的には区分所有管理を管理者へ委任する立場である。ALUR法によって、一方では区分所有者の集会は必ず複数の管理契約相手方候補を検討してから契約を結ぶことが定められたようにより主体的に管理者を選択したり、積極的に工事を発注することをより厳しく求められるようにはなったものの、他方で管理費の透明化、管理費管理の透明化のように消費者保護の対象としての立場が強化された。

ALUR法が、管理組合に対して委任者という性格に加えて明確にしたものは、いったんは債務が過重で累積する状態に陥ってもその債務を返済してゆくという性格である。ALUR法以前より、管理組合は、財務および建物維持管理の水準が悪化すれば、特別受任者によって財務状況および建物の状況を分析され、その改善に向けた勧告をなされるものとなっており、さらに状況が悪化した場合には臨時支配人によって債務の弁済中断や金銭支払請求訴訟の停止を用いながら債務の支払いを見直すこととなっていた。ALUR法は、区分所有の荒廃という課題に対処するという目的を掲げる中で、特別受任者および臨時支配人の制度を強化したうえで、財務および建物の維持管理が悪化した管理組合に対して、それらの助力を得て更正するよう期待している。

V　達成すべき管理の水準

「荒廃区分所有（copropriété en difficulté）」という術語は、94年法によって65年法第2章第2節の題名に挿入されたが、その定義は明示的にはなされないまま今日に至っている。現行の65年法は、裁判官に対して、特別受任者の任命を申立てることができる状態と臨時支配人の任命を申立てることができる状態の2段階の「荒廃」を設けている。前者、つまり特別受任者の任命を申立てる条件である、「管理組合の会計において管理費や準備金等管理組合が請求しうる金額の25%以上が未収金」が荒廃の第1段階、講学上では「荒廃の予兆（pré-difficulté）」の基準と考えられる。後者、つまり臨時支配人の任命を申立てることができる条件は、「管理組合の財務状況が大幅な赤字となった場合」「管理組合が建物の維持をできなくなった場合」とされており、具体的な基準を定めていない。

荒廃の2つの段階に共通していることは、管理組合の財務の悪化、未収金の増加による赤字の増加が重要な基準とされており、更正の目標は従来の未収金を回収し新たな未収金を発生させないことにより管理組合の財務を安定させることである。

しかし、区分所有管理にとって管理組合の財務の安定は手段であり、目的は不動産の共用部分および敷地の健全な維持管理および適宜の修繕改良工事の実施である。そこで本節では、維持管理および修繕改良で達成すべき水準を明らかにする。

荒廃区分所有対策では、公法で1994年から区分所有建物の維持管理、改良あるいは取壊し事業制度が幾つか創設されてきたうえ、従来の民間住宅向けの事業制度も用いられる。図1のうち、「区分所有建物向け不動産修復事業（opérations de restauration immobilière）」「区分所有建物対応住居改善プログラム事業（Opération programmée pour l'amélioration de l'habitat：OPAH copropriétés）」「破綻区分所有建物再生事業」「所有者欠如状態（Etat de carence）」は荒廃区分所有対策として創設された区分所有

建物に対象を絞った制度である。これに対し「共用設備・住宅への警察権行使（exercice des pouvoirs de police sur les équipements communs et / ou les logements)」は、フランスにおける近代住宅政策の起源とも言うべき長い歴史を有し、民間住宅に広く適用される制度である。

　このように事業制度が多様であるが、これらの制度を通じて達成すべき水準の中核は「警察権」を行使しても実現されるべき住宅の衛生と安全である。非衛生とは「居住者の健康に影響を与える住宅の劣化」（公衆衛生法典（Code de la santé publigue）法1331-1条〜1331-31条）と定義されている。具体的には、戸建て住宅および集合住宅の専用部分については、主たる部屋の自然採光、住宅計画、特定の危険、部屋の湿気・通風、設備、利用状態、維持管理であり、共用部分については、環境への影響または害といった専用部分の外側への要素、専用部分の内側への要素、採光、建物の衛生・安全、共用設備、利用状態、維持管理である。また危険とは「壁、建物あるいは何らかの建物が、崩壊の恐れがあってその崩壊によって安全を脅かし得るか、または一般的に公共の安全の維持に必要な堅固さを保障できない場合」（CCH法511-1条）と定義されている。

VI　結　論

　ALUR法が区分所有にもたらした影響は、管理組合あるいは総体としての区分所有の主体性を明確にしたことである。区分所有登録によって管理組合を把握し、管理組合と管理者の関係、管理組合と個々の区分所有者の関係を明確にしようと試みている。

　法人格はもとより、このように機能面でも独立した管理組合の性格は、管理者への委任者を基本とするが、従前よりもより能動的に管理者を選択でき工事を発注できる委任者となることを、また財務状況が悪化してもさまざまな助力を得ながら更正してゆくことを求められている。

　そして管理組合は、区分所有建物を衛生的な住宅、安全な建物として維持、管理、改良してゆく。

残された問題は、このような管理組合像にあてはまらない、あるいはあてはまることができない管理組合をどのように取り扱うべきかということである。「Ⅲ.」で述べたような管理組合が財務状況を悪化させた場合の処理、すなわち管理組合は、特別受任者あるいは臨時支配人の助力を得て、債務を明らかにし、その繰延べや整理をして財務を健全化させるという筋道は、営利会社の更正手続きをほぼ引き写している。営利法人であれば債務繰延べ期間中に有望な事業へ経営資源を集中させて会社を再生させることが可能であるが、管理組合は収益事業を営むわけではなく、また達成すべき事業の成果は法律上定められており、5年間に渡って債務履行を繰り延べしたとしても、財務を安定させるには管理に必要な管理費の支払い能力のある者を区分所有者とするしかない。別稿で論じたとおり、荒廃区分所有対策の中で用意されている事業の中には、建物対策としては破綻した区分所有建物を取壊したり、全部または一部を公的セクターの団体が取得する事業、居住者対策としては修繕・改良工事の後に管理費の支払い能力が足りない世帯を社会住宅へ転居させる事業もある。

　このように考えると区分所有とは、1つの管理組合が管理する建物の中の住戸に大きな差がない限り、管理費の支払い能力があり、自らに相応しい管理者を選択して管理者契約を締結できるという、経済的にもさまざまな面における社会的にも比較的近似した者が所有する場合にしか維持できないということになるのだろうか。ALUR法が求めている管理組合の適切な運営の条件は今後の研究課題である。

参考文献
著書・論文
・CAPOULADE (Pierre) et TOMASIN (Daniel) dir. (2018) - La Copropriété, 9è éd., Dalloz, 2018）

---

(16) フロランス・トゥリエ=ポルジュ（Florence Tulier-Polge）裁判所選任支配人（administrateur judiciaire）のご教示による。2018年9月23日。
(17) 寺尾・阿部（2017）、寺尾（2018）

第 1 部　土地法・住宅法

- GIVORD（François）et GIVERDON（Claude）（1987）.- La Copropriété, 3 è éd., Dalloz, 1987,
- 寺尾仁　（2012）「フランスにおける荒廃区分所有建物の現況と最近の政策の動向（中）」土地総合研究，20巻 4 号，1 頁以下
- 寺尾仁　（2018）「不良マンション対策と『住宅への権利』─フランスの経験」原田純孝先生古稀記念論集『現代都市法の課題と展望』日本評論社，289頁以下
- 寺尾仁・阿部順子　（2017）「フランスにおける新たな『不適切住宅』の実態と対策の研究」住総研研究論文集・実践報告集，44号，49頁以下
- VAN DER MERVE（Cornelius）（2015）.-European Condominium Law, Cambridge University Press
- 吉井啓子　（2018）「フランス区分所有法の新展開─2014年ALUR法による改正」瀬川信久先生・吉田克己先生古稀記念論文集『社会の変容と民法の課題』上，成文堂，265頁以下

立法資料
- Projet de loi pour l'accès au logement et un urbanisme rénové, n° 1179 Assemblée Nationale

謝辞　本研究は，2015-17年度科学研究費基盤研究（C）「東アジア 4 カ国のマンション法制の比較と課題─欧米法との比較も踏まえて」（課題番号：15K03227、研究代表者：鎌野邦樹・早稲田大学教授）、2016年度一般財団法人住総研研究助成「フランスにおける新たな『不適切住宅』の実態と対策の研究」（研究代表者：寺尾）、平成29年度一般財団法人司法協会研究助成「フランスにおける荒廃区分所有建物管理組合の再生過程への司法の関与に関する研究」（研究代表者：寺尾）の成果の一部である。助成をしてくださった団体に感謝の意を表します。

借地契約における正当事由制度の再構成

大　野　　　武

I　問題の所在

　借地人の土地使用の目的が自己使用であるとき、借地人がその土地の使用を継続できるかどうかは、その上に投下された建物などの財産権的利益の保護だけでなく、そこでの居住や営業などの生存権的利益の実現にも関わる重大な事柄となる。他方で、借地権の存続期間が満了するとき、土地所有者にとっても土地を必要とする事情があり、その事情には、例えば、土地所有者本人あるいはその家族の居住や営業のために土地を必要とするなど生存権的利益に関わる事情もあれば、再開発など土地の高度利用のために土地を必要とするなど財産権的利益に関わる事情もある。このように、借地人の土地使用の目的が自己使用であるとき、借地人の生存権的利益と土地所有者の生存権的利益あるいは財産権的利益との対立が不可避的に発生し、当事者双方の利益をいかにして合理的に調整するかということが問題となる。

　この問題を検討するに際しては、借地人の生存権的利益と土地所有者の生存権的利益とが対立する場面と、借地人の生存権的利益と土地所有者の財産権的利益とが対立する場面とに分けて検討することが有益であると考える。前者の場面では、当事者双方ともに土地を自己使用のために必要としていることから、土地をより必要とする方に土地の使用を委ねるべきであるといえる。したがって、この場面では、当事者双方の利益調整の判断枠組みは、当事者双方の公平性が配慮されるように構築されればそれで十分である。これに対して、後者の場面では、借地人が土地を自己使用のために必要としているのに対して、土地所有者は土地を高度利用のために必要としていることか

ら、当事者双方の公平性の観点とは別に、社会全体の公共性の観点からの政策的判断も要請されることになる。すなわち、土地所有者の利益が優先されれば、借地人の生存権的利益が犠牲になり、逆に借地人の利益が優先されれば、土地所有者の財産権的利益が犠牲になることの他に、もはやその地域には適さなくなった土地利用が存するような場合、その状況が継続される結果、社会全体の公共的利益が犠牲になることにもなる。したがって、後者の場面では、当事者双方の利益調整の判断枠組みは、当事者双方の公平性に加えて、社会全体の公共性にも配慮して構築されるべきかどうかという政策的判断に関わるものとなる。

　これに対して、これまでの法制度の下では、借地権の存続期間満了時の利益調整は、当事者双方の公平性の観点から行うことが原則とされてきた。すなわち、借地人（借地権者）の更新請求に対して、土地所有者（借地権設定者）が異議を述べることができるのは、「借地権設定者及び借地権者（転借地権者を含む。以下この条において同じ。）が土地の使用を必要とする事情のほか、借地に関する従前の経過及び土地の利用状況並びに借地権設定者が土地の明渡しの条件として又は土地の明渡しと引換えに借地権者に対して財産上の給付をする旨の申出をした場合におけるその申出を考慮して、正当の事由があると認められる場合」に限られるとされており（借地借家法6条）、ここであげられている正当事由の判断要素は、当事者双方の「土地の使用を必要とする事情」が主たる判断要素となり、「借地に関する従前の経過」、「土地の利用状況」および「借地権設定者の財産上の給付の申出」が副次的な判断要素となるよう条文上構成されている。このように、土地所有者に正当事由が具備されるか否かの判断は、当事者双方の土地使用の必要性の有無ないし強弱を基本として、主として当事者双方の公平性の観点から行われているのである。しかし、このような正当事由制度の下においてこれまで多数の判例が存在してきたが、それらの判例を検討してみるならば、そこには2つの問題点が存していたということができる。

　（1）寺田逸郎「借地・借家法の改正について」民事月報47巻1号56頁（1992年）。

1つは、正当事由が肯定される場合が、土地所有者の必要性が明らかに高く、借地人の必要性がほとんどないかそれ程でもないといえる場合と、当事者双方の必要性が同程度の場合に立退料の提供等が条件とされる場合に実質的に限られているため、基本的に正当事由制度が借地人に有利に機能しているといえる点である。このことは、「借地権の亜所有権化」現象として指摘されてきたことと符合するものである。もう1つは、借地人の必要性を重視するあまり、もはやその地域に適さなくなった土地利用が継続される結果、社会全体の公共的利益が犠牲にされる場合があるという点である。判例は、借地人の生存権的利益と土地所有者の財産権的利益とが対立する場面では、原則として借地人の生存権的利益を優先させ、その利益に支障が生じない限りにおいて土地所有者の財産権的利益を尊重するという態度をとっており、判例のこのような態度は、土地所有者の財産権的利益を実現させることを通じて社会全体の公共的利益をも実現させるという可能性を捨象するものであるとみることもできる。

　これらの問題に対しては、1992年（平成4年）の借地借家法制定に際して、前者については、定期借地権の導入という一定の措置が（その当否は別途検討されるべきであるが）講じられた。これに対して、後者については、社会全体の公共的利益が積極的に考慮されるような判断要素は意図的に排除され、問題は何ら解消されないまま棚上げされることになった。すなわち、立法過程において、正当事由の一事由として、「土地所有者による当該土地の有効利用の必要性及び相当性」を加えることの是非が検討されたが、当時の議論では否定的見解が多数を占めていたことから立法化は見送られることになったのであった。

　しかしながら、正当事由制度は、今日の社会状況を踏まえるならば再検討

（2）借地関係における正当事由の有無が争われた判例を検討したものとして、拙稿「借地制度の基礎理論・法解釈論・政策論の再検討（2）」明治学院大学法学研究101号38-48頁（2016年）参照。

（3）鈴木禄弥「不動産賃借権の亜所有権化について」社会科学の方法86号1-4頁（1976年）（同『借地・借家法の研究Ⅰ』269-274頁（創文社、1984年）所収）。

されてよいように思われる。借地借家法が制定された当時の状況を振り返るならば、地価の高騰や都市の乱開発などの土地問題が大きな社会問題となっており、そのような時代背景が当時の議論に大きな影響を与えていたことは確かであろう。それに対して、人口減少が急激に進行し、むしろ住宅の過剰が社会問題となっている今日では、大都市での局所的な地価の上昇はあるにしても、少なくとも全国的規模での地価の高騰が問題となることはあり得ないであろう。このような時代背景の変化を踏まえるならば、かつての特殊時代的な要因を捨象して、正当事由制度のより合理的なあり方が問い直されてよいように思われる。正当事由制度を「借地権の存続期間満了時における当事者双方の利益を合理的に調整するための制度」として位置づけるならば、借地人の生存権的利益がより強く保護されるように作用している現行の正当事由制度は見直しがなされるべきであり、土地所有者の財産権的利益にも相応の配慮がなされる判断要素(すなわち「土地所有者による当該土地の有効利用の必要性及び相当性」)が追加されることの是非が改めて検討されてよいように思われる。

　そこで、以上のような観点から、本稿では、借地関係における正当事由制度はどのように再構成されるべきであるかについて検討することとする。この論点を検討するにあたっては、まず、そもそも正当事由制度は何故に正当化され得るのかという議論を確認することから始める。そして、その議論を踏まえた上で、正当事由制度の再構成の方向性について検討することとする。

II　正当事由制度の正当化根拠

1　議論の前提

　正当事由制度は、土地所有者や建物所有者の所有権の自由や契約の自由に対する立法的干渉であり、これらの市民法原理と矛盾・対立するものである。

（4）正当事由の判断要素に土地の有効利用を含めることの是非に関する議論を検討したものとして、拙稿「借地制度の基礎理論・法解釈論・政策論の再検討(3・完)」明治学院大学法学研究104号14-20頁(2018年)参照。

そこで、このような正当事由制度による所有権の自由や契約の自由の制約がどのような根拠によって正当化され得るのかというこれまでの議論を振り返ることで、今日における正当事由制度の存在意義はどのようなものであるのかについて検討することとする。

　ただし、既存の議論はほとんど借家関係の正当事由制度が念頭に置かれてなされており、借地関係の正当事由制度が念頭に置かれてなされたものはそれほど多くない。しかし、契約の継続の必要性という点では、借家関係と借地関係のいずれにおいても、賃借人の生存権的居住利益の保護が問題となるので、両者に共通する基礎があるということができる。そこで、以下では、借家関係に関する議論を中心に参照することで、正当事由制度の正当化根拠をめぐる議論を整理し、検討することとする。

（5）篠塚昭次『借地借家法の基本問題』2-3頁、54-55頁（日本評論新社、1962年）は、借地法にも市民法的借地法と社会法的借地法とがあり、借家法にも市民法的借家法と社会法的借家法とがあり、「社会法的借地法と社会法的借家法とは、同一の法原理によって規制できるところの、独自の統一的認識対象として把握することができる」（傍点原文）として、これを「社会的居住法」という独自の法域として構成すべきものとする。また、秋山靖浩「定期借地権における2042年問題—存続保障の排除に関する一考察—」『早稲田民法学の現在—浦川道太郎先生・内田勝一先生・鎌田薫先生古稀記念論文集—』254-255頁（成文堂、2017年）は、「借地に関する契約も典型的な継続的契約であるから、契約の継続性に対する合理的な期待が生じる点、および、借地権者も借地上の建物に居住することを通じて、居住移転の自由を享受し社会関係・人格の形成を継続発展させる点で、居住用建物の賃貸借の場合と異なるところはない」との理由から、居住用建物の賃貸借を念頭においた議論であっても、居住用借地に同様に当てはめることができるとする。

（6）この整理に際しては、秋山靖浩「存続保障の今日的意義」松尾弘・山野目章夫編『不動産賃貸借の課題と展望』53頁以下（商事法務、2012年）、住田英穂「正当事由制度の意義と民法学」『早稲田民法学の現在—浦川道太郎先生・内田勝一先生・鎌田薫先生古稀記念論文集—』187頁以下（成文堂、2017年）を参照した。

2 正当事由制度に対する初期の学説の評価
(1) 所有権＝契約の自由の原則の例外

　正当事由制度は、賃貸借の解約申入れまたは更新拒絶の自由の原則の修正として登場してきたものであるので、まずはそれらの自由の原則の意義について確認しておくことから始める。その意義については、初期の学説において次のように論じられている。すなわち、賃貸借関係が債権的に構成されているということは、契約当事者の所有権＝契約の自由が最大限に留保されているということであり、したがって、その自由の一形態である「解約自由」も契約当事者双方に与えられ（民法617条）、それが用益関係の安定を確保していく仕組みとなっている。例えば、貸し手が不当な—市場価格を超える—家賃を要求してきたら、借り手は別の貸し手の所へ逃げる自由がある。こうして、借り手が市場における客観的な価値以上の家賃を貸し手によって強奪されないということが自動的に保障される。このことは、逆の場合も同じことがいえる。さらには、借家が不足すればその市場価格が高騰して、やがて借家の新規供給（生産）を刺激し、逆に供給が多すぎれば市場価格が下落して、供給を手控えさせることになる。こうして、ひいては、賃借物そのものの需給の均衡と、給付・反対給付間の等価的均衡がもたらさせることになる。このように、借家の賃貸借の場合には、用益関係の債権的構成を通して逆に借家人の居住の必要がよりよく保障されることになるとされている[7]。

　しかし、このような解約自由の原則も、借家に対する需要が持続的に供給を上回る事態が発生してくると、借り手の側の所有権＝契約の自由が実質的に否定されてくることになり、その意義が失われる事態が生じることになる。まず、貸し手との関係において借り手一般の立場が持続的に弱くなる。貸し手が不当な要求をした場合には借り手がいつでもよりよい貸し手に向かって逃げられる自由を意味した所有権＝契約の自由の行使は、もはや借り手にとっては借家に対する絶対的否定という自殺行為以外の何物をも意味しなくな

---

(7) 川村泰啓「物権化の、市民法的構造と社会法的構造」民商法雑誌36巻3号334-345頁（1957年）。

る。借り手の「逃げる自由は」、貸し手の「追い出す自由」に転化する。かくして、用益関係の債権的構成、すなわち契約当事者双方における所有権＝契約の自由の留保は、事実上、貸し手だけの自由に一方化してくる。次に、同じ事情は、借り手相互の激しい競争に媒介されて、借家の市場価格をつり上げ、かつそこに固定させる。そのために、これを負担し得ぬ借り手は、あるいは既存の契約を解除され、あるいは新規の契約を拒否されて、自らの借家に対する必要を否定されてくることになる。そこで、こうした課題を取り除くためには、何よりもまず、これらの賃借人が持つ劣弱な経済力と現実の市場価格との間の格差を埋めるという課題が決定的な重要性を持ってくるのであり、このような持続的な借家難によってもたらされた賃借人の経済力の格差から賃借権の物権化が要請されたのであるとされる。[8]

このように、賃貸借の解約申入れまたは更新拒絶の自由を原則とする立場に立つならば、[9]正当事由制度が肯定されるのは、「持続的な借家難によってもたらされた賃借人の経済力の格差」が社会問題として看過できない状況にある場合に限られることになろう。

（２）家主の貸家所有権の部分的否定

住宅難解決のための国家の住宅政策の貧困を前提として、借家人に付与された「居住権」なる概念が提唱された。「居住権」とは、「生存権的な色彩をもつ権利ではあるが、憲法上の生存権そのものではなく、単に、市民法上

（８）川村・前掲論文（注７）339-342頁、川村泰啓「用益物権」法学セミナー19号16頁（1957年）。

（９）これと同様の立場に立つ見解として、三宅正男「借家法における解約の制限と法の形態」名古屋大学法政論集１巻２号（1951年）がある、この見解によれば、賃貸借の解約申入れまたは更新拒絶の自由の制限（借家法１条ノ２）は、「契約＝所有者の自由、によらない使用権の設定であり、人格・所有・契約の形式には外在な、即ち公法的な規定である」とする（196頁）。その上で、本来、「（私）法の形態＝自由に外在な立法は直接的にいえば不法である」が、そのような立法は「國民の政治的自由に媒介されていることによつてのみ不法でなく人間の奴隷化でない」」（傍点原文）ものとなる。そして、もし借家法１条ノ２が「政治的自由に媒介されていなければ單に権力者のための合理性の確保に終る」危険があると指摘する（201-202頁）。

の契約関係が消滅したにもかかわらず、借家人がその家主に向かってひきつづき当該の家屋に住まわせよ、と主張しうる権利にすぎない。」換言すれば、「貸家所有権が借家法等の住宅社会立法によって制限されたことの反射として借家人に与えられた法的地位の指称であり、ただ、かかる制限が恒久化された結果、借家人に属する私権として認められるに至ったもの」であり、「特定の借家人が特定の家屋につき自己の賃貸借関係にある特定の家主に対してその犠牲において自己の居住を保障せよと要求しうる権利である」と定義される。[10] 借家人にこのような「居住権」が付与されるに至ったのは、「住宅のないものに住宅を与えるという本来国家の手でなされるべき任務を、国家がみずからの負担でおこなわず、私人たる家主の貸家所有権を借家法と家賃統制とによって制限し、これによって、この家主と賃貸借関係に立っている借家人の居住を保障するという形で、この課題が果たされている」からであり、この意味において、借家法の性格は「契約関係を媒介とする・家主の犠牲による住宅社会立法」であると規定される。[11] そして、「家主の犠牲」とは、借家法による家主の解約制限が家賃統制と結びつくことにより、借家人は「今までどおりの家賃でひきつづいて住めるという保障」（傍点原文）が与えられる一方で、家主はその分の経済的損失を被る、すなわち家主の貸家所有権の自由が（部分的に）否定されるという意味であるとされる。[12]

　この見解では、「かかる貸家所有権の制限は、私有財産制のたてまえからは、本来不当であるが、ただ、借家人の生存の基盤たる居住の保障という高次の目的からのみ、正当化されうる」[13] ものであり、それが妥当するのは公営住宅の提供が充分でない現状を前提とする限りにおいてであり、「該借家人が該借家に居住する必要がなくなったのちにおいてなお、貸家所有権＝家主の犠牲において、借家権の交換価値を借家人に保障する必要は毫もない」と

---

(10) 鈴木禄弥『居住権論〔新版〕』2-3頁（有斐閣、1981年）。
(11) 鈴木・前掲書（注10）5頁。
(12) 鈴木・前掲書（注10）54-55頁。
(13) 鈴木禄弥「居住権の限界」『末川先生古稀記念／権利の濫用（上）』204頁（有斐閣、1962年）。

する。したがって、この見解においては、住宅難が解消され、借家人の居住が確保されるようになるならば、家主の貸家所有権の自由は回復されるべきであり、そのためには、家賃統制が廃止されるだけでなく、正当事由制度による解約制限も廃止、少なくとも緩和されるべきであると解されることになろう。

(3) 郷里観念と生存権的居住権

以上の2つの見解は、正当事由制度を住宅難に対する例外的措置と位置づけるものであるが、これに対して、正当事由制度は、単に住居難を緩和しようとするだけのものではなく、「むしろ住居難の発生を契機として自覚されたHeimgedanke」（傍点原文）によって要求されたものであるとする見解が存する。

この見解ではまず、賃借権の物権化の基礎を賃貸借関係の継続性に求める見解を批判する。すなわち、ギールケ以来の伝統的な学説では、賃借権の物権化は「継続的債権関係」の概念によって基礎づけられてきたが、その概念だけでは、雇用・請負・委任・組合など、他の継続的債権関係から賃貸借を分離して、その物権性を特色づけることは難しい。これは、「継続性」という概念を「実体のない形式的概念」、換言すると「その概念のきそである実質的生活関係の特殊性から、捨象されたもの」としてしか理解していないからである。「したがって、こういう形式的な『継続性』という概念をこくふくするには、必然的に、社会法的な観点にうつらなければならない」とする（以上の傍点原文）。その上で、そのような社会法的秩序の中に基礎づけられる観念として、Heimgedanke（郷里観念）が提唱される。すなわち、『『住めば都』ということわざがしめすように、ある場所に、一定の期間継続的に居住すると、そこにつよい精神的な愛着がうまれて、ほかへ移住す

---

(14) 鈴木・前掲論文（注13）213頁。

(15) この見解では、「居住権」なる法的構成をむしろ「住宅難に対する因循姑息な対症療法」であると述べる（鈴木・前掲書（注10）3頁）。

(16) 篠塚・前掲書（注5）207-208頁。

(17) 篠塚・前掲書（注5）204-205頁。

第1部　土地法・住宅法

ることにつよい抵抗を感じるようになるのがふつうである。これは、住居というものが、婚姻や家族生活のきそであり、となり近所との親交、ときには反目、青少年の交友、通勤、通学、商店との顧客関係など、さまざまな利害関係のふくざつなあやをつうじて、人間の道徳生活をいとなむきそとなるからである」（傍点原文）。「こういうように、ある場所に対する愛着、つまりHeimgedanke（郷里観念）は、（中略）けっして素朴単純な執着感情ではなく、人間の尊厳性に根ざした高貴な道徳的心情である」とする。[18]

　この見解はさらに、貸家所有権の制限を「生存権的居住権」によって基礎づけようとする見解へと展開されていった。すなわち、そもそも居住権という法学上の概念には、「居住、移転および住居の平和（憲法22条、35条）にかんする権利のように、居住の自由を保障される自由権的な権利と、居住の継続性を保障される生存権的な居住権（憲法25条参照）とがある」ところ、この生存権的居住権は、「特定の私的所有権との対抗関係のなかで、（中略）居住の継続性を保障される力だと定義することができる」とする（以上の傍点原文）。[19] そして、この生存権的居住権は、それが高度化し拡大すれば、私的土地所有の内容はそれに反比例して縮小していくが、「この現象は、一つの法則的傾向であつて、社会政策（立法）を媒介とすることが多いだろうが、しかしけつして社会政策（立法）の結果ではない」（傍点原文）とする。[20]

---

(18) 篠塚・前掲書（注5）206-207頁。なお、この見解に対して、「Heimgedankeなるものは、ある建物内にある人々の生活の本拠＝家庭がきずかれている場合に、そこでのかれの居住を極力保護せよとする主張であるかぎりにおいては、肯定されうるものではあるが、その限度を超えて、かれらの居住の存する特定の地における地縁的結びつきの尊重を説くならば、前近代的なものへの復帰を求めるローマン主義的方向として、とくにわが国では危険なものとなるおそれがある」との批判がある（鈴木・前掲論文（注13）219頁）。もっとも、この批判は、Heimgedankeが居住の自由に対する制約要因となり得ることを危惧するものであり、この理解は、後の見解で示されるように、Heimgedankeに連なる「生存権的居住権」とは区別されるところの「自由権的居住権」に向けられたものとなっているといえる。

(19) 篠塚昭次「居住権の性格—生存権理念の展開—」早稲田法学38巻3・4号266頁、269頁（1963年）。

したがって、「貸家所有権の制限は近代的土地所有の歴史法則上における現象」(傍点原文)であるので、立法政策によって決まるのではなく、「ひろいみでの"運動"によつて、しだいに生存権的居住権の理念型に接近しなければならない」ものであるとする。この見解では、貸家所有権の制限は、歴史法則上の現象と把握されることから、住宅難の解消とは無関係に、正当事由制度による借家人の存続保障は維持されるべきであると解されることになろう。

3 正当事由制度に対する近年の学説の評価
(1) 住宅難の解消に伴う新たな理論の必要性

1970年代以降になると、商品としての住宅供給が普及したことにより、住宅数が世帯数を上回るようになった。このことは、借家人の立場からすれば、住宅過剰、借家の選択自由の時代が到来したということであり、このため、借家人も更新を不服として、更新拒絶の正当事由の不存在を盾にとって争う必要も少なくなってきた。この種の類型の借家人は、マンション、木賃アパートの賃貸借等における非定着型借家人ということでき、非定着型借家については、正当事由制度が機能する場合は極めて希薄であるため、基本的処理の方向としては、正当事由の厳格な適用を緩和していくことが現実適合的であると認識されるようになってきた。これに対して、旧来型の定着型借家人については、伝統的な正当事由制度が基本的に厳格に維持されることが望ましいが、この場合でも、金銭的合理的解決、例えば立退料の提供が活用されるようになっていることに注目すべきであると解された。このように、正当事由制度は、借家類型に適合するように分化して運用されていくべきであるところ、もはや一元的理論構成をもって処理するには、あまりに不適合となっていることが指摘されるようになってきたのであった。[22]

---
(20) 篠塚・前掲論文(注19) 271頁。
(21) 篠塚・前掲論文(注19) 274頁。
(22) 水本浩『転換期の借地・借家法』14-15頁(日本評論社、1988年)。

こうして、住宅難の解消に伴い、正当事由制度の意義が改めて問われるようになったのであるが、このとき、先に検討した、正当事由制度を所有権＝契約の自由の原則の例外と評価する見解あるいは家主の貸家所有権の部分的否定と評価する見解に基づくならば、正当事由制度は廃止ないしは緩和されるべきあるということになるはずである。それにもかかわらず、なお正当事由制度の存在を肯定しようとするならば、正当事由制度にさらなる正当化根拠を見出すことが要請されることになる。こうして、「1980年代半ばから90年代末の新自由主義による規制緩和を背景にする定期借地権・定期借家権の導入の動きの中で、借地借家法学は、新しい理論に基づいた正当事由の意義を模索することになった」のである。そこで、以下では、かつてのような住宅難が解消された後における近年の2つの方向性、すなわち正当事由制度の緩和を志向する見解と正当事由制度の新たな正当化根拠を模索する見解とについてそれぞれ確認をすることとする。

（2）正当事由制度の緩和を志向する見解

正当事由制度の廃止ないしは緩和を志向するものとして、次のような見解が存する。まず、この見解の基本認識は、戦後の絶対的住宅難の解消は、賃貸人個人への負担に帰すことによってではなく、本来、生存権保障、社会法思想に基づく住宅政策によって行われるべきであったのであり、「諸外国に見られたような公共による住宅供給の拡大という手法、または良質な住宅を適正な負担で享受できるような持家政策の実現、さらには民間貸家供給の促進と住宅手当・家賃補助とが結びついた民間借家政策によってなされるべきであった」というものである。このような基本認識から、「存続保護と市場外在的な地代家賃統制との一体性による賃貸人の家賃取得の制限及び明渡し請求の制限を中心とした借地借家法制度は極度の住宅困窮の時期において正当化される一時的緊急の立法であり、諸外国法と同様に住宅市場の回復に伴って転換されるべきものであった」とする。

そして、借地借家法制度がどのように転換されるべきであるかについては、

---

(23) 住田・前掲論文（注6）198-199頁。

「私的自治の原則・契約の自由という民法の基本的原則を維持しつつ、現代型国家と法において必要とされる福祉的機能をどのように果たさせるか」という視点から行われる必要があるとする。このような視点の背景には、かつての絶対的住宅難の時代において、憲法25条の生存権規定を類推することによって借地借家権の生存権的側面が強調された反面、賃貸借も契約の一種であって契約の自由が原則であり、生存権として居住権を位置づけるに際しても、居住移転の自由のような自由権的な側面が前提として存在していることが軽視されたこと、また、借地借家人の地主・家主に対する社会経済的従属性、その結果として従属的地位にある借地借家人の保護が強調された反面、賃貸借契約は対等な当事者間の自由な契約によって成立しているという当然の前提が軽視されたことなどに対する疑問が存在している。むしろ、「借地借家法の領域における生存権的、社会法的理念の強調は、契約交渉力の不平等性を縮減させ、公平な契約内容を実現するための手段」として、「社会的弱者である賃借人の『保護』ではなく、賃借人が賃貸人と平等な立場で自由に契約内容を交渉し、合意することができるように『自立』させ、自らの意思によって『自律』することが可能になるよう援助し促進することが現代の借地借家法の基本的目的であり、」したがって、存続保護法制は「自己の意思に反する立ち退きを強制されない意味での自由権」（居住移転の自由）の実質的な保障を実現する制度として理解されるべきであるとする。

---

(24) 内田勝一『現代借地借家法学の課題』5－6頁（成文堂、1997年）。また、これと同様の認識に立つものとして、次のような見解がある。すなわち、「借家人の法的地位は、家主に対する関係における『居住権』者として限定されるのではなく、国家に対する「住まいへの権利」の主体として位置づけられ、存続保障を内容とする住居賃貸借法制は、持家建設への公的貸し付け、良質な借家の建設に対する公的資金援助、低所得者層のための公営住宅建設、家賃補助などさまざまな国家的住宅政策のメニューのなかの（最重要の）一つとして要求されるのである」とする（広渡清吾「住居賃貸借法の位置と政策的機能」法律時報70巻2号14頁（1998年）。
(25) 内田・前掲書（注24）6頁。
(26) 内田・前掲書（注24）21頁。
(27) 内田・前掲書（注24）22頁。

第1部　土地法・住宅法

　この見解は、結論として、解約制限、期間更新からなる居住継続の保障を、契約の締結段階における契約情報の適切な開示、契約費用・移転費用の高額化の防止、自由な使用収益権の保障のための要素として位置づけるべきであるとするが、(29)それによって正当事由制度をどのように見直すべきであるかについては直接的な言及はなされていない。しかし、以上の考え方に基づくならば、現行の正当事由制度は、少なくとも緩和の方向性が志向されることになろう。

（3）正当事由制度に対する新たな正当化根拠を模索する見解

　以上のような住宅難の解消をもって正当事由制度の緩和を志向する見解に対して、正当事由制度の独自の存在意義を見出すことによりこれを正当化しようとする学説が展開された。まず着目されたのは、賃貸借契約が継続的契約であるという点である。すなわち、従来、更新拒絶に正当事由を要求する法律は、社会法の観点から弱者保護の法理として理解されることが多かったが、賃貸借契約はまさに継続的契約の継続性原理の現われとして理解することができるとする。(30)そもそも賃貸借契約を含む長期的取引では、人間の合理的判断能力には、現実には限界があるから、将来生じ得る事情の変化を予測してあらかじめそれに対する対応を合意しておくことは、極めて困難であるし、またコストも高くつく。「そこで、長期的取引における合理的行動は、契約締結時にすべての条件を合意するというものではなく、当事者間に信頼関係を形成し、これを基礎として、契約の継続性に対する当事者の合理的期待を尊重しつつ、再交渉によって柔軟に契約の内容を状況の変化に対応させていくというもの」となる。そして、一定の取引共同体の当事者にとっては、これらの行動は規範的意味を持っており、そのような規範は「継続性原理」

---

(28) 内田・前掲書（注24）25-26頁。以上のような理解は、より広い視点から「都市定住の権利」として展開されている（内田勝一「都市定住の権利」早川和男・横田清編著『講座現代居住4／居住と法・政治・経済』91頁以下（東京大学出版会、1996年）。

(29) 内田・前掲書（注24）26頁。

(30) 内田貴『契約の時代／日本社会と契約法』246-247頁（岩波書店、2000年）。

および「柔軟性原理」と呼ぶことができ、「継続性原理は、契約の継続性に対する当事者の合理的な期待を保護し、恣意的な契約の解消を制限する規範である。柔軟性原理は、事情の変化に対して、柔軟に契約条件を修正することを求める規範である」とする。

しかし、このような賃貸借契約を継続性原理という普遍的規範をもってする基礎づけは、先に検討した郷里観念をもって正当事由制度を正当化しようとした見解において、「その概念のきそである実質的生活関係の特殊性から、捨象されたもの」としてすでに批判されていたものである。それゆえ、「賃貸不動産の種類（借地か借家か）・用途（居住用か事業用か）によって、契約の継続性に対する当事者の期待は大きく異なるため、その期待の大小や内容に応じて、存続保障という形で契約自由へ介入することがなぜ・どこまで正当化されるのかも変わってこざるをえない」という批判が導かれることになる。そのため、正当事由制度の正当化根拠を見出そうとするならば、契約の継続性に対する当事者の合理的期待の保護を挙げるだけでは不十分であり、さらなる根拠づけが必要とされたのである。

そこで、正当事由制度は「借家（住居）を中心として借家人およびその家族が形成している社会関係の継続・発展を保障する法制度である」（傍点原文）とする見解が主張された。この見解は、都市における人間像を「原子化された流動的な個人」としてのみとらえるのではなく、「『社会関係のネットワークの中で活動し、その活動のなかで関係を再生産する個人』という関係形成的な社会像・人間像」としてのとらえ方をする。そして、このような社会像・人間像を真摯に受け止めるならば、「住居を基盤とする社会関係の継続性ということは、およそある住居に長期間居住し生活する者にとって常に生じる社会生活上の要請であり、それは、本来持家の居住者についても借家の居住者についての変わるところはない」ので、「正当事由制度がはたして

---

(31) 内田・前掲書（注30）243-244頁。
(32) 秋山・前掲論文（注6）59頁。
(33) 佐藤岩夫「社会的関係形成と借家法」法律時報70巻2号28頁（1998年）。

いる、借家人およびその家族が住居を基盤として形成している社会的関係の継続と発展を保障するという機能はきわめて重要なもの」であるとする[34]。

そして、この見解については、「借家への居住を通じて賃借人（およびその家族）が居住移転の自由を享受し、社会関係・人格の形成を継続発展できるようにするために、契約自由へ介入する方向性」を志向するものであり、「自分の生活空間を主体的に形成する自由」を根拠とするものであるとの評価がなされている（そして、これを「生活空間アプローチ」というとする）[35]。その上で、継続性原理にこの見解を接続させて、「不動産賃貸借の継続的契約としての特性—契約締結時に将来を予測してすべての条件を合意するのが難しいこと—を前提としつつ、生活空間アプローチに従い、居住用建物の賃貸借という賃貸不動産の種類・用途に即して、賃借人の居住移転の自由や社会関係・人格の形成の継続発展—自分の生活空間を主体的に形成する自由—を保障するところに、存続保障の意義が認められる」との見解が提示されている[36]。

4 借家関係の学説の借地関係への示唆

以上、これまで借家関係の正当事由制度に関する近年の学説を確認してきたが[37]、ここでこれらの学説について若干の検討を行うこととする。まず、住宅難の解消に伴う私的自治や契約自由への回帰を志向する見解に立ったとしても、正当事由制度の廃止までが要請されることにはならないであろう。仮に正当事由制度が廃止されることになれば、契約の更新を希望する借家人にとって交渉力の不均衡が生ずることになり、借家人の私的自治や契約自由がかえって一方的に害されることになってしまうからである。そうすると、今

---

(34) 佐藤・前掲論文（注33）27-29頁。なお、この見解は、郷里観念のような心理的なものではなく、「借家人およびその家族が当該住居を中心として形成しているザッハリッヒな社会関係そのものであることには注意が必要である」とする。

(35) 秋山・前掲論文（注6）58頁。

(36) 秋山・前掲論文（注6）60頁。

日における正当事由制度は、住宅難が解消された後においてもなお、「契約交渉力の不平等性を縮減させ、公平な契約内容を実現するための手段」としての意義が存するということができるだろう。ただし、先に検討した見解では、そのような意義を実現するために、正当事由制度を具体的にどのように見直すべきであるのかということについてまでは言及されていないので、そのあり方をどのように構築すればよいかということが問われてくる。

他方で、生活空間アプローチに基づく見解では、正当事由制度の正当化根拠として「継続性原理を基礎とした自分の生活空間を主体的に形成する自由の保障」が提示されている。このような根拠づけについては、住居が人間の生活にとって不可欠な基盤をなすものである以上、借家人の居住は法的にも保護されるべきであるから、この点に関しては何らの異存もない。しかし、そのような借家人の利益が保護されるべきであるとしても、その保護の結果、賃貸人の利益が犠牲に供せられなければならないのであるならば、借家人の利益を無制限に保護することは妥当でなく、これに一定の限度を与えて、2つの利益の調和を図ることが必要であるだろう。[38]したがって、この見解において問われてくるのは、借家人の居住利益は賃貸人の貸家所有権の自由＝自己の居住利益あるいは財産的利益との関係においてどの程度保護されるべきものであるのかということであるだろう。この点について、住宅難が解消された今日においては、契約当事者間の私的自治や契約自由の実質的確保の要請が重視されるようになっていることを考慮するならば、借家人の居住利益

---

(37) その他にも、正当事由制度の意義は人格的所有権論の観点から根拠づけられるとする見解がある。すなわち、借家関係の正当事由の判断には、①人と物の関係が、コンテクストに依存しつつ、比較衡量されているという特徴と、②立退料の提供は、あくまで補完事由とされ、利用権の金銭的評価は抑制されているという特徴とがあるが、それらの特徴は、「借家権という財産権あるいは居住目的の建物という財産が、社会関係・人格の形成に関わる点を考慮した衡量の方法というべきである。正当事由の判断構造は、継続的契約一般の継続性原理よりも人格的所有権論の観点から積極的に根拠づけられる」とする（住田・前掲論文（注6）205頁）。

(38) 鈴木・前掲論文（注13）203頁。

がいかに重要なものであるとしても、賃貸人の居住利益あるいは財産的利益にも配慮したより公平な利益調整が図られる必要があるといえよう。そうだとするならば、かつての住宅難の解消が正当事由の「絶対的な正当化根拠」であったとするならば、今日における借家人の居住利益の保護は正当事由の「相対的な正当化根拠」に留まるということになろう。

　これらの検討を踏まえるならば、住宅難解消後の正当事由制度の存在意義は、「賃借人の生活空間を主体的に形成する自由」を保障することにあるということもできるが、基本的には「契約当事者間の交渉力の不均衡」を是正することにあるということができる。したがって、このような正当化根拠に基づく正当事由制度の具体的なあり方は、まずは賃借人の居住利益が保護される必要があるが、その保護は賃貸人の居住利益あるいは財産的利益との間で適切かつ公平に調整されなければならないものであると考える。

　借家関係における正当事由制度の存在意義を以上のように定義するならば、そのような定義づけは、借地関係におけるそれを検討するに際しても有益な示唆となり得るものであるといえよう。というのも、「自己使用を主たる目的とする借地権の存続期間満了時における借地人と土地所有者の利益調整を合理的に行うための法制度をいかにして再構築するか」という検討課題に対しては、まず借地関係の正当事由制度の存在意義をどのように定義するかが重要な意味を持ってくるからである。そして、その存在意義を、借家関係におけるそれと同じように、まずは「借地人の生活空間を主体的に形成する自由」を保障するものであるが、基本的には「契約当事者間の交渉力の不均衡」を是正するものであると定義するならば、正当事由制度の見直しの方向性は、まずは借地人の居住利益の保護が図られるべきであるが、その一方で、土地所有者の居住利益あるいは財産的利益にも十分に配慮し、両者の利益ができるだけ公平に調整されるようにするというものであるだろう。

III 正当事由制度の再構成

1 正当事由制度と土地の有効利用

　今日における借地関係の正当事由制度の存在意義とその見直しの方向性を以上のように位置づけるならば、既存の正当事由の判断要素の上に、土地所有者の「土地の有効利用の必要性及び相当性」を正当事由の一事由として加えるべきか否かという論点が改めて問われてくることになるであろう。この議論は、1980年代後半に盛んに行われたが、当時の学説は否定的見解が多数を占めており、その主な理由としては、土地の有効利用は公的主体の責任において都市再開発法などの公法領域でのみ処理されるべきであり、このような判断要素は借地借家法などの私法領域に持ち込まれるべきではないということがあげられていた。

　しかし、このような否定的見解が大勢を占める中にあって、土地の有効利用を正当事由の一事由としつつ、借地人や借家人の既存利益が損なわれないような仕組みを考案すべきとする肯定的見解も示されていた。この見解の要点は、市街地再開発が私的利益のみを目的とする場合には正当事由は具備されないが、それが公益的立場から必要であると判断される場合には正当事由は具備される。ただし、それによる借地・借家の終了に伴う利益をすべて地主・家主に帰属させることは不公平であるので、借地人・借家人は、不利益を受ける限度で、権利の消滅を伴う損失を立退料の形態で補填されるべきである。つまり、地主・家主から相当な財産的給付がなされることによって、実質上の損失補償と同じ処理が施されるべきであるというものである[39]。この見解は、市街地再開発によって公益とともに土地所有者の財産的利益を実現させる一方で、借地人の財産的利益をも（少なくとも金銭的に）保護するものとなっているので、借地権の存続期間満了時における借地人と土地所有者の利益調整を合理的に図るための具体的方法を提示するものとして、改めて注目される。

---

(39) 水本・前掲書（注22）71-73頁。

ただし、この肯定論も、公益目的の土地の有効利用のみが正当事由の一事由となり得るとしており、このように公益性が重視される点においては否定論と共通の認識の立つものであるといえる。このような認識は、この議論がなされた1980年代後半に大きな社会問題となった地価の高騰や都市の乱開発などの土地問題に対する意識が反映されたからであると考えられる。しかし、その後の時代背景の変化を踏まえるならば、かつての特殊時代的な要因を捨象して、今日に相応しい正当事由制度の合理的なあり方が問い直されてよいように思われる。そのように考えるならば、市街地再開発は、たとえそれが真に公益的であるか否かを問わなくても、再開発後の建物が少なくとも当該地域における都市計画法上の用途地域に最も適した使用に供されることになることから、そのこと自体に公益性が認められると見ることができる。そうだとすれば、土地所有者の「土地の有効利用の必要性及び相当性」を、市街地再開発における公益性の有無や程度にかかわらず、正当事由の判断要素に加えてもよいのではないかと考える。ただし、その実現可能性は担保される必要はあるので、実際に正当事由の有無を判断するに際しては、土地所有者自らが「具体的な土地利用計画」を提示するなどして土地の有効利用が実現される相当程度の蓋然性があることを証明することは必要となろう。また、これまでの判例法理ではこのような事由のみで土地所有者に正当事由が認められることはなかったことを踏まえるならば、借地人には本来であれば借地権が存続していたという前提で評価される借地権価格相当額の補償がなされることも必要となろう。

2 イギリスの借地制度における存続保障制度からの示唆

以上の考え方は、日本の借地制度と「共通の基礎」を有するイギリスの長期不動産賃貸借における存続保障制度と基本的に同様の考え方に基づくものでもある。日本とイギリスとでは、それぞれの法制度は大きく異なっているが、借地権の存続期間満了時における賃借人の投下資本に対する財産的利益の保護と居住利益の保護をめぐる法律問題が生じ、その問題解決が迫られて

きたという歴史的実態面においては、両者に「共通の基礎」を見出すことができる。そこで、以下では、日本の借地関係における正当事由制度をどのように再構成すべきかという論点について一定の示唆を得るため、イギリスの長期不動産賃貸借における存続保障制度の要点を参照することとする。[40]

イギリスでは、長期不動産賃借権の存続期間満了時の問題を解決するために、1967年不動産賃借権改革法（Leasehold Reform Act 1967）が制定され、一定の資格要件を満たした賃借人に、住宅その他の不動産について不動産賃借権解放権（leasehold enfranchisement）または延長賃借権（extended lease）が付与されることが規定された。不動産賃借権解放権とは、賃借人が住宅その他の不動産に対する自由土地保有権を賃貸人から買い取ることができるという権利であり、また、延長賃借権とは、賃借人が存続期間満了後50年間の賃借権を新たに設定することができるという権利である。いずれの権利も賃貸人との合意を要することなく行使できるものであるので、賃借人の財産的利益や居住利益が一方的に保護されることになっているように見える。しかし、1967年法は、賃貸人に不動産の占有回復を必要とする合理的な事由が存するときは、賃借人の権利行使に対して、賃貸人に優越的権利（overriding rights）が認められるものとしている。優越的権利には、賃貸人の居住権（residential rights）に基づき不動産賃借権解放権または延長賃借権の適用を排除できるとする権利（18条）と、賃貸人の再開発権（redevelopment rights）に基づき延長賃借権の適用を排除できるとする権利（17条）とがあるが、このような優越的権利の存在により、長期不動産賃借権の存続期間満了時の法的処理は、①賃借人による自由土地保有権の取得、②賃借人による不動産賃借権の延長、③賃貸人による不動産の占有回復という選択肢の中から選ばれることとなる。しかも、その選択肢は社会政策

---

(40) イギリスの長期不動産賃貸借制度について検討したものとして、拙稿「イギリス定期借地制度の基本問題と現代的展開（一）」民商法雑誌120巻4・5号220-255頁（1999年）、「イギリス定期借地制度の基本問題と現代的展開（二・完）」民商法雑誌120巻6号82-115頁（1999年）参照。

的な価値判断から保護されるべき利益に優先順位が設けられており、しかも、いずれの選択がなされたとしても金銭的な調整が図られるようになっている。この仕組みを図式的に整理するならば、次のようにまとめることができる。[41]

①賃借人が不動産賃借権解放権または延長賃借権の資格要件を満たす場合、賃借人は賃貸人から自由土地保有権あるいは延長賃借権を取得することができ、その場合、賃借人は賃貸人に対し自由土地保有権あるいは延長賃借権の価格を支払うことになる。

②賃貸人の自己(家族)使用の必要性がある場合(すなわち、賃借人の居住利益と賃貸人の居住利益とが対立する場合)、賃貸人による不動産の占有回復が認められ、その場合、賃貸人は賃借人に対し延長賃借権の価値相当分の補償金を支払うことになる。

③賃貸人の再開発利益実現の必要性がある場合(すなわち、賃借人の居住利益と賃貸人の財産的利益とが対立する場合)、存続期間の満了をもって賃貸人による不動産の占有回復が認められ、その場合、賃貸人は賃借人に対し延長賃借権の価値相当分の補償金を支払うことになる。ただし、このときに、賃借人が自由土地保有権を購入することを申し出た場合、賃借人は賃貸人から自由土地保有権を取得することができ、その場合、賃借人は賃貸人に対し自由土地保有権の価格を支払うことになる。

このような法的処理のあり方は、第一義的に当事者の居住利益が保護されるべきであるが、再開発を希望する賃貸人の財産的利益をも十分に尊重し、再開発による都市の更新という公共的利益の実現にも配慮するという発想に基づいており、そしてさらに、それによって不利益を受ける相手方に対しては金銭的塡補を行うことで、当事者の利益の公平性にも配慮するという発想に基づいているということができる。その意味で、この制度は、賃借人の投下資本と居住利益の保護を図るという社会政策的判断を基礎としつつ、その上で社会的な公共性と当事者間の利益の公平性の両立を図ったものであると

---

(41) 拙稿「イギリス不動産賃貸借法の存続保障―借地制度の意義の再検討のため―」明治学院大学法学研究95号247-249頁(2013年)。

評価することができる。

3　日本の正当事由制度の再構成

　先に検討したように、正当事由制度の見直しの方向性は、まずは借地人の居住利益の保護が図られるべきであるが、その一方で、土地所有者の居住利益あるいは財産的利益にも十分に配慮し、両者の利益ができるだけ公平に調整されるようにすることにあるとするならば、以上のようなイギリスの法的処理のあり方は、今後の日本の正当事由制度のあり方を検討する上でも大いに参考になるものと思われる。ただし、イギリスの法制度を参考にするとしても、日本の正当事由制度との相違から、次の3つの点で留意すべき部分があるので、その部分を予め確認しておくこととする。

　第1点は、イギリスの不動産賃借権解放権は、イギリス固有の社会的・政治的状況の下で過去1世紀近くに及ぶ議論を経て確立していった法制度であるという点である。日本においては、借地人に土地所有権の買取請求権が付与されるべきか否かについて議論が蓄積されてこなかったことを踏まえるならば、このような権利の是非は正当事由制度とは別個に議論される必要がある。第2点は、イギリスの法制度は、「ある事由があればそれだけで正当事由の存在が肯定されるような、いわば絶対的な事由を列挙する方法」が採用されているのに対して、日本の正当事由制度は、「正当事由の有無の判断に当たり考慮されるべき諸要素を列挙する方法」が採用されているという点である[42]。そのため、イギリスの制度をそのまま日本の制度に当てはめることはできず、日本の制度に適合するように調整される必要がある。そして第3点は、日本の正当事由制度では、当事者双方の「土地の使用を必要とする事

（42）絶対的な事由を列挙する方式は、予見可能性の面では優れており、明確性はかなり高まるが、実際には明確な絶対的正当事由を想定することはかなり困難であるので、日本の正当事由制度では、正当事由の判断に当たり考慮されるべき諸要素を列挙して、総合判断する方式が採られるべきものとされている（法務省民事局参事官室編「借地・借家法改正要綱試案」別冊NBL21号27頁（1990年）。

情」が主たる判断要素とされ、土地所有者に土地使用の必要性が高い一方で、借地人に土地使用の必要性がない場合には、正当事由は具備され、土地は土地所有者にいわば無償で返還されることになるのに対して、イギリスの法制度では、賃貸人に不動産の自己（家族）使用の必要性がある場合、賃貸人による不動産の占有回復は認められるが、その場合、賃貸人は賃借人に対し延長賃借権の価値相当分の補償金を支払うことになるとされている点である。この点も、イギリスの制度を日本の制度に当てはめることができない部分であり、日本のこれまでの判例法理に適合するように調整される必要があろう。

以上の点に留意しつつ、日本の正当事由制度の見直しをするとすれば、その判断枠組みは次のように改められるべきではないかと考える。

①まず、従来の判断枠組みが基本的にそのまま踏襲され、当事者双方の「土地の使用を必要とする事情」が主たる判断要素として、「借地に関する従前の経過」、「土地の利用状況」および「借地権設定者の財産上の給付の申出」が副次的な判断要素として正当事由の有無が判断される。

②そして、当事者双方の「土地の使用を必要とする事情」の比較衡量の結果、土地所有者よりも借地人の方が土地使用の必要性が高いと判断される場合には、土地所有者の正当事由は具備されず、借地人の更新請求が認められる。他方で、借地人よりも土地所有者の方が自己使用の必要性が高いと判断される場合には、土地所有者の正当事由は具備され、土地所有者の土地返還が認められる（その場合、借地人は、建物買取請求権の行使により建物等の投下資本の回収が認められる）。そして、後者の場合には、事案に応じて、財産上の給付による正当事由の補完的調整も行われる。

③これに対して、土地所有者に「土地の有効利用の必要性及び相当性」があり、かつ、「具体的な土地利用計画」が提示されるなどして土地の有効利用が実現される相当程度の蓋然性があることが証明される場合には、借地人の土地使用の必要性の有無や程度にかかわらず、土地所有者の正当事由は具備され、土地所有者の土地返還が認められる。ただし、その

場合、土地所有者は借地人に対し現に存する借地権その他一切の損失に対して財産上の給付をしなければならない（その後、借地人は建物買取請求権の行使により建物等の投下資本の回収も認められる）。

以上の①②の部分は、これまでの正当事由の判断枠組みと同様であり、これにより借地人の居住利益の保護がまず図られることになる。これに対して、③の部分は、イギリスの法制度にならって、借地人の土地使用の必要性の有無や程度にかかわらず、土地所有者に正当事由を認めるとするものであり、その意味では土地所有者に有利な内容となっている。しかし、その一方で、土地所有者は、都市再開発法に基づく市街地再開発において借地人が権利変換を希望しない場合になされる補償と同じように、借地権価格や建物価格の完全な補償が義務づけられる内容ともなっている。この場合、土地所有者の財産的利益が保護される一方で、借地人の居住利益は保護されないことにはなるが、借地人の保護は完全な財産補償によって塡補されるものとすることによって、両当事者の利益調整は公平に図られることになるものと考える。そして、このような帰結は、再開発によって土地の有効利用という公益が一定程度実現されることとの関係でも、肯定されるべきものであると考える。

IV まとめに代えて

本稿では、今日における借地関係の正当事由制度の存在意義を、「借地人の生活空間を主体的に形成する自由」を保障するものであるが、基本的には「契約当事者間の交渉力の不均衡」を是正するものであるとした上で、正当事由制度をそのような定義に基づくものとして再構成するためには、既存の正当事由の判断要素に「土地の有効利用の必要性及び相当性」を追加し、その事由が認められる場合には土地所有者の正当事由は肯定されるが、その場合、土地所有者に借地権価格や建物価格の完全な補償を義務づけることによって、借地人の生存権的居住利益の保障を前提としつつ、土地所有者の財産権的利益との調整が図られるような制度に改められるべきであるとした。正

当事由制度はこのように再構成されることにより、借地権の存続期間満了時における当事者双方の利益を合理的に調整するものとして機能することになるであろうと考える。

市民生活と土壌汚染問題

内 田 輝 明

I はじめに

　読者が購入を検討している戸建住宅の敷地に、土壌汚染があるとする。
　その土地では、法律に基づいて盛土が行われているという。市役所に話を聞きに行くと、その土地は「形質変更時要届出区域」に指定されていて、健康リスクはないそうだ。ただ、将来建て替えをする場合は届出が必要で、費用もかかるという。分譲業者が示す不動産価格が適正かどうかは、市役所の環境担当者にはわからないと言われた。
　近くに間取りや面積が似た物件があるが、そちらには土壌汚染はないと言う。
　さて、読者はどうするか……。

　筆者は、2006年4月から2018年3月までの12年間、土壌汚染・アスベスト等の環境リスクや、環境・社会に配慮した不動産（グリーンビルディング）に関するコンサルティング実務に携わった。環境リスクに関しては、不動産証券化、担保評価、再開発等における土壌汚染について検討することが多かった。
　市民生活における環境意識の高まりや諸制度の整備に伴い、土壌汚染が身近な問題として認識されるようになったが、土壌汚染の定義、土壌汚染による健康リスクや、土壌汚染対策の必要性・方法などの基本的な事項があまり共有されていないと筆者は感じている。
　本稿は、市民が土壌汚染問題を理解する上で必要となる基本的な事項につ

いて、諸制度や対策実態を中心に整理を試みたものである。

本稿のうち、意見に係る部分は筆者の個人的見解であり、所属する会社の意見ではない。

II 土壌汚染問題の経緯

我が国の土壌汚染の歴史は、明治期の足尾銅山鉱毒事件や昭和の高度成長期に明らかになった神岡鉱山のカドミウムによるイタイイタイ病など、鉱山に由来する重金属の農用地汚染から始まった。

市街地の土壌汚染は、1975年前後に六価クロムによる土壌汚染が社会問題化した。1990年代に企業の工場跡地等の再開発等に伴う土壌汚染が顕在化したが、土壌汚染対策に関する法制度がなかったことから、土壌汚染による人の健康への影響の懸念や対策ルールの確立への社会的要請が強まり、2002年に土壌汚染対策法が制定された。

近年では次のようなことがあった。

- 2008年に資産除去債務に関する会計基準が公表され、有形固定資産を除去するために将来発生する土壌汚染対策費用のうち、法令又は契約で要求される法律上の義務等を債務として計上することとされた。
- 2009年に土壌汚染対策法が改正されて、区域の指定等が見直されるとともに、自然的原因による土壌汚染が規制の対象となった。
- 2010年に土壌汚染の瑕疵担保責任を扱った初めての最高裁判決があった。
- 2014年に不動産鑑定評価基準が改正されて、土壌汚染等の特定の価格形成要因について、不動産鑑定士が実施する調査を合理的な範囲内に限定すること等を可能とする「調査範囲等条件」が新たに導入された。
- 2016年に東京都の豊洲市場用地の土壌汚染対策について、事実と異なる説明をしていたことが社会問題化した（建物の下に盛土をせずに地下空間を設置していた）。
- 2016年頃から、サステナブル・レメディエーションの概念を取り入れた、持続可能な土壌汚染対策のあり方の検討が本格化している。

- 2017年に土壌汚染対策法が改正され、リスクに応じた規制の合理化等が行われた。

　近年では、土壌汚染で有害物質による健康被害そのものが問題となることは少なく、土地の瑕疵担保責任、すなわち多額の対策費用の負担が売買当事者間で問題になり、それが社会的な関心を集めることが多い（東京都の豊洲市場土壌汚染対策など）。

　また、投資家が投資先企業に対して環境（Environment）、社会（Social）、ガバナンス（Governance）への配慮を求めるESG投資原則が欧米を中心に世界的潮流となっている。ESG投資原則は、2006年にUNEP FI（国連環境計画金融イニシアティブ）と国連グローバル・コンパクトが、機関投資家に対してESGを投資プロセスに組み入れる「責任投資原則」（PRI、Principles for Responsible Investment）を提唱したことをきっかけに広まった。最近では、CSR（企業の社会的責任）としてESGを目標に設定する企業も目立つ。土壌汚染は、環境（Environment）やガバナンス（Governance）の問題として、積極的な情報開示が要請される事項となっている。

III　土壌汚染とは

　土壌汚染とは、土壌が人間にとって有害な物質によって汚染された状態であると一般的に言われており、有害物質がある限度を超えて含まれていないことが、売買契約の目的物として土地が通常有すべき品質・性能であるという考え方が最高裁判例でも示されている。

1　一般的な定義

　土壌汚染とは何か。土壌汚染に係る基準や法令では土壌汚染の定義が見当たらないので、行政機関の資料で一般的な定義を確認する。

　環境省・公益財団法人日本環境協会が作成したパンフレット『土壌汚染対策法のしくみ』は、土壌汚染とは「土壌が人間にとって有害な物質によって

第1部　土地法・住宅法

汚染された状態」であると説明している(1)。

　また、東京都環境局が作成した『中小事業者のための土壌汚染対策ガイドライン』は、「土壌汚染とは、一般的に、薬品や排水の漏えい等の人為的原因により有害物質が土壌中に蓄積され、その濃度が法や条例で定められた基準値を超えている状態を指しますが、土壌の成り立ち等の自然的原因も含め、土壌中の有害物質の濃度が基準値を超えている状態全般を指すこともあります。」と説明している(2)。

2　土地が通常有すべき品質・性能

　土壌汚染の瑕疵担保責任を扱った初めての最高裁判決（最判平22・6・1民集64巻4号953頁、判時2083号77頁）は、1991年に工場跡地を購入した土地開発公社が、2001年に土壌環境基準に追加された「ふっ素」が工場跡地の土壌に基準値を超えて存在すること（2005年の土壌汚染調査で判明）が「隠れた瑕疵」に当たるとして、売主の瑕疵担保責任（民法第570条）に基づき売主である民間企業に対策費用等の支払いを求めた事例である。

　この最高裁判決が示した考え方に基づけば、土地売買契約締結当時の取引観念上、居住その他の土地の通常の利用をすることを目的として締結される売買契約の目的物である土地の土壌に「人の生命、身体、健康を損なう危険のある有害物質」が「人の生命、身体、健康を損なう危険がないと認められる限度」を超えて土壌に含まれていないことが、「通常有すべき品質・性能」であるということができる。

　また、土地売買契約において、「ある特定の物質」が土壌に含まれていないことや、「本件売買契約締結当時に有害性が認識されていたか否かにかかわらず、人の健康に係る被害を生ずるおそれのある一切の物質」が土壌に含

（1）環境省・公益財団法人日本環境協会『土壌汚染対策法のしくみ（2018. Ver.1)』5頁（環境省・公益財団法人日本環境協会、2018年）。
（2）東京都環境局『中小事業者のための土壌汚染対策ガイドライン～土壌汚染対策を円滑に進めるために～（改訂版）』5頁（東京都環境局、2017年）。

まれていないことが、特別に予定されていた場合には、これらの物質が土壌に含まれていれば瑕疵ととらえられる。

IV 土壌汚染に係る基準や法令

政府は、土壌汚染について、政府が目標として維持すべき基準（有害物質及び基準値）を土壌環境基準として定めるとともに、国民の健康を保護することを目的とした土壌汚染対策法を制定し、規制を行っている。土壌汚染対策法は、健康リスクの観点等から必要な措置を定めており、土壌汚染の除去（掘削除去や無害化）は必ずしも求めていない。土壌環境基準は自然的原因による土壌汚染には適用されないが、土壌汚染対策法はこれを規制対象としている。

1 土壌環境基準

環境基本法に基づき、政府は、大気の汚染、水質の汚濁、土壌の汚染及び騒音に係る環境上の条件について、それぞれ、環境基準（人の健康を保護し、及び生活環境を保全する上で維持されることが望ましい基準）を定める（環境基本法第16条第1項）。

土壌汚染については、土壌の汚染に係る環境基準（平成3年環境庁告示第46号、以下「土壌環境基準」という。）が1991年8月に設定され、数次の改正を経て2018年7月現在では29項目の基準が定められている。土壌環境基準は、既往の知見や関連する諸基準に即して、設定可能なものについて設定するとの考え方に基づき、「水質浄化・地下水かん養機能を保全する観点」及び「食料を生産する機能を保全する観点」の2つの観点から設定されている（土壌環境基準第1の1及び別表）。

「水質浄化・地下水かん養機能を保全する観点」から設定されている「溶出基準」については、人の健康の保護の観点から、土地利用の如何にかかわらず保全されるべきものとして定められているため、原則として農用地を含めたすべての土壌に適用されている。

「食料を生産する機能を保全する観点」から設定されている「農用地基準」については、農用地の土壌に適用されている。

ただし、土壌環境基準は、汚染がもっぱら自然的原因によることが明らかであると認められる場所及び原材料の堆積場、廃棄物の埋立地その他の有害物質の利用又は処分を目的として現にこれらを集積している施設に係る土壌については、適用しないこととされている（土壌環境基準第1の3）。

政府は、公害の防止に関する施策を総合的かつ有効適切に講ずることにより、環境基準が確保されるように努めなければならないとされている（環境基本法第16条第4項）。

環境基準の達成期間等については、「環境基準に適合しない土壌については、汚染の程度や広がり、影響の態様等に応じて可及的速やかにその達成維持に努めるものとする。」とされ、「なお、環境基準を早期に達成することが見込まれない場合にあっては、土壌の汚染に起因する環境影響を防止するために必要な措置を講ずるものとする。」とされている（土壌の汚染に係る環境基準第2）。

このように土壌環境基準は、人の健康を保護し、及び生活環境を保全する上で維持することが望ましい基準であり、土壌の汚染状態の有無を判断する基準として、また、政府の施策を講ずる際の目標となるものである。ただし、自然的原因による土壌汚染等については適用されない。また、土壌環境基準は政府の目標であり、土壌環境基準自体が市民に対して直接何らかの強制力を持つものではない。

2　土壌汚染対策法
（1）土壌の汚染状態に関する基準

土壌汚染対策法（平成14年法律第53号）は、土壌の特定有害物質による汚染の状況の把握に関する措置及びその汚染による人の健康に係る被害の防止に関する措置を定めること等により、土壌汚染対策の実施を図り、もって国民の健康を保護することを目的（土壌汚染対策法1条）に、2002年に制定さ

れ、2009年と2017年に一部が改正されている。

　土壌汚染対策法では、土壌に含まれることに起因して人の健康に係る被害を生ずるおそれがあるものとして、土壌汚染対策法施行令（平成14年政令第306号）で26物質が特定有害物質に指定されている。

　特定有害物質については、汚染状態に関する基準として「土壌溶出量基準」及び「土壌含有量基準」が、土壌汚染対策法施行規則（平成14年環境省令第29号）に定められている。

　「土壌溶出量基準」は、有害物質を地下水経由で摂取するリスクの観点から設定された基準である。この基準は、一生涯（70年間）にわたり、1日当たり2Lの地下水を飲用し続けても、健康に対する有害な影響が現れないと判断されるレベル又は10万人に1人に影響が現れるレベルで定められている。これは、政府の目標として定められている環境基準と同様の考え方により設定されており、目標が規制値として使われていることを意味する。

　「土壌含有量基準」は、有害物質を含む土壌を直接摂取するリスクの観点から設定された基準である。この基準は、汚染土壌のある土地に居住し、1日当たり子ども（6歳以下）200mg、大人100mgの土壌を摂食しても、健康に対する有害な影響が現れないと判断されるレベル又は10万人に1人に影響が現れるレベルで定められている。

　土壌環境基準は自然的原因の土壌汚染には適用されないが、土壌汚染対策法は自然的原因の土壌汚染を規制対象とするところに特徴がある。

　2009年の改正前の土壌汚染対策法では、「土壌汚染」は、人の活動に伴って生ずる土壌の汚染に限定されるものであり、自然由来の有害物質が含まれる汚染された土壌をその対象としていなかった。

　2009年の土壌汚染対策法改正で、掘削除去が増加していることを踏まえ、汚染された土壌の不適正な処理を防ぐための規制が創設されたが、この規制を及ぼす上では、汚染された土壌をその原因によって区別する理由がないことから、自然由来の有害物質が含まれる汚染された土壌を土壌汚染対策法の対象とすることとされたという経緯がある。

第1部　土地法・住宅法

（2）土壌汚染状況調査と区域の指定

　土壌汚染の存在は、有害物質を取り扱っていた事業場等の移転又はその跡地の再開発等の土地改変に伴って明らかになる場合が少なくない。また、その際には施設、建築物の存在等による制約を受けにくく、有害物質の除去、無害化、汚染土壌の封じ込め等の措置の早期の実施に結びつき得る場合が多い。

　土壌汚染対策法は、①有害物質使用特定施設の使用の廃止のとき、②一定規模以上の土地（3,000㎡を超える土地）の形質の変更の届出の際に、土壌汚染のおそれがあると都道府県知事等が認めるとき、③土壌汚染により健康被害が生ずるおそれがあると都道府県知事等が認めるときに、土地所有者等に土壌汚染状況調査を義務づける（同法第3条～第5条）。

　土壌汚染状況調査において土壌汚染が確認された場合には、都道府県知事等は、当該土地を「汚染状態」及び「健康被害が生ずるおそれ」に応じて、要措置区域又は形質変更時要届出区域に指定する（同法第6条及び第11条）。

　土壌汚染対策法は制定当初から、土壌汚染が判明しても有害物質が人の体内に取り込まれる経路（摂取経路）がなく健康被害が生ずるおそれがない場合は、土壌汚染対策を行う必要はないとしているが、土地所有者等は健康被害が生ずるおそれの有無にかかわらず掘削除去を行うことが多かった。そこで、2009年の土壌汚染対策法改正で従来の指定区域に代わって要措置区域及び形質変更時要届出区域が創設され、健康被害が生ずるおそれの有無により区域が分けられた。

　要措置区域に指定された土地では、健康被害が生ずるおそれがあることから、土地の形質の変更が原則禁止されるとともに都道府県知事等から期限を定めて汚染の除去等の措置を講ずべきことが指示される。

　形質変更時要届出区域に指定された土地では、健康被害が生ずるおそれがないことから、汚染の除去等の措置を講ずべきことは指示されないが、土地の形質変更を行おうとするときに都道府県知事等への事前届出が義務付けられる（事前届出については、2017年の土壌汚染対策法改正により、その施行

方法等の方針について予め都道府県知事の確認を受けた場合、工事毎の事前届出に代えて年一回程度の事後届出となる。2019年4月1日施行)。

V 土壌汚染対策の現状

　土壌汚染対策の実務においては、土地所有者等が土壌汚染地の管理を避ける傾向が強く、他の方法に比べて費用が高額だが、工期が短く、工事後の比較的早い時期に区域指定が解除される「掘削除去」が多用されている。それを受けて、不動産市場においても「掘削除去」を前提にした不動産価格が形成されることが多い。

1 掘削除去の多用

　要措置区域では、土地所有者等は都道府県知事等から指示された措置(指示措置)と同等以上の効果を有すると認められる措置を選択することができる。また、指示措置を受けていない形質変更時要届出区域で任意で措置を行うことができる。そのため、指示措置と実際に行われた措置(実施措置)とは異なる場合がある。

　環境省は毎年、土壌汚染対策法の施行状況等を公表している。環境省水・大気環境局『平成28年度土壌汚染対策法の施行状況及び土壌汚染調査・対策事例等に関する調査結果』によると、2016年度(2016年4月〜2017年3月)における区域の指定・解除件数は次の通りである。[3]

・土壌汚染対策法に基づく区域の指定・解除件数(2016年度)
　　要措置区域　　　　　　　指定　80件　解除　59件
　　形質変更時要届出区域　　指定 448件　解除 178件
　　　計　　　　　　　　　　指定 528件　解除 237件

　区域の指定が解除されるためには土壌汚染の除去(掘削除去や無害化)が必要であるが、健康リスクの観点から対策の必要がないとされる形質変更

---
(3) 環境省水・大気環境局『平成28年度土壌汚染対策法の施行状況及び土壌汚染調査・対策事例等に関する調査結果』15頁(環境省、2018年)。

第1部　土地法・住宅法

時要届出区域であっても、1年間の指定件数（448件）の4割に当たる178件で土壌汚染の除去が行われている。

　2016年度に指定された要措置区域（80件）における指示措置は、次の通りである（1つの区域において複数の措置の指示が行われること等があるため、指示措置数の合計は区域数を上回っている）。⁽⁴⁾

・地下水等の摂取によるリスクに係る指示措置
　　地下水の水質の測定　　　　　　61件
　　原位置封じ込め又は遮水工封じ込め　21件
・直接摂取によるリスクに係る指示措置
　　盛土　　　　　　　　　　　　　2件
　　土壌汚染の除去　　　　　　　　2件

　都道府県知事等が土地所有者等に土壌汚染の除去を指示するのは、砂場等において直接摂取のリスクがある場合だけである。土壌汚染の除去（とりわけ掘削除去）は、汚染の拡散のリスクを防止する観点から、できるかぎり抑制的に取り扱うこととされており、1年間に2件しか土壌汚染の除去の指示が出ていない。

　しかし、2016年度に指定された要措置区域（80件）において、同年度中に実施された措置（42件）をみると、次のとおり8割を超える36件で掘削除去が行われており、どの措置が都道府県知事等から指示された場合でも、土地所有者等が実施した措置は掘削除去が最も多い。⁽⁵⁾

・地下水等の摂取によるリスクに係る指示措置のうち、掘削除去が実施された件数
　　地下水の水質の測定　　　　　　　33件中30件
　　原位置封じ込め又は遮水工封じ込め　6件中3件
・直接摂取によるリスクに係る指示措置のうち、掘削除去が実施された件数

（4）環境省水・大気環境局・前掲報告書44頁。
（5）環境省水・大気環境局・前掲報告書45頁。

| 盛土 | 1件中　1件 |
| 土壌汚染の除去 | 2件中　2件 |

　なお、土壌汚染調査・対策は、土壌汚染対策法に基づくもののほかに、地方公共団体の条例に基づくものや自主的なものがある。これらの調査・対策を含めた状況を一般社団法人土壌環境センターが毎年公表しているが、掘削除去が多用される傾向は同じである。[6]

2　掘削除去の特徴

　土壌汚染対策で掘削除去が多用される原因を考える上で、それぞれの措置にかかる費用や工期、指定解除の可否等の特徴を掘削除去と比べておきたい。費用及び工期については、東京都環境局『中小事業者のための土壌汚染対策ガイドライン（改訂版）』（東京都環境局、2014年、2017年4月一部更新）を参考にした。

　「地下水の水質の測定」は、土壌溶出量基準に適合しない土壌が存在するが、それに起因する地下水汚染が生じていないことが確認されている場合に、測定用の井戸を設置し、地下水の水質を測定（モニタリング）し、地下水汚染が生じていないことを確認し続けることによって汚染の拡散を防止する措置である。土壌への対策は不要だが、地下水の水質の測定を継続する必要があるので、この措置によって要措置区域の指定が解除されることはない。

　「封じ込め」は、土壌溶出量基準に適合しない土壌を遮水壁や構造物等により封じ込めることにより、特定有害物質の拡散を防ぐ方法である。封じ込めの一つである原位置封じ込めの場合、土壌1立方メートル当たり3～5万円の費用と、数週間～数か月以上の工期がかかる。封じ込め後は、測定用の井戸を設置し、最低2年間地下水の水質の測定を行い、封じ込めの機能が保たれていることが確認されれば、要措置区域の指定は解除されるが、引き続き形質変更時要届出区域として指定される。

（6）一般社団法人土壌環境センター『土壌汚染状況調査・対策に関する実態調査結果（平成28年度）』16頁（一般社団法人土壌環境センター、2018年）。

第1部　土地法・住宅法

　「盛土」は、土壌含有量基準に適合しない土壌の表面を厚さ50cm以上の土壌により覆うことで、人への曝露経路を遮断することを目的とした措置である。盛土には、1平方メートル当たり数千円以上の費用と、数日以上の工期がかかる。盛土を実施すると、当該範囲は要措置区域の指定は解除されるが、引き続き形質変更時要届出区域として指定される。
　「土壌汚染の除去」は、「掘削除去」と「原位置浄化」に大別される。
　「掘削除去」は、基準に適合しない土壌を当該土地から搬出することをいう。掘削除去には、土壌1立方メートル当たり5～10万円以上の費用と、数日～数週間以上の工期がかかる。掘削除去を実施した場合には、要措置区域の指定は解除される。
　「原位置浄化」は、基準に適合しない土壌中に含まれる特定有害物質を抽出又は分解することをいう。原位置浄化の場合には、土壌1立方メートル当たり3～5万円以上の費用と、数週間～数か月以上の工期がかかる。原位置浄化を実施した場合には、要措置区域の指定は解除される。
　措置実施後の区域指定の解除の可能性に着目してそれぞれの措置を比較すると、「掘削除去」及び「原位置浄化」では、要措置区域の指定は解除される（形質変更時要届出区域に指定されている場合も、指定は解除される）。「封じ込め」及び「盛土」では、要措置区域の指定は解除されるが、引き続き形質変更時要届出区域として指定される。「地下水の水質の測定」では要措置区域の指定は解除されない。
　区域の指定が解除される「掘削除去」と「原位置浄化」とを比べると、「原位置浄化」は「掘削除去」に比べて費用がかからない場合があるものの、工期が長くかかる。
　このように、掘削除去は、他の方法に比べて費用が高額だが、工期が短い上、工事後の比較的早い時期に区域指定が解除される方法である。

3　土壌汚染地の管理

　土壌汚染を取り除かない場合は、土壌汚染地の管理（汚染物質の拡散の防

止と対策効果の維持）が必要となる。

　土壌汚染のある土地においては、土壌を掘削する又は建物の基礎杭を打設するなど、土地の形質の変更を行うときは、その行為により汚染物質を拡散させたり、さらに深層部へ汚染物質を浸透させたりしないようにしなければならない（汚染物質の拡散の防止）。

　また、土壌汚染を全て取り除かずに盛土等を用いて土壌汚染対策を行った土地においては、対策後、新たな健康被害のおそれが生じることがないようにその効果の維持に努めることが求められる（対策効果の維持）。

　公益財団法人日本環境協会『事業者が行う土壌汚染リスクコミュニケーションのためのガイドライン』は、適切な状態で土壌汚染のある土地を管理していくことについて、次のように説明している[7]。

　「土壌汚染では、その汚染により周辺住民の方々の健康被害が生じる可能性があるかどうかが問題となります。実際には、土壌汚染が存在していれば必ず健康被害が生じるというものではなく、適切な状態で土壌汚染のある土地を管理していけば特に問題はないケースが多くを占めています。また、健康被害が生じるおそれ（健康リスク）があったとしても、多額な費用をかけて土壌汚染を全て取り除かずに問題のない状態にする方法を選択することも可能です。」

　しかし、多くの土地所有者等は、適切な状態で土壌汚染のある土地を管理していくことが、自らにとっては「問題のない状態」だとは考えていない。

　なるべく土壌汚染地を管理したくないのである。

　土壌汚染地の管理について、多くの土地所有者等は専門的な知識や経験を有していない。

　また、形質変更時要届出区域について、健康リスクの観点からは土壌汚染対策は不要だとされても、不動産開発の現場では土地の掘削を伴う工事が大半であり、常に土壌汚染の拡散リスクや費用の増加について管理が必要とな

---

[7] 公益財団法人日本環境協会『事業者が行う土壌汚染リスクコミュニケーションのためのガイドライン』はじめに（公益財団法人日本環境協会、2017年）。

る。

　土壌汚染地は、適切な管理のため（又は土壌汚染を取り除いて管理が必要でない状態にするため）の費用や時間がかかるので、土壌汚染のない土地に比べて市場性も減退する。そのため不動産市場において土壌汚染地の土地価格は、人体や生活環境に悪影響を与える可能性の有無（安全性）に加えて、汚染土壌処理に係る対策費用の額及び当該費用が顕在化する時期（費用性）が問題となるのである。[8]

　さらには、土地所有者等は、土壌汚染地の管理責任や利害関係者への説明責任を適切に果たせずに、自らの評判が著しく低下するリスクも抱えることになる。

　このような事情から、多くの土地所有者等は「高くても早く」土壌汚染が取り除かれる措置を重視し、多額の費用をかけてでも、土壌汚染を掘削除去で短期間に取り除こうとするのである。土壌汚染対策法の健康リスクの観点からの「適切な管理」は行われにくい。

VI　まとめ

　政府は、土壌環境基準を定めて、土壌汚染がない状態を目標としているが、土地所有者等が土壌汚染対策法に基づいて土壌汚染の除去（掘削除去や無害化）を求められるのは、健康リスクの観点から必要が認められる場合に限られている。しかし、現実社会では、土地所有者等が土壌汚染地の管理を避ける傾向が強いことから、費用が高いが早い時期に区域指定が解除される「掘削除去」が多用されている。それを受けて、不動産市場でも「掘削除去」を前提にした不動産価格が形成されることが多い。[9] 2010年の最高裁判決においても、土壌汚染がないことが土地の「通常有すべき品質・性能」であると言

（8）日本不動産研究所編『日経文庫ベーシック不動産入門』191頁（日本経済新聞出版社、2011年）。
（9）廣田善夫「土壌汚染地への社会の評価（不動産評価）の変遷と課題・今後」環境情報科学46巻2号18頁（2017年）

われている。

　上記のことを知った冒頭の読者は、仮に土壌汚染地の戸建住宅の間取り等が気に入っていたとしても、おそらく土壌汚染がない戸建住宅を選ぶであろう。

　土壌汚染地で掘削除去が重視され、それを前提に土壌汚染地の不動産価格が形成されている現実を、健康リスクに対する土地所有者や市民等の理解不足や過剰反応によるものと認識するだけでは、解決の方向に向かわない。

　わが国でも、2000年代から欧米を中心に提唱されてきたサステナブル・レメディエーションの概念を取り入れた、持続可能な土壌汚染対策のあり方の検討が本格化している[10]。掘削除去は、土壌1立方メートル当たり5～10万円以上の費用の負担力がない土地の場合、土地売却や再利用ができずに遊休化する懸念がある（いわゆるブラウンフィールド）し、掘削除去が、エネルギーを消費する環境負荷の高い対策であることは否定できない。適切なリスク管理に基づく土壌汚染地の利活用の試みが広がることは、土壌汚染地の管理のあり方や不動産価格の形成にもよい影響をもたらすのではないかと考える。

（10）保高徹生・古川靖英・張銘「わが国と諸外国のサステナブル・レメディエーションへの取り組み」環境情報科学46巻2号43頁（2017年）

現行地方税制における不動産鑑定評価の利用のあり方の諸問題

立　花　俊　輔

I　本稿の主題と背景

　地方税収の約23％を占めるのは固定資産税であり、その税収は約9兆円（平成30年度地方財政計画額）に上る。法人税（国税）の税収が約12.2兆円（平成30年度予算額）であることを考えると、地方自治体にとって固定資産税収入がいかに大きいものであるか理解できるだろう。法人税は課税側、納税側の双方が客観的な決算数値を基準として課税されるのに対し、固定資産税は実際には売買されない不動産の時価に基づいて課税されることから、固定資産税の課税根拠に対する納税者の不満が生じやすいのは当然である。

　近年、新聞記事や経済雑誌などが固定資産税の還付事例などを引いて市町村の課税・徴収の問題点を大きく取り上げるようになり、これまで以上に納税者の固定資産課税への関心が高まりつつあると見られる。しかし、こうした記事は課税事務の誤りは指摘するものの、固定資産課税の根本的な問題点にまで言及してはいないように思われる。

　そこで本稿では、現行の固定資産課税の土地評価の実務が不動産鑑定評価や公示価格に依拠していることに注目して、納税者が公示価格に疑念を持った場合に、公示価格の訂正等を求める救済制度が地価公示法はもちろん地方税法にも設けられていないことの問題性を指摘すると共に、固定資産税評価制度が備えるべき条件について課税の公正性の観点から考察する。

　以下、本論は次のように構成される。まず、我が国の現行の固定資産税制度について、課税の基本方針、土地評価の基本的な計算方法について整理した上で、法的な問題点を指摘する（II　固定資産税制度の概要と法的問題点）。

第1部　土地法・住宅法

続いて、そのような現行の制度上で実際に生じているトラブルについて、具体例を示しながら確認する（Ⅲ　固定資産税の土地評価をめぐる論点）。最後に、これらの理論上、実務上の課題を解消するために検討すべき論点を挙げ、将来の固定資産税評価制度のあるべき方向性を提示する（Ⅳ　あるべき固定資産税の土地評価制度）。

なお、固定資産には土地、家屋および償却資産があるが、不動産鑑定評価を利用するのは土地のみであることから、本稿ではそのうち土地（宅地のみ）を取り上げる。

II　固定資産税制度の概要と法的問題点

1　課税の基本方針

はじめに、本論に関係する固定資産税制度の概要を関連法規から確認していく。

固定資産税は、申告納税方式ではなく賦課課税方式の地方税であり、市町村が普通税として賦課するものとされている（地方税法第2条、第5条第2項第2号）。その評価にあたっては、固定資産評価基準（地方税法第388条）が法的根拠になる（最判昭61・12・11集民149号283頁）。固定資産評価基準は地方税法第388条により委任を受けた総務大臣が告示することとされており、市町村長はその固定資産評価基準に則って固定資産の価格を決定しなければならない（地方税法第403条第1項）。しかし、総務大臣の告示による一律の評価基準を全国に適用すれば、市町村ごとの地域の実情が反映されないこととなるため、固定資産評価基準の規定の中に、「市町村長は画地計算の附表等に所要の補正を加えることができる」旨を定め、市町村長に画地計算の補正の内容を変更したり、補正項目を追加したりすることを認めている。所要の補正規定を受けて、多くの市町村では「土地評価事務取扱要領」といった名称の評価マニュアルを策定し、これを市町村の固定資産税課税のための土地評価に適用している（横浜地判平18・5・17裁判所ウェブサイト）。

2 固定資産課税における土地評価
(1) 評価の方法
　固定資産評価基準によれば、各筆の宅地の評価は、市町村の宅地の状況に応じ、主として市街地的形態を形成する地域における宅地については「市街地宅地評価法」により、主として市街地的形態を形成するに至らない地域における宅地については「その他の宅地評価法」により行われる。

　①市街地宅地評価法

　「市街地宅地評価法」は、いわゆる路線価方式である。路線価とは、街路に沿接する標準的な画地の1㎡当たりの価格をいう。市街地宅地評価法においては、街路ごとに、沿接する標準的な宅地の路線価を付設して、この路線価に所定の「画地計算法」を適用し、各画地の評価額を求める方法である。つまり、「路線価の付設」と「各画地の画地計算」の2段階の手続きに分かれているのである。

　第1段階の「路線価の付設」については、路線価を付設するための標準宅地が市町村により選定され、この標準宅地について不動産鑑定士の鑑定評価額等（地価公示価格、地価調査価格が設定されていれば、これらの公的評価価格による）に基づいてその7割を目途に市町村が適正な時価を評定し、これを路線価として付設する。

　次に、「各画地の画地計算法」は、路線価を基礎として当該路線に沿接する各画地について、それぞれの画地の間口、奥行、街路との状況等が宅地の価格に及ぼす影響を、標準宅地のこれらの状況と比較して、路線価に乗じるための補正率を計算することによって求められる。このような画地計算法による各画地の補正率計算は市町村が行う。具体的な画地計算の補正率には、側方路線影響加算、二方路線影響加算、間口狭小補正、奥行長大補正、不整形地補正、がけ地補正、水路介在補正などが例として挙げられる。

　②その他の宅地評価法

　一方、「その他の宅地評価法」においては、市町村内の宅地を、宅地の沿接する道路の状況、公共施設の接近の状況、家屋の疎密度その他宅地の利用

状況等がおおむね類似している地区ごとに区分し、これらの地区ごとに選定した標準的な宅地について不動産鑑定士の鑑定評価額等から標準的な宅地の評価額を評定し、標準的な宅地の評価額に比準して状況類似地区内の各画地の宅地の評価額が求められる。主として市街地的形態を形成するに至らない地域における宅地（主に大規模工場地、農家集落宅地など）は原則としてこの方法によることとされている。

（2）固定資産評価における公示価格・鑑定評価の位置づけ

固定資産評価基準には、固定資産課税の土地評価において、路線価の付設等に公示価格および鑑定評価を活用する旨が明記されている（固定資産評価基準第1章第12節）。すなわち、固定資産課税の評価制度の中に、地価公示制度と鑑定評価制度が取り込まれているのである。

実際の運用においても、先に見たように、市街地宅地評価法では、路線価を付設するために選定した標準宅地の時価評価に鑑定評価が活用されている（公示地そのものを、路線価を付設するための標準宅地と選定する場合もある）。その他の宅地評価法においても標準宅地の時価を求める場面で公示価格や不動産鑑定士による鑑定評価が活用されている。固定資産税の評価事務では、標準宅地の鑑定価格が100と求められた場合、市町村はその7割の70を固定資産税の適正な時価として路線価を付設する以外の方法は採らない。つまり、固定資産税の路線価は、公示価格や鑑定価格に基づいて評定されているのである。

以上から、公示価格や鑑定評価が規定上も運用上も固定資産課税の基礎となっていることが確認された。

3　公的土地評価制度を租税目的に利用することの問題性

固定資産課税に公的土地評価が導入されることになったのは、平成元年の土地基本法の成立を受けてのことであるが、地価公示法など公的土地評価制度の立法趣旨は「適正な地価の形成」であり、租税を目的とはしていない。そうすると、公的土地評価制度を租税目的に利用することは、立法府（国

会)が制定する法律なしに課税することはできないとの租税法の原理である「租税法律主義」(憲法第84条)の考え方に抵触しないのだろうか。そこで、以下に、公的土地評価制度を租税目的に利用する場合の問題性を検討してみたい。

(1) 土地基本法(平成元年法律第八十四号)

土地基本法が平成元年に成立した当時は、転売利益のみを目的とした投機的取引が横行し、その結果、地価が著しく高騰して国民経済に多大な悪影響を及ぼすようになっていた。このような状況を背景に制定された土地基本法の本来の目的は投機的取引の抑制にあったと考えるのが自然である。

一方、固定資産課税に目を向ければ、当時の固定資産評価額は、東京は公示価格の1割程度、九州は公示価格の4割程度といった具合に地域によって大きな開きがあった。(2) これを放置すれば納税者の固定資産税に対する信頼が得られないことから、土地基本法において「国は、適正な地価の形成及び課税の適正化に資するため、土地の正常な価格を公示するとともに、公的土地評価について相互の均衡と適正化が図られるように努めるものとする。」という条文を置き、固定資産税の土地評価に公示価格制度を導入したのである。公示価格を導入したおかげで市町村ごとに統一性なく行われていた土地評価が公示価格を基準とする一定割合の水準に一元化されたことは、納税者に共通の尺度を示すという点において納税者の固定資産税の土地評価に対する理解を促進したと思われる。だが、課税が適正化されたかどうかを判断するには公示価格そのものの精度(信頼性)の問題が残されている。よって、公示価格の導入によって課税の適正性に関する問題が解決したと結論することはできない。

(2) 地価公示法(昭和四十四年法律第四十九号)

①地価公示の目的

---

(1) 金子宏『租税法[第22版]』(弘文堂、2017年)79〜80頁。
(2) 第116回国会土地問題等に関する特別委員会第5号における国務大臣の答弁より。

第1部　土地法・住宅法

　地価公示法の目的は、「都市及びその周辺の地域等において、標準地を選定し、その正常な価格を公示することにより、一般の土地の取引価格に対して指標を与え、及び公共の利益となる事業の用に供する土地に対する適正な補償金の額の算定等に資し、もつて適正な地価の形成に寄与すること」である（地価公示法第1条）。つまり、地価公示法の条文に「課税目的に利用する」旨の記述はない。では、土地基本法第16条により、地価公示に「課税の適正化に資するため」という目的が付加されることになるかが問題となるが、土地基本法第16条を定めた当時、地価公示法の目的を改正しなかったのであるから、地価公示の目的はあくまでも「適正な地価の形成に寄与すること」と文理解釈するのが適当であると考える。

②公示価格の意義

　公示価格は、土地について、自由な取引が行なわれるとした場合におけるその取引において通常成立すると認められる価格（当該土地に建物その他の定着物がある場合又は当該土地に関して地上権その他当該土地の使用若しくは収益を制限する権利が存する場合には、これらの定着物又は権利が存しないものとして通常成立すると認められる価格）、つまり、正常な価格をいう。地価公示法の公示区域（地価公示法第2条第1項）内に選定された標準地について、2名以上の不動産鑑定士の鑑定評価を求めさせ、土地鑑定委員会がこの鑑定評価を審査して最終的に正常な価格を判定することとされている（地価公示法第2条第2項）。

　では、ここに登場する「土地鑑定委員会」とはどのような組織であるのか。公示価格はあくまでも取引の指標として公示されるものであり、課税のために利用されることはそもそも予定されていない（地価公示法第1条）。しかし、土地基本法第16条の規定の趣旨を踏まえて、[3]平成6年度以降の評価替えにおいて、公示価格を固定資産税という租税（課税）の場面に用いることとされた。その公示価格の決定を担うのが、土地鑑定委員会という国土交通省

（3）公示価格を課税目的に使ってよいという租税法の根拠規定はない。「適用する」という記述ではないことを強調するために傍点を付している。

内部の行政機関なのである。しかし、この土地鑑定委員会の決定した公示価格（行政による公的評価）に納税者が疑義を持ったとしても、納税者からの価格訂正の申立てなどの救済措置は地価公示法には当然のことながら、他の法律にもいっさい設けられていない。もちろん土地基本法も同様である。こうして見れば固定資産税の土地評価に公示価格を活用するという現行の行政上の仕組みに対して、租税法律主義の観点から根本的な問題提起をする必要がある。別の視点から見れば、納税者から公示価格の訂正を求めることができるという救済制度を確立しない限り、行政による恣意的な課税につながる可能性を排除できない。

③公示価格の効力

公示価格の効力は、地価公示法第8条から第11条に定められている。その中で固定資産税に関係するものは、「鑑定評価の準則（第8条）」である。その内容は、「不動産鑑定士は、公示区域内の土地について鑑定評価を行う場合において、当該土地の正常な価格を求めるときは、公示価格を規準としなければならない」ということである。公示価格を規準とするとは、対象土地に類似すると認められる一又は二以上の標準地を選択し、それぞれの位置、地積、環境等の諸要因を分析、把握し、対象土地の諸要因と標準地のそれとを比較検討することにより各標準地の公示価格と対象土地の価格との間に均衡を保たせることを指す（地価公示法第11条）。

鑑定評価の準則のことを鑑定実務では「規準義務」と呼んだりするが、この規準義務のおかげで、公的土地評価相互の均衡（バランス）が保たれるという一定の政策的効果は実現されるが、納税者の立場からみれば、不動産鑑

（4）地価公示法第12条により国土交通省内に設置される。国家行政組織法第8条に基づく審議会と同じ位置づけの機関である。
【参考】国家行政組織法第八条
第三条の国の行政機関には、法律の定める所掌事務の範囲内で、法律又は政令の定めるところにより、重要事項に関する調査審議、不服審査その他学識経験を有する者等の合議により処理することが適当な事務をつかさどらせるための合議制の機関を置くことができる。

第1部　土地法・住宅法

定士に規準義務が課されているため、固定資産課税のための標準宅地の鑑定評価においては、実際に取引された近傍類似の取引価格の状況の如何にかかわらず、既定の公示価格の価格水準にかなり強く拘束されてしまうという一面を有していることが問題点として指摘される。

(3) 鑑定評価制度

これまで見てきたように、公示価格や不動産鑑定士による鑑定評価が固定資産課税の土地評価の基礎とされていることから、公的に権威づけられた証明書のように理解されているかもしれないがそうではない。あくまでも専門家の一意見である。市町村が依頼しようと納税者が依頼しようと不動産鑑定評価基準に準拠していればその鑑定評価額は専門家の意見として正当なものとして認定される。課税側、納税側で時価に対する意見が異なることも多々ある。もし仮に課税側の鑑定評価が誤っていることを理由に納税者が争ってきた場合、納税者はどのような手段で鑑定評価の訂正を市町村に求めることができるのかという視点で鑑定評価制度の概要を説明した上で、鑑定評価制度を固定資産課税に利用することの問題点を以下見ていくことにしよう。

①不動産鑑定評価の目的

不動産鑑定評価制度の目的は、地価の高騰を抑制し、適正な地価の形成に資することである（不動産の鑑定評価に関する法律第2条）。これは、地価公示法の目的とほぼ同じである。

②不動産鑑定評価の意義

不動産の鑑定評価とは、不動産（土地若しくは建物又はこれらに関する所有権以外の権利をいう。以下同じ。）の経済価値を判定し、その結果を価額に表示することをいう（不動産の鑑定評価に関する法律第2条第1項）。鑑定評価の意義は、不動産鑑定評価基準総論第1三において、「不動産の鑑定評価とは、合理的な市場で形成されるであろう市場価値を表示する適正な価格を、鑑定評価の主体が的確に把握することを中心とする作業であるといってよいであろう。そして、これは練達堪能な専門家によって初めて可能な仕事であるから、このような意味において、不動産の鑑定評価とは、不動産の

価格に関する専門家の判断であり、意見であるといってよいであろう」と説明している。つまり、鑑定評価は専門家たるといえども不動産鑑定士の「意見」に過ぎず、価格に関する証明書ではないのである。これが固定資産課税の土地評価において意味するところを考察すると、固定資産課税に活用される鑑定評価額も課税庁（市町村）サイドが依頼した不動産鑑定士の一つの「意見」である以上、納税者が別の不動産鑑定士に依頼して時価を求めさせたならば市町村サイドの鑑定評価額とは異なる時価が求められる可能性が十分にあるということになる。重要なのは、市町村サイド、納税者サイドのどちらの鑑定評価も鑑定評価基準に準拠していれば、鑑定意見として適正なのであり、納税者サイドの鑑定評価も課税の根拠になりうるということである。

③不動産鑑定士の責務（義務）

　不動産鑑定士は、その責務として、良心に従い、誠実に鑑定評価業務を行うとともに、不動産鑑定士の信用を傷つけるような行為をしてはならず（不動産の鑑定評価に関する法律第5条）、他の士業と同様に守秘義務（不動産の鑑定評価に関する法律第6条）を負っている。しかし、不動産鑑定士に独立の立場（公正中立）を保持しなければならないという職務上の義務は課されていない。固定資産課税のための鑑定評価の発注者は市町村である。[5] 鑑定士業界が引き続き固定資産課税のための鑑定評価を受託するつもりであるならば、不動産鑑定士自らに「独立の立場を保持する義務」の導入を早急に議論しなければならない。

④鑑定評価の監督

　不動産鑑定士が不当な鑑定評価を行った場合には、国土交通大臣は懲戒処

（5）不動産鑑定業者は毎年1回事業実績を報告することとされており（不動産の鑑定評価に関する法律第28条）、これによると、評価替え年度（直近では平成29年度）の都道府県知事登録の不動産鑑定業者の実績総数（報酬額）が約401億円であり、課税目的の鑑定評価の報酬は約214億円で実績総数の約53％を占めており、公認会計士の独立性保持を踏まえると、不動産鑑定士の経済的独立性（外観的独立性）が損なわれているようなレベル感と言っても過言ではない状況である。

分として、戒告、1年以内の業務禁止、もしくは、登録消除をすることができるとされている（不動産の鑑定評価に関する法律第40条第1項）。不当な鑑定評価に関する規定は、不動産の鑑定評価に関する法律の目的である「適正な地価形成」に害を及ぼす行為を取り締まるという趣旨で設けられているものであり、懲戒処分は行政処分ということになる。したがって、国土交通大臣の懲戒処分が下されたとしても、その鑑定評価が不当とされるのみであって固定資産課税の土地評価額が直ちに変更されるわけではない（地方税法の規定に則らなければ固定資産評価額の更正はできない）。納税者が固定資産税の鑑定評価を担当した不動産鑑定士に対する責任を追及するには、別途、裁判上の手続きが必要となる。固定資産税の納税者は不動産鑑定士との間に直接の契約関係がないから、不法行為による損害賠償請求にしかその手段がなく、その場合は、納税者側で不動産鑑定士の故意・過失を立証しなければならない。固定資産税は賦課課税方式であり課税計算の根拠のすべての情報を市町村が保有しているので、これを立証するのは容易ではなく、納税者にとって大きな障壁となる。固定資産課税における鑑定評価の活用という仕組みは、納税者から鑑定評価の適否を問うことがいっさい想定されていないため、結果として市町村サイドの鑑定評価額を納税者が事後的に検証することは極めて困難な課税の仕組みになっていると言えるのである。

III　固定資産税の土地評価をめぐる論点（争点）

前節で確認したように、固定資産税の土地評価は、「路線価の付設」（時価の評定）、「画地計算法による補正」というプロセスを経て行われる。そのため、固定資産税の土地評価をめぐる紛争は、「路線価の付設」（時価の評定）、あるいは、「画地計算法による補正」、のいずれかの段階で生じるということになる。

1　路線価の付設（時価の評定）

固定資産税は適正な時価により課税されなければならない（地方税法第

341条)。最高裁は、「適正な時価とは、正常な条件の下に成立する当該土地の取引価格、すなわち、客観的な交換価値をいうと解される」と判示している（最判平15・6・26民集57巻6号723頁）。地方税法上、適正な時価は固定資産評価基準自体の合理性とその適切な運用によって担保されるのであるから、第一義的には固定資産評価基準に則って市町村が路線価を付設していれば、その路線価（固定資産税の課税）は適法ということになる。先に説明したとおり、公示価格または鑑定評価額を7掛けしたものが路線価として付設されるので、仮に公示価格や鑑定評価額に誤りがあったとしても、公示価格を7掛けして路線価を評定していれば固定資産評価基準の適用関係に形式的な誤りは存しないことになる。しかし、納税者がなんらかの手段を講じて公示価格や鑑定評価額に誤りがあったことを立証したとしよう。その場合は、固定資産評価基準によって決定される価格が客観的な交換価値としての適正な時価を上回ることになれば、その課税は違法となる（最判平25・7・12民集67巻6号1255頁）。

しかし、現行の固定資産税制度は、公示価格や鑑定評価額が事後的に訂正されることをまったく予定していないため、誤った公示価格や鑑定評価額を基に路線価を付設（時価を評定）したとしても違法とはならないと考えられる。なぜなら、価格に関する納税者の不服を審査する固定資産評価審査委員会（地方税法第423条）は、現行では公示価格の適否を審理することができないからである。つまり、公示価格に誤りがあった場合、現行の地方税法では納税者を救済する余地はまったくないのである。適正な時価に対する考え方は、課税・徴収に対して有する立場（課税側または納税側）によって当然異なる。そうであるならば、市町村が依頼した鑑定評価額や国交省が公表している公示価格が固定資産税の争点になりうることを制度上当然想定しておかなければならないが、現状ではそのようになってはいない。

税理士・不動産鑑定士として、納税者から固定資産税の適否について事後的な検証を依頼されることがあるが、その実務の中で、市町村が依頼した鑑定評価の根拠に対する疑問が複数あった事例を二つ紹介したい。いずれも大

規模工場地の課税事例で、「その他の宅地評価法」により時価が求められていたものである。つまり、課税の適否が鑑定評価に大きく依存する事例である。

このような実務では、まず、課税対象地の鑑定評価書を入手することから始まる。次に、課税対象地の鑑定評価の実質的な内容のチェックに入るが、鑑定評価手法のうち取引事例比較法が最も重要であることから、鑑定評価の信頼性はその担当鑑定士が採用した取引事例で判断されると言っても過言ではない。取引事例はかつては各都道府県の不動産鑑定士協会でしか収集できなかったが、平成18年4月から国土交通省の土地総合情報システム（http://www.land.mlit.go.jp/webland/）を通じて広く一般に無償で公表されており、一般の方も容易に取引情報を収集できるようになっている。

一つ目の事例は、北関東の県庁所在地に存する約100,000㎡の大規模工場地に関する評価である。課税の根拠となった不動産鑑定評価書を入手して担当鑑定士が採用した取引事例をチェックしたところ、担当鑑定士は約200㎡の住宅地の事例を採用し、この住宅地の取引事例から求めた試算値を重視して最終の鑑定評価額を決定していた。評価対象地の周辺の取引事例を国土交通省の土地総合情報システムで調べてみると、画地規模が概ね10,000㎡以上の取引事例が4件存在していたにもかかわらず、担当鑑定士はこれらの取引事例を一切採用せず、約200㎡の住宅地という規模も用途も異なる取引事例を採用し重視したのである。課税対象地の鑑定評価額を100とすると、概ね10,000㎡以上の取引事例の取引価格は69～75の水準であり、当該鑑定評価が規準とした公示価格は97であった。

ここで重要なのは、画地規模の大きな工場地は近傍類似の工場地の公示価

（6）ちなみに、当該市が定めた固定資産評価事務取扱要領で、大工場地区について「敷地規模が概ね10,000㎡以上の大工場地が集積している地区」と規定されていること等に鑑みると、約100,000㎡の大規模工業地の鑑定評価では10,000㎡の工場地の時価を求めなければならないため、住宅地の取引事例を採用することはあり得ない。また、大規模な工業地の鑑定評価であるから、約200㎡という過小規模の取引事例を採用することは合理的ではない。

格よりもかなり低位に取引されていたということである。不動産鑑定士は、課税対象地の鑑定評価を行うにあたっては、いわゆる規準義務があるため、近傍類似の公示価格との均衡を図らなければならない。その結果、鑑定価格は100、近傍類似の公示価格は97という鑑定意見となっている。しかし、実際の取引事例の取引価格は69～75という価格水準なのであるから、公示価格が近傍類似の取引市場の動向等を忠実にあらわしているのか疑わしい。この事例からわかるように、実際の取引価格の水準と大きく乖離した公示価格や鑑定評価額で課税されている現実がある。このような場合に、納税者が公示価格そのものを審理の対象とするような不服申立制度がなければ公正な課税とは言えないのではないか。

　二つ目の事例は、北海道のある市に存する工業団地内の大規模工場地に関する評価である。この工業団地は当該市（分譲当初は独立行政法人が分譲）が分譲したもので現在も継続して分譲されている。課税対象地の鑑定評価額を100とすると、分譲の公募単価が40～60で、近傍類似の公示価格は115である。課税のための評価も分譲価格を決めるための評価も不動産鑑定士の鑑定評価を用いている。市の説明では「分譲価格を低く設定しないと売却できないので臨時的な措置として値引き販売を行っている」とのことであった。実際には公募の単価からさらに値引きして32～36という水準で分譲していた。この状況からは、当該工業団地内の工業地の時価は32～36という水準に近似するのだろうと理解するのが素直である。なぜ公示価格の水準に近い100で鑑定評価額が決定されてしまうのか。それは、規準義務の弊害（鑑定評価額が近傍類似の公示価格の水準に強く拘束されてしまうこと）が大きく影響しているほか考えられない。近傍類似の公示価格が115であるのに、実際の分譲価格が32～36であるとしても、担当鑑定士には規準義務が課せられているため、公示価格の水準からかけ離れた分譲価格の水準で鑑定評価額を決定することはできないのである。この事例も公示価格そのものを訂正しなければ納税者を救済できないケースであろう。

第1部　土地法・住宅法

2　画地計算法による補正

土地は、その規模、形状、高低差、地勢などの属性が全く同じというものはなく、個別性が強いという性格を持つ。具体的には、形状が悪い（不整形である）、道路より低い、傾斜地である、高圧線下地である、水路が介在しているといった各画地の個別性を時価評価にどう反映させるかの補正計算を行うのが画地計算である。

地方税法第403条第1項により、市町村長は固定資産評価基準により固定資産の価格を決定しなければならない。土地の評価事務の実際は、固定資産評価基準のほか、各市町村が定めた固定資産評価事務取扱要領（前述したように、各市町村によって名称が異なるが、ここでは以下「事務要領」という。）に従って行われる。具体的な画地計算の方法は事務要領に定められているが、市町村自らが定めた事務要領に従って画地計算を行っていないケースがあり、その場合に納税者から異議が示される。画地計算の適用誤りの問題は、市町村が定めた事務要領の法的性格が租税法律主義の規律の下にあることを明確化すれば、ほとんどのケースは解決されると思われる。[7]

IV　あるべき固定資産課税の土地評価制度

これまで、公的土地評価制度を租税目的に利用することには多くの問題性が潜んでいることをみてきた。ここでは最後に、あるべき固定資産課税の土地評価制度について提言することをもって本稿のまとめとしたい。

（7）平成15年最高裁判所判例解説民事篇（上）380頁注10（阪本勝）。「各市町村は、評価基準の内容を具体化する要領等を定めている。これらの要領等の内容が、評価基準を具体化したものとして合理性を有する場合には、これらの要領等に従った評価は、評価基準によったものということができるが、これらの要領等の内容が不合理であり、評価基準を具体化したものとはいえない場合には、これらの要領等に従った評価がされたからといって、評価基準によって登録価格が決定されたということはできないと思われる。」と事務要領の法的性格について言及している。

現行地方税制における不動産鑑定評価の利用のあり方の諸問題

1 公的土地評価制度を租税目的に利用するための抜本的な法改正

　公的土地評価の中心におかれているのは地価公示価格であるが、納税者はこの公示価格を租税目的に利用することについて立法を通じて許してはいない。租税法律主義の観点から、地価公示法の抜本的な改正が喫緊の課題である。社会的な議論に発展することを期待したい。

2 納税者の救済措置の創設

（1） 地価公示価格に対する不服申立制度の創設

　地価公示価格を租税目的に利用するならば、地価公示制度の中に、納税者の疑念を払拭するための制度が整備される必要がある。その制度としては不服申立制度が考えられる。不服申立制度は、租税目的に利用された地価公示価格に不服のある納税者が審査の申出をすることをイメージしている。この不服申立制度により公示価格が不適切であるという決定が下された場合には、課税のための土地評価が取り消されるという行政の仕組みが公正な課税のためには必要である。

（2） 不動産鑑定評価不服審判所の創設

　現状、租税目的の鑑定評価を発注できるのは市町村（課税側）のみである。前掲の最高裁平成25年7月12日判決の補足意見で「鑑定評価は、必ずしも一義的に算出され得るものではなく、性質上、その鑑定評価には一定の幅があり得る」ことを認めていることから、課税のための鑑定評価については課税側と納税側との利害調整機関が必要であろう。その利害調整を担うのが「不動産鑑定評価不服審判所」である。なお、この審判所における裁決事例を公表することにより、適正な鑑定評価の条件等に対する納税者の理解が促進されるということも期待できる。

3 不動産鑑定士の責任の強化

（1） 独立性（公正中立）保持の義務化

　不動産鑑定士は、公的土地評価制度に基づいて依頼される報酬が収入の多

くを占める。固定資産課税のための鑑定評価の発注者である市町村に批判的な鑑定評価を報告しづらい立場にあると言わざるを得ない。少なくとも、不動産の鑑定評価に関する法律において「独立性の保持」を義務づけ、課税側、納税側のいずれにも与することのない不動産鑑定評価制度の確立が求められる。

(2) 納税者から不動産鑑定士の責任を直接請求できる制度の創設

　不動産の鑑定評価に関する法律により不当な鑑定評価と認定され、不動産鑑定士が懲戒処分を受けた場合でも、固定資産課税のための鑑定評価が訂正されることはない。課税のために鑑定評価を利用する以上、その鑑定評価の実質的な依頼者である納税者が直接、不動産鑑定士の責任を追及できることとするのは公正な課税のためには当然であろう。この直接請求制度が確立されれば、上記の独立性の保持と相まって、緊張感のある鑑定評価の実施が期待できる。

4　土地取引価格の収集制度の法制化

　公平・公正な課税のためには、信頼性の高い取引価格情報が必要不可欠である。莫大な行政コストを広く国民で分かち合うためのルールとして機能しているのが租税法である。固定資産課税のために土地の時価評価をすることは避けられない。算定される時価の信頼性は取引価格の質と量に依存する。つまり、取引事例の収集こそ固定資産課税のための土地評価の要諦なのである。現行では、取引事例は法務省と国土交通省が連携して土地取引当事者にアンケート（任意回答方式）を送って有効に回答されたものを地価公示鑑定評価員（不動産鑑定士）が作成している。個人情報保護という課題はあるが、取引事例の収集制度を法制化して、土地評価の精度向上を図らなければならない。

5　市町村の事務要領の縦覧制度の創設

　市町村は、固定資産評価基準とその取扱いを定めた事務要領に従って固定

資産の評価事務にあたっている。近年は、事務要領に土地の詳細な評価方法が盛り込まれており、市町村の職員も習得するのが容易ではないと思われる。この事務要領の適用を失念していたり、事務要領の規定があいまいな表現であったりすると、その適否につき納税者から異議を示されるケースが出てくる。このようなケースでは、市町村の土地評価事務の正否を検証するためには、市町村の課税担当と納税者との間で、事務要領の趣旨や適用関係等について協議することが欠かせない。現行制度では事務要領の公表は義務づけられていないため、市町村は事務要領を納税者一般に広く縦覧して、納税者の事務要領に対する理解促進に努め、納税者が自己の土地評価額がいくらになりそうかを予測できるような土地評価事務の確立が求められる。

参考文献
固定資産税務研究会『固定資産評価基準解説（土地篇）』（地方財務協会、2015年）
鑑定評価理論研究会『要説不動産鑑定評価基準』（住宅新報社、2015年）
今枝意知朗「続・固定資産税の評価と不動産鑑定」月刊不動産鑑定52巻4号
　　（2015年）

第2部　契約法・消費者法

信用保証協会の保証契約における動機の錯誤をめぐって
―近時の判例の動向との関係―

大　木　　　満

I　はじめに

　信用保証協会による信用保証制度は、中小企業者の資金制約を緩和し、企業の倒産を減らす等の重要な機能を果たしてきたが、他方では1998年の金融危機や2008年のリーマンショック等の中で信用保証が多く利用され、信用保証協会が代位弁済した金額も莫大な金額にのぼり、近年大きな財政負担となっている状況である。加えて、金融機関のモラルハザードがしばしば指摘され、制度の見直しも何度かなされている。金融機関のモラルハザードとしては、例えば、信用保証協会から代位弁済してもらえるので、融資先企業の審査やその後の経営モニタリングを疎かにすること（審査経費等の削減のため）、

（1）例えば、2011年度は2,441億円の税金が使われた。柿沼重志・中西信介「財政負担の視点から見た信用保証に関する一考察」経済のプリズム114号34頁（2013年。以下、柿沼ほか「財政負担」で引用）参照。ピーク時より減少しているとはいえ、最近でも2015年度の保証承諾された件数は694,526件、保証債務残高の件数は2,796,391件、代位弁済の件数は44,338件、2016年度の保証承諾された件数は663,183件、保証債務残高の件数は2,623,498件、代位弁済の件数は40,439件、2017年度の保証承諾された件数は632,932件、保証債務残高の件数は2,473,377件、代位弁済の件数は35,984件となっている（全国信用保証協会HP：http://www.zenshinhoren.or.jp/document/hosho_jisseki.pdf参照）。

（2）例えば、岡田悟「信用保証制度をめぐる現状と課題」調査と情報794号8頁（2013年）参照。

（3）融資額100％の保証を改めるため、2005年に責任共有制度の導入（一般保証の場合には融資額につき信用保証協会が80％保証、金融機関が20％負担）。2018年4月実施の信用補完制度の見直し（信用保証協会と金融機関との連携の強化等の改正。下記V参照）等が挙げられる。

不履行リスクを信用保証協会に転嫁できるので安易に信用保証制度を利用すること、保証なしで借入れが可能な企業にも保証付き融資を要求すること等である。また借り手側としては、中小企業者への支援に乗じて、融資金詐取目的で信用保証制度を悪用しようとする者も、ときに紛れ込んでくることになる。

　こうした状況の中で、金融機関と信用保証協会との保証契約において、主債務者が反社会的勢力であったことや中小企業者としての実体を有しなかったことが後日判明した場合に、信用保証協会が錯誤無効（改正法においては錯誤取消し）を主張して保証債務の履行を拒絶し、あるいは不当利得を理由にすでに代位弁済した金額の返還を請求する最高裁の判例や下級審の裁判例が近時多く出され、保証契約における誤認リスクを金融機関と信用保証協会とのどちらが負うべきかをめぐって、以下に見るように活発に議論されている。

　そこで、本稿では、近時の判例の考え方を検討した上で、これらの問題の本質について若干考えてみたいと思う。

II　近時の判例の見解

　金融機関と信用保証協会との保証契約締結後において、主債務者が反社会的勢力に該当することが事後に判明した場合についての最高裁の平成28年1月12日判決（以下、「平成28年1月判決」と呼ぶ）、また、主債務者が中小企業者の実体を有しないことが事後に判明した場合についての最高裁の平成28年12月19日判決（以下、「平成28年12月判決」と呼ぶ）等が相次いで出され

（4）同日に同種の4つの判決がある。最判平28・1・12民集70巻1号1頁のほかに、金判1483号10頁、同19頁、同23頁がある。本稿では、平成28年1月判決としては原則として民集70巻1号1頁を取り上げることとする。例えば、長秀之「判批」NBL1070号112頁（2016年）、山下純司「判批」法教430号134頁（2016年）、石川博康「判批」金法2049号33頁（2016年）、渡邊博己「判批」判時2314号167頁〈判評696号21頁〉（2017年）、三林宏「判批」リマークス54号22頁（2017年）等、多数の評釈がある。事案や判旨の詳細については上記文献を参照のこと。

た。主債務者の属性の錯誤に関して争われたこれらの最高裁判決から、金融機関と信用保証協会の保証契約における動機の錯誤の問題に関する判例の考えは、おおよそ以下のようにまとめることができよう。

① 〔一般命題：動機内容化重視〕 金融機関と信用保証協会における保証契約が動機の錯誤により無効となるには、動機が表示されて法律行為の内容となること、かつそれが要素の錯誤に該当することが必要である。動機は、たとえ表示されても、当事者の意思解釈上、それが法律行為の内容とされるものと認められない限り、表意者の意思表示に要素の錯誤はない。

② 〔法律行為の内容化の具体的判断枠組み：想定可能誤認リスク・約定化判断〕 金融機関と信用保証協会はそれぞれの業種のプロとしての法人であるから、想定可能な誤認リスクについては（想定可能性）、事後にその誤認が判明した場合には保証債務を履行しない旨をあらかじめ定めて対応することが可能であるので（対応可能性）、その場合の取扱いに関する約定を定めて置かなかったときには保証契約の効力を否定することまでは両当事者が前提としていたとはいえない（織り込み済み）。したがって、その場合には、当該動機は、当事者の意思解釈上、当該保証契約の内容となっておらず、意思表示に要素の錯誤はない。

③ 〔錯誤以外の可能性：金融機関の保証契約違反〕 その上で、金融機関が基本契約上の付随義務としての調査義務に違反した結果、当該融資について保証契約が締結された場合には、約定書の免責条項の「保証契約に違反したとき」に該当し、信用保証協会は保証債務の全部又は一部が免責されうる。

（5）最判平28・12・19裁時1666号6頁。評釈として、例えば久保野恵美子「判批」法教440号148頁〈判例セレクト〉（2017年）、松尾弘「判批」法セ751号118頁（2017年）、近江幸治「判批」判時2350号148頁〈判評707号44頁〉（2018年）、金山直樹「判批」リマークス56号22頁（2018年）等がある。事案や判旨の詳細は上記文献参照のこと。

④ 〔錯誤無効の可否の判断の際のその他の考慮事由〕　なお、加えて平成28年1月判決では反社会的勢力を取引から排除すべき社会的要請(この要請から直ちに無効とするのではなく、むしろ状況によっては事前求償を利用する等して融資金相当額の回収に努めることが重要)、平成28年12月判決では中小企業者等の信用力を補完してその金融の円滑化を図るという信用保証協会の目的による要請(一律に無効とすると金融機関による中小企業者への融資が躊躇され、この要請に反すること)も、一律に錯誤無効としないで上記②の考えを採るための重要な考慮事由とされている。後者は信用保証協会の錯誤一般について妥当する考慮事由である。この点は看過してはならない。

　こうした判例の考えは、融資金詐取事件において一部の下級審等でしばしば採られた考えを一般化・発展化したものといえる。例えば、沖縄県中小企業振興資金融資制度要綱に定める創業支援資金融資の制度に基づく金融機関の貸付に対する信用保証(創業に着手していることが客観的に明らかで、かつ事業を開始する者〔被融資資格を有する者〕に対する保証)において、申込人が創業の意図なく融資金を詐取する目的で開業準備を仮装した事案(融資金詐取・創業融資ケース)について、福岡高裁那覇支部は、融資金が実際に創業及びその後の営業のために使われないことを事前に排除することはできないので、信用保証協会は、そのようなリスクを認識した上で、信用保証をするかどうかを判断すべきであるとし、重要な前提事実について誤信があったとはいえないとした。換言すれば、かかる想定可能な誤認リスクは保証契約に織り込み済みのリスクなので錯誤はなく、保証人がそのリスクを原則負担する前提であったということである。このような考えを基礎に、この場合に錯誤無効が認められるためには原則として約定対応(契約での内容化)が必要であるとした下級審もあったところである。

（6）福岡高那覇支判平23・9・1金法1982号143頁。なお、当該融資制度の目的や信用保証協会はプロとして判断能力があること等も考慮して判断。

なお、最高裁の平成28年1月判決や12月判決は、主債務者の属性に関する信用保証協会の錯誤に関するものであるが、この判例法理は、上述のような下級審の事案からもわかるように、金融機関と信用保証協会の保証契約の場合における動機の錯誤一般に妥当すると一般に解されている。(8)

III 信用保証協会の動機の錯誤に関する判例法理の問題点

上記IIのように、判例は、両当事者がプロどうしの法人であるとの限定のもと、主債務者の属性等の事実の誤認を一律に動機の錯誤として捉えた上で、そのうちプロである両当事者に想定可能な事実の誤認については、当該誤認の事実が判明した場合の取扱いについてあらかじめ契約で取り決めをして置かないと、当該保証契約の内容となっておらず要素の錯誤に当たらないという。

個人保証の場合とは異なり、信用保証協会は保証のプロであるので、密室性・軽率性・情誼性の点を考慮することなく、そのまま自己責任論が妥当するとして、特段の事情がない限り錯誤の無効が認められないという方向性は一般には首肯しうるものと思われる（見る目がなかった点で、画商による美

（7）例えば、融資金詐取・事業実体偽装ケースの横浜地判平26・7・11金法2008号85頁等。
（8）例えば、平成28年1月判決後の東京高裁の平成28年6月16日判決（東京高判平28・6・16金判1497号38頁）でも、ある人物が借主である法人の代表取締役になりすました事案で、主債務者である法人の属性そのものの錯誤ではないが、同様の判断を行っている。この評釈として、佐久間毅「判批」リマークス55号22頁（2017年）。また岩川隆嗣「動機の錯誤のリスク負担－最判平成28年12月19日の分析を通じて」北法68巻6号298頁（2018年。以下「リスク負担」で引用）は、信用保証協会の目的と動機の不確実性への想定可能性・対応可能性という理由から、この判例法理は信用保証協会のその他の動機の錯誤にも妥当するという。信用保証協会以外の錯誤に射程が及ぶかについては、久保野・前掲注（5）「判批」148頁等は、平成28年12月判決は保証契約を無効とすると信用保証協会の目的に反しかねないことを理由としているので、信用保証協会でない保証契約の事案には及び難いとし、他方、近江・前掲注（5）「判批」152頁等は対等な事業者間の契約にも妥当すると述べる。

術品の真贋についての錯誤の問題に類似)。しかし、この方向へ導くための判例の考えや理論構成を信用保証協会の動機の錯誤の問題に限定して見てみると、以下の点で若干問題があるように思われる。

1 保証人の本来の責任を超えた責任について

保証契約の締結は、将来の主債務者の不履行リスクに備えてそのリスクを債権者である金融機関が保証人に転嫁するために締結されるものである。[10]したがって、保証契約は、本来、契約締結後のかかる不履行リスクとは異なる、契約締結時における金融機関の融資のミス（融資の相手が反社会的勢力に該当、あるいは中小企業者の実体を仮装した者と消費貸借契約をしてしまった等）まで、不履行の原因を問わず、結果として当該主債務者が最終的に弁済できないとして、一方的に保証人に転嫁するものではないはずである。しかも、主債務者の属性の中でとくに中小企業者としての実体を有するかどうかは信用保証契約の最も基本的かつ重要な前提事項であるが、[11]将来の未知の不履行リスクとは本来異なるはずの、保証契約の前提となる事項が欠如しているリスクまで、保証契約を締結した以上、保証人が一方的に負担することになりかねない。[12]金融機関と信用保証協会の双方が情報収集に失敗して金融機関は不本意な融資契約を、また少なくとも信用保証協会からすれば不本意な

---

(9) 2017年5月に成立した民法の改正法においては、とくに個人保証の場合の保証人の保護について大きな改正を行った。この改正法と評価については、今尾真「保証人の保護—その方策の拡充を中心として」安永正昭・鎌田薫・能見善久監修『債権法改正と民法学Ⅱ 債権総論・契約（1）』173頁（商事法務、2018年）等参照。

(10) したがって、主債務者の資力やその他の担保権等の有無については、原則として錯誤無効とはならないとされている（例えば最判昭32・12・19民集11巻13号2299頁等々）。

(11) したがって、下級審判決では要素の錯誤に当たるとして保証契約の無効を認めていたものも多い。例えば、平成28年12月判決の1審（金沢地判平25・11・14金判1508号37頁）や2審（名古屋高金沢支判平27・5・13金判1508号34頁）等。

保証契約を双方が締結しているのに、判例の見解によると、実質的には保証契約の錯誤無効を認めないことになるので（下記２参照）、自己責任論に立っても、この点で問題があるように思われる。ここでは主債務者の債務の不履行についての保証を超えて、主債務者が行った不正行為に基づく損害全般について、いわば身元保証人的な責任まで一方的に負わされることになっているといえよう。しかも、通常は、中小企業者が金融機関に融資を申し込んだ上で、信用保証協会へ信用保証委託契約書を書けば、あとは金融機関である銀行が原則すべての窓口となっており、そのことは、民間金融機関の審査・モニタリング機能を活用できる点で信用保証制度の利点であるともいわれている。また東京高裁の判決では、こうした実務的慣行を考慮して、経由保証の事案であったが、信用保証協会としては金融機関側で厳正な審査がなされていることを前提に自らの調査を行えばよく、疑いを抱くような特段の事情がなければ実地調査等の精緻な調査を自らしなくても重過失はないとされている。このような保証契約の実務的慣行からすると（情報の非対象性の存在）、情報収集の失敗の責任を一方的に信用保証協会に負わすことになりかねず、疑問である。

（12）東京地判平25・8・8金判1425号44頁に関する裵敏峻「判批」ジュリ1499号117頁（2016年）参照。また東京高判平19・12・13判時1992号65頁に関する滝沢昌彦「判批」リマークス38号10頁（2009年）は、保証の前提となる要件に関する錯誤は、債務者の資力に関する錯誤とは異なるものではないかと述べる。企業実体を仮装した事案では、人の属性に関する錯誤よりも同一性の錯誤に近いのではないかとされる。
（13）柿沼ほか・前掲注（１）「財政負担」7頁。
（14）東京高判平19・12・13判時1992号65頁。
（15）また保証契約は、信用保証協会が主債務者から保証料をもらうとはいえ、債権者にとってのみ大きな利益となる契約である点からも疑問である。その点で、画商にとっても大きな利益となりうる美術品の売買契約とは異なる。もっとも、下記Ⅳ２（１）で見るように、判例は、この不都合性を、約定書の保証免責条項により緩和することを試みる。

第 2 部　契約法・消費者法

2　約定対応への期待可能性と約定不対応について

　判例は、被保証資格を欠く等の事実の誤認が後日判明することは両当事者に想定可能であったので、そのような場合に備えてあらかじめ責任を負わない旨の定めを設けることができた、それにもかかわらず、約定対応しなかったのは契約の効力を否定することまで両当事者が前提としていたものではないとして、結果として錯誤無効を否定する。この点については、基本的な契約の前提条件を欠く場合には事前に両当事者に想定可能であっても所定の要件を満たせば当然に無効となると考えて、その場合の定めをしないこともありうる。また約定で対応するためには、最終的には金融機関との協議が必要と思われるが[16]、その点で信用保証協会が責任を負わない旨の取り決めがないからといって、直ちに契約の効力を否定することまでは前提としていなかったというのは、論理の飛躍があるように思われる[17]。一方的に約定することはできないので信用保証協会に約定対応についての期待可能性が必ずしもあったとはいえないからである[18]。反対に、金融機関の方が先に述べたように通例借り手と保証人の窓口になっており、錯誤無効の可能性についての情報等を多く有しているので、想定可能な錯誤無効リスクを回避するために金融機関の方で約定による対処（身元保証的条項の約定）をすべきであったともいえなくはない。したがって必ずしも約定対応への期待可能性がない場合に約定

---

　(16) 協議してもまとまるとは限らない。平成28年1月判決の1審（東京地判平25・4・24民集70巻1号48頁）では、主債務者が反社会的勢力であることが判明したため銀行に対する期限の利益を喪失したが、信用保証協会としては代位弁済できない意向を示した。そのため信用保証協会連合会と銀行協会で協議が設けられたが、結果として金融機関と信用保証協会との間の信用保証協会約定書を変更するものではないことを信用保証協会連合会に確認している旨が認定されている。

　(17) 裹・前掲注（12）「判批」118頁は、契約に排除条項を設けなかったからといって動機の錯誤にすぎないことを甘受する意思や認識が信用保証協会にあったとは考えにくいという。

　(18) また岩川・前掲注（8）「リスク負担」39頁以下は、信用保証協会のリスク負担の根拠を約定対応しなかった一種の過失に求める。

対応を要求する判例の判断は、実質的には、保証契約の無効を否定するための、多分に政策的な判断ともいえよう。なお、約定で対応する場合には、仮に約定で定めた無効となるときは約定の効果によるものであり、もはや錯誤での処理ではないといえよう。[19]

3 属性の錯誤――本来的な積極的資格要件と政策的な消極的資格要件との質的な違い

平成28年1月判決で問題となった被保証資格としての「企業が反社会的勢力でないこと」と、平成28年12月判決で問題となった被保証資格としての「中小企業としての実体を有していること」とは質的に異なる属性に思われる。前者は2007年6月に政府の犯罪対策閣僚会議幹事会申合せによって策定された「企業が反社会的勢力による被害を防止するための指針」を受けて、政策的に課された消極的な資格要件であるのに対して、後者は中小企業者等の金融の円滑化を図るために設立された信用保証協会によって保証してもらうための本来的な積極的な資格要件である。本来的な積極的な資格要件は契約にとって不可欠な要件であるのでこの要件の有無についての錯誤は要素の錯誤といいやすいが、政策的な消極的な資格要件の場合には、その有無についての錯誤があっても、保証を受けるための中小企業者としての実体があるのであれば、直ちに要素の錯誤に当たるとはいいづらい側面があるように思われる。[20] 平成28年1月判決で、主債務者が反社会的勢力でないことはその主債務者に関する事情の1つであると述べていることは政策的な消極的資格要

---

(19) 竹中悟人「判批」平成29年度重判解（ジュリ1518号）66頁（2018年）参照。その他、金山・前掲注（5）「判批」24頁は、錯誤とは約定がないところで問題となり、約定している場合には、当事者は不確実な事項を理解・想定しているので、錯誤はありえないとし、大中有信「判批」金法2047号88頁（2016年）は、不確実な事項が約定によって契約に取り込まれると、その後は契約規範の適用だけであると述べる。

(20) もっとも、反社会的勢力の排除という社会的要請のあり方をどう考えるかによって要素の錯誤の該当性が変わりうる。

件であるからである。そのため、これが要素の錯誤に当たるためには、当該契約での内容化が必要とした平成28年1月の最高裁判決はありえる判断ともいえる。それに対して、本来的な積極的な資格要件の場合についても、信用保証協会の目的を持ち出すとはいえ、同じ判断枠組みで判断した平成28年12月判決については疑問が残る。しかも、上述のように通例金融機関は、中小企業者の実体を欠く企業は被保証資格がないことを認識・了解した上でその審査を請け負っていることからすれば当該被保証資格を有することは保証契約の内容となっているものと思われる。

4 約定対応によって誤認リスクを回避できる想定可能な誤認リスクの範囲について

判例は、あらかじめ約定で保証責任を負わない旨を定めれば想定可能な誤認リスクを回避できることを前提としている。そこで、約定で対処できる想定可能な誤認リスクの範囲が問題となる。[21] 反社会的勢力が問題となる事案では、反社会的勢力の排除という社会的要請が強いので、あらかじめ約定でその場合の保証人の責任を排除する旨の定めを当事者間の合意に基づいてするのであれば認めてよいように思われる。それに対して、主債務者の不履行リスクをカバーするという保証契約の本質にかかわる事項については想定可能であっても約定で保証責任を排除できないのではないか。例えば、主債務者の資力について誤認していた場合に責任を負わない旨の定めは認められるのかは疑問である。保証契約の本質にかかわる部分について約定で責任を排除することが認められると、そもそも保証意思自体の欠缺ともいえよう（さらには心裡留保の問題ともなりうる）。また中小企業者の実体を欠く事案ではあらかじめその場合に保証債務を履行しない旨を定めておけばよいかも疑問である。平成28年12月判決では錯誤無効を認めると金融機関が中小企業者へ

---

(21) 佐久間・前掲注（8）「判批」25頁は、想定可能な事実の誤認として、当事者が誤認の可能性を現実に認識している場合や当該契約において類型的に起こりうる誤認の場合であるとする。

の融資を躊躇してしまう点を考慮していたが、これらの約定対応が容易に認められると信用保証協会が免責されるため、同じく金融機関による融資の躊躇のおそれがあり、信用保証協会の目的にそぐわないことになるからである。[22]

5 改正法の民法95条との関係について

改正法の民法95条との関係で、判例の考えはどのように解されることになるか。

改正法では、錯誤による意思表示の無効という効果を取消しに変更した上で、錯誤による意思表示の取消しについて、新たに、「表意者が法律行為の基礎とした事情についてのその認識が真実に反する錯誤」（改正民法95条1項2号）（＝動機の錯誤）であっても、「法律行為の目的及び取引上の社会通念に照らして重要なものであるときは」（同条1項柱書）、「その事情が法律行為の基礎とされていることが表示されていたときに限り、することができる」（同条2項）との規定を新設した。この規定は、動機の錯誤に関する従来の判例法理を採用して明文化したものであり、改正法のもとでも従来の判例法理が今後も妥当するものと解されている。[23] もっとも判例法理をどう解するか、周知のように、動機表示重視説[24]と動機内容化重視説[25]で争いがある中、当該事情が法律行為の基礎とされているかどうかを今後どのように考えるかが問題となる。判例法理を動機内容化重視説であると見る見解によると、例えば、同2項の「その事情が法律行為の基礎とされていることが表示されていたとき」の「表示」を「意思表示」と解し、全体の意味として当該動機が

---

(22) 金山・前掲注（5）「判批」24頁参照。
(23) 潮見佳男『民法（債権関係）改正法の概要』8頁以下（一般社団法人金融財政事情研究会、2017年。以下、『改正法の概要』で引用）参照。また筒井健夫・村松秀樹編著『一問一答　民法（債権関係）改正』23頁（商事法務、2018年）では、詳細な要件の内容は引き続き解釈に委ねられるとする。
(24) 我妻榮『新訂民法総則』297頁（岩波書店、1965年）。
(25) 森田宏樹「民法95条（動機の錯誤を中心として）」広中俊雄・星野英一編『民法典の百年Ⅱ個別的観察（1）総則編・物権編』192頁以下（有斐閣、1998年）等。

意思表示や合意の内容になっていたときを意味すると解されている。しかし改正法の条文自体の文言は、動機表示重視説の考えになじみやすいので、信用保証協会の動機の錯誤に関する判例法理（上記Ⅱ①の一般命題〔動機内容化重視〕）は今後改正法との関係でも整合性が保てるかは注目される。

　また中間試案の段階で維持されていた「法律行為の内容」という文言が最終的に「法律行為の基礎」に置き換わった経緯に照らすと、法律行為の内容化判断についての判例の考え（上記Ⅱ②）に問題があるとの指摘もなされている。すなわち、動機が法律行為の内容になることについて、当該判例では誤認リスクを回避するため具体的な当該契約の中にその場合について定めをしなければ（約定対応が可能なことを前提に）、当該法律行為の内容となっておらず錯誤無効を認めないとして、少なくとも約定対応が可能であれば当事者が当該事情を法律行為の基礎的前提としているだけでは不十分としている点である（判例では、当該動機を単に「法律行為の内容」としているだけではなく、「当該法律行為の内容」としていることが必要としている点）。判例のこの判断枠組みのうち、想定可能な誤認リスクは契約条項の中で具体的な約定化がその無効のためには必要である点のみが強調されて（信用保証協会の目的だけでなく、プロによる約定対応の可能性が除かれ）、この部分の考えが、他の事業者間の契約のみならず広く一般に及ぶことになると、改正

---

(26) 潮見・前掲注（23）『改正法の概要』9頁以下では、判例法理が何かついて見解の相違があるが、本稿で問題としている平成28年1月判決や平成28年12月判決等の考え（「動機の契約内容化」構成：上記Ⅱ①の一般命題）が判例法理とみてよいとされる。同旨、大村敦志・道垣内弘人編『解説民法改正のポイント』21頁以下（有斐閣、2017年）（角田美穂子執筆部分）。また動機内容化重視説に合わせた改正法の条文のこうした解釈を佐久間毅「最三小判平28.1.12（平成26年（受）第1351号）ほか3判決の意義」金法2035号22頁（2016年。以下「3判決の意義」で引用）は技巧を凝らした解釈という。

(27) 佐久間毅『民法の基礎1　総則（第4版）』158頁以下（有斐閣、2018年）。

(28) 大村敦志『新基本民法1　総則編　基本原則と基本概念の法』72頁、73頁（有斐閣、2017年）、中田裕康・大村敦志・道垣内弘人・沖野眞已著『講義債権法改正』22頁（商事法務、2017年）（大村敦志執筆部分）。また近江・前掲注（5）「判批」151頁参照。

法における「法律の基礎とされている」かどうかの判断との関係で今後問題となりうる。多くの場合に類型的に生じる動機の錯誤は当事者間に想定可能であるので、この場合の契約はほとんど表意者の自己責任となってしまうからである。

IV 錯誤論の限界と公平なリスク分配に向けて

1 錯誤論の限界

上記Ⅲで検討したように、信用保証協会の動機の錯誤に関する判例の考えにはいくつかの点で問題があるように思われた。またすでに何人かの指摘があるように、[29]この問題について錯誤の主張の可否による対応のみでは一般に限界があるように思われる。

保証契約の錯誤無効の場合の弊害として、①容易に認められると、金融機関が債権回収リスクを回避するため、融資に慎重な対応となりうること（→中小企業者の資金繰りを支えるという信用保証協会の目的を達成できない）、②信用保証協会が担保の設定を借受人から受けていた場合、担保の設定も無効となるため求償権の確保に支障が生じかねないこと（→借受人に対して行う債権回収にとって弊害が出る場合がある。また主債務者が反社会的勢力であった場合にはその者の利益につながる）等が挙げられる。他方、保証契約が有効であると、信用保証協会は保証債務を履行しなければならず、①公的資金で被保証資格等のない不適格者の資金需要を担保することになりかねないこと、②代位弁済によって国の財政負担が大きくなること、③金融機関のモラルハザードを誘発しやくなること等が挙げられよう。このような場合に、錯誤無効によるオール・オア・ナッシングな解決（多くの場合、債権者である金融機関も保証人である信用保証協会も両者が錯誤に陥っているのに、保

---

(29) 金山・前掲注（5）「判批」25頁、中務嗣治郎「時論・信用保証契約の錯誤無効論争」金法1983号1頁（2013年）ほか。もっとも、錯誤無効が認められる場合に、信義則によって錯誤無効を一部制限する立場（大阪高判平25・3・22金法1978号116頁）を支持すれば、硬直的な結論が一部緩和されることになる。

第2部　契約法・消費者法

証契約が有効だと、誤認リスクを信用保証協会が一方的に負い、無効だと金融機関が一方的に負うことになる）のみでは、やはり不十分であろう。そこで、信用力の乏しい中小企業者支援という信用保証協会の目的を最大限に守りつつも、国の財政負担を軽減し、金融機関のモラルハザードを防止するための道を模索する必要性が叫ばれることとなる。信用保証協会の誤認リスクを公平な見地に立って債権者と保証人の間で負担させるために、例えば、以下のようなアプローチが提唱されている。

2　公平なリスク分配に向けて
（1）約定書の保証免責条項からのアプローチ

このアプローチは、保証契約を有効とした上で、金融機関と信用保証協会との免責条項という合意に根拠を求めて、金融機関に調査義務違反があったときに信用保証協会の免責（全部又は一部の免責）を認めて妥当な解決を図ろうとするものである。

金融機関と信用保証協会との保証契約は、通例、全国信用保証協会連合会が1963年に作成した「統一約定書例」に準拠した約定書を基本契約書として取り交わした上で（基本契約）、これに基づいて個々の保証契約はそのつど信用保証書を信用保証協会が金融機関に交付することで成立する。[30] 約定書例11条には、信用保証協会が保証債務の履行の責任を全部又は一部を免れる場合として同2号に金融機関が「保証契約に違反したとき」が定められている。この基本契約上の付随義務として調査義務を認め、[31] 金融機関が調査義務に違反することによって保証契約が締結された場合には、2号の「保証契約に違反したとき」に当たり、信用保証協会が免責されるとするものであり、判例で採られた考え（上記Ⅱ③参照）である。当事者間の合意に基づく処理であるので、このアプローチ自体に否定的な見解は少ない。[32]

---

(30) 全国信用保証協会連合「信用保証協会と金融機関・保証協会の契約関係」金法2005号132頁、関沢正彦監修『法人融資手引シリーズ　信用保証協会の保証（5版）』6頁以下（一般社団法人金融財政事情研究会、2015年）参照。

160

このアプローチでの問題は、調査義務の内容をどう考えるのか、金融機関が相当な調査を尽くしていた場合には、金融機関も信用保証協会も誤認していたにもかかわらず、信用保証協会のみがそのリスクを負担することになるので割合的解決を支持する立場からは不十分である点等が挙げられよう。

中小企業者等の信用力を補完してその金融の円滑化を図るという信用保証協会の目的との関係では、金融機関の通常の実務対応でよいとするかどうか。⁽³³⁾通常の実務上の対応でよいとすると、実際上免責されることは稀と思われる。⁽³⁴⁾もっとも公平な解決という点では不十分であるが、少なくとも金融機関のモラルハザード防止の点では重要な意味もある。また保証免責の範囲について

---

(31) 例えば、佐久間・前掲注（26）「3判決の意義」23頁は、基本契約がなくても契約締結過程における信義則上の義務として同様の調査義務が認められるとする。また潮見佳男『新債権総論Ⅱ』658頁（信山社、2017年。以下『新債権Ⅱ』で引用）は、この調査義務は、基本契約との関係では付随義務として、保証契約との関係では、保証契約締結段階において金融機関が遵守すべき義務（交渉過程における義務）と捉えられるとし、保証する条件における金融機関が誠実に行動する義務の一環として調査義務が認められ、調査義務違反は保証条件違反であると考える。

(32) 佐久間・前掲注（26）「3判決の意義」23頁は、当事者間の利害調整手段としての契約を基礎としている点や両当事者は専門家として自己の利益を自ら守ることが求められている点から支持されてよいとする。なお、浅田隆「ジレンマをはらむ判決」金法2035号16頁（2016年）は、プロフェッショナル間の契約関係において、契約に明記がない事項につき当事者の合理的意思解釈による契約内容の補充ではなく、裁判所が後見的に、かかる付随義務を認定するというアプローチを採ったことは疑問とする。

(33) 平成28年1月判決の差戻審（東京高判平成28・4・14金法2042号12頁）等参照。行為当時の金融庁の監督指針に従っているかどうかが重要（結果として免責否定）。

(34) 石川・前掲注（4）「判批」36頁は、監督指針等からの逸脱がない限り免責は認められ難いとし、佐久間・前掲注（26）「3判決の意義」23頁は、現実の調査方法に鑑みて免責されることは一般に考えにくいという。また潮見・前掲注（31）『新債権Ⅱ』659頁は、情報収集の失敗は各自が負担すべきとの原則からすれば、調査義務の認定は金融機関の行為態様が不合理で、それが信用保証協会の判断に少なからず影響した場合に限定されるべきとする。

は、一部免責も認められればオール・オア・ナッシングによる解決が一部解消されることになるが、判例によれば、金融機関の調査状況等も勘案して判断されることになるため割合的解決ないし過失相殺的処理の可能性の道も期待されている。[35]

（２）特殊な保証契約（双務的保証契約）からのアプローチ[36]

このアプローチは、保証契約、とくに信用保証協会の保証契約の実態に着目し、保証契約を別個独立の契約としてではなく、保証取引は三者間（主債務者、金融機関、信用保証協会）の融資契約、保証委託契約、保証契約から成り立っているので、多角的法律関係から保証契約を捉え直そうとする点に特色がある。

すなわち、金融機関と信用保証協会との保証契約とは、片務無償契約ではなく、信用保証協会の保証債務と、保証受託の条件違反とならないように融資すべき金融機関の義務とが双務的な関係となっている特殊な保証契約（双務的保証契約）であると構成するものである。信用保証協会の保証は、中小企業者等に対する金融の円滑化を図るという目的を有し、単に金融機関の貸付債権の保全策として存在するものではない。それゆえ信用保証協会はこの制度目的に従って保証すべき責務を負い、そのための保証受託の条件が保証委託契約にはあり、金融機関もそのことを当然の前提として承諾した上で、保証契約を締結している。しかも信用保証協会のこうした責務のいくつかは金融機関の行為に依存している。したがって金融機関にはそのような条件に違反しないで融資する義務がある。金融機関の調査ミスにより保証受諾の条件に合わない者に融資をした場合には、双務的な保証契約の債務不履行となり、条件違反により解除が当然になされるとするものである（状況によっては一部解除もありうる）。

---

(35) 渡邊・前掲注（４）「判批」167頁以下、金山・前掲注（５）「判批」25頁等。また、潮見・前掲注（31）『新債権Ⅱ』658頁参照。

(36) 中舎寛樹「保証取引の多角的構造と錯誤無効の意義」明治大学法科大学院論集17号108頁以下（2016年）等。

信用保証協会制度の多角的な構造的理解を信用保証契約に反映させようとするもので傾聴に値するものであるが、複雑な法律関係を観念せざるを得ず、まだ一般化するには至っていないように思われる。なお、上記（１）の保証免責条項アプローチの金融機関の付随義務（調査義務）よりも重い双務的な義務を金融機関に課す点で違いがある。したがって調査義務の内容も前者よりも重たくなるように思われる。

　上記（１）と（２）の両アプローチは、金融機関の義務に着目して、誤認に基づいて信用保証協会が保証契約をしてしまった場合であっても、金融機関にも落ち度があったときには、その義務違反を問題とすることによってそのリスクを何らかの形（全部か一部か）で金融機関に転嫁することで公平な分担を図ろうとするものである。ただリスク転嫁の仕方によっては、金融機関に調査義務違反があると、今度は金融機関が誤認リスクを一方的に負担するおそれがあるとともに、公平性の追求を求めすぎると、難解な判断を強いられるとともに、本来の信用保証協会の目的を阻害しかねない点がこの問題の難しいところである。またそもそも公平な負担とは何かについても理解が様々である。その意味では、金融機関の調査義務違反によって、利害調整を図ろうとする見解も公平なリスク分担との関係では限界があるように思われる。したがって公平な解決を求めてリスク負担の法的解決手段を継続的に検討していく必要があるのは当然であるが、より根本的には、信用保証制度ないし信用補完制度の適切な見直しや統一約定書例の改定による対応が重要と思われる。

---

(37) 例えば、佐久間毅「信用保証協会による保証と錯誤—主債務者が反社会的勢力に該当することが契約締結後に判明した場合—」金法1997号21頁（2014年。以下「保証と錯誤」で引用）は、当事者に契約締結前に義務を肯定する面は肯けるが、契約締結前の義務を契約上の債務と解し、その不履行による契約解除を認める構成は特殊な保証契約であることのみではその不自然さは解消されないという。他方、三林・前掲注（４）「判批」25頁は、保証類型に着目した上でこのアプローチの方向性を支持する。

V 結　び

　信用保証協会の保証契約において、不正に融資を得るために反社会的勢力である事実の隠蔽や企業実体の仮装をはじめとした多くの不正行為がなされうる。事前に調査してもこのような不正行為について必ずしもそのすべてを排除できるわけではない。したがって、その場合に、とくに金融機関の対応が拙かった場合にもそのリスクを信用保証協会が、あるいは信用保証協会のみが負担するのか、その際に金融機関の対応の拙さについて錯誤で斟酌するか、免責条項等のその他の箇所で斟酌するか（両者は必ずしも二律背反的ではない）ここでの問題の本質であったように思われる。[39]金融機関の対応に問題があった場合にまで信用保証協会があるいは信用保証協会のみがそのリスクを負担するのは不公平であるからである。私見によれば信用保証協会の保証の実務的慣行との関係では一定の場合に錯誤無効（改正法では取消し）

---

(38) その他に、錯誤無効の余地を前提に錯誤主張を一部信義則によって制限したり、金融機関に対する不法行為又は債務不履行を理由した損害賠償等による調整も考えられる。信義則で一部錯誤無効の主張を制限する見解については、一方で社会における自律的な利害調整手段としての契約の意味を尊重する立場から否定的な見解が示されている。すなわち、結局のところ、持ちつ持たれつの関係から痛み分け的な解決ができたのにあえてしなかった、あるいはそのための努力を十分にしなかったいえ、既存の契約法理により一方に過酷と思われる結果が生じても仕方がないとする（佐久間・前掲注（37）「保証と錯誤」24頁）。他方、支持するものとして、裏・前掲注（12）「判批」118頁。

(39) 松尾・前掲注（5）751頁。また、不実表示に関する規定は最終的に改正法に採用されなかったことにより、相手方の誤信惹起があった場合等の相手方の行為態様を錯誤の要件の中でどう考えるかは解釈に委ねられたままである。改正法のもとでの統一的な錯誤無効の要件の定立について示唆的なものとして、平野裕之『民法総則』212頁、220頁（日本評論社、2017年）がある。本稿で扱っている問題は主債務者の詐欺的な行為が問題となっているので、本来は、民法96条2項の第三者の詐欺の問題で処理する方が適合的である。改正前においては、動機の錯誤については民法96条2項を類推適用する見解（加賀山茂「錯誤における民法93条但書、96条2項の類推解釈」阪大法学39巻3・4号347頁以下（1990年））もあり、相手方の行為態様の斟酌との関係では改正法のもとでもこちらからの検討の余地もあるように思われる。

の余地があるところ(とくに中小企業者の実体を欠く事案ではそのリスクを金融機関が負担すべき余地がある)、判例は、信用保証協会の目的遂行との要請とも相まって、実質的には保証契約を錯誤無効とせず有効とした上で、金融機関の対応の拙さについては調査義務違反の有無という観点から免責条項の保証契約違反に該当するかどうかで一定の範囲についてのみ斟酌することとした。(40) その際、判例は、実質錯誤無効を否定するために、想定可能な誤認リスクについては一律にその場合に備えた約定を必要としたため(上記Ⅱ②)、上述Ⅲで検討したようないくつかの疑問点が生じることとなった。仮に判例の立場を支持するのであれば、事の本質は、保証するに当たって被保証資格等について問題がないとの誤認は保証にはつきものであり、そのことは事業者である両当事者には自明であった(織り込み済みのリスク)、保証のプロでありながらわかっていたのに契約した点にあったように思われる。したがって、ここではそもそも錯誤がなかった、あっても特段の事情のない限り織り込み済みの誤認リスクについて保証のプロが後から錯誤無効の主張をするのは信義則に反するということ(禁反言)であったと端的に述べるべきであったように思われる。いずれにせよ、判例によれば、錯誤での対応の限界(オール・オア・ナッシングな結論等)がある中、金融機関の対応の拙さがあった場合にどちらがそのリスクを負担するのかについて錯誤の土壌で争う方向から、信用保証協会だけが責任を負うという不当な結果を如何に回避ないし緩和するかについて錯誤以外の土壌で争う方向にほぼ移行したといえる。換言すれば、平成28年の一連の判例は、問題点があるものの、下級審で見解が分かれていたところ、(41) 最高裁として、信用保証協会による錯誤無効の主張を事実上否定した点(画一的処理の争いの決着)、金融機関の調査義務違反による保証免責(全部免責または一部免責)によって、金融機関と信用保証協会との間の公平な責任分担をめぐる第二ステージの問題へ踏み出した点に重要な意味があるといえよう。(42)

---

(40) 松尾・前掲注(5)751頁によれば、金融機関の行為態様の評価と調査義務違反が免責条項に該当するかとは別問題であるとする。

第2部　契約法・消費者法

　なお、信用保証協会と金融機関との連携を図る等の信用補完制度の見直しが、2018年4月1日に実施された。[43] 信用保証協会法を改正して、信用保証協会と金融機関との連携を法律上位置づけ、信用保証付き融資だけに頼るのではなく、中小企業者のそれぞれの実態に応じて、プロパー融資（信用保証なしの融資）と信用保証付き融資を適切に組み合わせる等、信用保証協会と金融機関が柔軟にリスク分担を行っていく制度を設ける等の改正が行われた。実施後の動向が注目されるところである。

---

(41) 反社会的勢力であった事案について、例えば、錯誤無効を認めたものとして、大阪高判平25・3・22金法1978号116頁、東京高判平25・10・31金法1991号108頁、東京高判平26・8・29金法2008号70頁、認めなかったものとしては、東京高判平26・3・12金法1991号108頁等がある。中小企業者の実体を欠いていた事案について、例えば、錯誤無効を認めたものとして、名古屋高金沢支判平27・5・13金判1508号34頁、東京高判平24・7・4金法2006号100頁、認めなかったものとして、東京高判平26・1・30金法1988号109頁、横浜地判平26・7・11金法2008号85頁等がある。
(42) 渡邊・前掲注（4）「批判」196頁ほか参照。なお、池田真朗「判批」民事判例15号（2017年前期）88頁以下（2017年）は金融法的考察からは信用保証協会に対する特別扱いが近時弱まってきている点が注目点であるという。
(43) 中小企業庁HP：信用補完制度の見直し（平成30年4月1日から見直し後の制度がスタート）、http://www.chusho.meti.go.jp/kinyu/shikinguri/hokan/index.htm参照。

インターネットにおける価格の誤表示

吉 田 和 夫

I 問題の所在

　インターネット上のショッピング・サイトにおいて、価格・料金等の価格が誤って表示された事案が相当数存在する。明らかに価格が間違っているとしか見えないことが多いが、中には諸般の事情とあいまって、判断に迷うようなケースもないわけではない。商店などでの対面販売であれば、店頭での販売価格表示が誤っていたとしても、その場で誤りに気づき、即時にそれなりの対応が可能だろう。

　インターネット上の誤表示の場合、その情報はごく短期間に極端にいえば世界中に拡散し、膨大な注文が殺到する。特に深夜・早朝の時間帯に注文が殺到したとしても、サイト運営者が誤表示に気付いた時には手遅れともなりかねない。また、非対面取引であることもあって、購入者・注文者は誤表示を認識した上で、1人で大量に発注し、あるいはだめでもともと的な発想で「購入」ボタンをクリックする場合もありそうである。誤表示価格での販売を売主が拒絶する場合の根拠としては、契約未成立、錯誤、あるいはサイト上の約款などが考えられる。運営者の想定を越えるケースとして、価格の誤表示以外にも、過誤注文、偽装注文、虚偽注文とでもいうべき事案も見られる。

　価格の誤表示に関しては、価格が比較的低額なことが多く、購入者側でも誤表示を承知した上で購入していることが少なくないこと、その他の理由に

（1）木村真生子「電子商取引と契約」（松井茂記・鈴木秀美・山口いつ子編『インターネット法』）（2005年・有斐閣）182頁参照。

より、訴訟にまで至ることはほとんどない。

　法的には、サイトへの掲載の法的性質（申込みか申込みの誘引か）、契約の成立時期（到達主義と発信主義）、運営者側の錯誤の存否（重過失の有無）、購入者側の主観的態様（重過失、悪意の有無）、約款の有無、約款の有効性などが問題となりそうである。契約の成立時期については、民法が定める発信主義とその修正、錯誤については電子契約法による民法95条の適用除外と到達主義の採用）も論点となりうる。法律以外の問題としては、サイト運営者側のミスを回避するためのシステム設計、想定を越える事態となった場合の対応も重要なポイントとなるかもしれない。

　本稿では、いわゆる電子商取引のうちのB to C（企業対消費者）取引を対象とし、運営者側の想定を越える場合の例として、ネットオークションなどのC to C（消費者対消費者）取引に関するトラブルを数件取り上げる。B to C取引について、2001年施行の電子消費者契約及び電子承諾通知に関する民法の特例に関する法律（以下、「電子消費者契約法」）[2]は、消費者の操作ミスの救済及び契約の成立時期の転換を目的として、民法のルールを修正している[3]。具体的には、前者につき、所定の要件を備えた場合には、錯誤に陥った消費者に重大な過失があったとしても錯誤無効の主張を認め（電子消費者契約法3条）、後者につき、隔地者間の契約について電子承諾通知を発する場合には、民法526条・527条を適用せず（同法4条）、到達主義をとることとした[4]。

　なお、上記条文に関しては、民法改正に伴い、以下の改正・条文削除が行

（2）経済産業省商務情報政策局情報経済課「電子契約法について　電子消費者契約及び電子承諾通知に関する民法の特例に関する法律の施行に当たって」（2001年）（http://www.meti.go.jp/policy/it_policy/ec/e11213aj.pdf）。

（3）電子消費者契約法制定時の各条文の立法趣旨などについては、通商産業省商務情報政策局情報経済課「電子消費者契約及び電子承諾通知に関する民法の特例に関する法律逐条解説」（http://www.meti.go.jp/policy/it_policy/ec/e11225bj.pdf）（2001年）参照。

（4）「民法の一部を改正する法律の施行に伴う関係法律の整備等に関する法律案新旧対照条文」312頁（http://www.moj.go.jp/content/001142257.pdf）。

われた（2017年改正・未施行）。

（a）法律名変更
　　［改正前］「電子消費者契約及び電子承諾通知に関する民法の特例に関する法律」
　　［改正後］「電子消費者契約に関する民法の特例に関する法律」
（b）第1条
　　［改正前］「この法律は、消費者が行う電子消費者契約の要素に特定の錯誤があった場合及び隔地者間の契約において電子承諾通知を発する場合に関し民法の特例を定めるものとする」
　　［改正後］「この法律は、消費者が行う電子消費者契約の申込み又はその承諾の意思表示について特定の錯誤があった場合に関し民法の特例を定めるものとする」
（c）第3条
　　［改正前］「民法第95条ただし書の規定は、消費者が行う電子消費者契約の申込み又はその承諾の意思表示について、その電子消費者契約の要素に錯誤があった場合であって、当該錯誤が次のいずれかに該当するときは、適用しない。」［以下、略］
　　［改正後］「民法第95条第3項の規定は、消費者が行う電子消費者契約の申込み又はその承諾の意思表示について、その意思表示が同条第1項第1号に掲げる錯誤に基づくものであって、その錯誤が法律行為の目的及び取引上の社会通念に照らして重要なものであり、かつ、次のいずれかに該当するときは、適用しない。［以下、略］」
（d）第4条
　　［改正前］「民法第526条第1項及び第527条の規定は、隔地者間の契約において電子承諾通知を発する場合については、適用しない」
　　［改正後］（条文削除）

II 過去の事案

1 価格・料金の誤表示

価格の誤表示に関する判決としては、後述するカテナ事件、近畿日本ツーリスト事件がある。以下の記述にあたっては、事実関係や事実の経緯の中には正確性に欠ける部分もあるが、「誤表示」として何らかの方法で報道された事案を取り上げる。

[1] Dell事件[5]

①2001年8月1日、Dell社はシンガポールサイトとマレーシアサイト上で、ノートPC（15インチへのアップグレード・オプション付き）を778.68シンガポールドル（441.14アメリカドル）で販売していた。しかし、当時、当該エリアには同機種の15インチ・オプションはなく、14インチ・スクリーンの製品（2,317.50シンガポールドル〔1,312.92アメリカドル〕）しか存在していなかった。そのため、Dellは購入者に対して、データ入力ミスにより「価格とシステム構成が誤っていた」、「システム構成の誤りにより、価格の食い違いが生じた」と説明した上、「注文には効力がない（invalid）」旨回答した。

また、Dellは当該商品購入者には、実際の販売価格から20パーセント割り引くこととした。

②なお、同年2月、シンガポール、香港、マレーシアのサイトで、2,466シンガポールドル（1,397.05アメリカドル）のノートPCの価格を219シンガポールドル（124.07アメリカドル）と誤表示していた。

③2001年12月11日、Dellのアメリカ国内向けサイトで、人的ミスにより、通常価格229ドルのスピーカーが24.95ドルと誤表示価格で販売されていた。Dellは購入者に対して、次回以降のソフトウェアまたは周辺機器の購入の際に10パーセントの割引を行うこととした（翌年1月4日までの期間限定）。

（5） ①②については、https://www.zdnet.com/article/dell-asias-pricing-error-upsets-customers/、③についてはhttps://www.zdnet.com/article/dell-mistake-leads-to-discount/

[2] Amazon.uk 事件(6)

　2003年3月19日午前、アマゾンのイギリスサイトで，通常価格275ポンドのPocket PCの販売価格が7.32ポンドとされていた。同時期、同商品はアマゾンのアメリカサイトでは299ドルで販売中だった。誤表示に気付いたサイト側は約50分間、サイトを停止したが、それ以前に情報はオンライン・フォーラムで拡散し、注文が殺到、19日午前11時には、一時的に同商品の同サイトのトップセラーに上がった（注文数、件数などは不明）。

　アマゾン側は、「出荷完了通知メールを購入者に到達するまでは売買契約は成立していない」と主張し、顧客にはオーダーをキャンセルする旨のメールを送付した。アマゾンは、ウェブサイト上のConditions of Web Siteの約款をその根拠としている。(7)

[3] 丸紅ダイレクト事件(8)

　2003年11月3日、自社サイトで販売していたデスクトップPCの販売価格を198,000円とすべきところ、一桁間違え、19,800円としていた。販売開始後12日間はまったく注文がなかったが、「丸紅のサイトに"激安"パソコンがある」と掲示板へ書き込まれると、その後12時間に、約1,000人から約1,500台の注文が殺到した。中には1人で50台購入した例もあり、契約に応じれば2億円以上の損害が発生しかねない事態となった。

（6）http://news.bbc.co.uk/ 2 /hi/business/2864461.stm、CNET Cnet Japan 2003.3.20、https://www.out-law.com/page-436

（7）"No contract will subsist between you and Amazon.co.uk for the sale by it to you of any product unless and until Amazon.co.uk accepts your order by email confirming that it has dispatched your product." (https://www.zdnet.com/article/dell-axim-mis-pricing-sparks-customer-furore/による)。
また同サイトによると、2001年末、コダック社が329ポンドのデジタルカメラを100ポンドと誤表示した際に、自動送信確認メールによって契約が成立するか否かの議論が起こったとされる。またコンパック社（オーストラリア）がラップトップPCを1ペニーと誤表示した事例も先例として上げられている。

（8）2003年11月11日付朝日新聞、毎日新聞、読売新聞、2003年11月12日付日本経済新聞、2003年11月18日付日経産業新聞（以下、新聞名・掲載日付については略記）。

同社は「価格は間違いだった」旨のメールを注文者1,000人に送信し、「キャンセルをお願いする」旨連絡したところ、購入者から「契約は成立している」、「丸紅を信用して買った」などの抗議が相次ぎ、最終的に当初の表示価格で販売することを決定した。

各紙の記事によれば、同社は「電子契約法上は消費者に受付メールが届いた時点で（契約は）成立する」のであり、かつ「誰が見ても単純な間違い」なので契約の無効を主張できるとする一方で、「誤表示につき落ち度があったことは間違いなく、信頼して購入を決めた消費者を裏切れない」、「圧力に屈したわけではない」などとも説明している。実際に生じた損害額は非公開だが、単純計算では2億6,700万円の損害と報じられた。

なお、財団法人日本消費者協会は「常識で考えればミスは明らか。消費者側のモラルも問題だが、今後の悪しき先例になるので、企業に毅然とした対応をしてほしかった」とコメントした旨も報道された。[9]

丸紅の買い物サイトでパソコン価格を誤表示した問題を巡る動き[10]

▽10月31日（金）

○午後6時ごろ、丸紅からサイト運営委託会社にパソコン1台198,000円を19,800円と間違えて入力した製品情報データを送信。価格を誤表示した製品などを買い物サイト「丸紅ダイレクト」に掲載

▽11月2日（日）

○インターネット上の電子掲示板で「激安パソコンがある」と話題に

▽11月3日（月）＝「文化の日」

○午前11時、注文殺到でサイトがパンク状態となり運営委託会社が価格誤表示に気付き、丸紅側に連絡

○夜になってサイト上で「おわび」を掲載

▽11月4日（火）

---

(9) 毎日Web版2003. 11. 11。
(10) 日経産業2003. 11. 18。

○注文した約1,000人に、未明からおわびとキャンセル要請のメール送信
▽11月6日（木）
○4日のメール送信後、抗議や問い合わせが止まらないため、担当部署と法務、総務、広報などの関係部署に顧問弁護士を交えて協議。誤表示した19,800円での販売を決定

[4] Dell事件⁽¹¹⁾

2003年11月24日、Dellは自社のアメリカ国内向けサイトでPDA（個人情報端末）の価格を379ドル（通常価格）とすべきところ、79ドルと誤表示した。ミスに気付いた担当者は、サイトから一時的に削除したが、なぜか再度同一内容が掲載された。注文者数、注文数などは不明。

同社は、注文者に対して「間違った価格での取引は成立しない」、「注文はキャンセル扱いとする」旨のメールを送信した。また、「自社のWebページ、カタログ、広告に、"Dellはそのようなミスに責任はもてない"と記載していること」、「電子メールによる受注確認書には、同社は誤植などのミスには責任を持たず、そのようなミスから注文が発生した場合、それをキャンセルする権利があることを指摘する表記がある」と主張した。

[5] カテナ事件⁽¹²⁾

2004年4月21日、ソフトウエア会社・カテナは、Yahooの運営する仮想商店街"Yahoo！ショッピング"内の同社ページ（CatWorks）において、PC価格を115,000円とすべきところ、2,787円と誤表示していた。誤表示価格が掲示されていたのは21日午前2時過ぎから22日午前11時頃までの約21時間。その間に、20,000人から「合計1億台」の注文が殺到し、中には1人で「数

---

(11) CNET Japan 2003. 11. 27、https://www.zdnet.com/article/dell-axim-mis-pricing-sparks-customer-furore/。サイト上のTerms and Conditionsには"Orders are not binding upon Dell until accepted by Dellとの条項があった（"https://www.out-law.com/page-4106/）。

(12) 日経、朝日、毎日、読売、産経（以上2004.4.23）、日経MJ（流通）2004.4.24。

千台」注文した例もあった。

　誤表示の原因は完全に明らかになったわけではないが、カテナは「自社担当者は正しい情報を入力」しており、誤表示の原因は「Yahoo側の管理ミスで商品のコードが間違っていたため」と説明している。5枚組DVD-Rの価格データと混同してデータ送信した可能性や委託会社がDVD-Rと混同した可能性も否定できていない。

　なお、Yahooは後日、「商品のデータベースの間違いを発見する仕組みがうまく機能していなかった」との認識を示すとともに、「サイトに価格を掲載した瞬間におかしいと自動的に判断する仕組みの構築を急ぎたい」[13]旨コメントしている。

　カテナは、「受注確定のための承諾通知を送付していないし、大幅な価格の誤表示で錯誤による契約の主張が可能」[14]と主張した。本件については訴訟が提起されたが、原審・控訴審とも買主（原告）は敗訴した[15]（本件訴訟については後述）。

[6] ベスト電器事件[16]

　2005年7月5日、家電量販店・カテナ電器は"Yahoo！ショッピング"内の同社サイト（ベスト電器新宿店ネットショップ）にて販売中の23型液晶テレビにつき、153,000円とすべきところ、担当者の「打ち込みミス」で一桁違いの15,300円と誤表示した。誤表示価格での販売開始は5日午後10時頃で、翌日午前8時頃に顧客からの指摘を受け、販売価格を訂正した。誤表示されていた約10時間の間に約6,400件、40,816台の注文があった。1人で1,000台注文しているケースもあったという。

　同社は、表示の誤りで「承諾の通知」を申込者に発しておらず、注文は受

---

(13) 日経2004. 4. 29。
(14) 日経金融2004. 4. 28。
(15) 東京地判平成17年9月2日判時1922号105頁。本判決評釈として、木村真生子「電子商店街での価格の誤表示と契約の成否（商事判例研究　平成17年度11）」ジュリスト1351号116頁（2008年）。
(16) 産経2005. 7. 6、日経2005. 7. 7、読売2005. 7. 7、日経MJ（流通）2005. 7. 8。

けられない」、「民法上の錯誤にあたる」と主張している。

　Yahooは、再発防止のため「価格の異常値を検知するシステムの導入も検討したが、（サイトを運営する）店舗が意図的に安売りするケースもあり難しい」とコメントしている。[17]

　申込者からは苦情が殺到し、ベスト電器は、最終的に注文者6,400人に対して「おわび」として1人あたり一律1,000円分の郵便為替を送付した。[18]

[7] 近畿日本ツーリスト事件[19]

　2009年4月27日、申込者は、近畿日本ツーリストのサイトに掲載された「列車でめぐるイタリア2都市周遊フィレンツェ・ベニス8日間」を見て4人分の予約を行った。本来は357,000円であるはずのところ、80,150円と誤表示されていた。同サイト上にはパッケージ・ツアー160コースが掲示されており、そのうち本件ツアーを含む4コースについて料金が本来の価格より安価に誤表示されていた。

　同社は、申込者は価格の誤りに気付いていたはずであり、「357,000円ならば契約は可能」と主張して、差額の支払いを求めた。これに対して申込者は、「表示価格で契約が成立したのに、その後、同社から本来の価格を求められ参加できなくなった」として損害賠償を求めて訴訟を提起した。東京地裁平成23年判決は、両者間には誤表示価格での"予約契約"及び"本契約"の成立を認め、旅行業者の債務不履行責任が認められた（本判決については後述）。

[8] Best Buy事件[20]

　2009年8月12日、アメリカの家電量販店、ベスト・バイは、液晶テレビ（定価3,399.99ドル）を"セール価格1,799ドル"とすべきところ、9.99ドルと誤表示した。朝時点での誤表示価格9.99ドルは、同日昼過ぎに1,799ドルに訂正された。ブロガーやツイッター利用者の間では話題が沸騰したとされる

---

(17) 日経MJ（流通）2005.7.8。
(18) 日経2005.7.9、日経MJ（流通）2005.7.10、読売2005.7.12、朝日2005.7.12、毎日2005.7.14。
(19) 東京地判平成23年12月1日判時2146号69頁。読売2011.12.2（判決についての報道）。

175

第 2 部　契約法・消費者法

が、申込者・申込台数などは不明。

　同社は、Web上には、「たとえクレジットカード処理が終わっていたとしても、申込みを撤回（revoke）し、誤った価格を訂正する権利を有している」旨表示してあることを理由として、「午前中に受けた注文はすべてキャンセルし、返金する」処置をとった。[21]

[9] イトーヨーカ堂事件[22]

　2009年10月17日、イトーヨーカ堂（セブン＆アイ・ホールディングス通販サイト「セブンネットショッピング」）で、食料品、衣料品、合計数10品目の価格につき、1セット（段ボール1箱）価格を単品価格と間違えて表示したと思われる誤表示があった（具体的には、レトルトカレー10袋88円、ミネラルウォーター24本123円、ビール小瓶30本300円、カフェオレ24本98円、等）。同社は、誤表示されていた午前4時から午前8時までの約4時間の間の「注文数や総額は明らかにできない」としているが、その後の報道によれば、数百件の注文があったようである。

　同社は「取消し扱い」とした上で、ミスに乗じて多数量を注文した者もいるため、個別に購入意思を確認の上対応するとした。その後の報道によれば、誤表示の時間帯の注文は取り消し扱いにとしたが、他方「おわびとして注文した顧客には1人あたり2,000円分の郵便為替を送る」こともあわせて決定した。[23]

---

(20) 日経速報ニュース・アーカイブ2009. 8. 13、日経MJ（流通）2009. 8. 21、http://edition.cnn.com/2009/US/08/13/bestbuy.mistake/index.html、https://consumerist.com/2010/12/30/best-buy-cancels-order-due-to-pricing-error-then-puts-it-through-at-msrp/、https://www.zdnet.com/article/best-buy-will-not-honor- 9 -99-hdtv-deal/

(21) "Best Buy policy reserves the right to"revoke offers or correct errors"even if a credit card has already been charged"（https://www.zdnet.com/article/best-buy-will-not-honor- 9 -99-hdtv-deal/による）。

(22) 読売2009. 10. 21。

(23) 産経（大阪・夕刊）2009. 12. 10。

[10] バリバリ家電事件(24)

2010年10月11日、"Yahoo！ショッピング"内の家電量販店・バリバリ家電サイトで以下商品についてそれぞれ誤表示があった。

①通常価格30万円程度、同社他サイト（楽天市場店）では281,000円で販売中の液晶テレビの価格を"Yahoo店"では11,509円と誤表示
②通常価格20万円程度のブルーレイレコーダー価格を約3,000円と誤表示
③通常価格20万円以上の３Ｄテレビを約27,000円と誤表示
④通常価格50,000円〜90,000円の乾燥機付き洗濯機を6,000円と誤表示

反対に異様に高価な商品もあり、通常価格8,000円〜9,000円の３Ｄテレビ視聴用メガネは約52,000円で販売されていた。また、Yahooショッピングサイトだけでなく、同店の公式サイトでも誤表示があったようである。

ネット上には「10台注文した」などの書き込みが見られ、実際の注文数は「数万件以上」に上ったとされ、12日の"Yahoo！ショッピング"の「デイリー売れ筋商品ランキング」では同店商品が１位〜10位を独占した。

同社は謝罪の上、「キャンセル」対応とし、代金を返金した。本件では、特定商取引法に基づく表記として、「注文受注後でも掲載価格、販売価格に誤りがあった場合契約を取り消すことができる」旨、掲示されていたことが根拠とされている。

[11] 土佐和牛　芸術倶楽部（楽天市場店）事件(25)

2013年９月22日夜、楽天市場内の「土佐和牛　芸術倶楽部」は、和牛セット（通常価格18,480円）を1,000円と誤表示していた。原因は担当者の単純ミスによる打ち込み間違いとされている。

翌23日午前９時頃、出社した社員が価格の誤表示に気づいたため、「値段は1,000円ではなく10,000円の誤り」とした上で、謝罪文を掲載、「売り切

---

(24) ITMedia News2010. 10. 21、Jcastニュース2010. 10. 21。
(25) Jcastニュース2013. 9. 25。

れ」表示を出した。同店は誤表示した責任を取り、誤表示価格の1,000円で販売することを検討したが、会社の資産や体力を考えると不可能と判断した、とコメントしている。

[12] Walmart Stores事件[26]

2013年11月6日、アメリカ小売り大手ウォルマート・ストアーズのアメリカ国内向けオンライン店舗において、パソコン用液晶モニターを9ドル、カヤックを11ドル、通常価格数万円相当の健康器具を33ドルとする誤表示があった。ツイッターでは、「カヤックを50、スピーカーを100注文した」などの書き込みが相次いだとされるが、申込者数などは非公表のため不明。

2 誤表示以外の事案

サイト運営者側の誤表示の事案とは異なるが、非対面取引であるがために確認が十分になされないことが多い点、ごく短時間で巨額の取引が成立してしまう点、当事者の予測・想定外の事態を招来しかねない点で共通性を有するとも見うる事案がある。

また、「誤表示」があっても実際に損害が発生する可能性がなかったと思われるケースもある。2000年12月には、JR西日本の公式サイト上の運賃検索システム上での料金検索システムに不備があり、特定区間の料金が窓口での実際の販売価格よりも高く表示されていたことが発表された[27]。

サイト運営者の想定外とも見られる事案として、以下のようなものもある。

[13]

2005年7月1日～8月10日の間、購入者（男性）は、ユニクロを運営するファーストリテイリングのショッピングサイトに数千回アクセスして注文操作を繰り返し、1着1,000円の女性用タンクトップを大量に注文するという

---

(26) 日経2013. 11. 7（夕刊）、https://abcnews.go.com/Business/walmart-super-low-prices-website-glitch/story?id=20804317、https://abcnews.go.com/Business/catch-walmart-web-glitch-bargain/story?id=20819549

(27) 読売2000. 12. 5、毎日（大阪）2000. 12. 18。

事件があった。不正ソフトを使用して一度に大量の注文を行っていた可能性もあるとされている。不正注文によって補充システムがはたらき、在庫管理を誤らせた結果、同社は約4,000着の在庫を抱える結果となった。そのため、余剰在庫を半額で販売せざるを得なくなり、約250万円の損害が発生した。電子計算機損壊等業務妨害罪で逮捕された容疑者は、「買い物かごに入れた時点で在庫数が減ることに気づいた」などと供述し、容疑を認めている。[28]

[14]

2005年8月、アメリカのオークションサイト"eBay"に出品されていた自動車（エルビス・プレスリーが所有していたとされる）を女児が245,000ドル（約2,700万円）で落札。女児の父親は、娘が誤って「購入」をクリックしたと主張して支払を拒絶したところ、出品者側は落札額245,000ドルに150,000ドル（約1,700万円）の損害賠償を加算した約4,000万円の支払を求めた。賠償請求の理由は、「一度落札されたものを再出品すれば、商品に問題があったかのように誤解される」ためとされている。[29]

[15]

2012年2月29日、某タレントが所有していたと見られるフランス製ソファ5点セット（10年前に150万円で購入）をネットオークション専門のリサイクルショップが"Yahooオークション"に出品した。出品時の初値は3,000円だったが、最終的には最高入札額が90億円を超えたため、出品はキャンセルされた。[30]

[16]

2012年11月2日、京都教育大学生活協同組合の担当者は、プリンを20個注文しようとしたところ、誤って4,000個発注した。担当者がシステムに数量を誤って入力したことが原因と報じられた。[31]

---

(28) 朝日、日経、毎日、読売（いずれも2006. 5. 10）。
(29) ZAKZAK2005. 8. 10（ニューヨーク＝共同）。
(30) https://www.zakzak.co.jp/entertainment/ent-news/news/20120302/enn1203021135007-n1.htm
(31) 朝日2012. 11. 11。

上記事案以外にも、個人のSNS上ではネットオークションで誤って入力して落札してしまうケース、1個と1箱を取り違えて、個人として通常は購入することはないほどの数量を購入してしまうケースなどの書き込みもしばしば見られる。

3 まとめ

誤表示が起きてしまった原因については、［5］を除けば、ほぼすべての事案で「入力ミス」「人為的ミス」などとされている。ミスは完全には避けられないとなれば、異常な価格がサイト上に掲載される前に、システム的に警告を発し、あるいは何らかの予防措置が必要とも思えるが、「価格の異常値を検知するシステムの導入も検討したが、（サイトを運営する）店舗が意図的に安売りするケースもあり難しい」（［6］におけるコメント）という事情もある。ただ、異常な数の注文があった場合（合計1億台の注文があった［3］、誤表示はないものの通常では考えられない数の注文がなされた［13］［15］［16］）場合などには自動的にサイトを停止するなどの措置はとれるのではないだろうか。

運営者の単純ミス以外に誤表示が起こる可能性として、BtoC取引特有の事情も上げられている。すなわち、価格競争が激化するため実勢価格を大きく下回る値引き販売が行われることが多く、実勢価格との乖離だけでは誤表示と判断することは難しく、契約不成立や錯誤無効の主張が多発すれば、電子商取引自体に対する消費者の信頼を損なうことになるとの指摘である。誤表示は売主の信用を低下させるものの、無名の業者が売名目的あるいは購入申込者の個人情報の収集目的で意図的誤表示を行うこともありうる。[32]

サイト運営者側の主張・対応は、それぞれ微妙に異なるが、誤表示された価格通りで販売したのは上記事案［3］だけであり、他の事案では運営

---

(32) 丸山正博「＜研究ノート＞企業対消費者電子商取引における商流の課題」経営経理研究第74号177頁、194～196頁（2005年）。

者側は販売には応じていない。拒否の理由としては、注文には効力がない（［１］）、商品の出荷完了通知メールが到達するまでは契約は成立していない（約款が根拠）（［２］）、「キャンセル」（約款あり）（［４］［８］［10］）、キャンセル（約款の有無不明）（［11］）、申込みを撤回し、誤った価格を訂正（［８］）、承諾通知の未発送（［５］［６］）、錯誤（［５］［６］［７］）、「取り消し」（［９］）などがある。

販売には応じないものの、次回注文時にディスカウントする（［１］）、為替を送付する、とった対応をとった事案もある（［６］［９］）。

ちなみに、本稿執筆時点での大手ショッピングサイトにおける実際のメールの文言、サイト上の約款は以下の通りである（アンダーラインは筆者追加）。

［楽天市場・自動送信メール］

本メールはお客様のご注文情報が楽天市場のサーバに到達した時点で送信される、自動配信メールです。<u>ショップによる注文の確認をもって売買契約成立となります</u>。

［Amazon・自動送信メール］

本メールは、Amazon.co.jp でのご注文について、当サイトがご注文を受領したことを確認するものにすぎません。<u>Amazon.co.jp が販売する商品については、商品が発送されたことをお知らせするメールを当サイトからお送りした時点で、当該商品のご購入についての契約が成立します</u>。Amazonマーケットプレイス出品者が出品する商品については、商品が発送されたことをお知らせするメールを当サイトからお送りする時点で、当該商品のご購入についての契約が成立します。

［楽天市場特約］(33) より抜粋
第２条（購入の申し込み等）

---

(33) http://www.rakuten.co.jp/doc/info/rule/ichiba_shopping.html

第2部　契約法・消費者法

1．［略］

2．［略]

3．お客様が申し込み手続きを完了した時点では、お客様とショップとの間に、当該申し込みにかかる商品の売買契約は成立しておりません。購入履歴のステータスが「店舗確認済」に変わった時点で、申し込みにかかる商品について、売買契約が成立します。ただし、お客様が商品の購入を申し込んだショップによっては、購入履歴のステータスが「店舗確認済」とならない場合があり、この場合、以下最も早い時点とします。

　（1）ショップから申し込みを承諾する旨の連絡が送信されたとき

　（2）商品の発送が行なわれたとき

4．お客様による申し込み手続き完了後に、ショップが取引をお断りする場合があり、この場合、ショップに売買契約の履行を請求することはできません。

5．［略］

［Amazon・Amazon.co.jp利用規約］(34)　より抜粋

契約の成立

　当サイトにて商品をご注文いただくと、ご注文の受領確認とご注文内容を記載した「ご注文の確認」の電子的通知が当サイトから提供されます。お客様からのご注文は、商品購入についての契約の申込となります。お客様が選択された商品の支払い方法および配送オプションに拘わらず、Amazon.co.jpが販売する商品をご注文いただいた場合、当サイトから「ご注文の発送」の電子的通知がお客様に提供されたときにお客様の契約申し込みは承諾され、契約が成立します。ただし、デジタル商品については「ご注文の確認」の電子的通知、定期購入型の商品については「購入確認」の電子的通知、予約注文の場合は予約商品のダウンロードが可能になった（もしくは可能になる）、またはクラウドに保存された旨をお知らせする電子的通知がお客様

---

(34) https://www.amazon.co.jp/gp/help/customer/display.html?nodeId=201909000

に提供されたときにお客様の契約申し込みは承諾され、契約が成立します。Amazon.co.jp 以外の売主が出品する商品については、商品が発送されたことをお知らせする電子的通知を当サイトから提供する時点で、当該商品のご購入についての契約が成立します。1つの注文にて複数の商品をまとめてご注文いただいた場合で、「ご注文の発送」の電子的通知において発送が確認されない商品については、当該「ご注文の発送」の電子的通知により成立する契約の対象に含まれません。

商品の価格
［一部略］
　当サイトでは、正確な商品情報を表示するよう最善の努力をしています。万が一商品の誤った価格または価格に関連する情報（ポイント付与数を含む）がサイト上に表示されていた場合は、次のように価格調整をさせていただきます。
　商品の正しい価格が、当サイトに表示されていた価格より低い場合は、その低い方の価格で請求させていただきます。
　商品の正しい価格が、当サイトに表示されていた価格より高い場合は、Amazon.co.jpの裁量により発送前にお客様にご連絡し、あらためて正しい価格をお知らせした上で商品発送のご指示をお願いするか、または、ご注文をキャンセルさせていただく旨をご連絡いたします。
［以下略］

III　裁判例

1　東京地判平成17年9月2日（前出［5］）[35]

（1）事実

　Xは、平成16年4月22日、ヤフー株式会社（以下、A）が開設する"Yahoo！ショッピング"において、カテナ株式会社（以下、Y）が1台あ

---
(35) 判時1922号105頁。

第2部　契約法・消費者法

たり2,787円で販売表示していたパソコン3台注文する旨のメールを送信し、同日Aからの受注確認メールを受信した。

翌4月23日、XはYから「誤った表示であり、注文に応じかねる」とする旨のメールを、4月25日には「契約が成立していない」とする旨のメールをそれぞれ受信した。

4月26日、XはYに対し、再度、本件パソコン3台の履行を求めるメールを送信し、4月29日、XはYから再度「契約は成立していない」旨のメールを受信した。

原審は、Xが契約の成立を主張する"受注通知"はAからの自動返信メールであり、Yは別途、Xの申込みに対して不承諾の意思表示をしていることから本件契約の成立は認められず、また、YはXに対して正しい情報を提供しており、当該表示上の誤りにつきYに過失はないとして、請求を棄却した。Xは控訴したが、控訴は棄却された。(36)

（2）争点

争点①　売買契約の成否

【Xの主張】4月22日付受注確認メールには、品名、形式、代金、送料などの重要事項が示されており、かつ「売買契約は成立していない」旨の文言は記載されていないので、受注確認メール受信により、合計13,086円（1台2,787円＋送料）で購入する旨の売買契約が成立した。その後、8か月経過し、Xにとって本件パソコンは不要なので、引渡しではなく、本件パソコンと同機種の中古品3台の代金相当額である345,000円（1台あたり115,000円）の支払を請求する。

【Yの主張】本件売買について承諾の意思表示をしていないし、むしろ「承諾をしない」旨の意思表示を行っているので、売買契約は成立していない。

争点②　錯誤の有無

【Yの主張】本件では、"DVDメディア"と表示されるべきところが"パ

---

(36) 東京簡裁平成17年2月23日（裁判所ウェブサイト）。

ソコン"と表示されたものであり、表示上の錯誤があり、無効である。Aに対して正しい商品データ情報を提供しており錯誤について過失はない。

争点③　誤表示についてのYの注意義務

【Xの主張】本件紛争が、Aの表示ミスによるものとしても、YにはAに対する注意義務がある。

（3）判旨

争点①　売買契約の成否

　インターネットのショッピングサイトを利用して商品を購入する場合、売り手は、サイト開設者を通じて、商品の情報をサイト上に表示し、買い手は、商品の情報を見て、購入を希望するに至ればサイト上の操作により注文し、サイト開設者を通じて、売り手が注文を受けこれに応じる仕組みとなっている。

　このような仕組みからすると、<u>サイト上に商品及びその価格等を表示する行為は、店頭で販売する場合に商品を陳列することと同様の行為であると解するのが相当であるから、申込の誘引に当たる</u>というべきである。そして、買い手の注文は申込みに当たり、売り手が買い手の注文に対する承諾をしたときに契約が成立するとみるべきである。［中略］

　Yは、本件パソコン3台を合計13,086円で売る旨の承諾をしたものとは認めることはできない。

　受注確認メールはAが送信したものであり、<u>売り手であるYが送信したものではないから、権限のあるものによる承諾がされたものと認めることはできない。</u>［中略］

争点③　誤表示についてのYの注意義務

　Yが本件サイト上に自ら表示をすることはできず、削除することもできないと認められること及び商品の誤った表示がされたことに対し、直ちにAにその表示を削除させたのであって、誤表示を放置したとも認められないことから、Yの商品の誤表示についての注意義務違反を認めることはできない。

2 東京地判平成23年12月1日[37]（前出［7］）

（1）事実

近畿日本ツーリスト（以下、Y）は、平成21年4月27日ころ、"コース名【列車でめぐるイタリア2都市周遊】フィレンツェ・ベニス8日間"と題する旅行契約の募集を行っていた。Xは4月27日午前10時29分頃、インターネットを利用して、本件ツアー（基本旅行代金〔69,900円〕に、オプション、現地空港税、空港使用料を加算した合計額80,150円）に2名分申し込んだ（①）。

同日午前10時30分頃、申込内容を確認する自動送信メール（②）が送信された。午前11時50分頃、本件ツアーの公開停止措置がとられた（③）。

同日午後8時12分頃、YからXに対し、予約された契約については、料金データが誤って掲載されており、本来の旅行代金の契約ではないが、XとYとの間では、誤表示金額（80,150円）で「予約」が成立していることが記載されているメール（④）を送信した。

5月7日、YはXに電話をかけ（⑤）、「クレジットカード情報を受け取ってもらえるか」を尋ねたところ、Y担当者は受け取りを拒否した。8月4日、Xは内容証明郵便（⑥）でYにクレジットカード情報を送付しているが、Yは承諾していない。

8月6日、YはXに対し、旅行代金を1人あたり357,000円であれば旅行契約を締結するが、誤表示価格での契約はできない旨の書面（⑦）を送付した。X及び参加予定者は、本件ツアーに参加しなかった。Xは調停を申し立てたが不成立により調停が終了したため、Xは本件訴訟を提起。

（2）争点

争点①　予約契約の成否

【Xの主張】Yに対する申込み（①）、Yからのメール（②）により予約契約が成立している。

---

[37] 判時2146号69頁。

争点②　予約契約についてのYの錯誤

【Yの主張】Yは、「Xは誤表示旅行代金を過失なく正当な旅行代金と信じた上で予約を行い、すでに旅行代金をクレジットカードで支払っている」と誤信し、「契約が成立している以上、予約の承諾を通知しなければならない」との錯誤に陥ったため、メール④を送信した。Yの錯誤は動機の錯誤ではなく、内容の錯誤のうちの法律状態の錯誤である。

【Xの主張】メール④で予約申込みを承諾する意思表示をした際、YにはXがカードで旅行代金を支払い済であるという誤信はない。仮に誤信があったとしても、動機の錯誤に過ぎず、動機はXに対して表示されていないから錯誤には該当しない。

争点③　錯誤に関するYの重過失の有無

【Xの主張】メール④を送信するまで、メール②送信から約10時間、本件ツアーの公開停止措置（③）から約8時間経過していること、申込時にカード情報を提供していないことはメール②に明記されていること、メール④にも代金支払い方法や「クレジットカードにてご精算をご希望のお客様」という記載があることから、Yがメール④を送信する前にXのカード情報提供の有無を調査することは容易だった。仮に錯誤があったとしても、重大な過失があるから錯誤無効の主張はできない。

争点④　Xの悪意

【Yの主張】仮にメール④の送信につき重大な過失が認められるとしても、Xは悪意であるから錯誤無効の主張が可能である。

掲載されているツアー料金は、出発日33パターンと、ホテル5パターンの合計165パターンで料金構成がなされている。4パターンのみ、他パターンの約4分の1から約7分の1の料金なのだから、通常人であれば正規料金なのかYに問い合わせるべきである。誤表示であることを知っていて、誤表示料金で実現するためにあえて問い合わせをしなかったと推定される。Xは誤表示につき悪意で予約申込み（①）を行い、メール②やメール④を受け取ることによりYの錯誤を知りながら、この状況を利用して格安代金で旅行に参

加しようとした。

　Yは、錯誤に陥っていることにつき悪意のXに対しては錯誤無効を主張できる。

　【Xの主張】これまでの経験から8日間ヨーロッパツアーには料金10万円以下のものがあると認識している。ほぼ同等の内容のツアーでも料金に2倍以上の差があった経験等から、本件ツアーの基本旅行代金が誤表示とは思わなかった（メール④を読み、誤表示であることを知った）。錯誤について悪意ではない。

争点⑤　本契約の成立

　【Xの主張】予約契約の予約完結権公私期間は、2009（平成21）年8月21日（金）15:00である。⑤で会話した際に、Xのカード情報を受け取るよう求めて予約完結権を行使する意思表示を行っている。正当な理由のないカード情報の受け取り拒否は、本契約の成立を妨げるものではない。

　【Yの主張】旅行契約は要物契約であり、旅行業者が契約の締結を承諾し、申込金を受理した時に成立する（標準約款8条、本件約款4条1号）。インターネットでの申込みの場合、顧客は旅行業者に対してクレジットカード情報を申し出て、旅行業者が契約の締結を承諾した旨の通知を発した時に契約が成立する（標準約款8条2項、本件約款23条1項2項）。電話での通知については受領を拒否しているし、内容表明郵便でのカード情報を送付も承諾していない。

（3）判旨

争点①　予約契約の成否

　顧客からの申込みに対して被告が予約の承諾の旨を通知した時点で、YとXとの間では、予約契約（民法559条、556条）が成立するものと解される。[38]

　メール④によって、YからXに対して予約を承諾する旨の意思表示があったことが認められる。

争点②　予約契約についてのYの錯誤

　(a)「Xが誤表示の旅行代金を過失なく正当な旅行代金と信じた上で予約

を行った」との錯誤については、仮に錯誤があったとしても動機の錯誤であってＹはこれを表示していないから要素の錯誤にはあたらない。

（ｂ）「すでに旅行代金をクレジットカードで支払っていると誤信し、契約が成立している以上、予約の承諾を通知しなければならない」との錯誤については、メール④中にカードによる支払い方法の記載があること、メール④送信当時、誤表示価格で旅行させなければならないかはＹにとって相当重大な問題であったはずであり、メール④送信までには相当の時間が経過していることから考えると、錯誤を認めることはできない。仮に錯誤があったとしても、Ｙには重大な過失がある。

争点③　錯誤に関するＹの重過失の有無

仮にＹに錯誤があったとしても、Ｙには重大な過失があったというべきである。

争点④　Ｘの悪意

メール④送信の時点で、Ｙは誤表示については認識しており、錯誤はないのであるから、悪意・重過失だったとしても、これをもってＹがＸに対して錯誤を主張できることにはならない。

争点⑤　本契約の成立

カードでの支払が申込金支払の１つの手段であることなどに鑑みると、顧客からカード情報等の申出があれば、Ｙは、原則として、契約締結を承諾せねばならず、ただ、本件約款23条５項に記載されている、「会員の有するクレジットカードが無効などにより、旅行代金等が提携会社の会員規約によって決済できないとき」などカードでの支払が確実になされない危険があるよ

---

(38) なお、本判決は、「受注確認メール」（自動送信メール）の意義については、「インターネット上での取引は、パソコンの操作によって行われるが、その操作の誤りが介在する可能性が少なくなく、相対する当事者間の取引に比べより慎重な過程を経る必要があるところ、受注確認メールは、買い手となる注文者の申込が正確なものとして発信されたかをサイト開設者が注文者に確認するものであり、注文者の申込の意思表示の正確性を担保するものにほかならないというべきである」としている。

うな場合に限って承諾しないもことも許されると解される。

　Yが承諾を拒否することができるような事情は認められず、遅くとも同年8月4日（上記内容証明郵便⑥送付時）には本件本契約は成立している。[39]

IV　まとめ

　ショッピングサイト上の誤表示に関する問題が注目され始めたのは比較的最近のことであり、契約の成立時期、錯誤主張の可否以外にも、電子契約の性質論も含めて多様な議論がなされている。「価格誤表示と表意者の法的責任」が経済産業省策定「電子商取引及び情報財取引等に関する準則」に追加されたのは、2007年版からのようである。[40] そこでは、《購入希望者が価格誤表示を認識していた場合又は利用者のほとんどが価格誤表示と考える状況にあった場合》、《オークションのように購入希望者の行為により最終販売価格が決定される場合》、《自動返信メールにおいて、承諾の意思表示が別途なされることが明記されている場合》、《利用規約に契約の成立時期などが想定されている場合》などについて解説されている。それによれば、《ウェブサイトへの掲載は申込みの誘引》であり、《売主からの承諾通知のメールが到達した場合（またはサーバーに申込みデータが記録され、これに応答する承諾メールが申込者側に到達し表示された時点）で契約が成立する》ものと評価でき、《ただし売主からのメールが自動返信メールであり、承諾通知が別途なされることが明記されている場合には、受信の事実を通知したにすぎず、承諾通知に該当しない》とされている。

　ショッピングサイトを利用した契約の成否について、上記平成17年判決は、「インターネットのショッピングサイト上に商品及びその価格等を表示する

---

(39)　なお、上記判決以外に、FX取引における為替レート表示プログラムのバグに起因する誤表示の事案として、東京高判平成26年1月30日金法1997号122頁・金判1440号10頁がある。

(40)　http://www.meti.go.jp/policy/it_policy/ec/070405zyunsokusyusei.pdf（平成19年版・14頁）、http://www.meti.go.jp/policy/it_policy/ec/180801.pdf（平成30年版・28頁）。

行為は、店頭で販売する場合に商品を陳列することと同様の行為」なので申込の誘引に当たり、改めて申込みを承諾する旨のメールを送信するまでは契約は成立しない」としている。23年判決ではさらに自動送信メールについて、「インターネット上での取引は、パソコンの操作によって行われるが、その操作の誤りが介在する可能性が少なくなく、相対する当事者間の取引に比べより慎重な過程を経る必要があるところ、受注確認メールは、買い手となる注文者の申込が正確なものとして発信されたかをサイト開設者が注文者に確認するものであり、注文者の申込の意思表示の正確性を担保するものにほかならないというべきである」とされている。判例上、ショッピングサイトの開設が申込みの誘引、買主の行為が申込み、売主側担当者が送信するメールが承諾との判断が示されている。

　学説でも、サイト開設は申込みの誘引と説明されることが多い。また、申込みの誘引説をとった場合の消費者にとってのメリットとして、①申込の意思表示の撤回が可能となる期間を明確にすることができること、②デジタルコンテンツが回線の不具合などで消費者に完全な形で送付されなかった場合を典型に、商品未到着の責任を契約不成立とからめて主張できること、③業者としてはみずからの手を離れた商品の到着と契約成立時期が一致することは避けたいと考えるであろうから、電子メールなどで直ちに消費者に「承諾」の意思表示を通知することが促進される結果になり、消費者にとってはみずからの「申込」が販売業者に到達したことが確認できるとともに、他人による「なりすまし」注文や注文内容の誤りを確認できるという意味でも、良好な取引慣行と評価できるとの指摘もある。[41]

　インターネットショッピングについては、申込者が一定の条件を満たしており、当該商品やサービスが供給可能であるとすれば、申込みは機械的に承諾されるので通常であるから、消費者からの意思表示は申込みではなく承諾とみるべきかもしれないとの説もある。販売業者からたえず申込みがなされ

（41）板東俊矢「インターネットと消費者保護」インターネット弁護士協議会（ILC）『インターネット　法学案内』118頁（1988年・日本評論社）。

ており、消費者はその条件でよければ承諾し、それによって契約が成立するとされる。そう解すると、承諾の意思表示が申込者に到達した時点で契約が成立するから、品切れの場合でも引渡義務が発生することになること、価格の誤表示の場合に「承諾の意思表示をしないことによって不利な内容の契約の成立を阻止すること」ができなくなることも指摘されている。[42]

　一般論として申込みの誘引と申込みを区別する基準として、①承諾により契約する程に十分に確定した内容が含まれていること、②相手方が承諾すれば契約が成立することが意図されていることがあげられている。[43]また、区別にあたって考慮されるべき要素は、「債務を履行できなくなることのリスク（＝債務不履行責任を負うリスク）」と「相手方を選ぶ自由」との指摘がある。[44]

　申込みと申込みの誘引の区別について、現時点での一般的なショッピングサイトに限定するとすれば、ディスプレイ上の情報は十分に確定的な内容であり、在庫数もリアルタイムに表示されることも多い。今後さらにAI化が進めば、「品切れ」または「債務を履行することができなくなる」リスクは低くなっていくと思われる。現実問題として、サイト開設者に「相手方を選ぶ自由」を確保しておく必要もないだろう。誤表示リスク、短期間の大量注文対応としては、かなりのところまでシステム的な対応が可能だとすれば、そして約款による適正な対応が可能だとすれば、少なくともサイト開設者にとって、サイト開設行為を申込みとして構成したとしても特に問題はないと思われる。

---

(42) 松本恒雄『新版注釈民法（13）債権（4）』302頁（補訂版・2006年・有斐閣）。松本恒雄・齋藤雅弘・町村泰貴編『電子商取引法』19頁（2013年・勁草書房）。ソフトウェア販売など、オンラインで履行可能で、在庫を心配することなく何度でもダウンロードさせることが可能な給付と伝統的なオフライン取引を区別し、前者につき申込みの誘引とする見解として、山本豊「電子契約の法的諸問題」ジュリスト1215号75頁（2002年）。
(43) 平野裕之『民法総合5 契約法』52頁（第3版総合5第1刷・2007年・信山社）。
(44) 滝沢昌彦『契約成立プロセスの研究』(2003年・有斐閣) 78頁。

インターネットにおけるプラットフォーム型複合契約

南部 あゆみ

I はじめに

現在、インターネットは社会のあらゆる場面に浸透している。インターネットの人口普及率は、2013年以降毎年8割を超え、13〜59歳の各年齢層では9割を上回る(1)。それに伴いトラブルも増加しており、消費生活センターの把握する相談件数では、80歳以上を除くすべての世代で、デジタルコンテンツに関する案件が他を大きく引き離している(2)。この中には、特定のサイトにおける被害や接続回線の相談等、様々なトラブルが含まれるが、取引に関するものも多い。通信販売に関する相談においても、インターネット通販に関する割合が年々増加している(3)。

電子商取引の規模は拡大を続けている。2016年時点において、BtoC-EC（事業者・消費者間の電子商取引）の市場規模は15兆1358億円、BtoB-EC（事業者間電子商取引）は291兆170億円となっている(4)。またCtoC-ECとして、ネットオークションやフリマアプリ等も広く利用されている。

インターネットを介する取引でトラブルが生じた際、既存の法律でも対応可能であるが、新しい問題に応じた修正も随時加えられている。例えば、インターネット通販も通信販売の一種であるため、特定商取引法が適用される

（1）総務省「平成29年通信利用動向調査」1-2頁。
（2）消費者庁「平成29年度消費者白書」29頁。
（3）同上34頁。
（4）経済産業省「平成28年度我が国におけるデータ駆動型社会に係る基盤整備（電子商取引に関する市場調査）」1-3頁。

が、経済産業省の「電子商取引及び情報財取引に関する準則」(5)では、インターネット取引の法的問題について、民法をはじめとした各法の解釈が示されている。特別法としては、電子消費者契約及び電子承諾通知に関する民法の特例に関する法律で、消費者の操作ミスを救済する規定や、契約の成立時期の転換についての規定が盛り込まれた。他にも金融商品取引法や銀行法等も、情報通信技術の進展にあわせて法整備が進んでいる。こうした動きは、現行法の多くがインターネット技術を想定しない状況で制定されているため、新しい技術に対応しきれない部分があるからである。

　本稿の目的は、インターネット取引を民法の枠内で理解した上で、新たな解釈を試みることである。消費者法ではなく民法を土台としたのは、インターネットの特徴として事業者と消費者の間の垣根が低く、明確に区別できない場合があることから、一度民法に立ち返って基礎的な議論をする意義があると考えたからである。本稿では、インターネット取引の形態や特徴を、現実の有様としてそのまま理解することに留意した。その際、インターネット上には様々な取引形態があるため、eマーケットプレイス及びドロップシッピングを題材に取り上げた。次に、対面式の取引と比べてインターネット取引では関与者が多くなる傾向に着目し、複合契約論と関連づけた。特にプラットフォームの存在を基軸に新しい複合契約の形として位置づけたのは、プラットフォームが取引関与者をつなげる役割を担っているからである。

　当然のことながら、市場の自由性こそがインターネットの魅力であり、必要以上にプラットフォームを委縮させるべきではない。しかし取引の公正性を保持することは、市場が拡大する上で不可欠である。両者の調和点を探り、新しい技術がもたらす我々の行動の変化に既存の法律を対応させることが、インターネット取引のさらなる成長につながると考えられる。

（5）平成14年に策定。その後随時改訂されている。

II 複合契約論

1 複合契約論

　本稿は、インターネット取引を複合契約論の視点で論ずるものである。そのため、まず民法における複合契約論の展開について整理する。

　民法において、契約は二当事者間で一つの合意がなされる形を基本に考えられており、代理や保証といった三者以上の当事者が関係する場合は、特別な制度が設けられている。しかし取引関係が複雑化・高度化したことで、複数の契約が結合し、相互に関連し合うような取引形態が生まれるようになった。この場合に、各契約を切り離して個別に検討するのではなく、一つの構造体として認識しようとする見解が複合契約論である。

　複合契約には、二当事者間（同一当事者間）における場合と、三当事者間（もしくは多当事者間）における場合がある。前者の代表例が最判平8・11・12民集50巻10号2673頁であり、マンションの区分所有権の売買契約と、マンションに付随するスポーツ施設の会員券契約が密接に関連しているとして、「それらの目的とするところが相互に密接に関連付けられていて、社会通念上、甲契約又は乙契約のいずれかが履行されるだけでは契約を締結した目的が全体としては達成されないと認められる場合」には、一契約の債務不履行を理由に、他契約も解除できると判断した。

　三当事者間についてはいくつかの分類が試みられている。例えば中舎教授は、単一契約型（二当事者間に一個の契約が存在し、それに第三の当事者が関与する場合）・複数契約型（三当事者間に二個の契約が存在する場合）・循環型（多数の当事者間に循環的に契約が存在する場合）に整理する。そして複数契約型の中でさらに、連鎖型（契約が連鎖的に連続する）と併存型（一人を基点に契約が複数存在する）に分ける。(6)

　複合契約の定義は論者によって様々であるが、(7)複合契約内の一契約の効果

（6）中舎寛樹「多角的法律関係の研究の成果と課題」椿・中舎編『多角的法律関係の研究』499-500頁（日本評論社、2012）。以下、『研究』とする。

が、他契約や第三者に及ぶのかという視点で論じられることが多い。その際、①いかなる関係性が構築されたのか・②どのような要件を充足する必要があるのか・③誰に、どのような効果が及ぶのか・④根拠となる法理論は何か、という点が問題となる。

　議論としては、第三者与信型消費者信用取引が端緒となり、売買契約の債務不履行を理由に信販会社への支払いを拒絶できるかという、抗弁の接続の問題がその中心となった。その後、この議論で得た知見を複数の契約が関連する他の形態にあてはめ、広く契約の集合体の問題として検討されるようになった。現状として、フランチャイズ契約やサブリース契約等の新たな取引形態が増えたこともあり、複合契約論の見解が多方面で用いられている。こうした流れは「第三者与信型信用取引の法的分析を基軸とし、そこから得られる視点を他の取引類型にも向けることで、「複合契約取引論」は展開されてきた[8]」と分析されている。

（7）北川教授は「契約結合」という言葉を用いて、「複数の契約が何らかの視点で相互に関連しあって一つのまとまりをもつにいたっている取引」と説明した（北川善太郎「約款と契約法」NBL242号83頁（1981）。山田教授は、一つの契約によって一つの取引が完結するのではなく、複数の契約によってはじめて一つの取引が完結する場合があるとして、「複数の契約によってはじめてその取引を行う当事者が企図した経済的な利益の移転が完結する取引」を複合契約取引と呼んだ（山田誠一「『複合契約取引』についての覚書（1）」NBL485号30頁以下（1991）。河上教授は「民法上予定されている独立の法形式を組み合わせ、一定の経済的目的を達成するための新たな仕組み」として、従来の多数当事者関係とは異なる類型を整理した（河上正二「複合的給付・複合的契約および多数当事者の契約関係」磯村・鎌田・河上・中舎『民法トライアル教室』291頁（有斐閣、1999）。池田教授は、複合契約を「当事者間で同時に複数の契約が結ばれた場合、それらの契約が集合（一つのパッケージ）として当事者の企図する契約上の利益を実現する構造になっており、その意味でその一個が機能しなければ他を契約した意味がなくなる（一個だけならば契約しないと考えられる）という関係にあるもの」と定義し、「契約の複合によって産み出される付加価値」を取得するという目的を重視した（池田真朗「『複合契約』あるいは『ハイブリット契約』論」NBL633号12頁（1998）。

2　三角・多角取引

　椿教授を中心とする共同研究により、「多角的法律関係」「三角・多角取引」という概念が提唱された。椿教授はこの概念について、法的に関わりをもつ者が「それぞれ一定独自の立場で一つの法律関係において関与者となっており、かつ、必ずしも一個の契約による関係者全員の直接的結合が成立・存在するとは言えない場合」(9)における取引形態であると定義している。そして複合契約との差異については、複合契約論が「複合の根拠」をもとに既存の典型・非典型契約を修正するのに対し、「三角・多角説は、三者・多者が関わっている現象－取引ないし法律関係－を、一定の繋がり・結び付きが認められる範囲内で、それに適した"全体的な処理"を考案しようとする」(10)ものだと説明する。

　つまり三角・多角取引は、多者が関わる取引現象を一体のものとして受け入れる点において、個々の契約の集合体と理解する複合契約論とは異なる。そして、複合契約論の見方では多角関係を処理するのに不十分だとした上で、(11)「多数当事者から成る一つの取引」という視点で新たな基礎理論を構築することを試みる。(12)

---

(8) 岡本裕樹「複合契約取引論の現状と可能性」松浦・松川・千葉編『市民法の新たな挑戦』526頁（信山社、2013）。
(9) 椿寿夫「民法学における幾つかの課題（八）」法学教室232号32頁（2000）。
(10) 椿寿夫「三角・多角視点の提案」椿寿夫編著『三角・多角取引と民法法理の深化』16頁（商事法務、2016）。以下、『深化』とする。
(11) 中舎教授は、複合契約の不十分な点として、「①契約上の義務を契約当事者以外の者にも拡大する構成では、一つの契約上の義務によって複合取引の全体像を説明しようとする点で無理がある・②複合取引を構成する各契約上の権利義務を相互に関連づける構成では、相互の関連性を示す概念が法的にどのような意味を有するのかが明確でない・③契約の相対効を否定して第三者効を認める構成では、第三者を取引当事者の一人として組み込んだ場合の複合取引の全体像が明確でない・④複合取引を目的とする包括的な合意の存在を認める構成には、その発想において複合取引全体の法的構造を明らかにできる可能性があるが、その合意が従来の法律行為論、契約成立論、契約当事者論とどのような関係にあるのかが明らかでない」と整理した（中舎・前掲（6）484-485頁）。

ただし、そもそも複合契約論の定義は論者によって異なる。同様に三角・多角取引においても、様々な理論構成が提案されている。そのため本稿では、両者の差異を理解した上で、適宜参照することにする。

3　理論構成

本来、法律効果は当事者のみに及び、その発生根拠は当事者の意思である。そのため、複合契約においては当事者以外の関係者に法律効果が及ぶのか、または義務の拡大等の影響が生じうるのかという論点が中心となり、その理由づけが検討されてきた。法的根拠については、当事者の意思を理由とする見解と、意思以外に根拠を求める見解とに大別できる。

従来の民法の考え方に照らせば、当事者の意思を根拠にする構成と親和性がある。特に三角・多角取引の構図からは、「全体に共通する意思」の存在を導きやすい。中舎教授は、現代的な複合取引については「取引に複合性を付与しているのは取引の当事者自身であって、究極的には当事者の「意思」が根拠とならざるを得ない」として、その法的構造を「複合取引の当事者間に取引全体に関する包括的合意がある」と理解する。そして、従来の法律行為論の枠内では直接当事者以外の者を取り込むには意思を擬制するほかないため、多数当事者の「合同行為的」な意思表示という提案をする。すなわち、「二当事者からなる各個別契約と同時に、その取引を形成することについて全取引当事者による同一の意思表示がなされており（個別契約の意思表示にそのような意思表示が含まれている）、それによって複合取引自体を目的とする契約（基本契約）が成立していると構成する」のである。伊藤教授も、個別取引契約・全体取引システムという構成を土台として、システム関係者

---

(12) 中舎教授は三角・多角取引における課題として、「関係者ないし関与者と三角・多角の観念」「いわゆる契約の第三者効」「三角・多角の観念と団体的発想」「消費者契約と三角・多角の観念」という四つのテーマを挙げた（中舎寛樹「三角・多角取引の素材の範囲」『深化』67頁）。

(13) 中舎寛樹「多角的法律関係の法的構造に関する覚書」法政論集227号206頁以下（2008）。

の「構築意思」「利用意思」「関与意思」が契約規範を根拠づけるとする。システム関与意思という新たな意思概念の形成を提案するものであり、従来債権法が当事者の意思を解釈・補充する形で規律してきた手法を「自覚的に援用する」ものと位置付けるのである。[14]

ただし、システムが大きくなり関与者が増加するほど統一的な意思の形成は難しくなる。また、利害が対立し当事者間で意思が乖離する場合、包括的な意思を解釈する必要が生じるが、そのためには解釈の根拠を示さなければならない。

村田教授は、三角・多角取引を全体システム・サブシステムと構成し、「一般に、システム性が強くなるにつれて関係者の意思はますます希薄化ないし空洞化する」が、「システムの内容決定に全く関与しない関係者が出現することもあろうが、システムの内容が全体として合理的であるとか、システムの利用が取引慣行により承認されている場合」には、「関係者がシステムへ参加する意思」によってシステムが成立するとする。さらにこれと併存して、取引関係を総合的に捉え、システムに不都合がある場合には、システム設計者の意思の探求よりも「システムの目的、取引慣行、信義則などによってシステムの内容を補充ないし決定する」等、意思とシステム構造を組み合わせるアプローチを提案する。[15]

複合契約は、社会的・経済的一体性や共通の目的といった、契約の構造自体に特殊性がある。池田教授は、「契約の複合によって産み出される付加価値」の取得という目的を重視し、個別当事者の「主観的意思が明らかになっていなくても、全体の集合した契約の内容・構造から当事者の実現しようと企図する利用価値や経済的事実等が外形的・客観的に判断しうるもの」と複合契約を位置づけている。[16]山田教授は、当事者が選択した契約形式と取引実態との間に齟齬が生じる場合に、裁判所が取引の経済的実質を考慮して当事

---

(14) 伊藤進「「多角的法律関係」規律のための法理論形成試論」『研究』475頁。
(15) 村田彰「契約の成否・結合と多角的法律関係」『研究』136-137頁。
(16) 池田・前掲(7)12-13頁。

者の選択とは異なる契約形式をその取引にあてはめることを提案し、「契約形式の組み換え」と称した。[17]

　一方で、当事者の意思ではなく、契約の関係性そのものに着目する見解もある。しかし現在の法体系からは関係性のみを効果発生の根拠とすることはできないため、もう一段階の説明を要する。当事者の関連性や契約の牽連性から導かれる相互依存関係を根拠とするものとして、北川教授は、複数の契約が相互に関連しあって一つのまとまりを持つ場合、構成契約間に相互依存効が認められるとした[18]。また千葉教授は、複数の契約が一つの取引システムとして統合化されている場合、統合化の根拠は共通した債務負担の実質的理由（コーズ）にあり、このコーズがもたらす結合要素が各契約の債務間に相互依存効を生じさせるとした[19]。

　契約の関連性から信義則を根拠に据える見解も多い。岡本教授は第三者効について、契約の相対的効力の原則を回避するには「契約形式や契約内容の解釈が考えられ、その中で複合契約取引の実態を反映させることができる」としながら、これに反する特約の存在など解釈には限界があるため、原則に対する例外的取扱いという位置づけで、「信義則に照らして、個別事例ごと、あるいは事例類型ごとに、同原則に対する例外を承認することの可否を判断する際、複合契約取引に伴う状況も当然に考慮要素となる」として、正当化の根拠を信義則に求めた[20]。

　都築教授は、契約締結の目的を個別契約に反映させる際に、「目的の顧慮を経た各法制度」を根拠とする。契約目的が「両契約が運命をともにするとの意思を認め得るほどに」共有されている場合は、目的は当事者の意思として体現されるが、「相手方に認識されているにすぎない場合」は、問題に応

---

(17) 山田誠一「『複合契約取引』についての覚書（2）」NBL486号52頁以下（1991）。
(18) 北川・前掲（7）83-84頁。
(19) 千葉恵美子「多数当事者の取引関係をみる視点」伊藤・國井・堀・新美編『現代取引法の基礎的課題』174頁以下（有斐閣、1999）。
(20) 岡本・前掲（8）544頁。

じた既存の制度を用いて判断することになる。目的共有の深度により各法制度が選択され、その中には信義則も含まれる。例えば、前述最判平8・11・12のようなケースについては、事情変更の問題として位置づけ、「その消滅いかんの判断は目的の契約への組入れの段階に応じて合意の解釈から信義則違反いかんへと移行」するものと理解するのである。⁽²¹⁾

なお、第三者与信型消費者信用取引における抗弁の接続の問題については、立法により一定の解決に至ったが、そこには消費者保護の要請がある。割賦販売法では昭和59年改正で抗弁の接続が認められたものの、対象が指定商品に限られる等、適用範囲が制限されていた。そこで、対象外の取引にも同規定が適用されるのか否かを判断したのが、最判平2・2・20判時1354号76頁である。この中で、同規定は「法が、購入者保護の観点から、購入者において売買契約上生じている事由をあっせん業者に対抗し得ることを新たに認めたものにほかならない」として、当然には対抗できないと判断された。この見解はその後の最判平23・10・25民集65巻7号3114号にも引き継がれている。[22]

III インターネット取引

1 インターネットの特徴

インターネットとは、共通の通信仕様を用いて全世界の膨大な数のコンピュータや通信機器を相互に繋いだ、巨大なコンピュータネットワークのことである。[23] ホストコンピュータを使わずに、TCP/IP（通信プロトコル）という通信規格群を用いて、世界中のネットワークを相互接続するのが特徴である。そのため、端末をネットワークに接続すると、インターネットを経由して様々なネットワークの端末とつながることができる。今では社会インフラの一つとなっており、様々な行動がインターネットなしには成り立たないほ

---

(21) 都築満雄「複合契約論のこれまでと今後」『深化』74頁。
(22) 平成21年12月施行の改正割賦販売法により、指定商品等の制限が廃止され、ボーナス一括払いも対象となった。ただし、翌月一括払いについては、単なる決済手段としての性格が強いことから割賦販売法の規制外のままである。
(23) 「IT用語辞典」http://e-words.jp

どである。

　ビジネスにおいても、単に通信技術を利用するものだけではなく、インターネットだからこそ成り立つ取引形態が生まれている。本稿ではそうした取引形態を取り上げ、法律構造を明らかにするとともに、問題の所在を探る。ただし、法律は基本的に現実社会を想定して作られている。そのため、まずインターネットと現実社会の差異について整理する[24]。もちろん、インターネットも人が操作するものであり、単なる通信手段として見れば、手紙や電話と並列して考えることができる。しかし、インターネットは「つながる」を極めて高度化した点で、単なる通信手段を超え、我々の行動を大きく変えた。そしてこの変化が、新たなトラブルを生み出しているのではないだろうか。

（1）双方向性

　インターネットの最大の特徴は、端末同士が世界規模で「つながる」ことである。その結果、利用者は情報を受信するだけでなく、容易に発信することができるようになった。従来は、情報の発信者は新聞やテレビといった媒体を有する一部の者に限られていた。送信者と受信者が分離していたのである。インターネットというツールは、この送信者・受信者の垣根をなくし、誰もが相互に情報を伝達し合う状況を可能にした。

　このことにより、我々は情報収集が容易になり、コミュニケーションの範囲も広がった。またビジネスにおいてもグローバル化が加速した。一方で、つながりたくない人や情報とも接触せざるを得なくなっている。そのため、例えば青少年が有害情報と接触してしまうといったトラブルが生じる。また、誰もが情報の発信者となりうることから、自覚なく名誉棄損の加害者になってしまったり、情報流出の危険性が増大するといった、負の側面ももたらされることとなった。

（2）匿名性

　実際には、IPアドレス（端末に割り振られた識別番号）をたどれば発信者を特定することは可能であるが、表面上はインターネット上では匿名で情

---

[24] 高田寛『Web2.0インターネット法』5－9頁（文眞堂、2007）。

報をやり取りすることができる。匿名性は、人々の行動を変化させる。非対面であることも併せて、自分の身元が相手に伝わっていないという意識は、人々の罪悪感を希薄化させる。そのため、インターネット上では（対面では発しないような）不注意な発言や悪意のある発言が誘発されるのである。

ただし、悪い点だけではなく、匿名だからこそ発信できる情報もある。抗議活動や内部通報のハードルを下げるという点では、匿名性には一定の意義があるといえよう。

（3）複製容易性

デジタル情報は複製が容易である。この点は、知的財産の分野で特に影響が大きい。違法コピーが出回ることにより、本来の権利者の利益を損なうことになるからである。

（4）情報の伝播性・残存性

一度インターネットに掲載された情報はすぐに広まり、また完全に消すことが不可能となる。これは複製容易性と併せて様々なトラブルを引き起こす。例えば、名誉棄損発言のように広めたくない情報が容易にコピーされ、ネットワークを経由し全世界に広がりうるのである。しかも、目の前の情報が削除されたとしても、そのコピーがどこかに残存している可能性が高い。被害者にとっては、被害が拡大しやすく回復しにくい事態となり、問題はより深刻化するのである。

2　プラットフォーム

（1）インターネットにおけるプラットフォームの役割

インターネットでは、誰もが情報をやり取りすることができる。しかし情報が多くなりすぎると、かえって必要な対象にたどり着けなくなる。そのため、利用者と情報をつなぐ存在として、プラットフォームの重要性が増す。プラットフォームとは、本来はソフトウェアが動作する土台となる基本システムやOSのことであるが、現在は他者が有する情報やサービス、コンテンツ等（以下、「コンテンツ等」という）をユーザーに提供するための基

盤のような意味をもつ。例えば、世界的なプラットフォームとしてはグーグル、アップル、フェイスブック、アマゾンが有名で、GAFAと呼ばれている。グーグルはアルゴリズムにより情報を整理し分類する検索エンジンであるが、情報集約の場という役割とともに、グーグルマップやGメールといった各種サービスを提供してもいる。

他にも、コンテンツ提供[26]、商品提供[27]、SNS等[28]、様々なプラットフォームの形がある。プラットフォームを提供する事業者（プラットフォーマー）はシステムを構築し、コンテンツ等を提供する者（提供者）を集め、ユーザー（利用者）を増やす工夫をし、サポート体制を整える。いわばコンテンツ等の提供者と利用者を「つなげる」存在であるといえる。多種多様なコンテンツ等があふれるインターネットにおいては、我々はコーディネートする存在がなければ必要な対象を見つけることができない。そのため、プラットフォームなしではインターネットビジネスは成り立たないのが実情なのである[29]。

（2）プラットフォームの特徴

経済産業省は、「第四次産業革命に向けた横断的制度研究会報告書（平成28年9月）」（以下、「報告書」という）において、次のようにプラットフォームの特徴をまとめている。「オンライン双方向性市場においてはネットワーク効果がより強く働くため、独占化が進みやすい／デジタル経済におけるプラットフォームは拡大が容易であるため、急速な市場の独占化が達成されやすい／プラットフォームにおける個人情報の蓄積等が、プラットフォーマーの交渉力の源泉として機能している／先行するプラットフォーマーが大きな力を持ちやすく、新規参入者あるいは中小規模事業者にとって不利な環境となりやすい」[30]

要は、プラットフォームは独占化しやすいということであり、その理由が

---

(25) 総務省「国民のための情報セキュリティサイト」http://www.soumu.go.jp/main_sosiki/joho_tsusin/security/
(26) 音楽配信や動画配信サイト、アプリマーケット、電子書籍ストアなど。
(27) 通販サイト、旅行予約サイト、飲食店情報サイトなど。
(28) フェイスブックやツイッターなど。

上記四点なのである。まず、双方向性という性質から、ネットワーク効果が生じる。ネットワーク効果とは「利用者が増えるほど製品やサービスの価値が上がることを意味する経済原理」[31]のことである。例えば通販サイトであれば、提供者が多いほど欲しい商品が見つかるため、利用者（購入者）が増える。そして利用者が多く訪れるサイトだからこそ提供者もまた増える。いわば人が人を呼ぶのである。双方向であるがゆえに、プラットフォームに参加する者の数がプラットフォーム自体の価値を高め、その価値がさらに参加者を呼ぶという循環が生まれるのである。

　二点目は、デジタル財の場合は拡大コストが低く、また拡大リスクも低いということである。デジタル情報は複製が容易であるため、複製コストが少ない。また輸送コストも不要である。一方で、在庫をかかえるリスクもないため、事業を拡大しやすい。根来教授は、収穫逓増（規模拡大とともに利益率の上昇が続くこと）がソフトウェアやネットビジネスの特徴であるとする。つまり、一般的な製造業では規模の拡大がある点を超えると逆にコストが上昇する（収穫逓減）が、その理由は「設備の大きさはある程度以上は大きく

---

(29) 経済産業省「第四次産業革命に向けた横断的制度研究会報告書（平成28年9月）」では、「当該プラットフォームに関連している2つ又はそれ以上の顧客グループが互いに（又は多面的に）影響を与える「双方向性市場（又は多面性市場）」において、両者をつなぐ中間的な位置づけ」と表現している。

　プラットフォームの分類として、森弁護士は提供者と利用者の間の取引・契約の有無によってマッチング型（電子モール等）と非マッチング型（SNS等）に分ける（森亮二「プラットフォーマーの法律問題」NBL1087号5‐6頁（2016）。齋藤弁護士は業務内容により情報提供型・場所貸し型・取引仲介（媒介）型・販売業者型に分ける。情報提供型は取引成立には関与せず、一方で販売業者型はプラットフォームが直接提供者となる。場所貸し型と取引仲介型の違いは、個別取引の成立に積極的に関わるか否かで判断される（齋藤雅弘「通信販売仲介者（プラットフォーム運営事業者）の法的規律に係る日本法の現状と課題」消費者法研究4号109-110頁（2017）。本稿はインターネット取引におけるプラットフォームを対象としている。この場合、プラットフォームが仲介の役割を担っていると判断される可能性は低い。

(30) 「報告書」3頁。
(31) 根来龍之『プラットフォームの教科書』62頁（日経BP社、2017）。

第2部　契約法・消費者法

できないこと、生産規模がある程度以上大きくなると管理コストが高くなること」にあり、デジタル財の場合はそうした事情があてはまらないということである。[32]

　三点目は、プラットフォームのみが提供者や利用者の情報を蓄積しているということである。「報告書」では、プラットフォーマーと提供者の間で秘密保持契約が結ばれていることから、提供者は必要な情報をプラットフォーマーからしか得られず、そのことが提供者の行動を抑制していると指摘されている。また、プラットフォーマーが顧客に提供する情報（提供者や商品情報の優先度等）を操作できること等、情報の格差がプラットフォーマーに交渉力をもたらしているといえる。

　四点目は、先行者がその市場において優位な立場に立つということである。先行者には認知度があり、提供者や利用者を募るには有利である。また先行プラットフォームに参加した者にとって、後発プラットフォームへの乗り換えはスイッチングコスト（乗り換えコスト）がかかり負担となるため、後発者はさらに不利となる。[33]そのため、あるプラットフォームが市場を独占している場合、その状態を覆すのは極めて困難となり、独占状態が維持されやすいのである。

　プラットフォームが市場を独占すると、プラットフォーマーと提供者・利用者の間に格差が生じ、ビジネスの公平性を脅かしかねない事態となる。[34]プラットフォームが内在的に有するこうした性質を理解した上で、取引構造を把握する必要がある。

---

(32) 同上59-61頁。
(33) スイッチングコストの例として、以前の評価を失う、新しい操作に慣れなければならない等がある。
(34) 例えば「報告書」では、ヒアリング調査の結果として、アプリ提供事業者が決済手段において拘束されている実態を紹介している。プラットフォームの提示する決済方式以外で決済する際に30％程度の手数料が徴収されることで、決済方式が事実上制限されているのである（「報告書」9頁）。

3 インターネットと複合契約

（1）複合契約の多様化

　近年、新たな技術やビジネス形態が次々と導入されることにより、複合契約は多様化している。そこで、まず新たな複合契約について多少の整理をしたい。新たな複合契約について、河上教授は「三角型」（原型の有しうる機能の一部が別の者によって担われているもの（代理受領、リース契約、個別割賦購入斡旋契約等））と「亀の甲型」（一つの窓口となる事業者の背後に、複合的給付の一部を分担して提供すべき複数の事業者がひかえているもの（主催旅行契約、一括建築請負契約等））に分類した。これは当事者の配置から導かれるものであるが、一方で契約の関係性による分類として、ヨコ直列型（貨物の複合相次運送）・タテ直列型（製造物の流通・販売）・放射型（約款による多数取引）という整理も行っている。

　「三角型」は、給付の一部を他者に分担させるものであり、具体的には与信機能を分担させることが多い。「亀の甲型」は、いわば各種給付のコーディネート作業である。顧客と直接契約を結ぶ者がコーディネートする場合もあれば、そうでない場合もある。また、単なるコーディネートにとどまらず、その構図そのものが価値をもつこともある。例えばフランチャイズ契約は、成功のノウハウをパッケージ化することで事業拡大を容易にしている。本稿で扱うプラットフォーマーは、「亀の甲型」におけるコーディネーターに該当する。

　複合契約が多様化した背景について、山田教授は二つの側面があると指摘している。まず、「取引の対象となる給付目的である役務や物の複雑化」である。物の引渡しと役務の提供等、複数の給付目的を一体化したような契約

---

(35) 従来の複合契約とは、既に民法に存在している法制度を複合契約の視点で捉え直した概念であり、代理や履行補助者、多数当事者の債権関係等がある。これに対して新たな複合契約とは、リース契約やフランチャイズ契約等、民法に規定のないものを指している。

(36) 河上・前掲（7）291-298頁。

(37) 同上298-302頁。

も、今では珍しくない。次に、「資金決済手段や物流方法の高度化、および、それに伴う取引の当事者が所在する場所の間の距離の拡大」であり、履行の一部に第三者を介在させる場合が挙げられる。

前者は目的物の複雑化、後者はつながりの複雑化の問題である。目的物や人のつながりが高度化し、以前なら困難だった組み合わせが可能になったともいえる。今日、様々な複合契約が生まれるのは、このように目的物や人をコーディネートする作業が容易になったからではないだろうか。本田教授は特に役務を対象とする複合契約について「様々な給付を一まとまりの商品にして、そのコーディネーションの仕方によって商品価値を競うようになってきている」とし、「役務の場合には、その内容が多様であることから、"もの"と役務とが結合していたり、役務同士が組み合わされるなどして盛んに新しい商品を開発することが行われ、それに伴って新たな契約法上の問題も発生する」と指摘した。[39]

(2) 背 景

インターネットにおいては、コーディネート作業は一層容易になる。その理由として、まず産業のモジュール化が指摘される。モジュールとは、「システムの一部を構成するひとまとまりの機能を持った部品で、システムや他の部品への接合部（インターフェース）の仕様が規格化・標準化されていて、容易に追加や交換ができるようなもののこと」をいう。[40] つまり、システムの一部分の設計であるが、各部分が同じ規格を有するため互換性がある環境をいい、「産業のモジュール化とは、産業内の独立に活動する各ビジネス要素を適宜合成してビジネスを行うことができるようになること」を意味する。[41] 産業の各過程を部品化することにより、共通して利用する部分を融通し合い、効率化を図ることができるのである。

---

(38) 山田・前掲（7）30-31頁。
(39) 本田純一「クレジット業者の加盟店管理義務違反と顧客への責任」川井健先生傘寿記念論文集刊行委員会編『取引法の変容と新たな展開』296-297頁（日本評論社、2007）。
(40) 「IT用語辞典」・前掲（23）

産業のモジュール化の原因の一つに、インターネットの普及を挙げる見解もある。すなわち、通信手段が発達し、商品と売り手・買い手が同一時間、同一空間にいない取引を行う環境においては、「ビジネスの構成要素の分解が促され、産業内の各ビジネス要素を一体のものとして一企業が提供するという従来のビジネス形態ではなく、それぞれの構成要素を別の事業者が提供する」形態が成り立ちうるのである。[42]

モジュール化により、製品をすべて自分で作らずとも、その一部を他者のモジュールで補完することが容易になった。さらには、モジュールを組み合わせることで新しい価値を生み出すこともできる。根来教授は、「産業のモジュール化が製品／サービスの要素を分解し、消費者がそれらの組み合わせを自由に直接選択できるようになること」を「産業のレイヤー構造化」と呼んでいる。[43] 従来は、製品を製造する過程で、企画・調達・製造・販売といった業務が連鎖的につながっており、消費者は最終段階で完成した製品を受け取っていた。このような構図をバリューチェーンという。モジュール化はこのバリューチェーンの要素を分解する。そしてインターネットが各モジュールをつなげる。その結果として、各業種をレイヤー（階層）と見て、レイヤーの積み重ねを一つの産業と理解する新しい見解が普及するようになった。利用者が各レイヤーから目的物を選択し組み合わせることで、製品・サービスが成立するのである。[44]

例えばゲームをダウンロードする場面では、消費者は端末を購入し、接続プロバイダと契約し、コンテンツ提供のプラットフォームを選択し、ゲームというコンテンツを提供者から購入する。各過程が分離独立し、消費者は各段階で商品（モジュール）を選択し組み合わせることができる。バリューチェーン型では、別のゲームをするには別の機器を要することもあるが、レイ

---

(41) 根来龍之・藤巻佐和子「バリューチェーン戦略論からレイヤー戦略論へ—産業のレイヤー構造化への対応—」早稲田国際経営研究44号147頁（2013）。
(42) 同上147頁。
(43) 同上148頁。
(44) 総務省「平成30年度情報通信白書」59頁。

ヤー型ではゲームコンテンツを入れ替えるだけで済む。

　インターネットでは「つながる」という特質を生かすことで、モジュール同士をつなげて新たなビジネスを生み出すことが容易なのである。それゆえ、インターネットというツールを背景に、コーディネート型の複合契約が増加しているものと考えられる。そして、このような構造におけるコーディネーターがプラットフォーマーなのである。本稿では、プラットフォームを基盤として、提供者と利用者をつなげることで構築される取引システムを「プラットフォーム型複合契約」と称する。

IV　プラットフォーム型複合契約

　プラットフォーム型複合契約の例として、本稿ではeマーケットプレイスとドロップシッピングを取り上げる。まず両者について、取引システムおよび当事者の法律関係を整理し、各々の責任を考察する。特に争いとなるのが、誰が売主責任を負うのかという点である。

1　eマーケットプレイス
（1）電子モール

　eマーケットプレイスとは、インターネットを介して売り手と買い手を結びつける取引所や市場のことである。[45]事業者と消費者をつなげる電子モールや、消費者同士がつながるオークションサイト等、様々な形態がある。このうち、アプリケーションソフト（アプリ）の販売をする場をアプリマーケットプレイスという。

　電子モールにおいては、モール運営者が設置するモールに、商品提供者がショップを開設し、利用者がそのショップにおいて買い物をする。現実社会においても、複数の店舗が集まるショッピングモールがあるが、各店舗は独立した事業者として買主と契約を結んでいる。電子モールはこの形態がインターネット上で行われるものである。モール運営者と商品提供者との間では

---

(45)「IT用語辞典」・前掲（23）

出店契約が締結され、出店の条件や出店料、禁止事項や画面デザインのルール等、サイトの内容に応じて取り決めがなされる。また、モール運営者と利用者の間では、利用規約に同意するという形でモール利用契約が成立する。商品の売買については、商品提供者と利用者の間で売買契約が結ばれる。つまり、利用者はモール運営者とモール利用契約を結んだ上で、商品提供者と売買するのである。

従って、商品の売主はショップを運営する商品提供者であり、モール運営者は原則として売主責任は負わない。ただし、モール運営者が売主であると誤認させるような状況が作られていた場合には、責任を負う可能性がある。「電子商取引及び情報財取引等に関する準則」においては、モール運営者が責任を負う場合として、商法第14条等（名板貸責任）の類推適用のほか、不法行為またはモール利用者に対する注意義務違反（モール利用契約に付随する義務違反）[46]、保証に基づく責任を検討している[47][48]。

（２）アプリマーケットプレイス

アプリマーケットプレイスで取り扱われるのは、アプリすなわちデジタルコンテンツである。デジタルコンテンツは無体物であるため、所有権を観念できない。そのため、アプリの販売といっても売買契約ではなく、電気通信利用役務の提供に関する契約になる。

アプリマーケット運営者とアプリ提供者の間では、電子モールと同じように出店契約が結ばれる。アプリマーケット運営者と利用者の間でも、マーケットの利用契約が成立する。そしてアプリ提供者と利用者の間で、電気通信利用役務の提供契約（アプリ提供契約）が締結される。ただし、マーケットの形態は多様であるため、法律関係は実態から判断されることになる。前述

---

(46) 重大な製品事故の発生が多数確認されている商品の販売が店舗でなされていることをモール運営者が知りつつ、合理的期間を越えて放置した結果、製品事故による損害が発生した場合。

(47) モール運営事業者がモール利用者に対して、単なる情報提供、紹介を越えて特定の商品等の品質等を保証したような場合。

(48) 経済産業省「平成30年電子商取引及び情報財取引等に関する準則」73-76頁。

第 2 部　契約法・消費者法

「電子商取引及び情報財取引等に関する準則」では、「利用規約の内容や実際の取引の状況から個別に判断せざるを得ない（102頁）」として、以下のように検討している。

　まず、アプリマーケット運営者が利用規約において利用者との間で直接取引当事者となることを規定している場合は、提供者としての責任（債務不履行等）を負う。規定がない場合でも、利用規約の内容、対価の支払先、取引画面等から合理的な意思解釈ができる場合にも、取引当事者として解釈される余地がある。次に、アプリマーケット運営者が取引当事者であると誤信されてもやむを得ないような外観を作出している場合には、商法第14条等の類推適用により責任を負う。これは、「アプリマーケットプレイスの場合は、アプリの機能別などにまとめてアプリが表示されるケースが多」く、「そうしたアプリマーケットプレイス特有の事情が、プラットフォーマーが取引当事者であるとの消費者の誤解を惹起する可能性を高めうる（103頁）」と考えられるからである。その他にも、マーケットの安全を図る義務（運営者と利用者の間で締結される利用契約の付随義務）や不法行為責任も、一定の場合に発生しうる。

（3）クレジット決済

　インターネット取引における決済方法は、クレジットカード払いが最も多く（69.2％）、代金引換（39.0％）、コンビニ支払い（36.1％）と続く。インターネットでは現金を直接授受することができないため、それ以外の決済システムを利用しなければならない。そのため、eマーケットプレイスでは与信機関（クレジットカード会社等）が取引に関与することが多い。電子モー

---

(49) 同上102-105頁。付随義務の具体的内容は、「アプリ関連購入の性質、アプリマーケットの状況（危険なアプリや虚偽の広告が放置されることにより利用者に被害が生じているか、他のアプリマーケットの利用可能性の有無等）、個々のアプリ関連購入へのアプリマーケット運営事業者による関与の程度（価格決定への関与、返金の決定への関与、アプリマーケット運営事業者が徴収する手数料の割合等）等」から判断される（104頁）。

(50) 総務省「平成28年度情報通信白書」305頁。

ルやアプリマーケットの運営者が決済機関も運営していることがあるが、この場合は両者は極めて近い関係性にある。

　与信機関は直接売買契約には関係しないが、インターネット取引では不可欠の要素であることから、複合契約の一翼を担っている。与信機関の責任は、インターネット上であっても基本的には通常負うべき範囲にとどまる。例えば商品が届かない等の不履行があれば、抗弁の接続が認められ、利用者は代金の支払いを拒否できる。ただし、非対面というインターネットの特徴から、与信機関の責任を拡大する見解もある。

　近年問題となっているのは、未成年者がゲームのダウンロードや課金をする際に、親のクレジットカードを不正利用するというケースである。インターネット決済は非対面で、またカードの識別情報のみで決済できることも多いため、カード本体がなくても容易に不正利用できるという事情がある。他人が不正利用したのであれば、一般的なクレジットカードには盗難保険が付されており、カード会社が損害を填補する。しかし例外として、家族間の不正利用で会員に重過失がある場合には、填補されない旨を規定していることが多い。家族間では不正利用が容易であり、会員にはカード本体や識別情報をより厳重に管理する義務（善管注意義務）が課せられているからである。

　この点に関しては、長崎地佐世保支判平20・4・24金判1300号71頁が参考になる。本件は、未成年の子が有料アダルトサイトを利用する際に親のカードを不正利用したものであるが、インターネットの非対面性や暗証番号等が不要であったことを考慮し、カード会社が可能な限り会員本人以外の不正使用を排除する利用方法を構築することが要求されていたにもかかわらず対応していなかったことを理由に、親の帰責性が否定された。不正利用を防ぐには、暗証番号等のセキュリティを強化する必要がある。しかし、入力作業の手間が少ない方が利用者にとっては便利で、カードの利用が促進されればカード会社の利益になる。またセキュリティ強化には多額の費用がかかる。そのため、不正利用に対しては事後的に補償することで対応しているのである。本件はこうした点を重視し、カード会社に対し、安全な決済システムの確保

を迫るものだといえる。

（4）責任の所在

eマーケットプレイスにおけるプラットフォーマーは、マーケットの運営者である。運営者がプラットフォームを構築し、商品の提供者、利用者、与信者をつなげる。一般的には運営者は売主責任を負わないが、前述のとおり例外的に名板貸責任（類推適用）や付随義務、不法行為責任を負うことがある。

責任の所在を判断するための要素となっているのは、取引構造の実態（誰が実質的な取引当事者なのか）である。実態を重視するのは、プラットフォームによって取引の仕組みが異なるからであり、権限を有する者に多くの責任を負わせることが妥当だからである。

また、形式上独立した事業者間であっても、支配従属関係が存在する場合がある。その場合も実質を重視すべきだと考えられる。特にアプリマーケットにおいて、当事者間の不均衡が散見される。例えば電子モールであれば国内に複数存在するため、利用者は商品の品揃えや使い勝手に応じて選択することができ、商品提供者も複数の電子モールに出店することができる。[51]しかしアプリの場合、日本ではスマートフォンのOSが大手二社でほぼ独占されており、アプリを入手するにはこのOS提供者のアプリストア（ストア機能を有するアプリ）を利用するのが一般的となっている。[52]アプリストア以外からダウンロードする方法もあるが、スマートフォンにはアプリストアがプリインストールされていることから圧倒的に利用されやすい。[53]またウイルス対策の面でも、アプリストアを利用することが推奨されている。すなわち、アプリを販売するには該当OSのアプリストアと契約するしか手段がないのが実情なのである。このような状況においては、より支配従属関係が生まれや

---

(51) 日本ではアマゾンや楽天市場が中心であるが、それ以外にもゾゾタウンやケンコーコムのように、特定の商品分野に特化したものもある。
(52) アップルはApp Store、アンドロイドはGoogle play。
(53) 経済産業省・前掲（29）7頁。

すい。不均衡の是正とともに、責任の所在も検討されるべきである。

2 ドロップシッピング
（1）ドロップシッピングとは
　ドロップシッピング（Drop shipping）とは、もともと「直送」を意味する言葉であるが、ここでは「ネットショップのオーナーは商品の在庫を持たず、顧客の注文に応じてドロップシッピングサービス提供業者から注文商品の供給を受け、これを同提供業者から顧客に直接発送する方式」をいう。ドロップシッピングのシステムを提供する者がDSP（ドロップシッピングサービスプロバイダ）であり、DSPによって仕組みに差異はあるものの、基本形態は以下のようになる。
①ドロップシッピングビジネスに参加する者がDSPと契約を結び、ドロップシッパーになる。
②ドロップシッパーが、ウェブサイト上にドロップシッピングショップ（以下、「ショップ」という）を開設する。
③ドロップシッパーは、DSPが提供する商品のうち自己のショップで販売する商品を選択し、販売する。この際、ドロップシッパーが商品の価格を決め、商品を売るためのレイアウトや広告文を整える。質問メール等の顧客対応は、DSPが担当する場合もあれば、ドロップシッパーが行う場合もある。

---
(54)「報告書」では、こうした状況が独占禁止法等の法令違反に当たるかを検討しているが、個別事情があり、また消費者の保護や利便性につながるため、一概に結論づけることはできないとしている（11-14頁）。また、公正取引委員会は平成18年「電子商店街等の消費者向けeコマースにおける取引実態に関する調査報告書」の中で、運営事業者による拘束条件付取引や優越的地位の濫用、仕入先事業者による再販売価格の拘束等が独占禁止法上の問題となる例を紹介している。なお、平成30年に同様の調査が再び行われている。
(55) 大阪地判平23・3・23判時2131号77頁。
(56) 製造元・卸元がDSPとなる場合もあるが、今回は両者が別個のケースをモデルとする。

④利用者（客）がショップの商品を購入する旨の申込みをすると、注文情報がDSPに提供され、DSPが当該商品の製造元・卸元に商品発送を依頼する。

⑤製造元・卸元が商品を利用者に発送する。

⑥利用者がDSPの設定する決済手段で代金を支払い、DSPは代金から卸値等を差し引いた差額をドロップシッパーに支払う（これがドロップシッパーの収益となる）。一方で、利用者がドロップシッパーに代金を支払い、ドロップシッパーが卸値等をDSPに支払う場合もある。

⑦DSPが製造元・卸元に商品代金（卸値）を支払う。

　DSPやドロップシッパーは商品を持たず、製造元・卸元から直接利用者に商品が発送される。DSPは、ドロップシッパーが参加したくなるような魅力的な商品を確保し、ショップ開設のサポートや商品情報の提供を充実させることでドロップシッパーを集め、発注や決済といった業務を引き受ける。ドロップシッパーは利用者が買いたくなるような商品を選択し、価格設定をし、宣伝や集客を行い、いわば店づくりをする。「『魅力的な商品はあるが集客力がない『メーカー』」と「商品の製造はできないが集客力はある『ネットショップオーナー』」とが、商品が売れた場合の利益を分け合うシステム」がドロップシッピングの理想である。[57]

　なお、ドロップシッピングにおけるプラットフォーマーはDSPである。DSPは商品の提供者（製造元・卸元）と販売力の提供者（ドロップシッパー）を集めることで、プラットフォームの価値を高め、利用者へとつなげる。利用者が増えれば、提供者側も魅力を感じ多く参入する。人気のあるドロップシッピングサイトとするには、売れる商品を多く確保し、またそれを売ろうとするドロップシッパーに支持されなければならないため、両者にとって利用しやすいシステムを構築することがDSPの役割であるといえる。

　電子モールとの違いは、商品提供者とショップが分離している点である。

---

(57) 近畿弁護士会連合会・大阪弁護士会編『中小事業者の保護と消費者法』25頁（民事法研究会、2012）。

電子モールでは、商品提供者がショップを開設して商品を販売する。ショップ自身が商品を製造する（デジタルコンテンツも含む）場合もあれば、商品を他の製造者から集める場合もあるが、ショップが商品提供と販売とを担っている。ドロップシッピングはこれをさらに役割分担するのである。人や商品の物理的な距離が影響しないインターネットだからこそ成り立つ構造だといえる。

（2）料　金

ドロップシッパーが負担する料金は、DSPにより異なる。一切料金がかからない場合もあれば、初期費用や月額費用、売上手数料がかかることもある。無料の場合は、卸値の中にDSPの利益が含まれていたり、一部有料サービスを設定することでDSPの利益を確保する。

有料の場合、DSPは利用者からの売上だけでなく、ドロップシッパーの支払う料金からも利益を得ることになる。ドロップシッパーは、商品の売り手であると同時に、ドロップシッピングサービスの買い手であるともいえる。[58]

（3）法律関係

ドロップシッピングでは、四者間で三つの契約が締結されている。まず、DSPとドロップシッパーとの間のドロップシッピング契約である。DSPによって役割分担は様々であるが、両者の業務内容やショップ運営のルール、報酬の設定、情報の取扱いや禁止事項といった項目について取り決められる。次にDSPと製造元・卸元の間では、商品提供に関する契約が結ばれる。売買に関する事項（卸価格や支払方法等）や商品発送に関する事項について定められる。最後に、ドロップシッパーと利用者の間で結ばれる、売買契約である。

売主責任の所在については、一般的にドロップシッパーが担うものと考えられている。これは、「ユーザーとの関係で、商品の売買契約の売主になるのは通常ドロップシッパーであるうえに、商品が給付できないリスク（具体

---

(58) 中には、高額な料金を設定し、商品の売上ではなくドロップシッパーから料金を得ることを目的とする悪質なDSPも存在する。

的にはDSPの債務不履行リスク）は、DSPに近い立場であるドロップシッパーに負担させることが公平だから」である。

　大阪地判平23・3・23判時2131号77頁はドロップシッパーの独立性が弱いケースであるが、それでもドロップシッパーが売主とされた。本件は、契約金を支払ったドロップシッパーらがクーリングオフを理由に同金員の返還を求めたものである。DSPとドロップシッパーの関係が争点となっており、ドロップシッピングが特定商取引法51条にある業務提供誘引販売取引に該当すると判断された。

　業務提供誘引販売取引とは、①物品の販売又は有償で行う役務の提供の事業（あっせんを含む）であって、②その販売の目的物たる物品又はその提供される役務を利用する業務に従事することにより得られる利益を収受し得ることをもって相手方を誘引し、③その者と特定負担を伴うその商品の販売若しくはそのあっせん又はその役務の提供若しくはそのあっせんに係る取引のことであるが、本件では②の要件に該当するか否かが争われた。すなわち、②の「業務」はDSPが提供またはあっせんする業務でなければならないが、ドロップシッパーは独立した存在であり、自らショップを開設しているため、DSPからの提供・あっせんといえるのか、という問題である。仮に運営主体がドロップシッパーにあるのであれば、それは同条における「業務」とはいえない。そこで本件では、各当事者の仕事の内容から業務性が判断された。

　本件の場合、ドロップシッパーの作業は、商品の選択、販売価格の決定、質問メールの対応、購入者からの入金の管理、DSPへの商品の発送依頼の五点である。一方でDSPが担当するのは「ネットショップのウェブサイトの作成、販売する商品リストの作成、商品の仕入れ、加入者の被告からの商品の仕入れ価格（卸値）の決定、加入者の購入者に対する販売価格の提示、加入者が選択した商品について取扱中止とすること、商品の受注処理及び発

---

(59) 森亮二「プラットフォーマーの法的責任」現代消費者法25号46頁（2014）。
(60) スタンダードクラス（18万9000円から）、マキシマムクラス（73万5000円）、ラグジュアリークラス（136万5000円）、V.I.Pクラス（Special Price）。

送手続、宣伝・集客活動」であり、これらは「ネットショップ経営の根幹といえる重要な業務」だと判断された。つまり、買主（利用者）に対する関係ではドロップシッパーが売主であるが、ネットショップの運営主体は実質的にはDSPであり、ドロップシッパーはその運営の一部の作業をDSPに従属した立場で行っていたにすぎない、ということである。そのため、本件は業務提供誘引販売取引に該当し、クーリングオフが認められたのである。[61]

ここで判断基準となったのは、実質的な意味で「運営主体は誰か」「支配従属関係が存在するか」という点である。形式的には、ドロップシッパーは自らショップを経営する独立した事業者であり、ドロップシッパーとDSPは対等なビジネスパートナーである。しかし、ドロップシッピングには様々な形態があり、本件のようにドロップシッパーはDSPの業務の一部を担当しているだけで、従属性の高いケースもある。そのため、具体的な業務内容の分担から、実質的な判断を下すことになる。ドロップシッパーが運営主体といえるような関係であれば、同条の「業務」とはいえず、業務提供誘因販売取引には該当しない。[62]

（4）ドロップシッパーの責任

前述のようにドロップシッパーは売主であるから、買主（利用者）に対して債務不履行等の責任を負う。また、景品表示法上の事業者に当たり、表示に関する責任も負う。そのため、優良誤認や有利誤認となる表示を行ってはならない。表示に関して消費者庁は、製造元・卸元（または製造元・卸元の機能を有する者）についても、ドロップシッパーに販売促進のためのノウハウ等の情報を提供するときには、違法な表示がなされないようにする責任が

---

(61) その後、被告であるDSPは、ドロップシッパーらに対する不実告知、誇大広告、広告における表示義務違反、交付書面の記載事項不備を理由に6ヵ月の取引停止命令を受けている。

(62) 齋藤・池本・石戸谷『特定商取引法ハンドブック第5版』593頁（日本評論社、2014）では、DSPが「ドロップシッピングの開業に必要な物品やサービスの提供しかせず、それを利用して売上を上げることについては、ドロップシッパーの才覚や自由な業務運営に任される場合など」と例示している。

第2部　契約法・消費者法

ある旨を示している。(63)

　それでは、ドロップシッパーが売主にはならないケースは考えられるか。前述した大阪地判平23・3・23は、ドロップシッパーの従属性がかなり高い仕組みであった。消費者保護の視点からはドロップシッパーを売主とした方が責任の所在が明確になるが、あまりに独立性が弱い場合は売主の業務の一部を担当しているだけであり、実質的に見て売主と位置付けるのが不自然なこともある。しかし、既存の法律では妥当な制度が見当たらない。例えば、ドロップシッピングを電子モールの一類型に位置づけ、ドロップシッパーのショップ開設、商品販売、宣伝行為を委託行為と見れば、民法上では委任契約または準委任契約に該当する。しかし、当然ながら商品提供者はドロップシッパーに販売・宣伝を依頼しているわけではなく、両者間に契約関係はない。両者はDSPという場において結果的につながったにすぎないのである。プラットフォームに参加する時点では、明確に特定の相手とつながることは想定しておらず、「誰か」とのつながりを期待している状態といえる。ドロップシッパーが商品を掲載する際も商品提供者の承諾は不要である。存在するのは、各々のシステムを利用する意思のみであり、個別の取引なしに商品を提供できるからこそ、利用しやすいシステムだともいえる。こうした実態からは、製造元・卸元を売主とすることはできない。

　また、DSPを売主とし、ドロップシッパーがその事務を分担していると想定することも難しい。掲載する商品の選択や価格決定はドロップシッパーが決めることであり、自主的なショップ経営こそがドロップシッパーの根幹だからである。逆にいえば、DSPから特定の商品を掲載しその広告を書くよう指示されるような場合は、準委任契約に近づくであろう。

---

(63) 消費者庁「インターネット利用者取引に係る広告表示に関する景品表示法上の問題点及び留意事項（平成24年）」11頁。

V　プラットフォーマーの責任

1　従来の見解
（1）実　務
　プラットフォーマーは、利用者との間でプラットフォームの利用契約を結ぶが、これはシステム利用に関する取り決めであり、個々の売買契約には関与せず、商品購入の際のトラブルも利用者とショップの間で解決することが多い。

　プラットフォームにおける売主はショップ運営者である。電子モールであれば提供者、ドロップシッピングであればドロップシッパーがショップを開設する。実際にはキーワード検索やランキング等、各ショップの商品が同じ画面に並べて表示されることもあるが、利用者もプラットフォーマーは市場を提供しているだけで、（プラットフォーマーが提供する商品以外は）ショップから購入するという認識であろう。

　売主ではないプラットフォーマーに、売主としての責任を負わせることはできない。その他の責任については、実際の当事者の関係性による。プラットフォーマーが売主であるかのような外観を作出している場合は、名板貸責任の類推適用が考えられる。そうでない場合は、システムを安全に管理する責任にとどまる。さらに、利用者との利用契約に基づき信義則上の付随義務を導いたり、危険な状況を放置していた場合には不法行為責任を問う余地もある。

　しかし、システムの安全管理義務がプラットフォーマーに課せられているとして、具体的な義務の内容や程度は不明確である。一例として、名古屋地判平20・3・28判時2029号89頁（控訴審名古屋高判平20・11・11）がある。オークションサイトにおける詐欺の被害者ら（代金を支払ったが商品が届かない落札者）が、オークションサイトに対して債務不履行、不法行為、使用者責任に基づき損害賠償を請求した事例である。本件において裁判所は、オークションサイトの利用契約は仲立、準委任、請負のいずれにも該当しない

と判断し、それらに基づく責任を否定した。一方で、サイト運営者には利用契約に基づき信義則上「欠陥のないシステムを構築して本件サービスを提供すべき義務」があるとした。そして、義務の具体的内容は「そのサービス提供当時におけるインターネットオークションを巡る社会情勢、関連法規、システムの技術水準、システムの構築及び維持管理に要する費用、システム導入による効果、システム利用者の利便性等を総合考慮して判断されるべき」とした上で、利用者に対する注意喚起義務の範囲で認めた。一方で、エスクローサービス（売主と買主の間に入り、商品と代金を預かり確認した上で各々に引き渡す仲介サービス）の提供義務や第三者機関による信頼性評価システムの導入義務、補償義務、出品者情報の開示義務等は認められなかった。[64]

(2) 学　説

プラットフォーマーの責任として、システムを構築することによる独自の責任を課す見解が近年提唱されており、システム責任論やシステム構築者責任と称されている。

磯村教授は、インターネットオークションのサイト運営事業者は、システム利用契約上の債務だけではなく、適正に管理・運営する債務があるが、これは単なる技術的な意味にとどまるものではなく、「仕組みが構造的に利用者に一定のリスクを発生させるものであり、かつ、そのようなリスクが十分に予見される状態にありながら、これを放置しているような場合には、その意味でのシステムの管理・運営について義務違反があると認められる場合がありうる」とする。[65]

金山教授は、サイト運営者が取引システムを構築したのであるから、契約相手方に損害を加えることがないようにシステムを設計・設置・管理する責任があり、被害者に対してはシステム構築者責任を負うとする。さらに立法

---

(64) 本件ではサイト運営者は注意喚起措置をとっていたとして、落札者らの請求は認められず、控訴審も同様の判断を下した。

(65) 磯村保「インターネット・オークション取引をめぐる契約法上の諸問題」民商法雑誌133（4・5）号700頁（2006）。

論に踏み込み、システム構築者としての最低限の法定責任を負わせるべきだと提言し、法定責任を課すことにより運営会社が積極的な対策を講ずることを期待する。[66]

齋藤弁護士は、プラットフォーム運営業者に一般的調査義務や確認義務を課すことは難しいとしながら、システムの瑕疵の概念を広げ、システム内の不正行為や違法行為について情報提供を受けた場合に、当該利用者への確認等を義務付け、合理的期間内に損害回避措置をとらないことをシステムの瑕疵と捉えて不法行為責任を認める仕組みを提案する。[67]

以上のようにシステム責任論では、プラットフォーマーには構造上システム管理義務があるとした上で、システム管理の内容や射程を検討することになる。これに対し千葉教授は、提供者間・利用者間のプラットフォーム利用契約に注目し、両契約は全体としてのシステムが最適化するように規律・調整されていることから、利用規約への同意によって両契約は相互に関連性を生じるため、そこからプラットフォーマーの義務の内容が明らかになるとする。そして特に、情報の管理・提供義務や、手数料・代金決済のあり方について検討すべきとしている[68]。

2 考察
(1) 複合契約におけるプラットフォーム

プラットフォームを取引の「場」として捉えると、プラットフォーマーには「場」を管理する義務のみが課されると解するのが自然であり、あとは管理の内容を拡大することで利用者保護を図る方向になる。システムの安全性については、多くのプラットフォームでは利用者による評価システムが設定されていることから、過去の評価を参考に危険度を図ることができるように

---

(66) 金山直樹『現代における契約と給付』177頁以下（有斐閣、2013）。
(67) 齋藤・前掲（29）150頁。
(68) 千葉恵美子「電子商取引をめぐる取引環境の変化と今後の消費者法制の課題―デジタル・プラットフォーム型ビジネスと取引法」消費者法研究5号109-110頁（2018）。

なっている。もちろん複数のIDを使い分ける等、この評価システムも絶対的なものではないが、一応の判断材料にはなる。つまり実際の対応としては、プラットフォーマーの義務は、技術的なシステム管理および危険が生じた場合の情報提供が主であり、あとは取引参加者の自己判断に委ねられているのである。

しかし、インターネット取引は非対面であり、IDの不正利用も防ぎきれないのが実情であることから、対面取引よりも危険性の高い市場であるといえる。また、プラットフォーマーは自ら作り出したシステムの中で多数の関与者をつなぎ、利益を得ている。以上の関係性に加えてプラットフォームの独占性や情報集約性の高さを考慮すると、単なる「場」の管理にとどまらず、それを越えた義務を課すべきであると考えられる。

その際に、システム責任論は一つの手段として説得力がある。現実に、プラットフォームは既存の法律が想定した構図とは異なる力関係をもたらしており、この関係性は新しい法律効果を及ぼすだけの根拠を有しているからである。今後の立法的措置を見据えた場合、大いに参考になる。ただし、システムの内容は各プラットフォームにより異なるため、構造から導かれるプラットフォーマーの義務も、システムの詳細により異なることになる。そして消費者の側からは、そうしたシステム構造について窺い知ることが難しい。そのため、法律効果を発生させるシステムの要素を明確に特定し、その法的根拠を示す必要があるだろう。

本稿では、方法論の一つの提案として、プラットフォームを基点とした複合契約の視点から考察する。プラットフォームは、取引空間の中で提供者と利用者をマッチングするものであるが、インターネット上ではプラットフォームを利用しなければ取引相手を見つけることが困難である。このことから、当事者の意思の面では、少なくともシステムに参加するという共通の意思を認めることができる。さらに、プラットフォーマーは提供者との間では出店契約、利用者との間では利用契約を締結するため、これらに基づく意思も存在する。

契約間の関係性に着目しても、各契約は相互依存関係にある。ただし、従来の複合契約のように複数の契約が関連するというよりも、プラットフォームという枠の中で人やモノが自由につながることこそが、このシステムの中核となる。つまり、プラットフォームは他の契約を包含する形で成立し、また他の契約の数により自分の価値を高めるという点で、他者の存在なしには成り立たないという依存性の高い存在である一方で、他者の情報や取引機会を掌握することにより支配力を有する立場にあるのである。その意味で、コントロール性の高い相互依存関係であるといえる。

以上のように、意思と相互依存関係の両面から、プラットフォーマーには出店契約や利用契約に基づくシステム安全管理義務に加えて、信義則に基づく付随義務を導くことができるだろう。

(2) 利用者に対する義務

それでは、プラットフォーマーは具体的にどのような付随義務を負うべきなのか。一つは、評価システムの精度を高めることである。現在でも利用者の評価から一定程度のリスクは予測できる（少なくとも低評価の相手との取引は避けることができる）。しかし、評価は不正確な場合もあるため、参考程度のものにすぎない。例えば事業者が自社に好意的な評価を依頼するといった、いわゆるサクラが紛れ込んでいると、利用者の判断に影響する。少なくとも、サクラであることが判明した場合は速やかに排除し、より正確な評価システムを保つ義務がプラットフォーマーにはあるだろう。利用者はこの評価を参考に危険度を判断しているのであり、利用者が適切な判断を下すために必要な情報を提供することが、プラットフォーマーの役割だからである。

次に、情報提供を越えて、プラットフォーマーの商品提供者（ショップ）に対する監督義務を認めるか否かが問題となる。プラットフォームという市場の特殊性を踏まえると、利用者の自己判断に委ねるだけではなく、さらに積極的な対応をとることが有効だからである。しかし、この点に関しては否定的な見解が多い[69]。ビジネスの面からすると、自由さこそがインターネットの魅力であるため、プラットフォームに過度の義務を課し、萎縮させること

の弊害が懸念されるからである。また、システム管理の射程という観点からも、積極的な調査確認や監督まで及ぼすには慎重にならざるを得ない。一方で、複合契約の枠内で考えると、相互の関係性や利害状況、社会的要請に応じて、相応の義務を発生させる余地があるのではないか。

ここで参考になるのが、第三者与信型消費者信用取引における、与信機関の加盟店に対する適正与信義務である。包括クレジット取引については、2018年6月に施行された割賦販売法の一部を改正する法律の中で、カード会社の加盟店に対する調査義務が盛り込まれた[70]。

割賦販売法は、消費者トラブルの増加を背景に、取引の公正性と消費者保護の強化を目的に改正を重ねてきた。トラブルが起こりやすいのは、支払が

---

(69) 例えば、シェアリングエコノミーについての議論で、「プラットフォームに対して過度の規制を課すことは、インターネットおよびIT技術を活用することのメリットを大きく減殺し、生まれるはずだった新しいサービスの萌芽を根底から覆してしまう可能性」があり、また個々の取引の適法性を事前に監視することは「IT技術の利用によって大量の情報を集積し得るというプラットフォームの持つメリットを大きく減殺するリスクが高い」として、各プラットフォーム事業者の自発的な技術革新に任せることが望ましいとする見解がある（藤原・殿村・宇治「シェアリングエコノミーにおけるプラットフォーム規制（下）」NBN1073号57-58頁（2016））。

(70) 初期調査として、加盟契約の際に加盟店の情報やセキュリティ対策について調査しなければならず（法35条の17の8第1項）、基準に適合しない場合は契約を締結してはならない（同条第2項）。加盟店契約を締結した後も、途上調査としてセキュリティ対策の実施状況やトラブル状況について調査する義務が課せられる（同条第3項）。さらに、調査により問題が発覚すれば、カード会社は必要な措置を講じなければならない（同条第4項）。途上調査は「定期的に、又は必要に応じて」行われるが、具体的には加盟店でカード番号の漏洩があった場合、取引で不正利用が行われた場合、苦情が発生した場合等、危険な状況を認識しうる場合となる。また調査後の「必要な措置」については、まず加盟店に是正または改善のための計画策定と実施を求め、加盟店が策定・実施をしない場合にはカード会社が必要かつ適切な事項を提示してその実施を求めることができるが、その際には協議を要する。加盟店が改善計画を実施しない場合や不十分な場合は、契約を解除することができる（経済産業省「クレジットカード加盟店契約に関するガイドライン」21-26頁（2017）。

後払いであるため消費者が短慮になること、また与信機関や販売店など取引関係が複雑で理解不足の消費者がいること等が原因である。そのため、クレジットカードの不正利用対策として、従来からカード会社の加盟店に対する監督義務を求める見解は多く、行政による通達が繰り返されてきた。個別クレジットについては2008年の割賦販売法改正の際に加盟店に対する調査義務が盛り込まれ、包括クレジットも顧客からの苦情発生時の調査義務は課せられていた。今回の法改正は従来の流れを強化するものといえる。

ただし、上記の調査義務は公法上の義務であり、これを根拠に具体的な調査権限が与えられるわけではない。改正割賦販売法では悪質な加盟店を排除するという目的の下、「加盟店調査の方法について、各アクワイアラー等が一律に実施すべき必要最小限のものを法令で定めつつ、法令の趣旨・目的に適合するよう、各アクワイアラー等が認定割賦販売協会の定める自主規制規則やガイドライン等に従い適切に調査を行うこと」が求められているのである(72)。

調査義務の根拠としては、消費者保護の要請とともに取引の仕組みから導くことができる。植木教授は、第三者与信型の場合、商品販売と金銭貸付は密接不可分であり、相互依存の関係にあるとする。そしてそうした仕組みにおいては、加盟店契約を中心に「企業間信用を消費者信用により回収せしめる」構図となっていることから、「企業間信用における与信者の受信者に対する責務」から加盟店に対する選任・監督上の義務が強化されると解説する(73)。潮見教授も、カード会社には会員を不正から保護し損害を防ぐために対応する信義則上の義務があり、その義務を実行するためには加盟店に対する指導・監督義務を認める必要があるとする(74)。

---

(71) 加盟店契約締結時、個別クレジット契約締結時、苦情発生時における調査義務。
(72) 経済産業省・前掲（70）20頁。「性能規定」の考え方を採用し、目的達成に不可欠な性能のみを定め、具体的な手段・方法を現場に委ねることで、制度の実効性を確保するものである。
(73) 植木哲『消費者信用法の研究』202-203頁（日本評論社、1987）。

第2部　契約法・消費者法

　プラットフォーム型複合契約は、第三者与信型消費者信用取引とは異なり、一方の取引に重点が置かれ、他方にリスクが偏在するような構造ではない。しかし非対面という特質は危険性を強めるため、取引の公正性を保ち、消費者を保護する必要性は同様に高い。また、プラットフォームは登録者の多さを価値の源泉とし、登録者同士のつながりから利益を得ている。さらに、提供者（ショップ）と利用者の両方と関係し必要な情報を有しているため、取引環境を整える能力を備えている。各契約を包含することで利益を得ながらリスクは負わないというのは公平性に欠ける。以上の関係性から、プラットフォーマーは単なるシステム管理を超えて、積極的にプラットフォーム内の取引の安全性を確保する義務を負うべきであり、ショップに対する監督義務も避けられないと考えるのである。

　具体的には、出店契約における調査義務、営業時における監督義務（法令違反や市場の安全性を脅かす行為をしないように指導する）、問題行為が発覚した際の調査確認義務が有効であろうが、当事者の状況により求められる調査内容は異なる。改正割賦販売法のように、法の列挙する項目は最小限に抑えつつ、義務の存在を明文化することにより、各業界に具体的な対応を要求するという仕組みが実情に即している。ただし、利用者からの苦情処理システムは不可欠である。プラットフォーマーが少なくとも問題を認識した時もしくは認識しえた時には、誠実に対応することが期待される。

（3）**提供者に対する義務**

　ショップへの規制が強まれば、提供者の負担は増える。またプラットフォーマーの義務を重くすると、新しくプラットフォームを構築する際の障壁となる。既存サイトの独占化が進むことは、消費者にとっても選択肢が狭まり、望ましい状況とはいえない。

　しかし、悪質なショップが排除されなければ、取引市場としてのリスクが高まり、利用者は減少する。悪質なショップへの監督は、優良なショップに

---

(74) 潮見佳男「クレジットカードが盗まれた」法学教室202号88頁（1997）。

とっても利益となるのである。そのため、プラットフォーマーのシステム安全管理義務を高度化することは、提供者に対する義務でもあるといえる。

VI　まとめ

　ドロップシッピングは、副業として一時期有名になったが、現在ではそこまでの勢いはなく、閉鎖するDSPも現れている。しかし、インターネットは新しい取引システムが生まれやすい素地を有している。そのため、新たな形態に直面するたびに個別事例として対応するだけでなく、プラットフォームという共通要素にも着目すべきであり、そうした観点から本稿で取り上げたものである。

　eマーケットプレイスにもドロップシッピングにも共通する判断要素は、取引の実態と当事者の支配従属関係の有無である。一見同じ取引形態に見えても、各々で細部は異なる。まずは実態から個別の法律関係を把握すべきである。その上で、プラットフォームの存在をより重視すべきだと考えた。

　インターネットは、自由だからこそ価値を生む。プラットフォームに重い義務を課すことには否定的な見解もあるだろう。一方で、インターネット取引の現状を鑑みると、この仕組みから利益を得ているプラットフォームの社会的責任は重い。役割に相応した義務が課されるべきではないだろうか。

消費者契約における仲裁条項の効力について
―アメリカのPDAAsの有効性をめぐる議論からの示唆―

倉　重　八千代

I　はじめに

　近年、アメリカにおける多くの企業等は、消費者や被用者との間で、当該契約の特定の事項、あるいは、当該契約に関連して生ずるすべての事項をめぐる紛争を、訴訟ではなく仲裁（arbitration）により解決することを義務付けるために、いわゆる「紛争前仲裁合意」("PDAAs"：Pre-Dispute Arbitration Agreements）を内容とする仲裁条項（arbitration clause）を当該契約中に入れ、紛争解決手段として、仲裁を強制することが多くなっている。企業等が、このようなPDAAsによる義務的仲裁（mandatory arbitration）を利用するのは、一般に、クラスアクション（class action）や懲罰的損害賠償（punitive damages）の回避、迅速性（promptitude）の確保、非公開性（privacy）や秘密性（confidentiality）の保持等を目的とする。

　そして、今やPDAAsは、企業間の商事契約のみならず、企業と被用者との間の雇用契約のほか、市民生活に関わる、不動産譲渡契約、借地借家契約、建設契約、携帯電話利用契約、クレジット契約、車のレンタル契約、インターネット・サービス契約、オンラインでの売買契約、高齢者の施設入居に関する契約、証券取引契約、私立学校の在学契約、医療契約をはじめ、多くの契約において用いられている。アメリカでは、このように様々な領域の契約において、PDAAsによる義務的仲裁が拡大していることを受け、「出生から死に至るまで、つまり、子を産む時、学校に通う時、仕事を得る時、車を買う時、家を建てる時、親が養護施設に入所する時など、仲裁の利用は、ア

第 2 部　契約法・消費者法

メリカ人の生活のほぼすべてに、隅々まで浸透してきている。[1]」、「司法制度の全面的な民営化に等しい。[2]」、「判例法の進展阻止になり得る。[3]」との指摘がされるようにまでなっている。

　仲裁は、裁判外紛争解決手続（Alternative Dispute Resolution、以下、「ADR」と記す。）の一種であり、現在のアメリカ仲裁法は、主として、1925年の「連邦仲裁法」（the Federal Arbitration Act, 9 U. S. C. § 1 et seq.、以下、原則として、「1925年FAA」と記す。）及び州法（State Statutes）によって規律されている。

　しかし、PDAAsや仲裁条項（以下、PDAAsのみ又は両者の意味を含む場合は、原則として、「PDAAs」と記す。）の効力については、争いが絶えない。企業等が、仲裁は迅速的、経済的、効率的な紛争解決手段であるという理由でPDAAsを正当化するのに対し、消費者や被用者は、自己がほとんど読むことのない契約に挿入された簡単な仲裁条項により、訴訟を提起する権利等を一方的に奪われ、不公平な紛争解決フォーラムでの仲裁を余儀なくされ、繰り返し仲裁手続を利用するリピートプレーヤーたる交渉力の優れた企業等側に紛争解決が有利に進められることから、これを正当化できない旨を主張する。[4]

　このような状況の中、近年、アメリカにおける、PDAAsによる義務的仲裁の拡大の問題やPDAAsの効力の問題はアメリカ議会をも巻き込み、各分

（1）Jessica Silver-Greenberg & Michael Corkery, *In Arbitration, a 'Privatization of the Justice System'; Beware the Fine Print / Part II*, N.Y. Times, Nov. 1, 2015, at A1.

（2）*Ibid*., The comment of Myriam Gilles, a law professor at the Benjamin N. Cardozo School of Law.

（3）Rick A. Fleming, *Mandatory Arbitration: An Illusory Remedy for Public Company Shareholders*（SEC Speech, Feb. 24, 2018）(https://www.sec.gov/news/speech/fleming-sec-speaks-mandatory-arbitration)（last visited Oct. 26, 2018）.

（4）Jill Gross, *The Uberization of Arbitration Clauses*, 9 Arb. L. Rev. 43（2017）.

野において、これらの問題対処のための様々な議論が活発化している。

II 問題の所在と考察の視点

翻って、我が国においても、事業者が一方的に定めた約款を構成する個々の契約条項に消費者が拘束されることの根拠・要件、あるいは、不当条項の効力について、様々な議論がなされている。

2017年には、「民法の一部を改正する法律」（2017年法律第44号）により、民法に定型約款（「定型取引において、契約の内容とすることを目的としてその特定の者により準備された条項の総体」）についての規律が新設された（改正民法第548条の2〔定型約款の合意〕、同法第548条の3〔定型約款の内容の表示〕、同法第548条の4〔定型約款の変更〕）。同法第548条の2第1項は、定型取引（「ある特定の者が不特定多数の者を相手方として行う取引であって、その内容の全部又は一部が画一的であることがその双方にとって合理的なもの」）を行うことの合意（定型取引合意）をした者は、①定型約款を契約の内容とする旨の合意をしたとき（同項第1号）、又は②定型約款を準備した者（定型約款準備者）があらかじめその定型約款を契約の内容とする旨を相手方に表示していたとき（同項第2号）には、定型約款の個別の条項についても合意をしたものとみなす（定型約款の組入要件・合意擬制）。ただし、同法第548条の2第2項は、定型約款に含まれる条項のうち相手方の権利を制限し、又は相手方の義務を加重する条項であって、その定型取引の態様及びその実情並びに取引上の社会通念に照らして信義則（民法第1条第2項）に反して相手方の利益を一方的に害すると認められるものについては、合意をしなかったものとみなす（不合意擬制）。定型約款ではないなどの理由から同法第548条の2第2項の適用がない場合、不当条項の効力を否定する結果を導くには、民法第90条（公序良俗）等の一般条項によることとなる。

もっとも、「消費者契約法」（2000年法律第61号）や「仲裁法」（2003年法律第138号）等の特別法の手当てがあれば、その規律によることも可能であ

第2部　契約法・消費者法

る。つまり、消費者契約法第10条は、任意規定の適用による場合に比して消費者の権利を制限し又は消費者の義務を加重する消費者契約の条項で（いわゆる「第一要件」）、信義則に反して消費者の利益を一方的に害するもの（いわゆる「第二要件」）の効力を否定する（なお、2016年5月の改正により、第一要件の例示として意思表示擬制条項が付記された）。

　以下、仲裁合意・仲裁条項に焦点を合わせれば、仲裁法第13条第3項が、仲裁条項のある文書を契約の一部として引用することにより、仲裁合意が書面によってされたものとするのに対し、同法附則第3条第2項が、消費者契約法の適用対象となる消費者と事業者の間の将来において生ずる民事上の紛争を対象とする仲裁合意であって、仲裁法の施行（2004年3月1日）後に締結されたものに関しては、当分の間、消費者仲裁合意の解除権（無理由解除権）を消費者に認める。このため、同条項の適用があれば、消費者は、仲裁ではなく訴訟その他の紛争解決手段によることができる。ただし、同条項には「当分の間」という限定がついており、本条の改廃は、それほど遠くない将来に行われるであろうとの指摘がある(5)。また、近年の民法や消費者契約法の改正過程において、不当条項のリスト化の必要性についての議論がなされたが、そこでは、仲裁条項もその対象とすべきとの指摘があった(6)。同条項の規定により、当面、消費者仲裁は消費者が解除し得るとされることから、問題とならないとの見解もあるが(7)、仲裁条項により、消費者が裁判を受けることが事実上困難となる場合もあり、消費者と事業者間の紛争解決の場をどのように設定するのが適切であるかは、暫定的な解決方法ではなく、同条項の

（5）廣田尚久「第10章　消費者契約・個別労働関係と仲裁」小島武司・高桑昭編『注釈と論点 仲裁法』（青林書院、2007年）294頁。
（6）民事法研究会編集部編「民法（債権関係）部会資料13-2」『民法（債権関係）の改正に関する検討事項』〔詳細版〕（民事法研究会、2011年）363頁、大澤彩「消費者契約法における不当条項規制の在り方について」金法2019号（2015年）36-37頁ほか。
（7）三枝健治「約款の変更（小特集 約款規制をめぐる基本問題）」法時89巻3号（2017年）71頁。

趣旨や民法や消費者契約法等の改正動向を踏まえつつ、我が国の仲裁制度の発展も視野に入れ、消費者契約法を含む消費者法制の一環として、さらに議論すべき問題であると考えられる。

　そこで、本稿は、アメリカにおける、PDAAsの効力をめぐる問題に対する、判例、法政策、様々な見解を考察・検討し、日本法に示唆できる点を明らかにすることを目的とする。なお、アメリカ法の考察に当たっては、証券仲裁の分野を中心とする。何故ならば、①証券仲裁の場合、雇用やその他の紛争を解決する仲裁フォーラムとは大きく異なり、アメリカで最も大きな自主規制機関（Self-Regulatory Organization、以下、「SRO」と記す。）である、金融取引業規制機構（Financial Industry Regulatory Authority、以下、「FINRA」と記す。）の規則が、米国証券取引委員会（U.S. Securities and Exchange Commission、以下、「SEC」と記す。）の投資者保護義務（Investor-Protection Mandate）の対象となっていること、[8]
②証券仲裁の分野では、PDAAsの有効性と投資者保護に関する議論・研究が盛んになされていることから、証券仲裁の分野を中心に考察することは一定の意義があり、そこから示唆を受けることができると思われる。[9]

　そこで、以下では、アメリカの仲裁制度を概観し（Ⅲ）、PDAAsをめぐる３つの法的問題点と実際上の問題点に対する議論を考察し（Ⅳ）、それらの問題点に対する制度改革や近年の見解を考察し（Ⅴ）、最後に、アメリカ法から日本法への示唆を明らかにしたい（Ⅵ）。

Ⅲ　アメリカの仲裁制度

1　1925年FAA制定までの歴史的背景

アメリカの仲裁制度はイギリスのコモン・ローから継受され、その歴史

---

(8) Thomas Lee Hazen, *Treatise on the Law of Securities Regulation*, §15：1 (Practitioner's Ed. 7 th ed. 2016).

(9) アメリカ証券仲裁を検討した最近の業績として、王子田誠「流通市場における会社の不実開示責任について（五）」駿河台法学第28巻第2号（2015年）43頁以下ほかがある。

第 2 部　契約法・消費者法

は18世紀にまで遡り、法的原則よりも取引慣行に基づいて商事紛争を解決することを目的として、当時のニューヨーク商工会議所（the New York Chamber of Commerce）をはじめとするフォーラムで行われたことを始まりとする。

　その後、当時の裁判所が管轄権限の縮小をもたらす仲裁に対して消極的であり、このような裁判所の立場を改める必要性があったこと、また、非常に技術的で複雑な裁判制度を改める必要性があったことなどから、仲裁制度改革の動きが高まったことを背景に、1925年にFAAが制定された。当初、1925年FAAは、対等関係にある商人間のシンプルな契約紛争を想定していたとされるが、1980年代以降、連邦最高裁判所が、「FAA第2条の制定において、議会は仲裁を支持するといった国策を宣言した。……」[10]、あるいは「FAAは、仲裁紛争解決のための重要な連邦政策を反映している。」[11]と述べたりするなど、同法の適用範囲や目的を広く解したり、仲裁を積極的に認めてきたことなどを背景に、PDAAsが、広く普及するようになった。

　近年では、「FAAを解釈する裁判所の判断は、仲裁条項に従って、厳格に仲裁合意を強制させ、仲裁条項を『超契約（super-contract）』に昇格させる法体制を創設した。」との指摘もある。[12]

2　ADR の定義と仲裁の定義

　ADRの明確な定義はないが、「（1）紛争にかかわるすべての者の利益のために、法的紛争を裁判外で解決することを可能にし、（2）従来の訴訟費用と通常起こる訴訟遅延を軽減し、（3）裁判所に持ち込まれる可能性のある法的紛争を未然に防止することを目的とする一連の慣行及び技法である」ことが、根本的な前提となっているとされる。[13]

---

　(10)　Southland Corp. v. Keating, 465 U.S. 1, 10（1984）.
　(11)　KPMG LLP v. Cocchi, 565 U.S. 18, 21（2011）.
　(12)　Jill Gross, *The Historical Basis of Securities Arbitration as an Investor Protection Mechanism*, 2016 J. Disp. Resol. 171, 180（2016）.

一方で、仲裁の定義についても、これまで、FAAが明確にしてこなかったため、諸説あるが、おおよそ、当事者が、当事者間の一定の法的紛争につき、一人又は複数の第三者たる仲裁人に裁断する権限を付与することにより解決することを当事者間の合意で定めた紛争解決手段として理解され得る。

　1925年FAA制定までの歴史的背景は、同法が仲裁の定義を明らかにしてこなかった理由を理解することに役立つとされる。つまり、1925年FAAの制定過程において、同法に仲裁に関するより詳細な規定を置くべきとする要請に対して、様々な議論がなされたが、結果として、これが否決された理由として、①流動的な社会の変化に柔軟に対処することが重視されたこと、②裁定プロセスの定義や裁定者に関する詳細な基準の設定を試みるよりも、専門家としての裁定者がいかなる制約からも解放されることが重視されたこと、③FAA制定当時、商人間のシンプルな契約紛争が想定されていたこと、が指摘されている。[14]

　しかし、近年のPDAAsによる義務的仲裁の拡大を受け、仲裁の定義を明らかにしてこなかったことに対し、否定的な見解もある。例えば、①裁判所が紛争解決の代替手段として仲裁を支持するにもかかわらず、議会がパズルの重要な部分の１つ、すなわち仲裁の定義を取り除いたため、その定義が争われていること、②明確な定義がない限り、仲裁法を適切に適用することができず、最高裁判所がその問題について見解を明らかにしない限り、仲裁の定義は無期限に争われ混迷した問題のままであろうとの指摘がされている。[15]

　上記の指摘の通り、仲裁の定義は、裁判所においても見解が分かれ争われ

---

(13) Jethro K. Lieberman & James F. Henry, *SYMPOSIUM ON LITIGATION MANAGEMENT: Lessons from the Alternative Dispute Resolution Movement*, 53 U. Chi. L. Rev. 424, 425-426 (1986).

(14) Imre Stephen Szalai, *More Than Class Action Killers: The Impact of Concepcion and American Express on Employment Arbitration*, 35 Berkeley J. Emp. & Lab. L. 31, 57 (2014).

(15) Emily H. Slay, *Student Comment: Evanston Insurance Co. v. Cogswell Properties: Which Definition of "Arbitration" Should Control?*, 38 Am. J. Trial Advoc. 377, 377-378, 390 (2014).

第2部　契約法・消費者法

てきたが、さらには、連邦最高裁判所が、「当事者が一定の事項につき、仲裁することに合意したかどうか（仲裁可能性を含む）を判断する際、裁判所は一般に、……契約成立について規定する通常の州法の原則を適用すべきである。(16)」としたことから、仲裁合意（arbitration agreement）が他の契約と同等の地位に置かれるべきなのかという問題をも引き起こしてきた。この問題に対して、多くの裁判所は見解を異にしているが、これを肯定するのが裁判所の支配的見解であるとされる。(17)

3　1925年FAAの適用対象・効力・目的
（1）1925年FAAの適用対象と効力

1925年FAAの適用対象は、船員や鉄道員等の雇用契約を除く、海事取引、及び基本的にすべての州際、外国との間で行われた商取引全般（FAA第1条）であり、FAAの適用対象となる取引において生ずる紛争を仲裁に付託する旨の書面による合意は、コモン・ロー又はエクイティの根拠に基づき契約が撤回される事由がある場合を除いて、有効であり（valid）、撤回不能であり（irrevocable）、強制することができる（enforceable）（FAA第2条）。このことから多くの場合、書面による合意といった方式に従って、仲裁人の判断は拘束力を有し、裁判所（民事）による場合と同一の拘束力のある判断（adjudication）となり、終局的なものとみなされる。

（2）1925年FAAの目的

FAAの主たる目的は、当事者間の仲裁合意（private arbitration agreement）が仲裁条項に従って強制されることを確実にすることである（FAA第2条乃至第4条）。つまり、上記の通り、原則として、書面による仲裁合意は、有効であり、撤回不能であり、強制することができると

---

(16) First Options of Chicago, Inc. v. Kaplan, 514 U.S. 938, 944 (1995).

(17) Hartford Lloyd's Ins. Co. v. Teachworth, 898 F. 2d 1058, 1061 (5 th Cir. 1990) ; see, e.g., Mitsubishi Motors Corp. v. Soler Chrysler-Plymouth, Inc., 473 U.S. 614, 625-26 (1985).

し（FAA第2条）、当該紛争が仲裁合意により仲裁可能性があると解されるときには、合意したいずれかの当事者の申立てにより、裁判所は訴訟手続を停止しなければならない（FAA第3条）。一方で、一定の場合、合意条項（terms of the agreement）に従って、裁判所は仲裁手続を進行するよう当事者に命令しなければならない（FAA第4条）。

　これに対して、1925年FAAの規定、さらには判例法により、裁判所は、仲裁人の仲裁判断の取消しを命じることができる場合がある。1925年FAAの規定上、裁判所が仲裁判断の取消しを命じることができるのは、①仲裁判断（award）が、汚職、詐欺、又は不当な手段によって下されたとき、②複数の又はいずれかの仲裁人に明らかな偏頗又は汚職があったとき、③正当な理由が示されたにもかかわらず、仲裁人が審理の延期を拒絶したり、紛争に関する適切で重大な証拠についての審理を拒絶するような非行を犯したとき、その他、当事者の権利を侵害する不正行為があったとき、④仲裁人が権限を踰越したとき、又はその権限行使が不十分であったため、付託された事項に対する相互的、終局的かつ確定的な仲裁判断が行われなかったときである（FAA第10条）。また、裁判所が仲裁判断の変更又は更正を命じることができるのは、①明白で重大な数字の誤算があったとき、又は仲裁判断に記載された人物、事項若しくは財産の説明に明白で重大な誤りがあったとき、②仲裁に付託された事項の判断の実質には影響を及ぼさない場合を除き、仲裁人が付託されていない事項について仲裁判断をしたとき、③仲裁判断が、争点の実質には影響を及ぼさない形式の問題で、不完全なとき、である（FAA第11条）。

　さらには、1953年のWilko判決（Wilko v. Swan, 346 U.S. 427〔1953〕）（詳細は、後述 Ⅳ 1（2））を契機に、確立した法を仲裁人が完全に無視して仲裁判断を行ったような場合には、判例法により、当該仲裁判断は取り消される可能性がある（"the Doctrine of Manifest Disregard of the Law"：「法の明らかな無視の法理」）。

　しかし、仲裁人が、ほぼ間違いなく契約を理解又は適用し、権限の範囲

内で行動している限り、裁判所は仲裁人に重大な過失があったと確信するだけでは、仲裁人の判断を覆すのに十分ではないと解されており（例えば、Interactive Brokers LLC v. Saroop, 279 F. Supp. 3 d 699, 706〔E.D. Va. 2017〕）、裁判所における仲裁判断の司法審査は厳しく制限され、上記の規定や法理により、仲裁判断が覆されたケースは極めて少ないといえる。[18]

IV PDAAsの有効性をめぐる議論

以下では、PDAAsの有効性をめぐる議論を考察する。アメリカでは、既に1950年代から顧客との取引契約にPDAAsを含む証券会社もあり、証券仲裁は、全米証券業協会（FINRAの前身、National Association of Securities Dealers、以下、「NASD」と記す。）やニューヨーク証券取引所（New York Stock Exchange、以下、「NYSE」と記す。）の設立にまで遡り、他の取引に比して、長い歴史がある。そして、証券紛争の多くが、PDAAsにより、原則として、民事裁判ではなくSROによる仲裁で解決されてきた。その契機となった連邦最高裁判決が、1987年のMcMahon判決（Shearson/American Express v. McMahon, 482 U.S. 220〔1987〕）である。

そこで、McMahon判決前後のアメリカ法のPDAAsの有効性に関する議論について、法律上及び実際上の問題点を指摘しながら考察する。

1 第一の議論：1925年FAAと証券二法の対立
（1）問題の所在

1925年FAAが簡易で迅速な紛争解決の促進を重視する立場を採るのに対し、いわゆる証券二法、つまり、「連邦証券法」（the Securities Act of 1933, 15 U.S.C. § 77a et seq.、以下、「1933年証券法」と記す。）及び「連邦証券取引所法」（the Securities Exchange Act of 1934, 15 U.S.C. § 78a et seq.、以下、「1934年証券取引所法」と記す。）が、投資者保護を重視する

---

(18) See, e.g., Choice Hotels Int'l, Inc. v. SM Prop. Mgmt., LLC, 519 F. 3 d 200, 207（4 th Cir. 2008）.

立場を採ることから、1925年FAAと証券二法との対立を起因とする問題が生じた。例えば、投資者は、法規定に基づいて生ずる自己の請求について、連邦裁判所に専属的な管轄権がある旨を規定する証券二法（条文の詳細は、後述Ⅳ1（2）以下）を根拠に、証券取引契約における1925年FAAを根拠とするPDAAsの効力及び仲裁可能性を否定することはできるのかという問題である。

（2）Wilko判決：Wilko v. Swan, 346 U.S. 427（1953）

上記のような問題に対して、連邦最高裁判所が初めて判断を示したのが1953年のWilko判決である。

Wilko判決の事案の概要は、次の通りである。証券の購入者であるX（原告：投資者）は、株式の売買を勧められた際に、株価に関して不実表示（false representations）が存在したとして、1933年証券法第12条第（2）号に基づき、売主であるY社（被告：証券会社）に対して損害賠償請求訴訟を提起した。これに対してY社は、X・Y社間の証券取引契約には、通常は、1925年FAAを適用できる旨の仲裁条項が含まれていたとして、本件仲裁条項により、同法第3条に基づく訴訟手続の停止を申し立てた。

主たる争点は、将来の紛争を仲裁に付託する本件仲裁条項の効力及び本件紛争の仲裁可能性であった。1933年証券法第14条の適用があれば、本法等の「規定の遵守を、証券取得者に対して、放棄させることを目的とする条件、約定又は規定（"any condition, stipulation, or provision binding any person acquiring any security to waive compliance with any provision"）」（以下、「拘束的条項」と記す。）はすべて無効（void）となり、また、同法第12条第（2）号の適用があれば、証券会社の重要事項に関する不実表示（misrepresentation）や省略により誘引され、損害を被った証券購入者は、損害賠償を求めて裁判所に訴えを提起できることとなる（"may sue either at law or in equity in any court of competent jurisdiction"）。つまり、これには、1925年FAAの仲裁可能性と1933年証券法第12条第（2）号との関係をいかに解すべきかについての問題が根底にあった。

第2部　契約法・消費者法

　Wilko判決は、「証券取引の際にあったという不実表示について、1933年証券法第12条第（2）号の民事責任規定に基づき、顧客が証券会社に対して損害賠償請求訴訟を提起する場合、将来的に両当事者間で生ずる紛争を仲裁に付託する合意は、連邦仲裁法（the United States Arbitration）の規定にかかわらず、1933年証券法第14条の下では無効となる。」と判断した。その理由として、Wilko判決は、「将来の紛争を仲裁に付託する合意は、1933年証券法の規定の遵守を放棄させることを目的とする、顧客を拘束する約定（stipulation）に該当し、同法第14条により無効となる。」とし、同法上の違反等に関わる訴訟の管轄権を連邦地方裁判所等に付与する同法第22条第（a）項に基づいて、司法法廷（裁判）を選択する権利（the right to select the judicial forum）は、同法第14条の下で放棄することはできない規定の一種であるとした。また、同判決は、「証券法の保護規定は、その有効性を公平に確保するために司法的裁量の行使を要求することから、議会は司法審判及び審査の放棄に同法第14条を適用することを意図していたにちがいない。」とし、訴訟ではなく仲裁に付託する旨の本件仲裁条項は、同法第12条第（2）号に基づく請求について、同法第22条第（a）項に基づく司法法廷を選択する権利を放棄させることとなるため、同法第14条に基づき無効となるとした。

　さらには、仲裁制度に対する懸念として、例えば、①司法教育を受けていない仲裁人が法的判断を行うこと、②仲裁においては、仲裁人は仲裁判断（award）の理由について説明することなく、かつ、仲裁手続の完全な記録を残さなくとも行うことができるため、購入者（投資者）に有利な1933年証券法の規定の効力が弱まること、③仲裁判断に対する裁判所の法解釈の審査権限や取消権限等が制限されていることなどを指摘し、仲裁は、1933年証券法の下での投資者保護を実現するためには不適切である旨を指摘した。

　以上のように、Wilko判決は、1933年証券法の文言を厳格に解釈し、同法の目的及び立法的沿革を考慮して、同法第12条第（2）号、第14条、第22条第（a）項との関係や仲裁制度に対する懸念から、1925年FAAに基づく仲裁

合意の効力を認めない結果となった。

（3）McMahon判決：Shearson/American Express v. McMahon, 482 U.S. 220（1987）

McMahon判決の事案の概要は、次の通りである。1980年から1982年の間に、X1（原告：投資者）とX2（原告：投資者）は、Y社（被告：証券会社）において、それぞれ口座を開設した。その際、締結された2つの顧客契約において、「連邦法又は州法により、仲裁を強制できない場合を除き、私の口座、貴社との取引、本件契約やその違反から生ずる、あるいは関連して生ずるいかなる紛争も、私が選択するNASD、NYSE、アメリカン証券取引所（AMEX）の規則に従った仲裁により解決するものとする。」といった仲裁条項が含まれていた。それにもかかわらず、Xらは、Xらの口座担当者（registered representative）（Y社の知るところによる）が、Xらの口座において詐欺的で過当な取引を行い、Xらに助言をするに際し、虚偽の事実を伝えたとし、1934年証券取引所法第10条第（b）項及びSEC規則10b-5の詐欺防止規定に違反したとして、連邦地方裁判所に損害賠償を請求する訴えを提起した。[19]これに対して、Y社は、Xらとの仲裁合意を根拠に、1925年FAAに基づく訴訟手続の停止（同法第3条）等を申し立てた。

主たる争点は、本件仲裁合意の効力及び本件紛争の仲裁可能性である。X側は、主として二つを主張した。

(A) 第一の主張：1934年証券取引所法第29条第（a）項の効果について

X側は、1934年証券取引所法第29条第（a）項が、1933年証券法第14条と同様に、拘束的条項（"any condition, stipulation, or provision binding any person to waive compliance with any provision"）を無効（void）とする一方で、同法第27条は、同法違反に関する訴訟について、合衆国連邦地方裁判所に専属管轄権（exclusive jurisdiction）があるとすることから、同

---

(19) 本件では、RICO法（Racketeer Influenced and Corrupt Organizations Act）及び州法に基づき、詐欺及び信認義務違反をも訴えの理由とされたが、紙面制限の都合上、本稿では省略する。

243

第2部　契約法・消費者法

条により付与された連邦地方裁判所の専属管轄権を否定するような仲裁合意は、同法第29条第（a）項により無効となる旨を主張した。

　これに対してMcMahon判決は、次のように判断した。つまり、1934年証券取引所法第29条第（a）項が禁止するのは、同法が課す実体的義務（substantive obligation）の放棄のみであるのに対し、同法第27条は、制定法上の義務（statutory duty）（証券取引を行う者が遵守しなければならない義務）を課す規定ではないことから、同法第27条の遵守を放棄させたとしても、その放棄は同法29条第（a）項の下での遵守の放棄を構成するものではないと判断した。

　(B) 第二の主張：仲裁制度に対する懸念について

　X側は、仲裁を認めなかったWilko判決の判断の根拠の一つとなった、仲裁制度に対する懸念を理由に仲裁合意の無効をも主張した。

　これに対してMcMahon判決は、仲裁制度に対する懸念は、今や支配的な理由とはならないとした。その際に、例として、反トラスト法違反の請求について仲裁を強制できるかについて争われた事案において、1925年FAAを根拠にこれを認めた、1985年のMitsubishi判決（Mitsubishi Motors Corp. v. Soler Chrysler-Plymouth, 473 U.S. 614〔1985〕）を挙げ、既に同判決が、①仲裁廷（arbitral tribunal）は反トラスト法違反の請求について、事実関係及び法律関係の複雑さを容易に処理できること、②仲裁手続が合理化（簡素化）されているとしても、当事者の実体的権利は、当然にはあらゆる制限を受けることはないこと、③仲裁人が法を遵守しないことをそもそも想定する理由がないことを確認していたことを指摘した。さらに、④Wilko判決が下された1953年当時は、SROを統治する規則に対して、SECの権限が限られており、この権限には、SROの仲裁規則に対する権限が全く含まれていなかったこと、しかし、⑤その後の1975年に、1934年証券取引所法第19条が改正されたことから、SECはSROが採用する仲裁手続の妥当性を確保するための広範な権限を有するようになったこと、⑥本件のNYSE等の仲裁手続には、SECの承認があったことなどを強調した。

以上のように、McMahon判決は、①1934年証券取引所法第29条第（a）項は、同法上の実体的義務を放棄することを禁止するものと解することにより、原則として、同法第27条の遵守の放棄は、同法第29条第（a）項の射程に入らないと判断した点、②Wilko判決は、仲裁によることが投資者の制定法上の実体的権利を保護するのに適しない場合にのみ、裁判を受ける権利を放棄することを禁止した見解であるとしつつも、その先例拘束性については、明確には判断しなかった点、③同法の1975年改正（上記）により、SECにSROの仲裁手続規則の制定・改廃について一定の権限が付与されたことや、1985年のMitsubishi判決を根拠に、仲裁制度の懸念が実質的な面から払拭されたことを確認した点、④最終的には、本件仲裁合意が、同法による保護を放棄させるものではないとし、証券紛争における仲裁可能性を認めた点に特徴がある。

（4）Rodriguez判決：Rodriguez de Quijas v. Shearson/American Express, Inc., 490 U.S. 477（1989）

　その後、Rodriguez 判決が、McMahon判決の判断を基本的に踏襲し、Wilko判決は誤って判断され、商取引を解決する仲裁合意を規制する他の連邦諸法の統一的解釈と矛盾していると結論付け、Wilko判決を覆したことから、Wilko判決のPDAAsの有効性に関する先例拘束性は完全に破棄される結果となった。

　Rodriguez判決の事案の概要は、次の通りである。Y社（被告：証券会社）を通じて証券取引を行ったXら（原告ら：5名の個人投資家）が、Y社の不適法で詐欺的な取引等によって、損失を被ったとして、1933年証券法第12条第（2）号及び第17条第（a）項、1934年証券取引所法第10条第（b）項、第15条第（c）項第（1）号及び第（2）号を含む、連邦法、州法、コモン・ローの様々な違反を理由に、Y社とその口座担当者（broker-agent）に対し、損害賠償を求める訴訟を提起したのに対し、Y社側が、取引をするに際し、Xらが署名した標準カスタマー・アグリーメント（standard customer agreement）にあった仲裁条項及び1925年FAAに従い、本件は、

仲裁に付託されるべきと主張したことから、仲裁可能性が争点となった。

　Rodriguez 判決は、1933年証券法第14条が禁止するのは、手続的規定ではなく実体的規定の遵守の放棄であるとし、1933年証券法と1934年証券取引所法が、証券取引を統制する連邦規制制度の相互に関連する構成要素を成すため、調和的に解釈されるべきであるという原則を重視した。Rodriguez 判決は、Wilko判決とMcMahon判決の判断の対立を解消し、証券二法の方針が、PDAAsの強制（enforcement）を直ちに否定するものではないことを明らかにした点に特徴がある。

2　第二の議論：附合契約とFiduciary Dutyとの関係について
（1）問題の所在
　McMahon判決後、PDAAsの利用が急増し、取引約款に仲裁条項を含むという業界全体の慣行に投資者が直面し、契約解釈の問題が生じた。例えば、契約が成立するためには、両当事者の意思の合致が必要となるが、仲裁合意も私法上の契約の一種であるとすれば、仲裁契約はいかに成立するか、あるいは、約款中の仲裁条項は契約内容となるかについての問題である。これらの問題の根底には、附合契約（contracts of adhesion）の有効性の問題があった。附合契約の定義については諸説あるが、契約の当事者の一方が、契約書の作成に関して発言権のない相手方に対して示した条項を含む契約であるとされている（Kloss v. Edward D. Jones & Co., 2002 MT 129, P24〔Mont. 2002〕、詳細は、後述Ⅳ 2（3））。
（2）裁判所の判断基準と支配的な見解
　これまで、証券紛争において、顧客の多くは、しばしば、ブローカーとの証券取引契約は、交渉力に優位な立場にあるブローカー側によってあらかじめ条項が定められている附合契約であり、ブローカーと対等関係にない顧客が証券取引を行うためには、そのような契約以外を選択することはできず、契約内容を交渉する自由もないことから、このような附合契約には強制力はないとして、仲裁条項を回避することを模索してきた。[20]

この場合、仲裁可能性の問題が仲裁条項の効力又は法的範囲に関するものであれば、通常、裁判所が当該問題を判断するとされるが、この際、附合契約であるかどうか、条項が無効となるかどうかの判断をするにあたっては、以下の二段階の基準により審理するものとされている。[21]

　第一に、裁判所は、当該条項が当事者の合理的な期待（expectation）から外れていたか否かを審理する。ブローカーと顧客との間のカスタマー・アグリーメント（customer agreements）の文脈では、ほとんどの裁判所は、仲裁条項が、当事者の合理的な期待の範囲内であると判断する（例えば、Passage v. Prudential-Bache Sec., 223 Mont. 60, 727 P. 2 d 1298〔Mont. 1986〕）。第二に、裁判所は、当該条項が極度に過酷である（oppressive）か、非良心的である（unconscionable）か、又は公共政策に反する（against public policy）か否かを審理する。ここで、一般に、当事者の一方に実質的な選択権がなく、かつ他方の当事者に不当に有利な契約条項がある場合には、当該契約又は当該条項は非良心的であり無効となる。しかし、ほとんどの裁判所は、仲裁条項について本質的に不公平なものは何もないとし、仲裁条項は顧客を不利な立場に置くものではないと判断したり、非良心性に基づき、PDAAsを回避する可能性を認めない（例えば、Johannsen v. Morgan Stanley Credit Corp., 2012 U.S. Dist. LEXIS 5367〔E.D. Cal. 2012〕）。

（３）Kloss判決：Kloss v. Edward D. Jones & Co., 2002 MT 129（Mont. 2002）

　近時の裁判所は、契約に附合契約の性質があったとしてもPDAAsの効力を認める傾向にあるといえるが（例えば、McInnes v. LPL Fin., LLC, 466 Mass. 256〔Mass. 2013〕）、これと反対の立場を採るモンタナ州最高裁判決（以下、「Kloss判決」と記す。）も存在する。[22]

---

(20) Hazen, *supra* note 8 at §15：20.
(21) *Id*. at §15：20.
(22) その他、PCモニターの製品保証に含まれる仲裁条項には強制力がないとした事例：Lima v. Gateway, Inc., 886 F. Supp. 2 d 1170（C. D. Cal. 2012）がある。

第2部　契約法・消費者法

　Kloss判決の事案の概要は、次の通りである。Y1社（被告：ストックブローカー）及びY2（被告：Y1社の従業員）との間で、1992年と1998年に金融サービス口座を開設したX（原告：当時95歳の未亡人であった顧客）が、Y2の不正行為によって引き起こされたとされる損害の賠償を求めて訴えを提起したところ、XとY1社との契約には、PDAAsが含まれていたとして、Y1社が仲裁を強制する申立てを行った。

　第一に、Kloss判決は、標準契約又は条項が、①当該当事者の合理的な期待（具体的には、将来の見通し）の範囲内でないとき、又は②当該当事者の合理的な期待の範囲内ではあるが、その文脈からみれば、極度に過酷であるか、非良心的であるか、公共政策に反するときには無効となるとし、弱い立場にある当事者に対して強制されないことを確認した。そして同判決は、これまでの認定から、XのY1社との契約（agreements）は明らかに附合契約であったこと、それらはY1社が用意し、契約条項について交渉する機会のないXに提示した標準書式であったこと、仲裁条項は業界全体の慣習になっており、仲裁合意を受け入れない限り、Xは証券市場から排除されていたであろうことを指摘した。そのうえで、同判決は、Xの州裁判所へのアクセス権、陪審裁判権等を放棄させる仲裁条項等は、明らかにXの合理的な期待の範囲内ではなかったと判断した。当判断では、①口座の開設をするに際し、口座の重要な特徴を投資者に説明する慣行をY側が認識していたにもかかわらず、Y2はXに対して仲裁条項を説明しなかったこと、②当事者間の日常的な慣行に基づき、Xは契約書を読まず、契約の仲裁条項を知らなかったことも考慮した。第二に、同判決は、Y側がXに対して、仲裁合意を説明する信認義務（fiduciary duty to explain the arbitration agreement）を負っていたとした。当判断では、Xの口座に対するY側の裁量権を考慮した。結果として、同判決は、仲裁を強制した一審判決の判断を破棄し、さらに審理を尽くすために差し戻した。

　以上のように、Kloss判決は、標準契約や条項の有効性の判断基準を確認しPDAAsの有効性について検討しつつも、ブローカー側が仲裁合意を説明

する信認義務を負う可能性を示唆した点に意義がある。ここで、注意すべきなのは、同判決は、あらゆる場合、常に、ブローカーが顧客に対して、このような信認義務を負うものと解したのではなく、一任勘定取引（ブローカーに口座支配性〔裁量権〕のある）等の事実に義務の範囲を依存させた点である。つまり、ブローカーが顧客の口座に対して、支配性（裁量権）を有する事実があるほど、他の考慮要素（顧客の属性等）とも併せて、ブローカーは顧客に対して、仲裁合意を説明するFiduciary Dutyを負う可能性が高くなるという解釈となる。

3 第三の議論：PDAAsによるクラスアクション及びクラス仲裁の回避

（1）問題の所在

企業等は、PDAAsを利用することにより、個別仲裁のみを要求する場合があることから、契約の相手方が、クラスアクションや多数の利害関係者をまとめて仲裁で解決するクラス仲裁（class arbitration）による紛争解決手段を選ぶことができないという問題が生ずる。

（2）近年の連邦最高裁判所の判断

近年、下記のような連邦最高裁所の一連の判断を背景に、PDAAsはクラスアクションやクラス仲裁を放棄させ、個別仲裁を強制する機能を果たすようになった。具体的には、消費者と事業者との間の携帯電話利用契約の事案を扱った、Concepcion判決（AT&T Mobility LLC v. Concepcion, 563 U.S. 333〔2011〕）、クレジットカード加盟店とクレジットカード事業者との間のクレジット加盟店契約（商業契約）の事案を扱った、Italian Colors Rest. 判決（Am. Express Co. v. Italian Colors Rest., 570 U.S. 228〔2013〕）、雇用契約の事案を扱った、Lewis 判決（Epic Sys. Corp. v. Lewis, 138 S. Ct. 1612〔2018〕）等がある。連邦最高裁判所の一連の判断は、1925年FAAの趣旨（FAAは仲裁合意を支持する国策を法制化したもの）を重視しており、下記（3）の事案をはじめ、証券紛争の分野にも大きな影響を与えている。

第 2 部　契約法・消費者法

（ 3 ）　Schwab判決：Charles Schwab & Co., Inc. v. Fin. Indus. Regulatory Auth., 861 F. Supp. 2 d 1063（N.D. Cal. 2012）

　Schwab判決の事案の概要は、次の通りである。FINRA Rule 2268（d）（ 3 ）（PDAAsに含んではならない条件を定める規定）やFINRA Rule 12204（d）（クラスアクション請求の強制仲裁を認めない内容を含む規定）があるにもかかわらず、X社（原告・Charles Schwab & Co., Inc.：証券会社）が、顧客口座契約において、顧客にクラスアクションに参加する権利を放棄させ個別仲裁を要求する条項等を入れたため、FINRAがX社に対し、FINRA Rule違反による懲戒手続を開始したことから、争いになった。

　Schwab判決（カリフォルニア州北部地区連邦地方裁判所）では、X社が、上記Concepcion判決は証券紛争においても適用され、また、1925年FAAとの関係からも、矛盾するFINRA Ruleを強制することはできない旨を主張した。結果的に、同判決は、X社の訂正請求を棄却し、FINRAの訴え却下を求める申立てを認めた。同判決は、FINRA RuleがSECの監督下に置かれ運用されていることの実態を特に重視し、投資者のクラスアクションやクラス仲裁利用の可能性を残した。X社はFINRAと合意書を取り交わし、FINRA Rule違反の文言の削除と50万ドルの罰金を内容とする制裁を受けた（FINRA News Release P210893〔2013〕）。

　上記Concepcion事件においては、カリフォルニア州のDiscover Bank Rule（Discover Bank v. Sup. Ct., 113 P.3d 1100, 1110〔Cal. 2005〕において示された判例法理）が、1925年FAAに抵触するか否かが争点となり、本件原審は同Ruleに基づき、当該仲裁条項は非良心的であり無効としたが、連邦最高裁判所が同判断を同法の目的（仲裁合意の執行確保・効率的で迅速な紛争解決）から覆し、同Ruleは排除される結果となった。これに対し、Schwab事件においては、X社が本件第一審の判断に対して、再度の申立てはしなかったため、上級裁判所において、FINRA Ruleが1925年FAAに抵触するか否かの問題は判断されない結果となった。この問題については、今後もその行方が注目される。

4 第四の議論：PDAAsの実際上の問題点

（1）問題の所在

これまで、実際上の問題点として、①紛争解決のための仲裁フォーラムがFINRAに集中していること、②仲裁人がFINRAのメンバー（業界関係者）であるブローカー等から構成されていたことから、仲裁プロセスが不公平で、投資者の利益よりも申立てを受けた業界側に有利で偏った恣意的な判断がなされること、③高コストであることなどが顧客側から指摘されてきた。[23]

（2）仲裁利用の実態

FINRAが公表する証券紛争解決に関する統計[24]によれば、FINRAの仲裁フォーラムを利用する顧客、会員及び登録外務員等からの新規仲裁申立て件数は、2001年から2005年までは37,839件、2006年から2010年までは25,651件、2011年から2015年までは19,999件、近年の2016年から2017年までは7,137件（2年間）とされ、2008年の金融危機を背景に投資が減少し、申立て件数自体は年々減少傾向にある。また、証券仲裁のうち消費者仲裁（Customer Arbitration）において多く争われているタイプは、2017年は、多い順に、Fiduciary Duty違反（Breach of Fiduciary Duty）1,899件、不実表示（Misrepresentation）（1,663件）、過失（Negligence）（1,662件）、監督違反（Failure to Supervise）（1,621件）、適合性（Suitability）（1,606件）である。

現在、顧客（broker-dealer firmの顧客）とbroker-dealer firm（associated personsを含む）との証券紛争は、契約中にPDAAsがある場合、あるいは、FINRA Rule 12200の適用がある場合、一般に、FINRAの一部門である、FINRA Dispute Resolutionを通じて、仲裁で解決される。[25] 事実上、証券紛争で明白に仲裁を禁止する合意がない場合、顧客は通常FINRA仲裁に強制されることとなる。

---

(23) Jill Gross, *The Improbable Birth and Conceivable Death of the Securities Arbitration Clinic*, 15 Cardozo J. Conflict Resol. 597 (2014).

(24) 2017 FINRA Dispute Resolution Statistics (https://www.finra.org/arbitration-and-mediation/2017-dispute-resolution-statistics) (last visited Oct. 26, 2018).

(3) FINRAの解決策

FINRAは、このような問題に対処するために、①仲裁人候補者への研修の義務化（Required Basic Arbitrator Training）、②一名による公的仲裁人（非業界関係者）制度の導入（Regulatory Notice 09-13〔2009〕）（顧客の申立額が10万ドル以下の場合）、③顧客が仲裁人三名すべてを公的仲裁人から選択できる制度の導入（Regulatory Notice 11-05〔2011〕）（顧客の申立額が10万ドル超の場合）、④パネルの判断の説明（explained decisions）の義務化（Regulatory Notice 09-16〔2009〕）をするなど、投資者の信頼と保護のために、パネルやその構成、コスト面等の見直しと仲裁制度の透明化を図っている（その他の解決策は、後述V3）。

V PDAAsの利用禁止・制限論と仲裁制度の利用存続論

1 議会の政策とその方向性

2007年には、投資者を含む消費者、雇用、フランチャイズ紛争についてのPDAAsの効力を否定する内容が盛り込まれた、仲裁公正法案（Arbitration Fairness Act of 2007：AFA）が議会に提出され、その後も1925年FAAを改正するための様々な法案がアメリカ議会に提出されている。[26]

一方で、金融専門家と消費者との間の多くの契約（住宅等のローン契約、クレジット契約、証券取引契約等）における、義務的仲裁合意（mandatory arbitration agreements）の有効性が問いただされる中で、バラク・オバマ大統領の署名により、「ドッド＝フランク ウォール・ストリート改革及び消費者保護法」（Dodd-Frank Wall Street Reform and Consumer Protection Act: 12 U.S. Code Chapter 53、以下、「2010年Dodd-Frank Act」と記す。）[27]

---

(25) Gross, *supra* note 12 at 173; FINRA Dispute Resolution (https://www.finra.org/sites/default/files/14_0289%201_DR%20Promo%20Brochure.pdf) (last visited Oct. 26, 2018).

(26) See, e. g. Arbitration Fairness Act of 2007, S. 1782, 110th Cong. (2007); H. R. 3010, 110th Cong. (2007), Arbitration Fairness Act of 2011, S. 987, 112th Cong. (2011); H.R. 1873, 112th Cong. (2011).

が成立した。同法は、証券業界の仲裁合意の状況を変え、過去20年の連邦政策と証券紛争の仲裁を支持する先例からの移行を示すものと評価され、消費者保護のためにPDAAsの問題に対する様々な解決策を講じた。その中でも、同法第921条では、1934年証券取引所法第15条及び1940年の「投資顧問法」(the Investment Advisers Act of 1940：15 U.S.C. § 80b-1 et seq.)第205条の両方を修正し、ブローカー等による仲裁合意の利用を禁止・条件付加・制限できる権限をSECに付与したことから注目された。

しかし、SECはこれまで本権限を行使せず、さらに、2010年Dodd-Frank Actによる金融法規制改革は、その後の政治的勢力に大きく左右されている。2017年に発足したトランプ政権下では、同法や、PDAAsを禁止又は制限する規制の見直し・撤廃の動きが広がっており、PDAAsの効力を否定する法案可決の可能性は低いことが予測されている。上記の通り、連邦最高裁判所の一連の判断の影響も相まって、PDAAsによる義務的仲裁は広く認められる方向に進んでいるのが現状である。

2　仲裁制度の利用存続論とPDAAsの効力制限論

証券取引契約におけるPDAAsの有効性に対する見解は様々であるが、以下では、近年の見解（1）〜（5）を挙げ、特徴を記すこととしたい。

（1）Catherine Mooreの見解

Mooreは、2010年Dodd-Frank Actの目的は消費者保護であり、同法はあくまでも義務的なPDAAsを禁止するなどして強制仲裁を制限するにとどま

---

(27) Dodd-Frank Wall Street Reform and Consumer Protection Act. 2010. Pub. L. 111-203, H. R. 4173.

(28) Teresa J. Verges, *Symposium: Re-Inventing Arbitration: Evolution of the Arbitration Forum as a Response to Mandatory Arbitration*, 18 Nev. L.J. 437, 444-445（2018）.

(29) *Id.* at 444-445.

(30) Catherine Moore, *The Effect of the Dodd-Frank Act on Arbitration Agreements: A Proposal for Consumer Choice*, 12 Pepp. Disp. Resol. L.J. 503（2012）.

るのみで、証券紛争解決手段としての仲裁利用の選択肢自体までをも消費者から剥奪することは、理に適わないとする。そして、仲裁は不完全ではあるものの、訴訟に比して、特に、時間と費用の面から、より少額な請求の場合には意義があり、消費者に訴訟と仲裁の選択肢を残す必要があるとする。そして、証券仲裁のメリットとデメリットの双方を受け入れ、同法の目的に沿いつつ、消費者側に訴訟と仲裁の選択肢を認めることこそが、証券業界における新たな紛争解決の基準となるとする。

今後も仲裁制度を利用でき、さらにはアメリカ裁判所への訴訟提起の道を開くことは、投資者の信頼を高め、業界が責任を持って行動することを促し、究極的にはアメリカ市場へ投資を回復させるための一歩となるとする。

（２）Barbara Blackの見解[31]

Blackは、不公正の主たる議論は、仲裁の義務的性質に起因すること、事実上、すべての証券会社がカスタマー・アグリーメントに含めるPDAAsについて、投資者は、認識する可能性があるとしても、当初の契約締結時、それが目立たない条項（not a salient term）である可能性があり、交渉しない場合が多いことを指摘する。一方で、投資者にとって、紛争内容によっては、訴訟が望ましい場合（例えば、詐欺のケース）もあるし、仲裁が望ましい場合（例えば、適合性原則違反のケース）もあり、仲裁が依然として一定の役割を果たすことがあることを指摘する。

このため、仮に議会がPDAAsを禁止する場合であっても、FINRA Rule 12200が有効である限り、顧客は証券紛争について、仲裁又は訴訟のいずれかを選択できること、さらには、特に、少額の損害を賠償請求する投資者の保護、小口の投資者からの信頼獲得、資本市場の維持のためにも、同Ruleは必要不可欠であることから、その存続について、引き続き議論する必要性

---

(31) Barbara Black, *The Past, Present and Future of Securities Arbitration between Customers and Brokerage Firms*, in RESEARCH HANDBOOK ON SECURITIES REGULATION IN THE UNITED STATES, pp. 454-456（J. Markham & R. Gjyshi, eds., 2014）.

があることを指摘する。
（3） Jill Glossの見解[32]

Glossは、当初の証券仲裁は投資者保護に焦点が当てられていたが、McMahon判決以降、PDAAsを利用したSROの仲裁が急増した結果、SROは定期的に仲裁プロセスの見直しを行い、迅速、効率的で公正なフォーラムの提供を重視してきたとする。しかし、投資者（特に、個人投資家）のために重視すべきことは、悪質なブローカー等から投資者を保護するためのメカニズムとしての仲裁利用であるとし、それにより、投資者の信頼が高まり、証券取引の増加が助長されることを指摘する。

そして、今後も証券仲裁制度は、投資者保護のための国策において重要であり、代替すらできない役割を果たし続けることは間違いないことから、証券仲裁制度を解体するのではなく、証券仲裁の歴史的根拠を振り返り、現代の証券仲裁制度として投資者保護の観点からこれを再構築する必要性があることを指摘する。

（4） Teresa J. Vergesの見解[33]

Vergesは、国内仲裁についての歴史的研究及び1925年FAAの目的を鑑みれば、連邦仲裁に関する、現在の最高裁判所の法理は、同法の目的と範囲をはるかに超えていることが明らかであり、国内仲裁慣行を再編成できるはずの法律はほとんど機能せず、同法改正のための法案も成立せず、消費者保護のための限られた規制措置は強い政治的逆風にさらされていることなどを踏まえると、継続的に仲裁フォーラムを進化・改革することが最も重要であるとする。

そして、その最良の例は、FINRA仲裁フォーラムの証券仲裁であるとする。規制面では、顧客契約において、メンバーファームが、顧客に対して、クラスアクションを放棄させることを禁止する結果をもたらすFINRA Rule 2268（d）の重要性等を指摘する。実質面では、公的パネルの選択可能性、

---

(32) Gross, *supra* note 12.
(33) Verges, *supra* note 28.

低コスト性の重視、簡素化された仲裁プロセスの促進、少額の損害を賠償請求する投資者のアクセス改善、仲裁のヒアリングコストの削減、投資者に対する電話ヒアリングの提供等の有用性を指摘する。

（5）Rick A. Flemingの見解[34]

Flemingは、少額を保有する投資者にとっては、通常、クラス全体としての救済手段以外はほとんどないことを指摘する。つまり、不正会計や他企業の不正行為に関わる事件は、通常、消費者契約に関わる典型的な紛争や、投資者の個人口座に関わるブローカーや投資顧問との紛争よりもはるかに複雑であり、広範な詐欺行為により損失を被った個人投資家の場合、個別仲裁にかかる費用は、回復見込額を十分に上回る可能性があること、被害者の損失が相当大きくない限り、彼らの代理人となる弁護士を探すのに苦慮することなど、実際上の問題を指摘する。

さらには、民事救済は、証券二法の実効性を確保（enforcement）する機能として重要な役割を果たすが、それが、強制仲裁条項により、公開会社の株主に機能しないならば、当該仲裁条項は、証券二法の実体的規定の実効性確保を阻止することとなるから無効であるとし、仲裁条項が無効となる場合もあり得ることを示唆する。

3　FINRA Rule 2268・Rule 12200・Rule 12204の役割

これまでの考察から、証券取引契約におけるPDAAsの有効性をめぐる問題に対して特に重要な役割を果たしているのは、FINRA Rule 2268、Rule 12200、Rule 12204であると思われる。つまり、仮に、PDAAsの効力がない場合であっても、FINRA Rule 12200は、顧客（顧客は、ブローカー又はディーラーを含めない〔FINRA Rule 12100（k）〕）が、証券紛争について、義務的仲裁ではなく、仲裁又は訴訟のいずれかを選択できるようにする役割を果たす。一方で、メンバーファームがPDAAsを有効に使用するための要

---

(34) Fleming, *supra* note 3.

件を定めるFINRA Rule 2268は、顧客に重要なPDAAsを確実に理解させる役割、一定のPDAAsの効力を制限する役割を果たす。

　FINRA Rule 2268の内容は詳細にわたるが、注目すべきものとして、第一に、同Rule 2268（a）が挙げられる。同Rule 2268（a）は、すべての紛争前仲裁条項は、強調表示され、開示（契約に紛争前仲裁条項が含まれること、仲裁合意書に署名することにより当事者が以下の（1）～（7）に合意することの開示）の前に置かなければならないとする。具体的には、仲裁合意書への署名により、（1）原則として、裁判所に訴訟を提起する権利（陪審裁判を受ける権利を含む）を放棄すること、（2）一般に、仲裁判断は、終局性かつ拘束性があり、裁判所の仲裁判断の取消しや変更は非常に制限されること、（3）一般に、裁判手続よりも仲裁の方が、文書や証人陳述書等の入手が制限されること、（4）一定の場合以外には、仲裁人は仲裁判断の理由を説明する必要がないこと、（5）仲裁人パネルに証券業界関係者が含まれる可能性があること、（6）仲裁に時間制限が設けられ、請求が仲裁に適さないときには裁判に移行する可能性があること、（7）請求を申し立てた仲裁フォーラムの規則及びそれに対するいかなる修正も本合意に組み入れられること、に顧客が合意するといった内容である。また、同Rule 2268（b）（1）が、署名欄上等に仲裁条項がどの頁のどの段落にあるかを明示する義務、同Rule 2268（c）（1）が、署名の日から30日以内に、紛争前仲裁条項又はカスタマー・アグリーメントの写しを顧客に提供する義務等を課す。

　さらに、FINRA Rule 2268（d）は、PDAAsに、（1）SROのRuleを制限又はこれに矛盾する条件、（2）仲裁において請求を申し立てる当事者の一方の能力を制限する条件、（3）フォーラムRulesに基づく請求を裁判所に申し立てる当事者の一方の能力を制限する条件、（4）仲裁人の裁定能力を制限する条件、を含むことを禁止することにより、PDAAsの効力を制限する。Schwab判決（前述Ⅳ3（3））で考察したように、クラスアクション請求に対して強制仲裁を認めないFINRA Rule 12204（d）を同Rule 2268（d）（3）の"the rules of the forums"に含めることにより、結果として、

PDAAsの効力を制限する点は、注目に値する。

VI 日本法への示唆とおわりに

1 日本法への示唆とまとめ

以上の考察・検討から、日本法に示唆を受けられる点を述べる。

第一の議論から示唆を受けられるのは、McMahon判決やRodriguez判決をはじめとする連邦最高裁判所の支配的見解が、1933年証券法第14条や1934年証券取引所法第29条第(a)項が禁止するのは、原則的に、同法の実体的義務を放棄させる拘束的条項とし、義務を規定しない手続規定（procedural provisions）には、その射程が及ばないと解した点である。このことは、義務的なPDAAsの効力を否定するには、司法救済の権利放棄を禁止する明確な制定法を別途必要とするという帰結を導く。

一方で、我が国においては、改正民法第548条の2第2項が定める相手方の「権利」や消費者契約法第10条が定める消費者の「権利」には、「裁判を受ける権利」は含まれるのか、それとも実体法上の「権利」の一部（例えば、契約上の権利義務関係から生ずる請求権等）のみが含まれるのか、民法や消費者契約法の目的・趣旨や各条文の趣旨を踏まえた検討の余地がありえよう。この点につき、民法や消費者契約法の改正の審議過程において、多種多様な条項の有効性が検討されてきた中、当初、不当条項リストを設けることが提案され、不当条項リストには、①「ブラックリスト」（「これに該当すれば不当性が肯定され、条項使用者が不当性を阻却する事由を主張立証することが許容されないものを列挙したリスト」）と②「グレーリスト」（「条項使用者が不当性を阻却する事由を主張立証することによって不当性評価を覆すことができるものを列挙したリスト）の2つがあり得るとされ[35]、仲裁条項は「相手方の裁判を受ける権利を制限する条項」として、「グレーリスト」に列挙すべき条項として検討がなされてきた[36]。しかし、最終的には、両法ともに不

---

(35) 民事法研究会編集部・前掲注（6）360頁。
(36) 民事法研究会編集部・前掲注（6）362-363頁。

当条項リストは設けられず、不当条項の類型の追加（いわゆる不当条項リストの拡充）については、今後の課題とされた。仮に、「裁判を受ける権利」が改正民法第548条の2第2項や消費者契約法第10条の定める「権利」に含まれるとしても、仲裁法第13条第3項により、仲裁条項による契約としての仲裁合意の有効性が認められる場合があり、仲裁条項だけを取り上げれば不当なように捉えられたとしても、当該条項と内容的に関連する仲裁法やその他の規律も併せて総合的に判断すれば、仲裁条項が不当条項とならない可能性もあり得る。仲裁法附則第3条第2項が暫定的な規定であるが故に、一定の場合に、消費者契約における仲裁条項の効力を制限する明確な規定が別途消費者契約法等に必要となると思われる。[37]

第二の議論から示唆を受けられるのは、Kloss判決が判示した、附合契約の条項が非良心性を理由に無効となる場合の判断及び証券会社の義務（Fiduciary Duty）違反の有無の判断において、証券会社の顧客に対する仲裁合意についての説明を重視した点、さらには、後者のFiduciary Duty違反の有無の判断要素として、業界の慣行、証券会社の口座支配状況、顧客の取引状況や属性等をも考慮した点である。また、FINRAが同Rule 2268において、PDAAｓの有効要件及び具体的なメンバーファームの義務内容を定めている点である。

我が国においては、仲裁法第13条第3項、当分の間は、同附則第3条第2項の適用がある場合でも、消費者契約において仲裁条項を使用する場合、事業者は消費者に対して、仲裁条項についての説明義務を信義則の規定等により負うものと解される。また、仲裁条項や仲裁の内容を十分理解していない消費者に対して、事業者が負う重要事項としての開示義務や仲裁合意の有効

---

(37) 仲裁条項の不当条項リスト化について、その効果についても慎重に検討する必要があるとの指摘がある。平成19年度消費者契約における不当条項研究会「〔内閣府〕平成19年度消費者契約における不当条項の実態に関する調査請負事業報告書 平成19年度消費者契約における不当条項研究会報告書」（平成20年3月）12-13頁。

要件について、FINRA Rule 2268のような具体的な規定が他に必要となると思われる。

　第三の議論から示唆を受けられるのは、クラスアクション訴訟やクラス仲裁の提起までもがPDAAsにより制限・排除されてしまうという状況の下、FINRA Rule 2268が、PDAAsの効力を同Rule12204との関係から制限する可能性を残している点である。

　我が国においては、「消費者裁判手続特例法」（2013年法律第96号）の2016年10月の施行に伴い、事業者の不当な行為により、同じ原因で消費者契約に関して相当多数の消費者が被害を受けた場合に、特定適格消費者団体が、消費者に代わって金銭的な被害回復を図る消費者被害回復訴訟を提起することができるようになった。本訴訟は、アメリカのクラスアクション制度とは異なるものの、二段階（一段階目で共通義務確認訴訟の手続を行い、二段階目で個別の消費者の債権確定手続を行う）となっており、二段階目の訴訟手続から個別の消費者が参加するため、仲裁条項の問題が生ずる余地がある。このことから、仲裁条項が、消費者裁判手続特例法に抵触し、同法の多数消費者の財産的被害の集団的回復機能や僅少被害者（消費者）の金銭的被害回復の機能を奪うことのないよう、議論が必要であると思われる。

　第四の議論から示唆を受けられるのは、FINRAが、透明性、信頼性を確保できるFINRA仲裁制度の運用・改革、仲裁フォーラムの構築・整備に取り組んでいる点、また、本稿で考察した多くの見解が述べているように、PDAAsの効力を否定し仲裁を一切排除するのではなく、法律上の問題点を解決する方向性に加え、仲裁利用のメリットを活かしつつこれを受け入れ、消費者保護（証券取引の場合の投資者保護を含む）のために仲裁制度を再構築・活用できる方向性を模索する点である。

2　おわりに

　我が国においても、建設工事紛争における仲裁制度の利用慣行や「金融商品取引法等の一部を改正する法律」（2009年法律第58号）の施行に伴う、金

融ADRの利用促進等を背景に、今後、仲裁条項が及ぼす影響は少なからずあると思われる。仲裁条項は、「裁判を受ける権利を制限する条項」であることは確かであり、極めて重要な紛争前仲裁合意や仲裁条項の効力の問題について、冒頭でも述べたように、仲裁法附則による暫定的な解決方法ではなく、民法や消費者契約法等の改正動向、我が国の仲裁制度の発展をも視野に入れ、消費者契約法を含む消費者法制・消費者保護の一環として考える必要性がある。

以上のアメリカのPDAAsの有効性をめぐる議論についての考察・検討を踏まえ、数多くの有用な示唆を受けつつ、消費者契約における紛争前仲裁合意や仲裁条項の効力の問題に対して、今後もさらに研究を深めていきたい。

---

(38) 建築請負契約において仲裁合意の成立等をめぐり争われた事例として、名古屋地判平成17年9月28日判タ1205号273頁がある。

特定商取引法42条および48条でいう「関連商品」

鎌 野 邦 樹

I はじめに

1 本稿の目的と具体的紛争事案

　本稿は、表題に掲げるように、特定商取引法42条及び48条でいう「関連商品」の意義について論ずるものである（その結論をあらかじめ一言でやや誇張して述べると、同条の「関連商品」は、提供役務と常に客観的に「関連」しなくてもよいというものである）。ただ、そのことを論じる前に、このことを本稿で論じる契機となった具体的紛争事案を掲げておこう。この事案は、ある都道府県の消費者センターに相談がなされた紛争事案に基づいて筆者が手を加えたもの（その意味では半ば架空の事案）である。なお、同種の事案は、全国の消費者センターに数多く申し立てられている。

　消費者Xは、Y社が運営するエステティックサロン（以下、「エステサロン」という。）との間で、コリをほぐして体型を整えるエステティックサービス（以下、「エステサービス」という。）につき、10回コース（約20万円）の契約をした（第1契約）。その際、同施術に必要であるとされたサプリメントAも購入した（10か月分、約12万円）。
　Xは、施術者からエステサービスを受けるたびにサプリメントを飲用しているかを確認され、飲み忘れがあると予定通りに施術ができないと言われた。また、第1契約から約2か月後に、施術の効果をさらに高めるためと勧められ、別のサプリメントBを購入した（3か月分、約4万円）。そして、3回目の施術時に、来月半ばから1回分の施術料金が上

がると言われ、20回コース（約40万円）を契約し（第2契約）、併せてサプリメントBも追加で購入した（3か月分、約4万円）。

しかし、20回コースの契約後しばらくして、Xは、翌年に遠方に引越しをしなければならなくなる可能性が生じたため、直ちにエステサロンに第2契約を解約したいと電話で申し入れたが、拒絶された。また、同解約にかかるY社の対応に不信がつのり、第1契約の残りの施術も受けたくないとして中途解約し、また、未開封のサプリメントも不要なので返品したいとY社に申し入れたが、Y社は、これに応じなかった。

そこで、Xは、自己が住む都道府県の消費者センターに相談に訪れた。なお、上記サプリメントAおよびBについては、契約書面に関連商品としての記載はされていなかった。

この事案において、①Xは、Y社に対して、第1契約を解約ないし解除することができるのか。その場合に、すでに支払った対価の全部または一部の返還を請求することはできるか。また、②第2契約について解約ないし解除することができるか。さらに、③サプリメントについてはどうか。なお、サプリメントについて契約書面に「関連商品」としての記載がされていなかったことは、法的に何らかの意味を有するか。

本稿の目的は、主に③に関する「関連商品」の意義について、これまで一般に説明されてきたことを掘り下げて検討しつつ筆者の見解を示すことにある（後記Ⅲ）。ただ、その前提ないし背景として、まずは、前掲の事案が特定商取引法の適用のある特定継続的役務提供契約に関するものであることを確認した上で（下記Ⅰ2）、上記①および②の問題について述べておこう（下記Ⅱ）。

2 特定継続的役務提供

特定商取引法（「特定商取引に関する法律」昭和51年法律第57号）は、役務の提供を受ける者の「身体の美化」または「知識若しくは技能の向上」そ

の他その者の心身または身上に関する目的を実現させることをもって誘引が行われ、役務の性質上、上記の目的が実現するかどうか確実でないもので、一定期間継続的に対価を支払って役務提供を受けるものを、「特定継続的役務」としている（42条2項参照）。エステサービスは、「身体の美化」に該当し、語学教室（「知識若しくは技能の向上」）等と共に「特定継続的役務」に該当する。政令は、エステサービスについての上記でいう一定期間は1か月を超えるものとし、対価については5万円を超えるものとしている。したがって、前掲の紛争事案のエステサービスは、特定商取引法の適用のある「特定継続的役務提供」に該当する。

前掲の紛争事案に関し、特定商取引法は、前記①および②に関し、消費者X保護のための主要な制度として、中途解約およびクーリング・オフの制度を用意している。次に、これらの制度につき順次に確認しておこう。

II 特定継続的役務提供契約に関する特定商取引法の基本的規律

1 中途解約

前記①（Xは、Y社に対して、第1契約を解約ないし解除することができるのか。その場合に、すでに支払った対価の全部または一部の返還を請求することはできるか）および②（第2契約について解約ないし解除することができるか）については、後記のクーリング・オフのほか、中途解約の可否が問題となる。

中途解約制度によると、Xは、特定継続的役務提供契約である本件第1契約および第2契約について、たとえ契約書面（後述）を受領した日から起算して8日を経過した後（クーリング・オフ期間経過後）においても、契約期間中であれば、いつでも理由如何を問わず、将来に向かって各契約の解除（中途解約）を行うことができる（49条1項）。そして、関連商品（その詳細は後述）を購入した場合であっても、あわせて解除することができる。

中途解約は、後述のクーリング・オフの場合とは異なり、（ア）既に提供された役務の対価、および（イ）政令所定の一定額以内の損害賠償額を支払

う必要がある。(ア)に関して、既に支払済みの超過部分については返還を求めることができる。

以上から、前記紛争事案の第1契約については、(ア)に関し10回(約20万円)のうち3回分の対価(約6万円)と、(イ)に関し2万円または契約残額の10パーセントに相当する額(本件では約2万円)のいずれか低い額(本件では2万円)を支払う必要がある(既に支払っていた場合には、超過分の返還を求めることができる)。第2契約については、(ア)に関しては未だ役務の提供はないため支払いの必要はなく、(イ)に関しては2万円を支払う必要がある(既に支払っていた場合には、超過分の返還を求めることができる)。関連商品についても、基本的に同様である。

2 クーリング・オフ
(1) 役務提供事業者の書面交付義務

特定継続的役務提供契約について、特定商取引法42条は、役務提供事業者に対し、契約しようとするときに当該契約の概要を記した書面(以下「概要書面」という。)を、また、契約を締結したときに所定の事項を記載した書面(以下「契約書面」という。)を、それぞれ当該役務の提供を受ける者に交付することを義務づけている。そして、それらの書面に記載すべき事項としては、「当該役務の提供に際し当該役務の提供を受ける者が購入する必要のある商品がある場合にはその商品名」(1項(同省令(施行規則)32条1項1号ハ)、2項1号。以下、通常の略称に従い同商品を「関連商品」という。)や、当該役務の提供を受ける者が支払わなければならない「金銭の支払の時期及び方法」(法42条2項3号)等とされている。

(2) 特定継続的役務受領者のクーリング・オフの権利

特定商取引法48条は、特定継続的役務受領者は、契約書面を受領した日から起算して8日を経過したときを除き、書面によりその特定継続的役務提供等契約を解除すること(以下、「クーリング・オフ」)ができるとしている(1項)。当該契約書面に上記事項の記載がない場合には、特定継続的役

務受領者は、上記8日経過後においても当該特定継続的役務提供等契約を解除することができる。この制度は、事業者が、まず契約を締結するにあたって、概要書面において、消費者に対し、「関連商品」および「関連商品を含む金銭の総額や支払時期・方法」等の契約を締結するか否かの判断材料となる《関連商品を含むトータルな契約内容および価格》についての十分な情報を提示した上で、両者の間で契約を締結することとし、次に契約締結後遅滞なく、契約書面において、上記の契約内容等を消費者に確認させ、もし消費者が当該契約をキャンセルしたいときには、上記の8日の期間内であれば何らの理由を要せずにクーリング・オフを認めるというものである。「関連商品」に関しても、事業者と消費者の間には情報格差が存在することから（後でも述べるように、消費者は、「提供される役務」にとって「関連商品」を購入する必要性につき認識できない場合が通常である。）、事業者が書面で記載した「関連商品」も含めた「提供役務」の内容や価格について消費者が改めて熟慮する期間を設けているのであり、「関連商品」の記載は、極めて重要な意味を有する。

　なお、以上の特定継続的役務提供等契約の解除に伴って、関連商品に係る契約の解除（クーリング・オフ）も可能である（48条2項。関連商品に係る契約のみの解除はできない。）が、ただ、同項によると、関連商品に係る契約については、クーリング・オフをすることができる商品が、上記のような広く一般的な形での「関連商品」ということではなく、特定継続的役務ごとに政令で指定する商品に限るものとされている。政令によると、エステティックサロンについては、動物及び植物の加工品であって、人が摂取するもの（医薬品を除く）などと定められており（施行令14条・別表第五・一・イ。その他、化粧品、下着等）、これは、いわゆる健康食品、栄養補助剤等を指すと説明されている（消費者庁取引対策課ほか編『特定商取引に関する法律の解説　平成24年版』298頁、商事法務、2014年、以下、本書を「解説」という）。

　これらの解除があった場合において、役務提供事業者等は、当該解除に

伴う損害賠償若しくは違約金の支払を請求することができない（同条4項）。この点は、前述の中途解除の場合とは異なる。通常は、クーリング・オフが可能な期間（書面の交付から起算して8日の期間）内においては、役務の提供が未だなされていないか、または提供がなされていても役務提供全体に比べるとその割合は小さいであろう。

（3）「関連商品」に該当するか否かの争い

当該商品が提供役務にとって「関連商品」である場合には、前記書面に記載する必要があり、その記載がないときには、役務受領者は、クーリング・オフ期間経過後もクーリング・オフの行使をすることができる。これに対して、当該商品が提供役務にとって「関連商品」でない場合には、前記書面に記載する必要はなく、その記載がされていなくても、役務受領者は、クーリング・オフ期間経過後はクーリング・オフの行使をすることはできない。したがって、当該特定継続的役務提供契約が8日の期間経過後にクーリング・オフの対象となるか否かは、当該商品が「関連商品」に該当するか否かにかかっている場合が多い。したがって、冒頭の紛争事案における設問①および②に関し、役務受領者Xが中途解約を超えてさらにクーリング・オフの行使により本件役務提供契約を解除できるか否かは、設問③に関しサプリメントAおよびBが「関連商品」に該当するか否かにかかっている。

冒頭で掲げた事案で、事業者Yは、当該サプリメントAおよびBは共に「関連商品」には該当しない、したがって、概要書面および契約書面に記載する必要はない、と主張するものと思われる。当該事業者以外のエステティクサロン、美容医療、語学教室等の特定継続的役務契約においても、販売した商品につき「関連商品」でない旨の主張が事業者側から多くなされる。本稿において法42条および法48条で規定する「関連商品」の意義を検討する背景には、以上のような事情がある。

III　特定商取引法42条・48条でいう「関連商品」の意義

1　「関連商品」についての関係法令等と判断の主体
（1）「関連商品」についての関連法令・通達・解説

　前述のように、法42条2項1号は、関連商品について、「当該役務の提供に際し当該役務の提供を受ける者が購入する必要のある商品」と規定するが、前掲「解説」では、関連商品とは、「当該商品を購入しないと役務の提供を受けられないものを指す」（276頁）と述べ、また、通達では、関連商品に係る契約につきクーリング・オフができる（法48条2項）場合の関連商品について、「役務提供を受けるために必要であるとして購入させられた商品を指す。例えば、エステティクサロンにおいて、施術の際に使うローション（化粧品）はもちろん、家庭において継続的に飲む必要があるとして購入させられた健康食品についても当てはまる」と述べる（平成25年2月20日の通達9（2）（イ）、「解説」718頁）。

　それでは、法42条2項1号等にいう「当該役務の提供に際し当該役務の提供を受ける者が購入する必要のある商品」に関して、同法令の定める「関連商品」の意義・基準・内容についてどのように理解するべきか。法42条2項1号の文言に比べて、「解説」や通達の文言は、より強い「関連性」や事業者の積極的な働きかけを求めているようにも思われるが、本来、法令の規定と齟齬するような「解説」や「通達」はあり得ないので、次にいま一度、当該規定の趣旨を確認した上で、検討を進めたい。

（2）「関連商品」の「関連性」・「必要性」の判断の主体

　特定商取引法が、特定継続的役務提供契約でその概要書面および契約書面において、関連商品に関する所定の事項を記載することが義務づけられているのは、前述のように、特定継続的役務提供者と当該役務提供受領者との間には当該役務に関して情報の格差が存在することから、提供される役務内容そのものだけではなく、当該役務に関連する商品についても、消費者たる役務提供受領者が、その必要性やそれを含めた価格の設定などについて当該役

務提供契約を全体として評価し、また確認できるようにするためである。

したがって、概要書面および契約書面に記載されるべき「関連商品」については、役務提供契約についてのクーリング・オフの可否を判断する場面では、「提供役務」と「購入商品」との客観的な「関連性」がもっぱら問われるべきではなく、役務提供者である事業者が主観的に「関連性」がある（「必要である」）と判断し告知したものも含め、すべてが「関連商品」となり書面への記載の対象となる。なお、事業者が客観的な「関連性」に裏付けられないにもかかわらず、「関連商品」と告知したり、「関連商品」と記載したために、消費者がそれらが真実であるとして「関連性」につき誤認した場合には、消費者契約法4条1項1号の不実告知として、当該関連商品の購入に係る契約を取り消すことができよう。

このように、法42条2項1号等でいう概要書面・契約書面に記載が求められる「当該役務の提供に際し当該役務の提供を受ける者が購入する必要のある商品」について、当該役務提供受領者の購入の「必要性」の判断は、提供する役務の詳細を把握している役務提供者（事業者）が行い、概要書面・契約書面の作成時に記載してそれらの書面を交付するのであり、提供される役務の詳細を把握していない役務受領者（消費者）が、当該役務にとっての関連商品の「必要性」を判断するものではない。

2 「関連商品」の告知の態様

「提供役務」と「購入商品」との「関連性」ないし「必要性」の判断が役務提供者によってなされ、契約書面にその判断に基づく「関連商品」の記載があれば、役務受領者は、前述のように当該継続的役務提供契約をトータルに評価でき、なお契約締結後、前記8日間はクーリング・オフも可能であるが、その記載なしに当該継続的役務提供契約および関連商品購入契約を締結した場合には、このような評価をする機会のないままそれらの契約を締結したことになる。「関連商品」の記載がない場合には、前述のとおり、前記期間経過後においてもクーリング・オフが可能である。

特定商取引法42条および48条でいう「関連商品」

　契約書面に「関連商品」の記載がないにもかかわらず、現に役務受領者が「関連商品」を購入した場合には、後述するような特段の事情がない限り、「当該役務の提供に際し」役務提供者により当該商品名を告知されたものと推認することができる。提供される役務および当該商品の内容に関して十分に認識し得ない役務受領者が、その告知なしに当該商品を購入することは通常はあり得ない。他方、提供される役務および当該商品の内容に関して十分に認識し得る役務提供者からのどのような表現であれ、「当該役務の提供に際し」当該商品名を具体的に告知された場合には、役務受領者は、当該商品を購入することが少なくない。したがって、ここにおける「関連商品」の具体的商品名の告知の態様は、いわゆる「勧誘」だけに限定されるものではなく、「推奨」を含むものと解する。役務提供者が「当該役務の提供に際し」当該役務とは無関係であることを併せて明確に告知することなく、例えば、「このような商品があるのですが、参考にして下さい（あるいは検討してみてください）」といった告知であっても、また、当該役務受領者が当該役務提供者作成のパンフレットやホームページにおいて当該役務に関係するとの告知（案内・広告）を見た場合であっても、これに含まれ得ると解される。役務受領者が、「当該役務の提供に際し」当該役務とは無関係であることを併せて明確に告げられないまま、このような告知を役務提供者から受けると、「当該役務の提供を受ける者が購入する必要のある商品」であると認識することが通常である。本来の「参考」や「検討」に過ぎないのであれば、役務提供者は「当該役務の提供に際し」ての告知を控えるか、または、同時に当該役務とは無関係であることを明確に提示するべきである。
　　　　　　　　　　　　　　　　　　　　　　　　　　（1）

（1）具体的な告知内容として、例えば、「この商品（例えばサプリメント）は、役務には関係しませんが、おすすめします。」については、当該役務とは無関係であることを提示してはいるが、「当該役務の提供に際し」て「役務提供者」から推奨されると、役務受領者としては、「役務には関係しません」との発言にもかかわらず、「おすすめします」との発言から「購入する必要のある商品」と誤認する可能性があるので、「関連商品」に該当すると解すべきであろう。ただ、「おすすめします。」に続けて、例えば、「しかし、購入しなくても役務の提供には影響しません。」とまで述べれば、「関連商品」には該当しないと解せよう。

271

なお、当該商品の告知の時期については、元来、「当該役務の提供に際し」なされるものであるが、前述のようにパンフレットやホームページにおいて当該役務提供に関連する旨の告知（案内・広告）があり、役務受領者がもっぱらそれによって当該商品を購入した場合にあって、契約書面等の作成前に役務受領者から当該商品の購入の意思が示されていたときには、契約書面等に「関連商品」につき記載すべきである。また、契約書面等の作成後に役務提供者の告知に基づき役務受領者の当該商品の購入の意思が示されたときには、速やかに関連商品の記載を含む新たな契約書面を交付する必要があると解する。

3　「関連商品」の記載とクーリング・オフ
（1）書面に「関連商品」の記載のない場合

以上のように、概要書面・契約書面に「関連商品」についての商品名の記載がない場合でも役務受領者が現に当該商品を購入したときには、役務提供者から「当該役務の提供に際し当該役務の提供を受ける者が購入する必要のある商品」名の告知があったものと推認できることから、役務受領者が、48条1項・2項に基づいて当該契約の解除（クーリング・オフ）を主張した場合には、役務提供者は、「当該役務の提供に際し」役務提供者による告知は一切なかったか、または、当該商品が客観的に（たとえ役務提供者から告知があった場合でも役務受領者が「関連商品」と誤認することはないとして）「関連商品」ではない旨の主張・立証をしなければ、クーリング・オフを免れないものと考える。例えば、前者については、役務受領者の当該商品の購入は、当該商品が当該役務の提供とは関係しない旨の記載のあるパンフレットやホームページでの広告を見たことによるものであった旨の主張・立証等が考えられ、後者については、例えば、役務提供者からの告知はあったが、当該商品が当該役務提供者が販売している役務提供者のロゴの入ったバックやタオル等であるというように客観的に「関連性」がない旨の主張・立証等が考えられる。

したがって、法42条2項1号等でいう概要書面・契約書面に記載が求められる「当該役務の提供に際し当該役務の提供を受ける者が購入する必要のある商品」について、役務提供者が、そのように判断してそれをこれらの書面に記載した場合には所定の期間内のクーリング・オフの対象となり、その記載がないにもかかわらず役務受領者が当該商品を購入した場合には、役務提供者がそのような判断をした上で告知したことが推認されるから、役務提供者が、前述のように、「購入する必要のある」旨の告知自体がなかったか、客観的に「購入する必要のある商品」とは見られないことを主張・立証しない限りは、所定の期間経過後においても役務受領者からのクーリング・オフを免れることはできないと解される。

（2）消費者庁の「解説」や通達の解釈

以上述べてきたことから、「関連商品」についての、前掲の消費者庁の「解説」で述べる「当該商品を購入しないと役務の提供を受けられないもの」を指すとの説明、および前掲の通達で述べる「役務提供を受けるために必要であるとして購入させられた商品」を指すとの説明は、次のように理解すべきであろう。すなわち、両者とも「関連商品」の意義について、役務受領者が「関連性」を認識して購入した観点から説いたものであり、それには、役務提供者の（記載ないし）告知に基づくことを前提としていると解するべきである。すなわち、「必要性」ないし「関連性」は、あくまで役務提供者の（必ずしも客観的な判断に裏付けられたものとは限らない）主観的判断から出発し、それが「当該役務の提供に際し」役務提供者から告知されると役務受領者にとっては客観的な判断であると認識され、当該商品の購入に至った、という取引の流れの中で理解されるべきである。前述したように、役務提供者からの何らかの告知がない場合において、役務受領者が自らで「関連性」「必要性」を判断して当該商品を購入することは、ほぼ皆無であると言えよう。したがって、概要書面・契約書面の記載がないにもかかわらず役務受領者が当該商品を購入した場合における法所定の「必要性」ないし「関連性」についての以上の分析が正しいとすると、前述のように、法48条の定め

第2部　契約法・消費者法

るクーリング・オフの可否については、上述のように、役務提供者による、当該商品に関する告知の不存在、または「役務」と「商品」との客観的「関連性」の不存在の主張・立証がなされない限り、クーリング・オフ期間経過後においても、それが可能であると解される。

（3）クーリング・オフが権利濫用となる場合

上では、書面に記載がない場合には、クーリング・オフ期間経過後においてもクーリング・オフの行使が可能であると解したが、しかし、関連商品を購入しつつ、役務提供が相当な期間にわたり継続されたときおいて、役務受領者は、もっぱら書面の記載がないこともって、中途解約の場合とは異なり、相当な対価の支払いや法所定の損害額の賠償をすることなく、一切の対価の支払いおよび損害の賠償を免れ、クーリング・オフを行使することが常にできるのか。当該役務の種類や内容、当該継続的役務提供期間全体に比べて実際に役務提供を受けた期間、関連商品の客観的な「関連性」や効用の程度、消費者が実際に受けた利益、当該契約からクーリング・オフに至るまでの経緯等を考慮して、消費者のクーリング・オフの行使が権利の濫用とみられる事情がある場合には、その行使は許されないと解されよう。[2]

4　「関連性」についての行政の説明、学説等

（1）「関連性」についての消費者庁の「解説」・通達等と事業者の理解

上記の「関連性」の意義に関して、冒頭の事案の事業者を含む役務提供者が一般に主張するところの根拠は、前掲の消費者庁の「解説」の表現を《商品の購入が役務提供の条件とされている場合》に限定するものと解することに基づくものと考えられ、また、前掲の通達の表現を《商品の購入が（強

---

(2) この点に関して、学習塾の事案について、4月から8月まで授業を受けた後にクーリング・オフを行使した場合でも権利の濫用には当たらないとした裁判例（東京地判平成26年11月21日LEX/DB）や、訪問販売で購入した浄水器について、契約締結後10か月経過後にクーリング・オフを行使した場合でも（その間に販売業者から威迫があった）、権利の濫用には当たらないとした裁判例（大阪地判平成19年3月23日消費者法ニュース72号292頁）等がある。

く）勧誘された場合》に限定し、これには《推奨された場合》は含まれないと解することに基づくものと考えられる。しかし、前述のように、このような理解は正しくない。

ところで、消費者庁のホームページの関連サイトとして掲載されている「特定商取引法ガイド」（http://www.no-trouble.go.jp）（2018年8月15日付け）における「特定継続的役務提供Q&A」のQ11「関連商品と推奨品の違いについて教えて下さい」に対する回答では、次のように述べられている。「外形的には、役務の提供を受けるにあたって購入する必要のある商品として契約締結時の交付書面に記載されたものが「関連商品」であり、役務の提供を受けるにあたって必ずしも購入する必要がないものであって契約締結時の交付書面に記載していないものについては、いわゆる「推奨品」であり、クーリング・オフや中途解約の対象外となります。……（関連商品であるにもかかわらず）交付書面に記載がない場合には、書面不備による行政処分や刑事罰の対象となります。」

このような「特定商取引ガイド」における「関連商品」と「推奨品」の違いの説明は、前述したことから妥当なものではない。以下で、さらにその理由を順次述べていこう。

（2）「特定商取引ガイド」の問題性

①契約書面への記載の要否が問題とされる「関連商品」

役務提供に必要不可欠で、役務提供と一体でその一部をなすような商品（例えば、エステティックの施術中に使用するローション、語学教室の授業中に使用する教材）は、役務とは独立したものではなく役務の内容そのものであるとみることができる。そして、それらの代金は本来当然に役務提供の対価に含まれる。このような商品も、「役務」と「『関連』した商品」として、広義では「関連商品」となり得る（Ⅲ1（1）に掲載した通達および「解説」が例示しているローションはこれに該当する。）が、これらについては、必ずしも役務と別個に商品名やその金額の表示がなされないこともあり、そのことは許されよう。このような場合には、別個に関連商品としての記載が

なされていなくても、役務の中に含めて書面に記載がなされていると考えることができるから、「関連商品」として別個に書面へ記載する必要ではないと解される。このような役務と不可分一体のいわば「役務一体型商品」については、特段その記載の要否が問題とされることはない。

　書面への記載の要否が問題となる「関連商品」とは、役務提供にとって必要不可欠ではないが、直接または間接に「役務提供の効用を増進する」と考えられるもの（例えば、語学教室における参考書類・自習用教材、エステサービスにおける、Ⅲ1（1）に掲載した通達および「解説」が例示している家庭で飲む健康食品やサプリメント類）である。ただし、「当該役務提供の効用の増進」については、必ずしも客観的なものではなく、主として役務提供者の主観によるものとみるべきである。実際には効用増進の程度は様々であると考えられ、また、ほとんどないものもあり得ようし、さらに、役務提供者から提示された商品以外の市販の代替品と差がないものもあり得よう。

　むろん、役務提供者は、健康食品やサプリメント等の「関連商品」の販売を妨げられることはなく、ただ、「役務の提供に際し」役務受益者が購入した場合には、その価格も含め、一定期間（書面交付から8日間）、役務受領者に「関連商品」を含む役務提供に係る契約を全体として冷静に判断させるために、概要書面・契約書面に記載することが義務付けられるのである。もっとも、当該「関連商品」の購入につき、詐欺、錯誤、または誤認があった場合には、特定商取引法の措置とは別に、民法または消費者契約法の各規定により取消しの対象となる。

　以上のように、契約書面への記載の要否が法的に問題とされる「関連商品」の「関連」とは、必ずしも客観的な「関連」を意味するものではなく、ひとつは、「役務の提供に際し」購入される点での「関連」であり、もうひとつは、「関連商品」を告知した役務提供者の考える役務との主観的な「関連」である。

②「特定商取引ガイド」の説明

　前掲の「特定商取引ガイド」の説明は、外形的には、書面に記載したもの

が「関連商品」であり、記載のないものが「推奨品」というものであるが、その趣旨は、上で述べた、役務提供に必要不可欠で役務提供と一体でありその一部をなすような商品のみを「関連商品」とし、それ以外のもので、役務提供者の「推奨」を受けて役務受領者が自らの判断で「役務提供の効用を増進する」ものと判断し購入した商品を「推奨品」と解しているようにも思われる。

しかし、このような理解は、エステサービス等の現実の取引の場面に照らした場合における特定商取引法の正確な理解とは言えないであろう。なぜならば、上で述べたように、役務提供に際し、役務提供者が、自らが当該商品を「役務提供の効用を増進する」と考えて推奨（告知）するのであり、通常、役務と当該商品に関する情報の乏しい役務受領者がもっぱら自己の判断で「役務提供の効用を増進する」ものと判断し購入することはあり得ないからである。特定商取引法は、このような実態（事業者たる役務提供者と消費者たる役務受領者の情報の格差）を前提として、役務の内容とは独立して関連商品を書面に記載することを求めているのである（42条2項1号、施行規則33条2項4号等）。既に述べたように、通常、役務提供者の「推奨」なしに、役務受領者が「関連商品」を購入することはないので、「関連商品」には、当然に「推奨品」が含まれると解すべきである。

「特定商取引ガイド」が説明するような「関連商品」と「推奨品」の区別は、無用の混乱を招きかねないし、現に、先に掲げた役務提供者の主張にみられるように混乱を招いている。上でみたように「推奨品」も「関連商品」であり、当然に書面に記載しなければならない。書面に記載されたのが「関連商品」であり、その記載のないものが「推奨品」であるとの説明は、逆立ちした議論であり（「関連商品」を書面に記載し、「関連商品」以外のものは書面への記載が不要なのであって、議論の出発点は、「書面の記載」ではなく、「関連商品」に該当するか否かなのである。）、不合理で不適切なものである。このような説明では、役務提供者は、書面への記載の要否が問題とされる「関連商品」を「推奨品」として書面に記載しないことになりかねない。

そして、「関連商品」ではないとしてクーリング・オフを免れることになる。役務提供者にこのようなことを許すことは、特定商取引法のクーリング・オフ制度の趣旨を無に帰することになりかねない。国の関連機関には、「特定商取引ガイド」の前掲Q11の回答はもちろん、前掲の解説や通達等についても、以上のような誤解を与えないための措置を講ずる必要があろう。

③役務提供に「必要でない商品」の告知・推奨

書面に記載すべき商品（「関連商品」）は、「当該役務の提供に際し当該役務の提供を受ける者が購入する必要のある商品」（42条2項1号。傍点は筆者）であって、役務提供者は、役務提供契約の締結または役務の提供にあたり、書面の記載の有無とは関係なしに、「購入する必要のない商品」を推奨ないし告知してはならない。役務受領者は、書面の記載がある場合にはクーリング・オフ期間内において解除することもできるが、書面の記載の有無を問わず、民法または消費者契約法の各規定により詐欺、錯誤または誤認を理由に関連商品の購入にかかる契約を取り消すことができる。

なお、前述のように、役務受領者が役務提供者から商品を購入した場合でも、当該役務提供の告知とは無関係に、例えば、当該エステ施設に併設されている店舗で役務受領者が任意にそれを購入した場合や、当該エステ提供者のパンフレットに当該役務提供とは関連させていない広告を見てそれを購入した場合には、「関連商品」に該当しない。

(3)「関連商品」に関する学説

学説においては、法42条2項1号でいう関連商品について、当該役務と性質上の関連がある場合に限らず、「勧誘の内容や購入者の動機に照らして」それが「契約目的を実現するために必要な商品」と評価される場合には、これに当たると解するとの説明や、「性質上の関連性がある場合に限らず、提供される役務の種類や内容、性質とあわせて、勧誘の内容や特定継続的役務提供受領者等の動機にも照らして関連商品の該当性を判断すべきであ」り、

---

(3) 斎藤雅弘ほか『特定商取引法ハンドブック［第5版］』429～430頁、日本評論社、2014年

また、契約書面に「推奨品」との記載がなされていた場合にも、その記載によるのではなく、「提供される役務の種類、内容や提供の態様はもとより、使用する商品の性質や勧誘の実態に照らして判断される」との説明がなされている。
(4)

　これらの見解は、もっぱら客観的な当該役務と商品との関連性に着目するのではなく、「勧誘の内容や購入者の動機に照らして」として、役務提供者の告知や役務受領者の動機（告知の受け止め方）にも着目している点において、以上で述べてきた私見と基本的には同一の立場であると思われるが、より端的に、役務提供に際し役務提供者から告知された商品はすべて（ただし、特段の事情がある場合を除く）、「関連商品」と解してもよいと考えるべきであろう。

（4）役務提供者の商品の販売

　繰り返しになるが、念のため付言すると、以上で述べたことによって、役務提供者が、役務受領者にとって「必要と考える商品」または「役務の提供とは無関係ではあるが紹介・案内したい商品」を販売することが妨げられるわけではない。

　前者の商品に関しては、役務提供者が、それを契約書面等に記載して、役務受領者に対し、当該役務提供契約の内容の全体を認識させ、改めて所定の期間内にクーリング・オフの機会を与えるのであり、役務受領者が所定の期間内に当該商品の「必要性」・「関連性」を確認すれば、その販売が妨げられることはない。

　後者の商品に関しては、役務提供者が、契約書面等にその旨を記載しないことだけでは足りず、役務受領者に「必要な商品」であると誤認させて購入させないために、当該商品が「関連商品」ではないことが客観的に明らかである場合を除き、積極的に、かつ、明確に「役務の提供とは無関係な商品」である旨を告知することが必要である。そうでないと、役務受領者が当該商

（4）後藤巻則・斎藤雅弘・池本誠司『条解　消費者三法』850～851頁、弘文堂、2015年

品を「役務の提供に際し」て購入した場合には、前述のような特段の事情の主張・立証のない限り、契約書面に記載がないことをもって、所定期間経過後であってもクーリング・オフの対象とされる。積極的に、かつ、明確に「役務の提供とは無関係な商品」である旨を告知さえすれば、役務受領者が「関連商品」と誤認することはないので、それを理由に未記載をもってクーリング・オフをすることはなく、当該商品の販売が妨げられることはない。

IV　紛争事案ついて

1　サプリメントについて

（1）「関連商品」に該当するか否か

本件紛争事案において、申立人Xがサプリメントおよびサプリメントを購入するに至った経緯は、サプリメントAについては、10回コースの第1契約をしたときに10ヶ月分を約12万円で購入し、サプリメントBについては、第1契約から2ヶ月後に施術の効果をさらに高めるため勧められ3ヶ月分を約4万円で購入したものである。このことから、Xが、本件の役務提供たる施術とは無関係なものとして、もっぱら自己の判断によって、これらのサプリメントを購入したものとは解することはできない。

また、本件においては、Xが施術者からエステサービスを受けるたびにサプリメントを飲用しているかを確認され、飲み忘れがあると予定通りに施術ができないと言われたことからも本件サプリメントが関連商品に当たることは明らかである。以上のことから、本件では、明らかに事業者による「当該役務を受ける者が購入する必要な商品」との告知がなされたものとみることができる。

（2）本件事業者Yからの想定し得る主張

本件事業者Yは、「サプリメントは、役務の提供の条件とはしておらず、購入していない顧客も多数いることから関連商品には当たらない。」と主張することが考えられる。また、Yは、「エステサービス契約を受けるための条件であるとは説明はしていない。エステサービスと併用してサプリメント

特定商取引法42条および48条でいう「関連商品」

の飲用を推奨しているにすぎない。」と主張することも考えられる。

　しかし、前述したように、第一に、たとえサプリメントを役務の提供の条件とはしていない場合でも、それだけで「関連商品」に該当しなくなるものではなく、第二に、「エステサービスと併用してサプリメントの飲用を推奨している」場合には、それが「勧誘」であるか「推奨」であるかにかかわらず、「エステサービス」と「サプリメントの飲用」との併用の告知をもって「関連商品」に該当すると解され、第三に、その告知が、エステサービス契約の締結時や、施術の前後に施術者によってそれがなされた場合には、「役務の提供に際し」の「関連商品」の告知であると解される。

　以上から、本件サプリメントAおよび同Bは、共に関連商品に当たると考えられ、本件事業者Yから、前述したところの、本件サプリメントについて告知がなかったこと、または、本件サプリメントと役務とは客観的に関連しないことの主張がなされない限り、本件概要書面・契約書面に当該商品の記載がない以上、本件申立人Xは、所定の期間経過後においても本件役務提供契約につきクーリング・オフをすることができると解される。

2　本件紛争事案のあっせん案について

　冒頭で掲げた、ある都道府県の消費者センターに相談がなされた紛争事案については、その詳細は公表されていないが、同都道府県の関係委員会のあっせん案の提示によりXとYとが同案に同意したため同紛争は解決をみたようである。

V　結びに代えて

1　法所定の事項を書面に記載する意味

　民法では、保証（446条2項）や諾成的消費貸借（平成29年改正法587条の2第1項）等の効力の発生については、書面によることを要求している。また、贈与者の贈与の意思表示が書面でなされた場合には解除することができない（550条本文）。このような場合に書面を要求するのは、保証人、消費貸

借の借主(・貸主)または贈与者等が、口頭により安易ないし軽率に意思表示をすることによって債務を負うことを防止するためであるとされる。ただ、いったん書面により契約が締結されると、たとえそれが軽率になされたものであっても、それを理由に契約の効力を否定することはできない。このように民法上、契約の締結にあたり書面を要求するのは、軽率な契約の締結(軽率な債務負担)を防止するためであり、特定商取引法等の消費者法制における場合とは異なり、契約当事者間に情報の格差があるために契約の内容につき法所定の事項を書面に記載させ、それを確認して契約の締結につき一定期間検討させるためではない(なお、根保証(465条の2以下)については法所定の事項を書面に記載することを求めているが、それは保証人になろうとする者に確認させるにとどまり、一定期間契約の締結につき検討させるためではない)。

これに対して、特定商取引法等の消費者法制において、契約にあたり書面を要求するのは、単に消費者の軽率な契約を防止するだけではなく、事業者と消費者とは契約の内容につき情報の格差があることから、事業者に書面上に所定の事項に記載させることによって必要な情報を提供させ、消費者にその契約内容を確認し冷静に熟慮させることにある。そして、消費者に、当該契約を締結するか否かについて判断するための一定の期間の猶予を与え、当該契約を解除するもできるものとした。これがクーリング・オフの制度である。同制度は、当該契約を最終的に締結するか否かについて判断させるための一定の猶予期間を消費者たる役務提供受領者に与えたものであるから、契約を解除するにあたっては、その理由如何は問われず、もっぱら自己の都合でよい。

2 特定商取引法における書面記載の意味
(1)「関連商品」の記載のない場合

上で述べたように、特定継続的役務提供契約においては、役務提供者に所定の事項を書面に記載させることによって、役務受領者に、その契約内容を

特定商取引法42条および48条でいう「関連商品」

確認して冷静に熟慮させた上で、一定の期間内の解除を認めている。役務受領者がその契約内容を確認し冷静に熟慮すべき対象は、書面に記載されている契約内容である。役務受領者が熟慮するにあたり、当該契約内容として記載されるべき事項が一覧性をもって記載されていない場合には、役務受領者は、当該契約内容全体を冷静に熟慮することができない。特定商取引法は、このような場合には一定の期間（クーリング・オフ期間）経過後の解除を認めている。役務提供契約にとっての「関連商品」は、契約内容として記載されるべき事項の最も重要なものの一つである。役務提供受領者は、それが記載されていない場合には、当該役務提供契約書面の交付後所定の期間内において、契約書面を一覧性をもって検討することができないため当該契約の要否について冷静に熟慮できないが、所定の期間経過後、役務提供が進行する中で実際に購入した「関連商品」も含めてトータルに契約内容やその対価を判断したときにおいて、当該契約の締結に否定的になることはあり得る。その原因は、元々、役務提供者が作出したものであるから、役務受領者にクーリング・オフを認め、役務受領者の当該契約を締結するか否かについての利益を保護するのが、特定商取引法における同制度の趣旨である。

（2）特定継続的役務提供契約における「関連商品」の位置づけ

特定継続的役務提供契約においては、関連商品の購入価格が役務提供の対価に比して相対的に高くなることがある。冒頭で掲げた本件紛争事案においては、役務提供の対価が第1契約（10回コース）につき約20万円であるのに対し、サプリメントA（10か月分）の価格は約12万円、サプリメントB（3か月分）の価格が約4万円（10か月分に換算すると約13万円）であり、この2つの「関連商品」の価格が、役務の提供の対価とほぼ同じか、あるいはそれを上回っている。

冒頭の本件紛争事案とは切り離すとして、特定継続的役務提供契約において、関連商品の価格が役務提供の対価に比して相対的に高くなる場合には、当該契約の全体を価格面のみから見たときには、関連商品の使用・服用のために役務の提供を受けていると見ることもできる。ましてや「関連商品」に

283

つき、役務提供者が、客観的に役務の提供と「関連性」ないし「必要性」は希薄であるにもかかわらず告知したが、単に「推奨」したに過ぎないとして契約書面に記載しないような場合に、当該商品を購入した役務受領者は、当該商品だけをクーリング・オフすることはできない（特定商取引法上はこうなる。）だけでなく、前掲の「特定商取引ガイドライン」等に準拠すると、関連商品の購入を含む当該役務提供契約をクーリング・オフすることができなくなることになりかねない。

　ここでの問題は、「関連商品」につき、《役務の提供との「関連性」ないし「必要性」が希薄であるような場合》、または《役務提供者が「推奨」したに過ぎない場合》には、契約書面に記載しなくてもよいと考えることにある。もし前者の場合に契約書面への記載が不要であるとすると、役務提供者から告知されて当該商品を購入した役務受領者にとっては、「余計な商品」を購入させられたことから役務提供契約全体を解除する要請が高いにもかかわらず、かえって解除が制限される結果となってしまう。また、もし後者の場合に契約書面への記載が不要であるとすると、役務提供者から、役務提供に必要であるとは言われないものの、「推奨」されて当該商品を購入した役務受領者にとっては、「推奨されただけで必要ではない（余計な）商品」を購入させられたことから役務提供契約全体を解除する要請が高いにもかかわらず、これまた、かえって解除が制限される結果となってしまう。

（3）「特定商取引ガイド」の説明に準拠した場合

　上で述べたことから、役務受領者が役務の提供にあたって役務提供者から「推奨します」と告知されて商品を購入したが、当該商品が実際には役務の提供の効用に必ずしも関連しないものであった場合に、役務提供者が「特定商取引ガイド」の説明するところに従って同商品につき契約書面に記載しなかったときは、役務受領者は、「不必要な商品」付きの役務提供契約をしたにもかかわらず、クーリング・オフ期間を経過すると、他方では役務提供に真実必要な商品を役務提供者から告知されて購入した場合にはクーリング・オフができるにもかかわらず、このようなときには、もはやクーリング・オ

フができないという極めて不合理に結果を招来することになる。

　むろん役務の提供の効用において真実関連しない商品であった場合には、特定商取引法では関連商品のみのクーリング・オフは認められていないから、先に述べたように、民法または消費者契約法の関連規定に基づいて詐欺、錯誤または誤認を理由に当該商品についての売買契約を取り消すことはできるが、そのためには、役務提供者による欺罔などの事実を主張立証しなければならず、また、クーリング・オフ制度における「自己都合」による解除をすることはできない。さらに、特定商取引法のクーリング・オフ制度によらなければ、当該契約の本体である役務提供契約を解除することはできない。

3　結　論

　最後に、これまで本稿で述べてきたことをまとめておこう。

　契約書面に「関連商品」の記載がないにもかかわらず、役務受領者が現に「関連商品」を購入した場合には、役務受領者は、「当該役務の提供に際し」役務提供者により当該商品名につき告知されたものと推認することができる。そして、下記のような特段の事情がある場合を除いて、概要書面および契約書面に記載されるべき「関連商品」については、「提供役務」と「購入商品」との客観的な「関連性」が必ずしも問われるべきではなく、役務提供者である事業者が、主観的にでも「関連性」がある（「必要である」）と判断し、告知した商品はすべて「関連商品」となる。「当該役務の提供に際し」て、役務提供者から当該商品名について告知され、役務受領者が、その結果、当該商品を購入した場合は、通常は、役務受領者が当該商品は役務の提供に関連するもの（必要であるもの）と考えるからである。

　したがって、当該商品を購入した役務受領者が、当該商品の記載がないとして、特定商取引法48条1項・2項に基づいて当該契約の解除（クーリング・オフ）を主張した場合には、役務提供者は、「当該役務の提供に際し」て自らは一切告知しなかったか、または、当該商品が客観的に（たとえ役務提供者から告知があった場合でも役務受領者が「関連商品」と誤認すること

はないとして)「関連商品」ではない旨の主張・立証をしない限り、クーリング・オフを免れないものと考える。 特定商取引法42条2項1号等にいう「当該役務の提供に際し当該役務の提供を受ける者が購入する必要のある商品」、すなわち「関連商品」とは、以上のようなものをいう。

　契約書面への記載の要否が法的に問題とされる「関連商品」の「関連」とは、ひとつは、「役務の提供に際し」購入される点での「関連」であり、もうひとつは、「関連商品」を告知した役務提供者の考える、役務と商品との主観も含む「関連」である。したがって、役務との客観的な「関連」を必ずしも意味するものではない。冒頭で述べたように、「関連商品」は、提供役務と客観的に「関連」しなくてもよいのであり、それは、基本的に、役務提供者の告知によって役務受領者が「役務と共に購入した商品」である。

　役務提供者が役務提供に際し告知ないし提示した商品につき役務受領者がそれを購入する旨の意思表示をした場合には、役務提供者は、当該商品につき「関連商品」として概要書面ないし契約書面に記載しなければならず、役務提供者がその記載を怠った場合には、役務受領者は、クーリング・オフ期間経過後においても、クーリング・オフをすることができる。

第3部　競争法・行政法

独占禁止法違反の定量的評価モデル

柏 木 裕 介

I 問題の所在

　独占禁止法[1]（以下では独禁法と略す。）の違反について論じる場合、定性的な評価が中心となることが多い。確かに、独禁法に違反している」か「違反していない」かが最も重要な課題ではある。

　しかし、公正取引委員会（以下「公取委」と略す。）が独禁法に違反している多種多様な案件の中から、いかなる案件を取り上げるかを決定する際には、定量的評価は欠かせない。違反行為にかかる市場規模が大きい、あるいは独禁法の観点から悪質性が高い案件を優先して事件化していくところ、事件化の過程には何らかの定量的評価が含まれる。公取委の判断として、それらは長年の実務運用と集積した事例に基づき経験的かつ直感的になされているのである。限られた人的リソースを事件に投入する以上、定量的にみて反競争効果が高い案件を優先的に取り上げるべきであることは当然であり、定性的評価だけではなく、何らかの定量的評価が欠かせないのである。

　この点、概ね95％以上の事件は行政事件として排除措置命令や課徴金納付命令といった行政処分のみで終了するが、カルテル・談合の中でも悪質性の高い事件については、公取委は検察庁に刑事告発し[2]、検察庁が起訴すれば、事件は行政処分のみならず刑事処分の対象となる（なお、私的独占については刑事告発された案件はない。）。

　この点、実際に刑事告発を念頭に置いた犯則調査事件として取り上げられた事案を検討した場合に、どこに重点においたかは統一的に説明できるもの

（1）正式名称は「私的独占の禁止及び公正取引の確保に関する法律」である。

第3部　競争法・行政法

ではない。溶融亜鉛めっき鋼板カルテル事件（課徴金総額155億718万円）やベアリングカルテル事件（課徴金総額133億6587億円）などは、市場規模の大きさに重点を置いたことは明らかである。一方で、独立行政法人緑資源機構談合事件（課徴金総額9612万円）などは課徴金総額が極めて低く、官製談合という側面に重点を置いている。名古屋地下鉄談合事件（課徴金総額19億2030万円）のように、ゼネコンの談合離脱宣言の直後に行われたといった行為の悪質性、特に非難可能性の大きさに重点を置いた事案もある。多様であるが、これまで統一的な定量的評価や数値化がされたことは勿論ない。独立行政法人緑資源機構談合事件のように、談合の影響を受けた市場規模があまりに小さく告発事件として適切であったか疑問の残る事件もある。

　企業側にとっても、違反の定量的評価はその後の対応を検討する上で欠かすことはできない。

　仮に、ある行為がカルテルや談合を規制する不当な取引制限（独禁法2項6号、3条後段）、に該当するとしても、例えば市場規模があまりにも小さく、公取委によって事件化される可能性が極めて小さい場合には、違反行為の取り止めは当然するとしても、課徴金減免申請（リニエンシー申請）まではしないという選択があり得る。これにも定量的評価が含まれる。

　この点、独禁法の中でも企業結合規制においては、HHIや、近年ではGUPPIによって定量的評価が発達してきた。

　HHI（正式にはハーフィンダール・ハーシュマン指数という。）は市場の寡占度合を測定する指数で、当該一定の取引分野における各事業者の市場

（2）公取委は、どのような事件について刑事告発を行うかについて、次のような基準を公表している、第1は、「一定の取引分野における競争を実質的に制限する価格カルテル、供給量制限カルテル、市場分割協定、入札談合、共同ボイコット、私的独占その他の違反行為であって、国民生活に広範な影響を及ぼすと考えられる悪質かつ重大な事案」であり、第2は「違反を反復して行っている事業者・業界、排除措置に従わない事業者等に係る違反行為のうち、公取委の行う行政処分によっては独占禁止法の目的が達成できないと考えられる事案」である。

シェアの2乗の総和によって算出される。1社が当該市場で100％のシェアを有する場合が最高値となり、具体的な数値は100×100＝10000となる。仮に市場シェア10％の企業が10社ある場合には、10×10＝100を10回足すので1000となる。

　企業結合審査に関する独占禁止法の運用指針では、企業結合後のHHIが(3)①1,500以下である場合、②業結合後のHHIが1,500超2,500以下であって、かつ、HHIの増分が250以下である場合、③企業結合後のHHIが2,500を超え、かつ、HHIの増分が150以下である場合、当該企業結合（水平型が前提である）が一定の取引分野における競争を実質的に制限することとはならないとして、定量的なセーフハーバー基準を示している。(4)企業結合を計画する企業は、市場画定が難しい案件もあるものの、可能な限り事前に市場シェアを算出しHHIを算出することによって、企業結合の難易度をある程度予測するこができ、非常に役立っている。

　GUPPI（正式にはGross Upward Pricing Pressure Indexという。）は、仮に水平的競合関係に立つA社とB社が統合を計画している場合において、統合後に単独行為によってどれだけ価格を引き上げる誘引があるかを示す指標のことで、統合前においてA社が例えば10％の値上げを行った場合に顧客がどの程度B社に流れるかの転換率とA社における価格、B社における限界利益を組み合わせて測定する。具体的には、（転換率）×（B社における限界利益）を分子、（A社における価格）を分母として算出する。転換率やB社の限界利益が高ければ、GUPPIの数値は高まる。かかる場合、統合後の会社は、統合前においては値上げすればB社に逃げていたで顧客を統合によ

（3）https://www.jftc.go.jp/hourei_files/shishin01.pdf
（4）なお同ガイドラインは、上記の基準に該当しない場合であっても、直ちに競争を実質的に制限することとなるものではなく個々の事案ごとに判断されることとなるが、過去の事例に照らせば、企業結合後のHHIが2,500以下であり、かつ、企業結合後の当事会社グループの市場シェアが35％以下の場合には、競争を実質的に制限することとなるおそれは小さいと通常考えられる、とも示している。

り囲い込むことができるので、強気の価格戦略を打ち出すことが可能となり、価格を引き上げる誘引が強まる。そのため、企業結合審査で問題視される可能性が高まるのである。近年、難易度の高い企業結合案件では、公取委側と企業側が、GUPPIをそれぞれ算出し、いわば定量的評価を互いに出し合って、定量的評価に関して建設的な議論を行っている。

　企業結合規制において、このような定量的評価が発達してきた理由はどこにあるか？

　企業結合規制は、当該企業結合により市場支配力が形成・維持・強化されるか、すなわち、市場が将来的に反競争的になり統合後の企業が、例えば5％ないし10％の値上げをある程度自由にできるようになるか否かを審査するものである。文字通り将来の予測であるから、定性的評価だけでは評価が定まらないことが多い。定性的評価は、「一定の取引分野における競争の実質的制限」に関する評価根拠事実と評価障害事実を、多数ある中から論者がいわば直感的に取捨選択し、その大小を総合的に検討して導くものであるからである。そのため、定性的評価だけでは、特に結論について公取委と企業側で意見が食い違う場合には水掛け論になりやすい。そこで、そのような不毛な対立を避けるため、企業結合規制においては主に経済学の助けも借りて上記のような定量的評価モデルが発達してきたのである。

　一方、カルテル・談合を規制対象とする不当な取引制限規制や私的独占・不公正な取引方法規制においては、成立要件や構成要件に関する重要な最高裁判例が特に近年になって飛躍的に蓄積されたが、定量的評価の議論はほとんど進んでいない。

　しかし、カルテル・談合についても、定量的評価モデルがあれば、事件解明のための限りある人的リソースを有効に利用し、重要な案件に優先的に取り組むことができる。

　また、私的独占・不公正な取引方法は、そもそも独禁法違反の成否それ自体が微妙な案件が多いところ、公取委の取り上げる事件数がカルテル・談合に比較すると圧倒的に少ないためか（不当廉売や優越的地位の濫用の疑いで

調査が開始され注意で終わる事件を除く。）、成立要件や構成要件に関する議論が大半である。しかし、私的独占・不公正な取引方法は、グレーゾーンの定量的評価がまさに必要とされている。企業としても、グレーゾーンについて「独禁法に抵触する可能性がある」とだけ評価されても、その可能性の度合いが分からなければ、ただ漠然とした不安を抱くだけで、その後の有効な対応策がとり得ないであろう。

そこで、本稿では、独禁法規制の3本柱のうち、定量的評価が進んでいる企業結合規制を除いた他の2本柱、すなわち不当な取引制限（カルテル・談合等）と私的独占・不公正な取引方法規制について、その独禁法違反の定量的評価モデルを創出し、独禁法違反の度合いについて数値化することを試みる。

この点、独禁法における違法性は（ただし独禁法で違法性という言葉は用いられていない。）、市場における競争機能を損なうことにあるところ、かかる効果概念として、独禁法は「一定の取引分野における競争の実質的制限（以下「競争の実質的制限」と略す。」と「公正な競争を阻害するおそれ」（以下「公正競争阻害性」と略す。）の2つを持つところ、2つの概念を持ったこと、特に公正競争阻害性についての理解が未だ統一化されていないことが独禁法の難易度を深める大きな要因となっている。ただし、本稿ではその点については踏み込むことはしない。なお、筆者の理解するところでは、両者は本質的には同じ概念であり、ただ、後者の守備範囲が搾取規制等を含むため前者より広く、また、競争機能の損なう程度について、後者は前者より低いレベルで成立するという違いがあるだけである。したがって、本稿では、この2つを包含し、かつ終局的な独禁法上の評価を加えた概念として「反競争効果」という用語を用いる。反競争効果は、当該行為に対する独禁法上の定量的評価概念に他ならない。

なお、当職は2004年〜2008年に公正取引委員会に審査専門官主査として勤務し、ニプロ事件やマイクロソフト事件といった重要事件を担当し、特に審判においては審査官として主張立証を中心的に担う役割を得た。その際に、

第3部　競争法・行政法

それほど明確ではなかったが、あくまで個人的に以下で論じるような定量的評価モデルをイメージして、公取委の他のメンバーとともに主張・立証を重ねていった。結果、いずれも難事件であったが、企業側が審決取消訴訟を提起せず、公取委の審判審決を受け入れたという意味において、勝利を収めることができた。したがって、以下のモデルは既に実務で多少なりとも利用したモデルともいえる。なお、独禁法違反の定量化評価モデルを論じたものは筆者が知る限りではなく、そのため公取委のガイドラインや研究者による論文等の引用は必然的に少なることを予め付言しておきたい。

II　定量的評価モデル（総論）

　反競争効果に関して、筆者が考える定量的評価モデルは以下の通りである。すなわち、①市場における主体の地位（a）、②行為の不合理性（b）、③対市場効果（c）について、その大小・強弱を数値化し、また、それぞれの因果性を検討した上で、さらに企業側からの一部否認ないし抗弁としての競争促進効果の有無・程度も勘案しながら認定していく方法である。

　(a)は市場において行為主体が持っている力である。市場シェアが主要な手がかりになるが、本来的には市場シェアのみならず、市場の特性（新規参入が容易か否かなど）の検討は不可欠である。

　(b)の不合理性は、日本の独禁法だけでなく、世界の独禁法・競争法においても最も未解明かつ難解な対象である。あくまで独禁法から考察した不合理性であって、一般の民事法において基礎となる社会通念や一般刑事法的観点から判断することは難しい。最高裁はNTT東日本事件（最判平成22年12月17日第348号民集64巻8号2067頁）において、排除行為の中核的要素を「正常な競争手段を逸脱するような人為性」をとしたが、本稿ではこれと同義として不合理性という言葉を用いる。「正常な競争手段を逸脱する人為性」は長いからある。本来的には反競争性という言葉でも良いのだが、反競争効果との差異が分かりにくくなるため不合理性とした。この行為の不合理性というフィルターは極めて重要である。このフィルターを通すことによっ

て、高品質・低価格な商品やサービスを提供することによって競争業者からシェアを奪っていくプロセスを、誤って独禁法違反と評価することを防止することが可能となるからである。

　この不合理性は、能率競争すなわち「価格・品質・サービス競争」からどれくらいかけ離れているか、という視点から検討すると有用である。独禁法は価格・品質・サービスによって競争することを求めており、「価格・品質・サービス競争からの乖離性」の大きさが、独禁法における不合理を示すバロメーターになるからである。

　(c) は市場参入の失敗・遅延、撤退、シェアの変動、顧客・取引の増減など、市場に与えた、あるいは与えたであろう影響である。これらは市場シェアの変動率と参入の阻止の有無に集約することができる。

各要素は相互に作用し合っているため、その強弱を「足す」のではなく「乗ずる」ことによって判断する。同じ行為であっても、(a) の大きさの違いによって市場に及ぼす影響は全く異なり、それを計算式の中で評価するならば、「足す」のではなく「乗ずる」方がはるかに実態に肉薄することができるからである。

　以上から定量的評価モデルの式は、

　［(a) × (b) × (c) －競争促進効果］＝反競争効果（結果数値）

　となる。

　次に各要素を数値化する場合、いかなる数値が適当であるか？

　各要素の大小や各要素を乗じることによって算定する結果数値は、HHI指数のように分かりやすいものが望ましい。例えば、各要素に0超10以下の数値を与える方法である。この場合の最大数値は$10×10×10＝1000$である。0という数値は計算式を無意味化するが、0.5など小数点はあり得る。特に(b)で価格品質サービス競争に近接した合理性が認められる場合には、1を下回る数値が適している。かかる数値を用いることによって、仮に当該行為により競争事業者のシェアを大きく奪っているため(C)の数値が高かったとしても、算式から導かれる結果数値は小さなものになるからである。

第 3 部　競争法・行政法

　最大数値は1000であるが、この数値に達する事件は独禁法が制定されてから最も悪質性が高かった事件がふさわしい。

　おそらくその事件は、橋梁談合事件であろう。橋梁談合事件には、行政事件と刑事事件があり、また、国土交通省発注のものと日本道路公団発注のものとがある。まず公取委による課徴金総額は129億1048万円（計44社に対して）と平成18年当時おいては過去最大であった。罰金総額も約64億円にのぼり、現時点においても過去最大である。なお、両事件あわせて法人が32社、個人が15名の合計47名が起訴され、起訴された人数だけでは東京都発注の水道メーター事件（1次及び2次）の合計68名に次いで史上2番目であるが、法人単体に対する罰金額としても、併合罪加重はされているものの過去最大の6億4000万円が科されている（横河ブリッジ事件：東京高判平18・11・10審決集53巻1133頁）。

　課徴金総額について、これを上回る事件がその後4件発出されている。最高額はストーカ炉入札談合事件の約270億円、2位は自動車海運カルテル事件の約227億円、3位は溶融亜鉛メッキ鋼板カルテル事件の約155億円、4位はベアリングカルテル事件で約133億円である。いずれも市場規模が大きい案件であることは明らかだが、社会に与えたインパクト等からすれば橋梁団事件を上回るものではない（なお、ベアリングカルテル事件以外は刑事告発されていない。）。

　筆者は、橋梁談合事件が継続中の当時、米国ワシントンDCで年1回開催される公取委と米国司法省の担当官がその年の重要事件について意見交換をする日米審査官会議に参加する機会を得たところ、筆者は同事件を担当していなかったが、米国の担当者から、課徴金減免申請制度（いわゆるリニエンシー制度）がまだ導入されていない中で公取委が橋梁談合事件という巨大談合事件を解明し、刑事告発までに結び付けたことに対して、ストーレートな讃辞を送られたことを鮮明に覚えている。違反行為が数十年と長期にわたったことや市場規模が巨大であったことに鑑みても、橋梁談合事件が反競争効果においてトップと見て良いであろう。なお、課徴金料率を乗じる対象であ

る、違反行為の影響を受けた売上であるところの市場規模は、結果数値に何らかの影響を与える設計が必要であり、この点については後述の通り数値化するが、一方で市場規模それだけで反競争効果の大小を評価できるものではない。

では、橋梁談合事件での結果数値がほぼ1000に近接するという前提で数値を組み立てていく場合、各数値はどうなるか？　談合に参加していない企業が僅かにいた可能性があるから、(a) は保守的に見るとして9.5、(b) 10、(C) は10が妥当である。よって9.5×10×10＝950が独禁法制定以来の最大の反競争効果（結果数値）とし、各数値を配置していくことにする。

次にモデルとして望ましいことは、不当な取引制限規制と私的独占・不公正な取引方法規制のいずれでの規制でも利用できるモデルであることである。なお、不公正な取引方法における公正競争阻害性については、昭和57年独占禁止法研究報告によって、自由競争減殺、競争手段の不公正（ないし競争手段の不当）、自競争基盤の侵害といった３分類によって整理され、相応の影響を実務に与えている。しかし、この３分類は注意深く用いないと定量的評価を誤った方向に導く。特に競争手段の不当は、行為の広がりも併せて検討する論者が増加してはいるものの、手段が不当でさえあれば、それだけで公正競争阻害性を認定する危険を内包している。手段の不当の分類を残すことは、手段が不当であれば市場へどのような反競争的効果を与えたかの実証的な議論を論じるまでもなく、公正競争阻害性ありとの結論に結び付きやすく、公取委による過剰規制に論理的抑制をかけることができない。

そこで、定量的に反競争効果を検討する際には、自由競争減殺類型と競争手段不公正類型を特に分けては評価しない。すなわち、競争手段の不当だけで公正競争阻害性を認定することはしない。

なお、不公正な取引方法は、公正な競争を阻害する「おそれ」で足りるが、「このおそれの程度は競争減殺効果が発生する可能性があるという程度の漠然とした可能性の程度をもって足りると解するべきではなく、当該行為の競争に及ぼす量的又は質的な影響を個別に判断して、公正な競争を阻害するお

それの有無が判断されることが必要である。」(マイクロソフト非係争条項事件・公取委審判審決平成20年9月16日審決集55巻380頁)。この点、競争機能を損なう程度が低いレベルでも公正競争阻害性が認められることは法解釈上いわば自明であるが、それを定量的に評価し数値化するのが本稿の目的の1つなのである。

なお優越的地位の濫用は、中小企業を保護するための政策的な規制であり、仮に市場の競争機能を損なう規制と位置づけたとしても、その特異性は変わらない。そこで優越的地位の濫用の定量的評価モデルは別途検討する必要があり、これについては別稿に委ねることにする。

III 定量化モデル(各論)

1 「市場における主体の地位」(a)の数値化

基本的には市場シェアに連動させれば良く、もっとも数値化が容易である。100%であれば10、8.5%であれば8.5、10%であれば1、5%であれば0.5である。独禁法と他の法律との顕著な違いの1つには、同じ行為でも、シェアの大きな企業によるものとそうでない企業によるものでは、市場に与える影響が全く異なり、独禁法の評価も異なる点にある(なお、カルテル・談合では当然のことながらカルテル・談合への参加事業者のシェアを合算する)。

まず大まかな視点から述べれば、市場シェアが20%にも満たないような企業による行為は、一般的には市場の競争機能に有意な影響は与えないが、50%を超えるような企業による場合には有意な影響を与え、シェアが増加するにつれてその影響は大きくなる。その間はいわばグレーゾーンであるが、本稿で論じる定量的評価モデルは、これまでただグレーゾーンといわれてきた領域を、できるだけ数値化できるモデルを試みる。なお、市場は例えば東京電力向けといった1顧客ごとなど非常に狭く画定される場合があり、かかる場合には必然的にシェアが高くなるので注意が必要である。

一点、数値を変換させる市場構造がある。それは、新規参入が容易な市場の場合である。仮に現状での市場シェアが100%であっても、新規参入が容

易であれば、実際には係数10の力を持つことはできない。では、どのように新規参入の容易性を数値化すべきであろうか。1案として、例えば行為時から遡って5年以内に当該市場に新規参入した企業があり、かつ、その期間内に市場シェア5％超に至っている場合には、係数から1をマイナスする。

分かりやすく外食市場、とりわけ価格競争の激しい牛丼市場を前提とする。何らかの理由により松屋とすき家が順次撤退し（まったく架空の例であり、違う組み合わせでも良い。）、現状吉野家が市場シェア90％を持つとしよう。かかる場合には、通常なら係数は9となる。しかし、仮に5年内に新規参入者した牛丼チェーンがあり、その間に5％のシェアを持つに至ったとしよう。かかる場合に、9－1として8とするのである。なぜ5％のシェアを新規参入者の指標とするかといえば、5％程度のシェアを有していなければ有意な牽制力を持つことが困難だからである。

同じように、5年内に新規参入し、5％超のシェアを有するに至った企業が2つある場合にはマイナス2（先の例では、9－2＝7）、企業が3つであれば－3、n個であれば、マイナスnとする。

なお、市場規模が年々縮小している場合や企業の撤退が続いている衰退市場の場合には、何らかの変換は必要であろうか？結論としては、変換は不要と解する。カルテル・談合は衰退市場でむしろ発生するものであるし、衰退市場の場合、隣接市場からの競争圧力が働くかはケースバイケースだが、既に魅力を失いつつある市場であるため新規参入による競争圧力が通常の市場よりも働かない。したがって、変換は必要ないのである。

2 「行為の不合理性（価格・品質・サービス競争からの乖離性）」(b)の数値化

数値化に当たって前提として押さえておくべき点がいくつかある。

（ⅰ）価格・品質・サービス競争に即した行為については、市場シェアが大きい企業によるものであり、他の競争事業者に与える影響を大きいからといって、それはまさに合理的な競争なので、誤って独禁法違反としないように、反競争効果＝結果数値が低くなるような数値にする必要がある。そのた

第3部　競争法・行政法

め、係数は1ではなく、行為内容によって例えば0.5などを設定するのである。たとえ市場シェアが95％の企業であっても、さらなる競争的行動をとる余地は常にあり、かかる企業がコスト割れではない低価格販売などによって弱小シェアの企業を撤退に追い込んだとしても、それは通常の競争のプロセスであって違法ではない。そのため、結果数値を低減すべく②の係数を減じさせる必要であり、例えば、コストについて固定費用や変動費用等について精査した上で、価格・品質・サービス競争に即した行為と評価できるのであれば、係数を1ではなく0.5等にするのである。

　ただし、合理的な競争行為か不合理な排除行為かの見極めが難しい場面も多く、また両面を持つ行為もある。したがって、本来的には合理的な競争行為であれば、価格・品質サービス競争のからの乖離性は0であるが、そうすると結果数値も0となるので、0という数値は用いないことにする。$0 < X < 1$の数値を設定し、0に近い数値であれば、たとえ（a）と（c）の数値が高くても、結果数値は非常に低くなり、当該行為を適法な領域に位置付けることが可能となるからである。

　（ⅱ）行為と対市場効果は連動しており、独禁法上の評価においても因果関係を要求されることから、（b）と（c）を切り分けて論じることは本来的には難しい。これは刑法の犯罪理論において、実行行為性と因果関係との整理が難しいのと同様である。しかし、そうであるからこそ、行為については、対市場効果をひとまず捨象して行為そのものの合理性を検討する必要がある。すなわち、実際の対市場効果は（c）での検討に可能な限り委ね、当該行為そのものを一般的客観的見地から考察する必要がある。ここを強調する理由は、公取委のみならず世界の競争当局は、市場シェアとその影響の大きさにいわば幻惑されて、本来的には価格・品質・サービス競争に即した行為を、独禁法違反として追い込んでいく傾向があるからである。例えば、欧州委員会は、かつてはマイクロソフトやインテル、現在ではグーグルを執拗にターゲットにして巨額の制裁金を課しているところ、個々の案件における法的処理の是非は措くとして、かかる傾向が見受けられる。インパクトを重視して

巨大企業に巨額の制裁金を課すこと自体を目指しているようにも映るのである。

（ⅲ）他の法規範による規制分野を不必要に侵害しない設計が必要である。

価格・品質・サービス競争から乖離性が最も大きい行為は、価格カルテルや官製談合であるが、独禁法で問擬される行為の多くは、外形的には通常の企業活動と見分けがつかないことが多い。また、独禁法はそのような外形的には通常の企業活動と見分けがつかない行為を中心的な規制対象としているのである。

したがって、あえて特殊な事例で例えれば、競争企業を弱体化させるために、その企業の経営者を殺害したり、その工場を放火したりする場合、それらの行為は価格・品質・サービス競争から著しく乖離していることは間違いないが、かといって、これらの行為に価格カルテルと同じく係数10を与えることは、それらが刑法上の殺人罪や放火罪で処罰できることに鑑みると、独禁法の守備範囲を拡大し過ぎるおそれがあるし、望ましいともいえない。営業秘密を侵害した場合の不正競争防止法との関係も同様である。そこで、他の法規制によって解釈上争いなく規制対象となる場合には、例えば、マイナス3を施すことによって係数変換する方法などが考えられる。なお、実際にも上記のようないずれの行為も公取委から独禁法違反と認定されたことはない。

以上を留意しながら、不当な取引制限、私的独占・不公正な取引方法として規制される代表的な行為について数値化を試みれば以下のとおりである。無論、行為は多種多様ものがあり、価格・品質・サービス競争のからの乖離性という原点に立ち返り、当該案件ごとに数値を調整していくことが必要である。以下は議論を深めるための現時点における目安でありサンプルである。

10　価格カルテル（引き上げ型）、市場分割カルテル、官製談合
9　価格カルテル（維持型）、入札談合、支配行為
8　価格カルテル（引き下げ額調整型）、生産調整カルテル、顧客分割カ

第3部　競争法・行政法

　　　ルテル、受注調整
　7　購入カルテル
　6　共同の取引拒絶（共同ボイコット）、再販売価格拘束
　5　コスト割れ販売（商品を供給しなければ発生しない変動費等を下回る廉売）、排他条件付取引、マージンスクイーズ、FRAND違反
　4　厳格な販売地域制限
　3　コスト割れ販売（総販売原価を下回るが変動費等は上回る廉売）、差別対価、抱き合わせ、非係争条項
　2　最恵国待遇条件の強制、忠誠リベート・累進的リベート
　1.5　単独の取引拒絶、その他の販売地域制限
　0　＜価格品質サービス競争に即した行為　＜1

3 「対市場効果」(c) の数値化

　ここでも本来的には (b) と同じように、不当な取引制限と私的独占・不公正な取引方法を統合した数値化が望ましい。しかし、前者は競争業者間で競争を停止ないし緩めることによって、直接的に反競争効果をもたらす行為類型であるが、後者の場合、中心となる排除行為は競争事業者を弱体化させ、あるいは参入を阻止することにより、自らの市場支配力やそれに準じる有力な地位を形成・維持・強化し、市場をいわば牛耳ることができる状態にすることにより、反競争効果をもたらす点において、反競争効果をもたらすプロセスが異なる。

　このようなプロセスの違いから市場で検証できる影響も異なる。そこで、両者は分けて数値化することとする。また、市場規模を何らかの方法で反映できることが望ましい。年間1000億円市場のカルテルと、年間1億円市場のカルテルで、反競争効果＝結果数値が同一であるとすれば、かかる計算モデルは失敗を言わざるを得ないからである。

　（1）カルテル・談合（直接的な競争制限）

　5が起点となるように数値化している。年間の市場規模は、カルテル・談

独占禁止法違反の定量的評価モデル

合の影響を受けた売上規模であり、「年間……億円以上」としている。なお、市場規模は当該違反行為により影響を受けた売上を指しており、一般的な意味での市場規模ではない。

＋3　市場規模・年間300億円以上
＋2　市場規模・年間200億円以上
＋1　市場規模・年間100億円以上
＋1　行為が長期間（5年以上）
　6　カルテル・談合の実質的成功（価格引き上げや受注予定者の落札）
　5　カルテル・談合（行為そのものによって競争は制限されており定型的な効果あり。カルテルで値上げを失敗したとしても5の影響はある。）
－1　市場規模・年間10億円以下
－2　市場規模・年間5億円以下
－3　市場規模・年間1億円以下

（2）私的独占・不公正な取引方法（競争業者を排除することによって地位を形成・維持・強化することによる競争制限）

3が起点となるように数値化している。年間の市場規模は上記の不当な取引制限と同じく、私的独占・不公正な取引方法の影響を受けた売上規模を指しており、「年間・・億円以上」としている。

　9　6＋市場規模・年間300億円以上
　8　6＋市場規模・年間200億円以上
　7　6＋市場規模・年間100億円以上
　6　競争の事業者の15％のシェアの減少、又は、具体的な参入計画のあった1企業以上の参入阻止・遅延
　5　競争の事業者の10％以上のシェアの減少
　4　競争の事業者の5％以上シェアの減少

303

3 変動費等を下回る廉売、排他条件付取引、マージンスクイーズ、FRAND
（違反行為そのものによって定型的な効果あり）
－1 市場規模・年間10億円以下
－2 市場規模・年間1億円以下
不当な取引制限と異なり、最高値は9としている。

4 「競争の実質的制限」と「公正競争阻害性」（反競争効果）の数値化
 以上の（a）（b）（c）に関する数値化を踏まえて、「競争の実質的制限」と「公正競争阻害性」という2つの反競争効果の数値、特に下限数値はどのように設定すべきか。定量的評価のための1つの手がかりになるのは独禁法での課徴金率である。
 カルテル・談合（不当な取引制限）の基本課徴金率は、違反行為にかかる売上（最大3年分）の10％（独禁法7条の2第1項）である。違反行為の繰り返しの場合には5割増しで15％（独禁法7条の2第7項）、主導的役割の場合も5割増しで15％（独禁法7条の2第8項）に引き上げられ、その両者の場合には最大20％まで上がる。平成30年現在では、20％が課徴金の最高料率である（今後独禁法が改正され、最高料率が引き上げられる可能性がある）。
 私的独占は支配型の場合には不当な取引制限と同じく10％（独禁法7条の2第2項）であるが、排除型は6％（独禁法7条の2第4項）である。
 不公正な取引方法は、課徴金が課される法定の不公正な取引方法の課徴金率は3％（独禁法20条の2乃至5）であるが、一般指定の不公正な取引方法には課徴金は課されず（0％である）、行政処分は排除措置命令のみである。なお、法定の不公正な取引方法のうち、納入業者への搾取的行為を規制する優越的地位の濫用の課徴金率は1％（独禁法20条の2乃至5）であるが、料率をかける売上の概念が違反行為にかかる売上ではなく、違反行為者と納入業者との売上額全体となる点で他の類型と著しく異なる点と、前述したように、優越的地位の濫用規制は、議論はあるものの市場における競争機能を損

なう行為を規制するというよりも、弱者保護的な中小企業政策に通じる規制であることから、定量的評価モデルも特有に構築する必要があり、それは別の機会に譲る。

　以上を前提として検討を行う。反競争効果のうち競争の実質的制限の下限数値は、不当な取引制限や支配型私的独占ではなく、排除型私的独占であろう。行為主体の市場シェアの下限は、排除型私的独占ガイドラインによっても概ね50％であり、そのような企業が排他条件付取引を行った場合で、かつ、それによって競争事業者のシェアを少なくとも10％低下させた事例がおおよその限界事例となるのではなかろうか。そうすると、前記の数値によれば、(a) × (b) × (c) ＝ 5 × 5 × 5 ＝125となる。したがって、このモデルでは、公取委が当該行為を私的独占として違反認定するには、排他条件付取引が実施されただけでは足りず、それによって競争事業者のシェアが10％低下した等の対市場効果の立証が必要となる。ただし、不公正な取引方法の排他条件付取引（一般指定11項）で規制できる可能性はある。では、不公正な取引方法の下限数値はいかなる数値を設定すべきか？

　不公正な取引方法については、一般指定型には課徴金が課されず数値化は困難でははあるが、ⅰ不公正な取引方法へ課徴金を導入した平成21年独禁法改正は、まずは優越的地位の濫用への課徴金導入ありきで進められ政治的色彩が強かったこと、ⅱその意味で課徴金の対象となる類型とならない類型についての公正競争阻害性の程度、すなわち反競争効果の程度の違いについて明確な整理がなされたとは言い難いこと、一方で、ⅲ競争の実質的制限と公正競争阻害性の市場における競争機能を損なう程度については、前者が後者より強度である必要があるという理解において大きな争いがないこと、ⅳそれを踏まえて、不公正な取引方法の課徴金率は、排除型私的独占の６％の半分である３％に設定されたこと、ⅴ課徴金率の違いは、市場の競争機能を損なう程度の違い、すなわち、反競争効果の違いを意識していること等を挙げ

（5）正式名称は、「排除型私的独占に係る独占禁止法上の指針」である。https://www.jftc.go.jp/hourei_files/haijyogata.pdf

ることが可能である。

そうであるならば、公正競争阻害性の数値の下限は、競争の実質的制限の下限125の半分である62.5が妥当なラインと考える。

最後に、定量化評価モデル［(a)×(b)×(c)－競争促進効果］＝反競争効果（結果数値）のうち、競争促進効果はどのようにして数値化すべきか。競争促進効果は、訴訟における攻撃防御方法としては、企業側からの抗弁ないし反競争効果の一部否認として位置づけられ、企業側から主張・立証されなければ斟酌する必要がないのが基本である。ただし、予め主張されることが明白な競争促進効果については、事件処理の段階で評価しておくことが望ましい。

競争促進効果の柱は、当該行為によって、ⅰ市場での価格が引き下がったり、あるいはⅱ新規参入を促したり、新たな製品・サービスが投入されるようになったことであろう。これらを企業側が主張立証できれば、その内容に応じて例えば20～40の数値を与えることが可能と考える。

なお、製品安全性や地球環境保護といった独禁法が想定していない正当化要素については、競争促進効果とは言えないにしても、一定程度評価で斟酌することは可能であり、その内容に応じて例えば10～30の数値を与えて良いと考える。

Ⅳ モデルによる具体的事例の数値化

次に定量的評価モデルをいくつかの事案に当てはめてみよう。

1 不当な取引制限（カルテル・談合等）

橋梁談合事件は、前記の通り、(a) 9.5×(b) 10×(c) 10＝950であり（以下(a)(b)(c)の計算式での記載は原則として省略する。）、最高値の1000の寸前まで達している。なお、(a)を9.5としているのは、カルテル・談合に参加しない、いわゆるアウトサイダーが存在していた可能性があり、(c)を10としているのは、平成18年に課された課徴金約129億円であるところ、公取委による調査が開始され、談合が事実上消滅したのは平成17年であ

り、平成17年改正が施行され課徴金算定率が６％から10％に引き上げられる前であり、課徴金算定率は６％であるので、129億円を６で割って100を乗ずると算出される2150億円が談合の直接的な影響を受けた３年分の売上となる。2150億円を３で割った約717億円が年間の市場規模となり、違反行為の期間は５年以上であるので（c）の係数は10となる（なお課徴金算定対象は３年である。）。なお、新聞報道等によれば調査開始当時において年間の市場規模は3500億円前後と巨大な市場であったとされているが、これは橋梁全体の市場規模であり、談合の直接的な影響を受け、課徴金の対象となる売上とは異なる（なお、事件後に市場規模は縮小し、撤退も相次いだ。）。

　他の事件はどうであろうか？課徴金の大きな事件から概観しよう。最高額はストーカ炉入札談合事件の約270億円であるところ刑事告発はされていない。おそらくアウトサイダーは存在しないことから（a）は10、（b）については官製談合であれば10だが、必ずしもその点は明らかでないとして固めに見れば９、（c）は市場規模は大規模でるが、違反行為期間が５年を超えているか定かではないので９とすると、10×９×９＝810となる。官製談合かつ違反行為期間が５年以上あれば結果数値は1000であり、橋梁談合事件を超え、定量化評価モデルの最高値かつ限界値となる。

　課徴金総額２位の自動車海運カルテル事件（約227億円）はどうか。

　若干のアウトサイダーがいたと仮定として（a）9.5とする。（b）は互いの既存顧客・既存航路を尊重する顧客分割カルテルと受注調整が入り混じったものと推察されるので８とする。（c）は、違反行為期間は５年以上であることから10とする。そうすると、9.5×８×10＝760となる。本件も刑事告発されていないが、その主たる理由は受注調整の対象となる顧客と航路が多岐にわたって複雑であったことや、互いの既存顧客・既存航路を尊重するという合意がやや暗黙的であったこと、個々の航路における受注調整を基礎づける行為が比較的少なかったためだと推察される。

　課徴金総額３位の溶融亜鉛メッキ鋼板カルテル事件（約155億円）はどうか。

第3部　競争法・行政法

アウトサイダーは存在しないとすれば（a）は10であり、引き上げ型の価格カルテルであるから（b）も10であるが、違反行為期間が5年には若干及んでいない可能性があることから（c）は9とすると、10×10×9＝900となる。

課徴金総額4位のベアリングカルテル事件（約133億円）はどうか？　平成22年2月の米国司法省、日本の公正取引委員会等の同時立入調査から始まった自動車部品カルテルは、特に米国での調査が執拗であり、米国司法省との司法取引により日本企業が支払った罰金額は3000億円前後にまで及ぶとともに、同じく司法取引により米国の刑務所に収監された日本人は20名を超え、独禁法の歴史に残る過去最大の国際カルテル事件となった（刑期は1年～2年がほとんどである。）しかし、カルテルの内容は、カーメーカーが実施するコンペにおいて互いの既存顧客・既存商圏を尊重する単純な受注調整がほとんどであった。日本の公取委は、そのような単純な受注調整型であったワイヤーハーネスカルテル、オルタネータ・スタータ・ワイパ・ラジエータカルテル、ランプカルテルについては刑事告発をしなかったが、自動車部品カルテルでは唯一このベアリングカルテルのみを刑事告発し、刑事事件となった。それは、本件が価格引き上げ型の価格カルテルであったからである。

数値を当てはめると、（a）はアウトサイダーが存在した可能性があることから9、（b）は価格引き上げ型カルテルであるから10、（c）は違反行為期間が5年に達していない可能性が高いから9とすると、9×10×9＝810となる。

以上から定量化評価モデルによる反競争効果（結果数値）は、橋梁談合事件（課徴金総額約129億円）が950、溶融亜鉛メッキ鋼板カルテル事件（同約155億円）が900、ストーカ炉入札談合事件（同約270億円）が810、ベアリングカルテル事件（同約133億円）が同じく810、自動車海運カルテル事件（約227億円）が760となる。

先に述べたように課徴金総額が大きさだけに結果数値を連動させるべきではない。しかし、課徴金総額が大きいということは、違反行為が影響を与え

た市場規模が大きいということであり、それは違反行為によって、経済学的には生産者余剰に切り替えられた消費者余剰が大きいこと、法的には「奪われた」消費者余剰が大きいことを示す。したがって、課徴金の多寡は結果数値に一定の影響を与えるものでなければならない。ただし、過度の細分化は本質を見誤る危険がある。

　一方で犯則調査手続きが導入された平成18年以降の刑事告発案件で、もっとも結果数値が低い事件はどれか？　平成30年現在まで7件の刑事案件があるところ、おそらく課徴金総額が9612万円と1億円にも達していない独立行政法人緑資源機構発注の入札談合事件がそれに該当するであろう。刑事告発案件としてだけではなく、行政事件としてだけ見た場合でも市場規模が非常に小さい事件である。官製談合事件とはいっても、官製談合事件は数多くあり、刑事告発の決め手とはなりにくい。数値としては、一定のアウトサイダーが存在すると仮定して（a）9×（b）10×（c）6＝540となる。(c)を6としたのは、おそらく市場規模が年間10億円を下回るからである。

　これまで刑事告発されたカルテル談合事件を検討してきたが、それらは反競争効果が大きい事件であるからであり、数値は必然的に高いものとなる。

　では刑事告発されていないカルテル・談合事件については、どの事件を取り上げモデルに当てはめるべきか？

　無数ある行政事件から取り上げるとすれば、限界事例となろう。

　1つの限界事例は、多摩談合事件（最判平24年2月20日民集68巻2号796頁）である。カルテル・談合事件に関する判例として最重要な最高裁判例も出されている。

　本件は、財団法人東京都新都市建設公社が発注する特定土木工事をめぐる談合事件であるところ、公取委は入札に参加した業者のうち、33社を違反行為者とし、入札に参加したその他の47社を協力的アウトサイダーとして違反行為者から除外して課徴金納付命令を発出したことにより、論点が続出し、決着まで10年を超える年月を要した。主たる論点は、おおむね協力的とはいえ47社ものアウトサイダーが存在するのに、競争の実質的制限をもたらすよ

うな受注調整が可能なのかというものである。なお、公社は違反行為期間中72件の工事を発注したところ、違反行為者とされた33社が落札したのは、そのうち34件である。数値を当てはめてみよう。

まず（a）はアウトサイダーがおおむね協力的であったとしても、アウトサイダーであることには違いないので、シェアは33を分子とし、33＋47＝80を分母として約40％とすると4、(b)は官製談合という可能性が低いので、単純な入札談合として9、(c)は全物件のうち違反行為者は約47％しか落札できていないので、談合が実質的に成功したといえるかは判断が分かれる余地があるので固めに見て5とする（実質的に成功した見た場合であっても6である）。違反行為期間は5年に達しておらず、また市場規模は必ずしも明らかではないので、加算はしない。そうすると、4×9×5＝180となる。入札談合が実質的に成功したと見た場合には、4×9×6＝216となる。(c)については、談合が実質的に成功したとまではいえず、一方で定型的効果だけでは足りないとして、5と6の間をとって5.5とすることが妥当かもしれない。そうすると4×9×5.5＝198となる。刑事告発された事件より結果数値は大幅に低く、また競争の実質的制限の下限である125にかなり近接してくる。

2　私的独占・不公正な取引方法

私的独占・不公正な取引方法の事件についても、いくつか結果数値を検討してみよう。まず私的独占では事件化されたのは排除型がほとんどであるから、排除型が中心に概観する。

（1）私的独占

コスト割れ販売などの低価格販売について、排除型私的独占ガイドライン[6]によれば、価格が「商品を供給しなければ発生しない費用」を下回る場合には排除行為に該当する可能性が高い。一方、供給に要する総費用を下回るが、「商品を供給しなければ発生しない費用」を上回る場合には、商品の供給が

（6）https://www.jftc.go.jp/hourei_files/haijyogata.pdf

長期間かつ大量を行われているなどの特段の事情がない限り、排除行為に該当する可能性は低いとする。事例としては有線ブロードネットワークス事件（公取委勧告審決平成16年10月13日審決集51巻518頁）が典型例である。この事件では、業務店向け有線音楽放送でトップシェアの有線ブロードネットワークス（68％→72％、排除行為により上昇）が、最大のライバルであったキャンシステム（26％→20％、排除行為により低下）の顧客に限って、切替契約の条件として、月額聴取料を月額3650円から3150円に引き下げ、また月額聴取料金の無料キャンペーンを通常3か月であるところを6か月に延長して実施したことを排除行為として認定した。業務店向け有線放送サービスは装置産業であり、変動費や可変費用等の限界コストの計算は一義的には決することがなり難しいと推察されるが、公取委は無料であることに着眼し、価格が「商品を供給しなければ発生しない費用」を下回る場合として処理した可能性がある。

　数値を当てはめると、6.8×5×4＝136となる。本件は私的独占として取り上げられた事案の中では、私的独占が成立することについて比較的争いが少ない案件であるが、結果数値は競争の実質的制限の下限である125に近接してくるし、カルテル・談合事案と比較すると反競争効果に関する結果数値はかなり低い数字として表れてくる。仮に価格が「商品を供給しなければ発生しない費用」を下回る場合であっても、価格競争の側面を完全に否定することはできず、価格・品質・サービス競争との乖離性がカルテル・談合とは異なるからである。

　次にマージンスクイーズについて検討する。マージンスクイーズとは、川上市場と川下市場でビジネスを行う企業が、川上の商品価格を川下の商品価格に近接させるような行為をいうところ、NTT東日本事件最高裁判決（平成22年12月17日民集 64巻8号2067頁）が典型例である。東日本地区において光ファイバ回線の70％以上を保有するNTT東日本が、戸建て住宅向けに光ファイバによる新しい通信サービスを提供するにあたって、一芯の光ファイバを1人が使用する方式（芯線直結方式）によってユーザーに通信サービ

スを提供したが、そのユーザー料金が芯線直結方式による他の通信事業者への接続料金を下回る価格であったことが、排除とされた。NTT東日本の月額のユーザー料金は5800円であったが、他社への月額の接続料金は6328円であった。

　数値を当てはめると、NTT東日本の上記行為により、具体的に参入を計画していた少なくとも1社の参入が遅延したため（c）を6とすると、7×5×6＝210となる。

　次に忠誠リベート・累進リベートについて検討する。インテル事件（公取委勧告審決平成17年4月13日52巻341頁）が典型例となる。パソコンに搭載するCPUで高いシェアを有するインテル（76%→89%（排除行為により上昇）が、取引先であるパソコン製造事業者に対して、パソコンに搭載するCPUのうちインテル製のCPUの比率を90%～100%にすること、生産数量の多い機種のパソコンについて競争事業者AMD（22%→10%、排除行為により低下）のCPUを使用しないことを条件として割戻金（リベート）などの提供を約束し、競争事業者のCPUを採用しないようにさせたことが、排除行為とされた。

　数値を当てはめると、7.6×2×5＝76となり、競争の実質的制限の下限である125には達しない。なお忠誠リベートの（b）の数値を2と低めに設定したのは、値引きという側面を否定できず、価格・品質・サービス競争に即した一面があるからである。なお、仮に本件行為の本質を忠誠リベートではなく、排他条件と捉えれば、7.6×5×5＝190となり、下限の125を超える。日本におけるインテル事件は、公取委による排除勧告をインテルが争わずに受け入れ勧告審決で終了しており事実上の和解に近かった。

　なお、インテルによる同様の行為は欧州委員会でも違反認定されインテルには日本円で1000億円を超える巨額の制裁金が課されたが、欧州委員会の決定はEUの最高裁判所にあたる欧州司法裁判所によって破棄され、欧州委員会に差し戻されている。本件の法的評価が世界的に見ても難解な案件であることを物語っている。インテルによるリベートは値引き・ディスカウント的

側面を有しているからである。排他条件付取引と同一視すると欧州委員会の原決定になるが、定量化評価モデルによれば、おそらく本リベートは数値としては2～5の中間に位置しているものと解され、真の攻防はそれをどこまで2あるいは5に近づけるかになる。それによって結論が変わる。ただし、2と解しても、公正競争阻害性の下限である62.5は上回っているので、日本では不公正な取引方法で違法認定することが可能ではある。法適用は拘束条件付取引（一般指定12項）となろう。

JASRAC事件はどうか。音楽著作権の独占的な管理業者であったJASRACが、放送事業者の使用料の徴収方法として、JASRACの管理楽曲のすべての包括的な利用許諾に対して、利用回数にかかわらず、放送事業者の放送事業収入に所定の率を乗じて得られる金額を支払う包括徴収方式に関し、公取委は当初違反認定をした（公取委命令平成21年2月18日審決集55巻712頁）。JASRACが、現在は廃止された公取委自らが行う行政審判手続きで争ったところ、極めて珍しいことだが、公取委は排除効果が認められないとして自らの審決によって排除措置命令を取り消した（公取委審判審決平成24年6月12日59巻第1分冊59頁）。それで終了するかに見えたが、これに対し、JASRACに排除されたとする競争関係にある第三者のイーライセンスから取消訴訟が提起され、東京高裁、最高裁は排除効果を認定し、公取委に差し戻したのである（最判平成27年4月28日69巻3号518頁）[7]。

最終的にJARACの不服申し立ての取り下げによって終結したのが平成28年であった。

---

(7) 最高裁は以下のとおり判示した。
「放送使用料についてその金額の算定に放送利用割合が反映されない徴収方法を採ることにより、放送事業者が他の管理事業者に放送使用料を支払うとその負担すべき放送使用料の総額が増加するため、楽曲の放送利用における基本的に代替的な性格もあいまって、放送事業者による他の管理事業者の管理楽曲の利用を抑制するものであり、その抑制の範囲がほとんど全ての放送事業者に及び、その継続期間も相当長期にわたるものであることなどに照らせば、他の管理事業者の本件市場への参入を著しく困難にする効果を有するものというべきである。」

第3部　競争法・行政法

　難解な案件であるが数値を当てはめるとみよう。音楽著作権の管理市場ではJASRACがほぼ独占であったが、イーライセンスは参入していたので、(a) は9.9とする。また、包括的利用許諾契約は、楽曲のセット販売であり一種の抱き合わせに近いので、(b) は3としよう。さらに (c) については、本件の包括的利用許諾によりイーライセンスの参入を実質的に遅延させているので6とする。ただし、本件ではこれで終わりではない。競争促進効果によるマイナスをしなければならない。

　包括利用許諾を一種の使い放題であり、また料金の算出方法も簡便である。この点、包括利用許諾が直接的に競争を促進したり、あるいは新規参入を促すものとまではいえない。その点で厳密には競争促進効果ではないが、放送事業者の利便性を図るビジネスモデルであることは間違いない。したがって、準競争促進効果として例えば30を減じることが妥当であろう。そうすると、$9.9 \times 3 \times 6 - 30 = 148.2$となり、辛うじて125は上回っている。ただし、この結果数値も準競争促進効果の数値次第で変動するものであり、かなり際どい事件であることは間違いない。

　次の類型に移る。排除行為はいくつかの行為が組み合わされる場合もあり、公取委は多数このような事件を取り上げている。一連行為型と呼ぶこともできよう。ニプロ事件（公取委審判審平成18年6月5日審決53巻195頁）が典型例である。この事件では、アンプル用生地管を製造販売するニプロ（シェア85％で、違反行為期間中も大きな変動はなし）の取引先であるナイガイグループが、ニプロの競合品である外国製生地管（輸入生地管）の取り扱いを開始したため、輸入生地管の取り扱いの拡大を牽制し、これに制裁を加える目的で、①ナイガイグループに対してのみ生地管の販売価格を引き上げ（差別対価）、②その取引先からの発注を拒絶し（単独の取引拒絶）、③その取引先に対してのみ、担保の差し入れ又は代金の現金決済の要求をした。公取委は4年間にも及ぶ一連の行為を包括して排除行為と認定した。この点、ニプロ事件は私的独占事件として、公取委が争われた初めての事例であったが、ナイガイグループは一連の排除行為によっても輸入生地管の取引量をさほど

独占禁止法違反の定量的評価モデル

減少させておらず、難解な事件とされた

　数値を当てはめてみよう。一連の行為はナイガイグループが輸入生地管を取り扱わないようにすることを目的としており、一連の行為は排他条件付取引と見ることができる。そうであれば（b）の係数は5であるが、取引拒絶なども組み合わされており、少なくとも1は加算できるので6とする。一方、輸入生地管の取引量をさほど減少させていなかったため（c）の数値は3に留める。そうすると、8.5×6×3＝153となる。ただし、一連の行為が4年間と排除行為としては非常に長く、輸入生地管の取り扱いの拡大を牽制し、これに制裁を加える目的執拗かつ顕著であったので、（b）の数値は7ないし8が相当かもしれない。行為は価格・品質・サービス競争から著しく乖離しており、その度合いは他の私的独占案件と比較しても突出している。

（2）不公正な取引方法

　次に、不公正な取引方法の代表的事例として非係争条項にかかるマイクロソフト事件を検討する。本件は米国マイクロソフト本社が違反行為者となった事件である。

　本件は、米国マイクロソフトが、パソコン用基本ソフトであるWindowsをOEM販売することを許諾するための契約において、OEM業者が、Windowsによる特許権侵害を理由にマイクロソフトや他のOEM業者に対して訴訟を提起しないこと等を誓約する条項（非係争条項）を含む契約の締結をすることにより、パソコンAV技術取引市場に反競争効果を生じさせたとして、これらの行為は不公正な取引方法の拘束条件付取引（現一般指定12項）に該当するとした事件である（公取委審判審決平成20年9月16日審決集55巻380頁）。

　審決では、本非係争条項は無償でOEM業者の世界中の特許をウィンドウズシリーズに取り込むことが可能である点において極めて不合理であり、また、OEM業者のパソコンAV技術の研究開発意欲が損なわれる高い蓋然性があったと認定した。また、OEM業者とマイクロソフトはパソコンAV技術取引市場において競争者の関係にあるところ、OEM業者は有力なパソコ

315

ンAV技術を保有していても、本非係争条項によりパソコンAV技術に関する研究開発意欲が損なわれ、その地位は弱められる一方で、マイクロソフトは自らのパソコンAV技術をWindowsシリーズに搭載することによって、そのパソコンAV技術を迅速かつ広範に世界中に頒布・普及させ、その地位を強化させることができるため、本非係争条項は、パソコンAV取引市場における競争を停滞、排除させるおそれを有するものであり、同市場に反競争効果を及ぼす蓋然性が高いと認定した。なお、本件では公取委は「パソコンAV技術取引市場」を市場として画定した。

　Windowsはパソコン用基本ソフトとして、ほぼ独占状態であり、（a）は少なくとも9.5の係数は与えることができる。また、非係争条項は実質的にはマイクロソフト社に対するOEM業者が保有する世界中の特許の片面的な無償ライセンスであり、かつ、いったんWindowsシリーズのパソコンAV技術に当該特許技術が組み込まれると、一種の抱き合わせ的な機能を発揮し、一般消費者としてわざわざ他のパソコンAV技術をパソコンに組み込む必要が極めて薄くなる。実際には多くのパソコンAV技術およびそれを提供する競争事業者のシェアは減少させられたと解され、その年間市場規模もWindowsシリーズが世界中で利用されていること、オーディオやビジュアルといったAV機能が益々重要になっていることからすると、100億円を下回ることは到底なかったと解される。そこで（b）は3、（C）の係数は少なくとも7とできるであろう。したがって、9.5×3×7＝195.5となる。結果数数値は125を大きく上回っており、排除型私的独占を適用することも可能であったと考える。ただし、非係争条項には、濫訴的な特許侵害訴訟の防止という意味において、Windowsシリーズの安定化に資する可能性があり、立証次第では競争促進効果によるマイナスがなされる可能性がある。

　その他の興味深い事件も概観してみることにしよう。近年は正式な命令案件ではなく、警告案件や企業側からの競争回復措置の提案によって審査を打ち切った事件も多いのが特徴であり、シェアや行為の影響などは一層分かりにくいのが特徴である。

差別対価としては、北海道電力が、戻り需要家に対し、新規需要家とは異なる高額な料金設定をしたことが、相手方による差別対価の疑いがあるとして、警告がなされた事案である（公取委警告平成29年6月30日公取委プレスリリース）。北海道電力の市場シェアを仮に90％とし、(c)については排他条件付取引と同様の定型的効果があるとして3とすると、9×4×3＝108となる。ただし、本件の差別対価は、需要家が北海道電力に留める効果をある一方で、いったん北海道電力から離れた需要者が北海道電力に戻ることを遠ざける効果があるので、対市場効果の数値を減じる特殊要因があるとすれば（c）は1.5程度まで低下する可能性ある。かかる場合には、結果数値は54となり、公正競争阻害性の下限である62.5を下回る。

最後にFRAND条項違反も検討しておこう。ブルーレイディスク規格の標準必須特許のパテントプールを管理運営するワン・ブルー・エルエルシーが、FRAND条件でライセンスすることを宣言していたにもかかわらず、FRAND条件でライセンスを受ける意思を有していたイメーション株式会社とのライセンス条件が合意に至らず、さらにイメーションが製造販売するブルーレイディスクがワン・ブルー・エルエルシーの特許権を侵害することを取引先に送付したことが、一般指定14項の取引妨害に該当すると認定された（平成28年11月18日公取委プレスリリース）

代替規格や代替特許があるかは不明であるが一応ブルーレイディスクの標準必須特許であることから市場シェア100％として、数値を当てはめると、10×5×6＝300となる。

V　結　び

以上、独禁法違反の定量化評価モデルについて、その基本的な考え方（総論）と数値（各論）を検討し、いくつかの事例を検討した。本稿は定量的評価の出発点に過ぎず、これがきっかけとなり、定量化評価モデルについての議論が深まることを期待したい。

また、定量的評価モデルは独禁法違反の民事的無効の解釈にも有用である。

第3部　競争法・行政法

本稿の定量化評価モデルとその発展的モデルが活発に議論されることにより、より説得的な民事判例が集積されていくことも併せて期待したい。

所有者不明土地の収用
―所有者不明土地についての不明裁決と不明裁定―

平　松　弘　光

I　はじめに

　近頃、所有者不明土地の問題がクローズアップされ、大都市のJR駅近くで大通りの歩道が所有者不明土地のせいで拡張工事ができず、極端に狭いままであるとのことが、新聞やTVで報道されたり、あるいは推計約410万haで九州の面積を超える土地所有者不明土地が全国に散在するとの報告が注目を集めている。これら所有者不明土地の問題が、しばしばマスコミに登場するようになったのは、政府系シンクタンクの主催で増田浩也元総務相・元岩手県知事を座長とする「所有者不明土地問題研究会（以下「増田研究会」と言う）」。が、大規模な研究会を開いたことと関係があったものと思われる。同研究会は「日本の各地で、災害復旧、道路整備、山林管理、農地の集約、地籍調査、土地区画整理といった公共のための事業を進める際に、所有者不明土地はコスト増要因、所要時間の延長要因となるだけでなく、民間においても土地の有効利用や放棄・放置不動産の管理を進める上で大きな障害となっている」。ということを述べた最終報告書を2017年12月に公表した。(1)

　他方、政府は増田研究会の活動と平仄をあわせるようにして、2017年6月9日「経済財政運営と改革の基本方針2017」において「所有者を特定することが困難な土地や十分に活用されていない土地・空き家等の有効活用」について必要となる法案の国会提出を閣議決定し、2018年3月「所有者不明土地の利用の円滑化等に関する特別措置法」案を国会に提出した。国会は2018年6月上記法案を可決成立させた。(2)

　ところで、言うまでもないが、公共事業の用地取得にとって、契約取得が

319

できないときに最後の拠り所となっているのは土地収用法（昭26法219。以下「収用法」と略称）である。所有者が不明の土地の場合は、当然、契約取得ができないので、従来から、所有者が不明のまま収用法を適用して裁決が行われて用地は取得され、公共事業は施行されてきた。土地所有者が不明のまま行われる収用裁決は不明裁決といわれているが、この収用法の不明裁決はそう頻繁に行われるものではないけれど、後述の不明裁決の件数から見るとおり決して珍しいものではない。

ところが、増田研究会が公表している報告書や資料あるいは最終報告書を見ても、所有者不明土地は契約取得ができないから公共事業の阻害要因であると頭から決めつけていて、収用法の不明裁決制度については「制度及びその運用が極めて厳格であり、制度の活用に消極的な地方自治体も多く見られる」と言うだけで、なぜ消極的な自治体が多いのか、どうしたら積極的な利用を勧めることができるのか、と言ったような議論や研究が真剣かつ具体的に行われた様子は全く窺えない(3)。

確かに、収用法の定める手続きは詳細かつ煩雑で使いずらく、日常的な道路整備事業で、ましてや急を要する大規模災害の復旧・復興事業では役に立

（1）増田研究会は、2017年12月に最終報告を公表した（www.kok.or.jp/project/pdf/fumei_land171213_03.pd）。また、増田研究会の活動とは別に、東京財団の吉原主任研究員は2017.7には「人口減少時代の土地問題（中公新書）」を刊行した。なお、増田研究会は、政府系シンクタンクの（財）国土計画協会が主催したプロジェクトで、増田氏のほか、大学等の研究者6名、関係士業団体の専門家7名、及び神戸市長ほか3名の市町村長で構成された。また、厚生労働大臣が顧問となり、総務省、法務省、農水省、林野庁、国交省、全国市長会がオブザーバとなっていた。同研究会を民間研究会と称する向きもあるようだが、主催者や参加者等からみてむしろ準公的研究会と称すべきものであろう。
（2）衆議院HP参照。別稿で「増田研究会の動きに呼応するように、関連書籍が刊行され（前掲吉原祥子『人口減少時代の土地問題』）、さらに報道機関のセンセーショナルな報道（朝日新聞2017.8.19、NHKニュース2017.9.26）、調査会の報告書と続き、そして最後に法案の公表という一連の流れは、かっての土地バブル経済期における大深度地下利用騒動の動きと瓜二つである（拙著『大深度地下利用問題を考える』12頁以下参照〔（株）公人社、1997年〕）。

たないと言った非難が絶えない。実際、東日本大震災の復興事業では、収用法の定める手続きが煩雑で人手をくいすぎたため収用制度はほとんど利用されなかったというので、国会が収用法の特例を立法している。大災害という非常時ならいざ知らず、平常時にもかかわらず公共事業の実施に責任を負うべき地方自治体の首長達が、このような言説に影響を受けているとしたら、それはそれで問題であると言わざるを得ない。場合によっては、首長としての資質が問われて然るべきであろう。

　筆者の過去の経験から言うと、実際に収用法を利用した経験が少ない市区町村、又は首長が人気取りに敏感な市区町村は、いわば食わず嫌い的にあるいは意図的に収用法の活用を敬遠している傾向があるように感じられる。増田研究会の報告書を読む限り、研究会に参加した地方自治体の首長達は、いずれも収用法適用に消極的であったように感じられるのは、収用法を食わず嫌いなのか、あるいは収用の言葉に対する政治的逡巡の影響なのか、理由は何であろうか。ただ、多くの市区町村では、首長の政治的姿勢に影響されて

（3）国土交通省は、2014（平26）年5月に地方自治法245条の4第1項に基づく技術的助言として、同省総合政策局総務課長名で各都道府県用地担当部局長、同収用委員会事務局長及び同地方整備局等用地担当部長宛に「不明裁決申請に係る権利者調査のガイドラインについて」（国総収14号平26. 5. 23）を出している。それにも係わらず、なぜ、増田研究会では、議論にならなかったのであろうか。

（4）国会は、大震災等の大規模災害の復興事業に「収用法が役に立たない」との批判を受けて、ようやく東日本大震災の3年後の2014（平26）年に「東日本大震災復興特別区域法（平23法122）」及び「大規模災害からの復興に関する法律（平25法55）」に収用法の特例を定める重要な改正を行った。その特例は、5戸以上50戸未満の小規模住宅団地の建設にも収用法を適用できる途を開いたこと、収用裁決申請書の添付書類に記載する土地所有者については、真実の所有権者を探索して記載するまでもなく、登記簿記載の土地所有者の氏名・住所を転記すれば良いとしたこと、また、土地調書の添付は省略できるとしたこと等、収用適格事業を広げ、且つ手続きと資料収集の負担の軽減を規定したもので、遅まきながら東日本大震災の、そして今後想定される大規模災害の復興事業にとって大きな助けとなろう（拙稿「大震災の復興事業と土地収用法」Evaluation誌NO67号31頁参照〔2018年〕）。

か、用地担当の職員自身が収用の経験が少なかったり、あるいは収用法の規定や手続きに関心が低い傾向がないとはいえないと言えることは、経験上、あり得るだろうとは思う。

　本稿は、関心が低い傾向を否定できない収用法の手続き、中でも所有者不明土地に関する不明裁決の手続きの概略をⅡ、Ⅲで検討した上で、上記の所有者不明土地の利用の円滑化等に関する特別措置法（平30法49。2018（平30）.6.13公布。以下「所有者不明土地措置法」といい、条文をい引用する際は「措置法○条」と言うことにする）の概要をⅣで述べ、その問題点を検討してみようと思う。所有者不明土地措置法はまだ施行されていない（措置法附則参照）が、施行されたなら不明裁決手続の実務に大きな影響を与えるものと思われるので、現段階で危惧される問題点のいくつかを、筆者が思いついた範囲で簡単に素描することにする。

Ⅱ　土地収用法の不明裁決の手続き

1　手続きの概要

（1）　はじめに

　土地の私有財産制の下では、公共事業で必要な用地は、言うまでもなく、その事業の実施主体（用地行政では「起業者」と言う（収用法8条1項参照）ので、本稿は、記述の都合による場合を除き、以下「起業者」と言うことにしよう）は、その所有者と売買契約を締結して取得するのが基本である。その際、対象地の所有者が不明である場合には、その土地を買収しようとしても、不明の所有者から契約締結の委任を受けた者もいないときは、対象地を取得するどころか契約締結を交渉することすらできない。

　対象地の所有者が不明で売買交渉ができない場合、実施される事業が純然たる民間事業では、用地の取得を諦めて事業の実施を断念するか、あるいはその土地を回避した計画に事業計画そのものを変更することになろう。だが、公共事業では、事業を廃止したり、中断して計画を大幅に変更することは政治的な判断に基づくので、現場の起業者としては、所有者と交渉できないと

いうだけでは、事業の実施を断念したり、もとの事業計画を変更するという選択肢はほとんどあり得ない。何としても対象地を取得することが要求され、収用法を適用してでも用地を取得すべきであるとされることになる。そこで使われるのが不明裁決制度である。対象地の所有者が補償金が安すぎるという理由で契約を拒否した場合の収用裁決と、並んで、土地所有者が不明であるため契約締結を交渉することすらできない場合の不明裁決は、収用法の存在意義がもっとも発揮された姿であると言っても良いのではなかろうか。

　ところで、我が国は、明治時代の初期に、地租改正にあわせて土地の私有を認め、その後、土地について所有権の絶対と所有者の意思の自由をうたったフランス法の強い影響下で土地所有権の永続性を前提とする民法（明29法89）を制定して、土地の私有財産制を確立した。それに対して、強い行政権を特色とするドイツ法の影響を受けた土地収用法（旧収用法）を制定して、[5] 行政権の判断で公共事業の実施主体が所有者の意思を無視して土地を公共事業の用地として収用できることを認めた。第2次大戦後、それまでの天皇主権下で官僚の専断的色彩の強かった明治時代からの旧収用法を廃止して、国民主権を明記した現憲法の下で、1951（昭26）年、現行の収用法を制定した。ただ、旧収用法ほどではないものの、強い行政権が裏打ちされている収用手続きという姿は現行の収用法にも色濃く残っている。

　収用法は私有財産の保障に対する重大な例外的措置である土地の収用取得の効力を有する行政処分の根拠法となるだけに、憲法の基本的人権尊重の原則を反映して、不十分ながらも行政権でむやみに私有財産を侵害することがないようにと言うことで、収用の諸手続きを詳細かつ厳格に定め、その遵守を行政権力に求めている。[6] だが、時代が下るにつれ、収用法の定める手続きは、時代の変化に応じていないという批判を受けるようになり、1967（昭42）年と2001（平13）年に大改正が行われた。[7]

　周知のとおり、現行収用法は、憲法29条3項の「私有財産は、正当な補償

（5）旧収用法は1900（明33）年に公布された。なお、高田賢造・国宗正義『土地収用法』9頁参照〔(株)日本評論新社、昭和28年〕

の下に、これを公共のために用ひることができる」。との規定を根拠に制定された。そして、収用法の制定目的は「公共の利益となる事業に必要な土地等の収用又は使用に関し、その要件、手続及び効果並びにこれに伴う損失の補償等について規定し、公共の利益の増進と私有財産との調整を図り、もつて国土の適正且つ合理的な利用に寄与すること」であるとされている（収用法1条）。

　収用法は、収用法を適用することができる公共事業（収用適格事業）を個々の法律に根拠をおいて限定列挙する方式（収用法3条参照）。を採用しているが、これは行政権力の恣意的な発動を、間接的ではあるが国会のコントロール下に置こうとしたものである。また、土地を収用する行政処分の手続きを一般行政機関である事業認定庁（国土交通大臣又は都道府県知事。収用法17条参照）による事業認定手続きと、各都道府県に設置された一般行政機関の知事から独立して職権を行使する裁決庁（収用委員会。収用法51条2項参照）による裁決手続きの二段階に大きく分けたことは、行政権力の恣意的な発動を抑制し、私有地の収用は慎重でなければならないとの理念に基づ

（6）現行の収用法が制定された当時、収用権が安易に発動できないようにということで、事業認定庁及び収用委員会が慎重に権限行使を行うこととして定められ遵守すべきとされた詳細な手続きは、当然のことであるが事業の実施主体の起業者や関係行政庁も厳守するべき手続であり、加えて「正当な補償」を実行することをもって収用権行使の条件とした収用法の仕組みには、民主的かつ公正な手続きとその運営を図るものとして高い評価が与えられた（座談会（我妻栄、田中二郎、加藤一郎他）「公共用地取得制度について」ジュリスト226号参照）。

（7）1967年の昭和42年改正法は、事業認定制度を確立させ、裁決を権利取得裁決と明渡裁決に組み替えるなど、収用制度全般に大幅に改正を加え、現行の収用手続きは、ほぼこの改正法に基づいている。また2001年の平成13年改正法は行政の説明責任を明らかにし、公聴会の義務付けなどを行った。なお、1961（昭36）年の「公共用地の取得に関する特別措置法」、2000（平12）年の「大深度地下使用法」の制定、及び2014（平26）年の「大震災等の大規模災害の復興事業に関する収用法の特例を認める改正法」も、見方によれば、大改正に加えることができるであろう。

いたものである。

　第一段階の事業認定手続きとは、事業認定庁が、起業者の申請した事業について公共性を具備しているか否か、事業計画が適正か否か、事業に必要な土地を収用又は使用することが公益上必要であるか否かを判定をする手続である（収用法16条以下）。

　第二段階の裁決手続きは、事業認定を受けた起業者による裁決申請に対して、収用委員会が、収用又は使用の対象地を特定するとともに収用の範囲を確定して、その対価に相当する損失とその他通常生じる損失についての正当な補償を金額で判定する手続きである（収用法35条以下）。

（2）　私有財産制と不明裁決

　ア　土地の収用裁決は、収用法に基づいて土地所有者の意思を無視して強制的にその所有地の完全所有権を起業者に取得させ、既存の土地所有権等の権利を剥奪・消滅させる行政処分（収用法101条1項参照）であり、土地の使用裁決は同様に強制的に使用する権利を起業者に取得させ、土地所有権等の権利の行使を制限する行政処分（同条2項参照）である。いずれも意思の自由と所有権の絶対性に基づく土地の私有財産制に対する重大な例外的措置と言えよう。それだけに、強力な効力を有する行政処分の「被処分者」であり、かつ対象地の損失補償金の受け取り人でもある土地所有者及び関係人が特定し確定されていることが、収用委員会の裁決の重要な有効要件である（収用法48条1項2号、4項本文参照）。

　ただ、このことを形式的に墨守すると、相続人が確定できない場合や土地に対する権利の存否等について被収用者間に法律上の争いが存在している場合は、いつまで経っても、あるいは法律上の争いに結着がつくまで、有効な裁決を望むことはできないことになって、公共事業の遂行が大きく妨げられ、公共の利益の実現が阻害されることになりかねないことになる。そこで、収用委員会は、裁決の「被処分者」でありかつ対象地の損失補償金を受け取るべき「土地所有者及び関係人の氏名及び住所を明らかにして裁決しなければならない」が、「土地所有者又は関係人の氏名又は住所を確知することがで

きないとき」にかぎり、氏名又は住所が不明のままでも裁決してよいという例外が必要となる。この例外としての不明裁決については、従来から、解釈上認められていたが、1964（昭39）年に収用法が改正され、明文で認められるに至った（収用法48条4項、5項）。[8]

イ　収用法48条4項は、「土地所有者又は関係人の氏名又は住所を確知することができないときは」氏名又は住所を明らかにしない裁決、すなわち不明裁決（以下「4項の不明裁決」と略称する）。ができると規定している。それは、収用委員会は、土地の収用又は使用の裁決を行うに当たって、いろいろ調査を尽くしてみたが土地の所有者等の氏名又は住所を確知できなかったときは所有者等につき不明裁決を行うということである。

調査を尽くしてみた結果ではなく、そもそも制度的に裁決時において所有権者を確知できない場合がある。土地の売買契約の効力や土地又は借地権等の相続権の存否を巡ってAとBとの間で裁判で争っている場合、権利がAB どちらに帰属するのかを確定的に法的に判断する権限は司法機関に属し（裁判所法3条）、行政機関である収用委員会は、そのような法的判断の権限を有してはいない。その結果、裁判所の確定判決がない限り、収用委員会は土地所有者又は関係人を確知することができないということに変わりはないので、裁判の結着を待たずに早期の公益実現を図るためには、収用委員会が不明裁決をすることを認めざるを得ないことになる。この所有権等の権利の帰属を巡って係争中のため直ちにその帰属者を判定できない場合も上で述べた4項の不明裁決に含まれると言えよう。

また、この4項の不明裁決のほかに、収用法48条5項は、関係人に関する不明裁決として、「土地に関する所有権以外の権利に関して争いがある場合において、裁決の時期までにその権利の存否が確定しないときは、当該権利が存するものとして裁決しなければならない。この場合においては、裁決の後に土地に関する所有権以外の権利が存しないことが確定した場合における

（8）　高田・国宗前掲書152頁

土地所有者の受けるべき補償金をあわせて裁決しなければならない」と規定している。この収用法48条5項が規定する不明裁決(以下「5項の不明裁決」と略称する)は、土地の関係人について、その氏名及び住所とも明らかではあるが、裁決をする際に、土地に関する所有権以外の権利について、土地所有者との間に係争中であることから、関係人としての権利、例えば借地権などが存在しているのか否か、すなわち借地権者として関係人であるか否か不明であるとされたものである。

ところで、土地の収用又は使用の裁決は、形式的には、権利取得裁決と明渡裁決とに区別して行われるが、一組の裁決であるとして扱われる(収用法47条の2第2項)。上記の収用法48条4項及び5項は、権利取得裁決での不明裁決の規定であるが、いずれも明渡裁決の規定に準用されている(収用法49条2項)。ただ、通常、不明裁決は権利取得裁決と明渡裁決はまとめて裁決されることが多く、物件の所有者等の不明が特に問題にならない限り不明の明渡裁決を分離して行われることは少ないことから、明渡裁決の不明裁決については、紙幅の都合上、省略することとする。また、本稿の主題は、「所有者不明土地の収用」の問題であるから、以下、4項の不明裁決のうち、権利取得裁決における不明裁決を主として検討対象とし、必要な限りで5項の不明裁決に触れることとし、この面からも明渡裁決の不明裁決については省略することとする。

2　起業者の土地調書作成と裁決申請
(1) 土地の立ち入り測量・調査と事業認定及び裁決の申請
① 事業認定申請前の測量・調査と事業認定の申請

ア　収用法に限定列挙された公共事業を実施するうえで土地を収用又は使用しようとする起業者は、事業認定を申請する前に、事業準備のために必要があるときは、対象地の所在地を管轄する都道府県の知事(以下「知事」という)の許可を受けて「他人の占有する土地」に立ち入って測量又は調査(収用法3条、11条。以下「事業認定申請前の測量・調査」という)を行う

ことができる。

　この土地への立ち入り測量・調査に際し、起業者が土地の占有者に立ち入り許可を求めたとき、土地の占有者は、正当な理由がない限り、立ち入りを拒んだり、妨げてはならず（収用法13条）、拒否又は妨げた者には罰金刑が科せられる（同法143条2号）。また、起業者が、測量・調査を行うに当たり、植物等を伐除したり土地に試掘を行う等（収用法14条参照）損失を与えたときは、損失を受けた者に補償しなければならない（同法91条）。

　測量・調査から得られた結果を踏まえて、事業認定申請書並びにそれに添付する事業計画書及び事業計画や起業地を表示する図面等が作成される。その際、図面には、土地の収用部分は薄い黄色に、また使用部分は薄い緑色に色塗りされる（施行規則3条2号参照）が、それは起業地を即地的に明らかにしただけで、その土地の権利関係を明らかにしたものではない。また、図面に表示されている起業線は、起業者が現地に起業地の範囲を標示するための境界杭を打つために必要なポイントを示している。

　イ　そして、起業者は、立ち入り測量、調査を踏まえて作成した事業計画及び起業地を表示する図面等多くの書類を添付し、起業者の氏名・名称及び住所、事業の種類、収用又は使用を明らかにした起業地並びに事業認定を申請する理由を記載した事業認定申請書を事業認定庁（事業の区分に応じて、国土交通大臣又は都道府県知事とされている（収用法17条））に提出する（収用法18条）。

　事業認定庁は、適法な事業認定申請書を受理すると、必要に応じて公聴会の開催等所定の手続きを履行した後（収用法21条以下参照）、申請に係る事業が収用適格事業であること、その事業計画が土地の適正かつ合理的利用に寄与するものであること、土地を収用又は使用する公益上の必要性があること等の要件（同法20条参照）に該当すると判断したときは認定を行い、起業者に通知し、その旨の告示を行う（同法26条）。

　②　裁決申請前の測量・調査と土地物件調書の作成

　ア　事業認定の告示後、起業者は、実際に起業地内の私有地を収用又は使

用するには、次の裁決手続の段階に進むことになるが、まず、裁決申請の前に土地調書及び物件調書を作成するために、収用対象地またはその土地にある物件（工作物）に立ち入って測量・調査（収用法35条1項。以下「裁決申請前の測量・調査」という）を行う。事業認定申請前の測量・調査の場合と同様、対象地や物件の所有者等の権利者は、立ち入り測量・調査を拒否又は妨げてはならず、拒否又は妨げた者には罰金刑が科せられ（収用法35条3項、143条2号括弧書）、起業者は、測量・調査に関連して損失を与えたときは損失を受けた者に補償しなければならない（同法91条）。

　裁決申請前の測量・調査の主たる目的は、土地調書及び物件調書に記載するうえに必要な収用又は使用する土地と物件の詳細、土地所有者及び関係人の氏名及び住所、それらの権利関係を明らかにすることである。調査の結果、特に、土地所有者・関係人の氏名、住所又は、権利関係等に関して知り得た情報は詳細に土地調書及び物件調書に記載し（収用法37条）、利用・収集した資料・報告書等は整理・保存しておくことが必要である。

　イ　起業者は、次の表1に示した事項を記載した土地調書及び物件調書並びに実測平面図等を作成しなければならない（収用法37条）。作成した土地物件調書は、土地所有者及び関係人の立会署名押印を得て完成させる（収用法36条1項、2項）。その際、土地所有者及び関係人は、調書の記載事項が真実でない旨の異議を有するときは、その異議の内容を付記して署名押印をすることができる（収用法36条3項）。

第3部　競争法・行政法

表1　土地調書及び物件調書の記載事項

(1) 土地調書の記載事項（収用法37条1項）
①土地の所在、地番、地目、地積並びに土地所有者の氏名及び住所 ②収用し、又は使用しようとする土地の面積 ③土地に関して権利を有する関係人の氏名及び住所並びにその権利の種類及び内容 ④調書を作成した年月日 ⑤その他必要な事項
実測平面図を添付すること。
(2) 物件調書の記載事項（収用法37条2項）
①物件がある土地の所在、地番、地目 ②物件の種類及び数量並びにその所有者の氏名及び住所 ③物件に関して権利を有する関係人の氏名及び住所並びにその権利の種類及び内容 ④調書を作成した年月日 ⑤その他必要な事項
物件が建物であるときは、建物種類、構造、床面積を記載し、実測平面図を添付すること。

　起業者が、土地所有者及び関係人を過失なく知ることができず、立会署名押印を求めることができなかったときは（収用法36条2項括弧書き）、地元の市町村長又は市町村の職員に立会署名押印をしてもらい調書を完成させなければならない（同条4項）。調書に署名押印を拒んだ者や相当の期間内に署名押印をしなかった者がいるときも同様である。

　調書の完成に、土地所有者及び関係人立会署名押印を必要としていることは、裁決手続きにおいて重要な資料である調書の作成が適正に行われたことを担保するための手続きである。また、署名押印拒否者や不在者・不明者など署名押印ができない者がいることで調書の完成手続きがストップすることを避けるために、市町村長又は市町村の職員が立会署名押印をすることとした。その立会署名押印は「調書の作成が適正に行われたことを公的に確認」したものであるとされている。[9]

　③　起業者の裁決申請

　ア　起業者は、土地物件調書完成後、裁決申請書等を作成して、事業認定

（9）最大判平8.8.28民集50-70-1052

の告示があった日から1年以内に限り、対象地がある収用委員会に、収用又は使用の裁決申請を行うことになる（収用法39条1項）。

収用委員会は、各都道府県に設置され、学識経験者等から知事が任命した7人の委員による合議制の行政機関（行政委員会）で、知事から独立して職権を行使し、事業認定を受けた事業及び起業地につき、特定の土地の収用又は使用の決定と損失補償額の判定（あわせて裁決という）する権限を一体として行使する（収用法51条）。

イ　裁決申請の際には、権利取得裁決の裁決申請書及び明渡裁決の申立書と、次の表2のとおりの事業計画書、市町村別に収用対象等諸事項を記載した書類（以下「市町村別書類」と略称する）等多くの書類が添付され又は一緒に収用委員会に提出される（収用法40条）。

表2　裁決申請書の添付書類及び明度裁決申立書と一緒に提出する書類

(1) 裁決申請書の添付書類（収用法40条）
①事業計画書並びに起業地及び事業計画を表示する図面 ②市町村別に次の事項を記載した書類
イ収用し、又は使用しようとする土地の所在、地番、地目 ロ収用し、又は使用しようとする土地の面積（土地が分割される場合は、その全部の面積を含む。） ハ土地を使用しようとする場合においては、その方法及び期間 ニ土地所有者及び土地に関して権利を有する関係人の氏名及び住所 ホ土地又は土地に関する所有権以外の権利に対する損失補償の見積及びその内訳 ヘ権利を取得し、又は消滅させる時期
③土地調書の写し
(2) 明渡裁決申立書と一緒に提出する書類（収用法47条の3）
①市町村別に次の事項を記載した書類
イ土地の所在、地番、地目 ロ土地にある物件の種類及び数量（物件が分割される場合は、その全部の数量を含む。） ハ土地所有者及び関係人の氏名及び住所 ニその他の損失補償の見積及びその内訳（上記の裁決申請書添付書類②のホを除く） ヘ土地若しくは物件の移転の期限
③物件調書の写し

第3部　競争法・行政法

　添付書類のうち、上の市町村別書類には、土地調書に基づき、収用又は使用する土地の範囲（所在、地番、地目、地積など）、土地所有者及び関係人の氏名及び住所、土地又は土地に関する所有権以外の権利に対する損失補償額の見積及びその内容、並びに権利取得の時期等が記載される（表2（1）②参照。収用法40条1項）。そのなかでも「ニ土地所有者及び土地に関して権利を有する関係人の氏名及び住所」については、起業者が過失なく知ることができないときは、氏名、住所を記載しなくともよいとされている（収用法40条2項）。その際は、特定の氏名や住所を記載できない代わりに氏名、住所は「不詳」又は「不明」と記載することになる。不明裁決の申請である。

　ただ、裁決申請は、行政処分としての裁決を求める申請であるから、不利益を課される被処分者である土地所有者及び関係人を明記して行うことが原則である。不明裁決の申請は、安易に行われるべきではない。

　明渡裁決の申立の際に提出する書類は、表2（2）のとおりである（収用法47条の3）。

（2）所有者及び権利関係の情報の獲得

　ア　以上で明らかなように、起業者は、事業認定申請前と裁決申請前の2回にわたり、対象地に立ち入り測量・調査を行うことができる。

　このうち事業準備のための事業認定申請前の測量・調査は、実際の土地に即して事業計画を作成する上で必要な諸データを得るためである（収用法11条）。事業認定申請書には、起業地は小字単位で表示し（規則別記様式5の備考4）、また、起業地を表示する図面については、その縮尺の下限は3000分の1である（規則3条2号ロ）が、実務上は1000分の1程度が望ましいとされ、さらに先に述べたように起業地は色塗りされるので、被収用者は自己に係わる所有地が起業地に含まれるかどうかを容易に判断できることになるという意味で、この段階で起業地内外の境界が判然とするとされている[10]。しかし、それは起業地が即地的に判定できるということであって、その権利関

---

(10)　監修建設省計画局総務課『土地収用法の要点』39頁参照（（株）ぎょうせい、昭和56年）

係が判然としているか否かとは直接的に関係があることにはならない。それ故、事業認定申請の手続きは、基本的に、土地の所有者及び関係人に関する情報とは無関係に進められて行くことになる。

ただ、そうは言っても、現地に、直接、立ち入って測量・調査をする訳であるから、必然的に、土地の所有者が不明か否かといった程度の情報は得ることになるであろう（収用法12条3項参照）。

イ　それに対して、次の裁決申請前の測量・調査では、起業者は、実際に現地に立ち入って測量・調査をするために、事前に土地や工作物の占有者に通知する必要がある（収用法35条2項）ので、必然的に、その占有者の氏名等のみならず権利関係についての情報を得ることになる。それだけでなく、この測量・調査は、そもそも土地物件調書を作成するために行われるもの（収用法35条1項）であるから、土地所有者及び関係人の氏名、住所と権利関係も含め対象地に係る全ての情報（表2（1）（2）参照。収用法37条1項、2項）を徹底的に調査して、その真否を確定する必要がある。

そして、測量・調査の結果は、土地物件調書に記載される（表2（1）及び（2）参照）。特に、土地調書には、土地所有者及び関係人の氏名、住所並びにその土地の所有権及び所有権以外の権利の内容等が正確に記載され、実測平面図にも図示される。

以上のように、起業者は、事業認定申請前の測量・調査で所有者不明土地を知ることはあるが、次の裁決申請前の測量・調査の段階で、収用又は使用の対象地が所有者不明土地であるか否かを明確かつ正確に認識することになる。

なお、用地実務では、起業者は事業認定申請前の測量調査において、後の裁決申請前の測量調査で行うべき権利関係の詳細な調査を済ませており、事実上、事業準備の早い段階で所有者不明土地か否かを正確に把握しているようである。それは、実務の実際上の必要から行われていることで、ことさらに違法とすべきではない。だからと言って、その事実上の行為が、測量調査に係る事業認定申請前と裁決申請前のそれぞれの規定の法的解釈に影響を与

えることはないと言うべきであろう。

(3) 土地調書の内容と無過失調査の立証

ア　先にのべたように、起業者が裁決申請前の測量・調査の結果に基づいて作成し、土地所有者及び関係人の立会署名押印を得て完成した土地物件調書（収用法36条1項）について、異議付記せずに署名押印したり、あるいは署名押印そのものをしなかった者が、調書の内容の真否につき異議を述べるには、調書の内容が真実でないことを立証しなければならないとされている（収用法38条）。このことから分かるように、土地物件調書は、法定証拠として位置付けられていて、最終的に収用委員会が裁決する際には、反対証拠や収用委員会の職権調査の結果により記載内容が否定されないかぎり、裁決の妥当性を担保する機能を果たすという極めて重要な資料である。

イ　ところで、先に述べたように、起業者が土地物件調書への署名押印を求めなくともよいとされたり（収用法36条2項括弧書参照）、また、不明裁決の申請をする際の土地所有者及び関係人を「過失なく知ることができない」という条件（同法40条2項参照）に関しては、次のように言われている。すなわち、「『過失なく知ることができない』とは、登記記録の調査、登記名義人への照会、戸籍・住民票の調査等により、起業者が真摯な努力をしても知ることができない場合をいい、知ることができないに至った起業者の調査内容について簡潔に記載した書類を提出することをもって、過失がないことを証明する必要がある」というのである。もっとも、実務では、それに加えて、周辺住民への聞き取り、占有関係等の現地調査、電気・ガス・水道等の使用経歴や児童のいる家庭の場合は学校関係者への聞き取りを行う等、さらに、古い墓地については除籍簿や檀那寺の過去帳、系図等の関係古書類の調査をし、また、旧土地台帳、農業委員会の台帳、場合によっては古い道路台

---

(11) 前掲国土交通省「不明裁決申請に係る権利者調査のガイドライン」（注3参照）。なお、小澤道一『逐条解説　土地収用法』上549頁参照〔（株）ぎょうせい、平成24年〕、また、同書上483頁は、「確知することができない」とは、「過失なくて知ることができない」と類似の用語であると説明している。

帳なども調査している。

結局、不明の事由に応じて、起業者が強力な調査権（収用法143条2号参照）に基づく用地行政の専門家としての義務を尽くしてもなお確知できなかった場合を「過失なし」ということになろう。

この過失なく確知できなかったことについては、上記のとおり、起業者は調査内容について簡潔に記載した書類で立証することとされている（施行規則17条1号イ）。必然的に、土地物件調書の記載内容は注視されるので、所有者の氏名又は住所に関する情報は、知り得た限り土地調書に記載して置く必要がある。また、十分に調査したことを主張し立証を尽くすためには、調査で用いた登記簿、戸籍簿、住民票等の関係資料の写しや現地調査報告書等を整理、保存しておくことも必要である。審理において、収用委員会から釈明を求められた際に意見書で明らかにしなければならない場合もあろう。

3 収用委員会の不明裁決と効果

（1）収用委員会の審理と裁決

ア　収用委員会は、起業者の所有者不明とした裁決申請が、過失ある調査に基づき誤っていたことが明らかになったときは却下裁決をすべきことが基本である。[12]ただ、起業者自ら、調査が杜撰であったり、調査に過失が認められるときは、当初の裁決申請を取り下げて、調査をやり直してから、改めて裁決申請をすることは、裁決がなされる前であれば、許されよう。ただし、新たな裁決申請は、事業認定の告示後1年以内でなければならないことは、言うまでもない（収用法39条1項）。

イ　収用委員会は、適法な裁決申請書を受理した後は、対象地の市町村長に裁決申請書と添付書類の写しを送付し、土地所有者及び関係人には裁決申請があった旨を通知する（収用法42条1項）。市長村長は、裁決申請があった旨を公告し、2週間その書類を縦覧する（収用法42条2項）。

縦覧期間経過後は、収用委員会は遅滞なく、裁決手続開始の決定を行い、

---

[12] 昭28.2.19計画局長回答参照

裁決手続開始の登記を嘱託しなければならない（収用法45条の2）。ただ、収用又は使用の対象地が画地の一部であるときは、裁決手続開始決定書の正本を代位原因証書として起業者が所有者に代位申請してその部分を分筆した後、収用委員会が裁決手続開始の登記を嘱託する扱いである[13]。裁決手続開始の登記は、事後、第三者が収用又は使用の手続きに介入することを防止する重要な登記である（収用法45条の3）。

次いで、収用委員会は、起業者、土地所有者、関係人といった手続きの当事者に審理開催の通知をする（収用法46条1項。必要があるときは出頭命令（同法65条1項参照））。先の裁決申請があった旨の通知、審理開催の通知（出頭命令）が、何らかの理由で土地所有者・関係人に通知ができないときは公示による通知を行う（収用法135条2項、施行令5条、6条の2）。

審理は公開で行われ（収用法62条）、出席した起業者と土地所有者及び関係人には、様々な制約はあるが、口頭で意見を述べる権利そのものは保障されている（同法63条）。

その後、収用委員会は、必要に応じて職権で調査を行うとともに損失補償に係る鑑定評価等を行って（収用法65条）、正当な補償を判定して土地の収用又は使用の裁決を行う（同法47条の2）。

ウ　土地の収用又は使用の裁決における権利取得裁決は、起業者が収用する土地の区域又は使用する土地の区域と使用の方法及び期間、土地所有者及び関係人に支払うべき損失補償額、起業者が所有権又は使用権を取得する時期等を定める裁決である（収用法48条1項参照）。また、明渡裁決は、収用又は使用に伴って通常生ずる損失の補償額、土地又は物件の明渡し期限等を定める裁決である（同法49条1項参照）。

収用委員会は、裁決をする際、「被処分者」でありかつ対象地の損失補償金の受け取り人でもある土地所有者及び関係人を明記して裁決しなければならない（収用法48条4項本文、49条2項）。しかし、十分調査しても土地所有者及び関係人の氏名又は住所について確知することができなかったときは

---

[13] 昭43.2.2建設省計総発18号計画局長通達参照

4項の不明裁決が、また、関係人の借地権等の権利が契約解除等で存在するか否かに関して訴訟で争われ、裁決の時期までにその権利の存否が確定しないときには5項の不明裁決がおこなわれる。

エ　裁決は書面をもって行い、権利取得裁決か明渡裁決かの別が明記される。裁決書には、通常、当事者名（起業者並びに土地所有者及び関係人の氏名・名称、住所）、主文（収用又使用する土地、使用の場合は使用の方法、被収用者各人の損失補償額、及び権利取得の時期又は明渡の期限）、理由（当事者の主張とそれに対する収用委員会の判断）、成立の日（裁決会議で決定した日）が記載される（収用法66条2項）。

裁決は、起業者、土地所有者及び関係人に対する裁決書の正本の送達により発効する（収用法66条3項参照）。送達は裁決書の正本を当事者に交付して行うが、できないときは公示送達を行う（収用法135条2項。施行令4条、5条）。

（2）裁決の効果

ア　土地収用の権利取得裁決は、起業者に権利取得の時期をもって新規の土地所有権を付与し、土地所有者又は関係人が有していた土地についての所有権又はその他の権利を剥奪・消滅させる（収用法101条1項）ことから、起業者の土地所有権の取得は原始取得であると言われている。起業者は、取得した所有権について、対第三者対抗力（民法177条）を具備するには不動産登記法（平16年法123）の移転登記を嘱託することが必要である（不動産登記法118条参照）。この移転登記がなされると先に行われた裁決手続開始の登記は職権で抹消される。

明渡裁決は、対象地又は対象地上の物件の占有者に対して、裁決で定められた明渡しの期限までに、その土地の明渡しを義務づける（収用法102条）。その期限の到来をまって、起業者は着工することになる。それ故、明渡しの期限までに収用地上の支障物件が移転除却されないときは、起業者は、知事に行政代執行を申し立て、強制的に移転除却して（収用法102条の2第2項）、土地の明渡しを実現させることになる。

また、収用裁決での損失補償額は、収用により生じた財産的価値の損失に対する金銭による補償額（土地所有権等の権利の剥奪・消滅により被った損失を補填する金額）と、裁決に伴って通常生ずる損失に対する補償額（物件の移転料等）の合算額であって、収用の前後で財産に過不足がないこととされている[14]。

　起業者の裁決された損失補償金の支払期限は、権利取得の時期又は明渡しの期限であり（収用法95条1項、97条1項）、その時期・期限までに支払われないときは、裁決は失効する（同法100条）。起業者が補償金を支払おうとしたにもかかわらず、補償金を受けるべき者が受領を拒んだとき、補償金を受領することができないとき、又は起業者が補償金を受けるべき者を確知することができないときは、起業者はその補償金を、裁決された時期又は期限までに供託して、責めを免れることができる（収用法95条、98条、100条参照）。

　イ　土地使用の権利取得裁決は、起業者に土地を使用する権利を付与し、土地所有権等の権利の行使を制限すること（収用法101条2項）から、同様に、使用権の取得は原始取得と言われている。この使用権（公用使用権）は公法上の使用権であると言うことから、私権を公示するための登記制度には馴染めないので、登記できない扱いである[15]。裁決手続開始の登記については、収用委員会が使用裁決後に抹消の手続きをとることになる[16]。その他、使用裁決については、使用の方法が裁決され、損失補償額等については、使用による権利行使の制限により被った損失に対する補償額で、地代・家賃をベースに算定評価されることが原則とされている（収用法72条参照）。

　なお、土地使用の特殊な形態である地下・空間の使用などでは、独特の補償基準で算定評価されているが[17]、紙幅の都合上、本稿では省略する。

（14）最判昭48. 10. 18民集27-9-1210
（15）拙著『地下利用権概論』45頁参照〔(株)公人社、1995年〕
（16）昭44. 4. 11建設省計総発284号計画局長通達参照
（17）前掲『地下利用権概論』91頁以下参照

土地使用の明渡裁決は、収用の場合と同様に、対象地又は対象地上の物件の占有者に対して、裁決で定められた期限までに、その土地の明渡しを義務づける（収用法102条）。

（3）**所有者不明土地の不明裁決**

　ア　土地所有者又は関係人が不明の場合でも手続きは基本的に、通常の裁決申請から裁決に至る手続きの流れと同様である。ただ、所有者不明土地の場合、裁決申請があった旨の通知や審理開催の通知については、通知の相手が不明なのであるから、通常の通知はできないので、上で述べたように、公示による通知を行い、裁決書正本の送達については、公示送達を行うことになる（収用法135条2項、施行令5条、6条の2）。

　不明であるからと言って、裁決申請書を受理した後、途中の手続きを省略して直ちに裁決をすることは許されない。仮に、手続きを省略したり、公示による通知や公示送達をしないことは違法な手続きによる裁決であるから、後に真実の土地所有者又は関係人が現れて裁決取消の不服申立や訴えを提起されたときには、裁決が取消されることになろう。

　先に述べたように、収用委員会の不明裁決は、例外的に認められるもので、十分に審理又は調査しても氏名・住所を確知することができないとき、又は係争中で権利の存否が確定できないときに限り認められる（同法48条4項、5項）。起業者の調査義務や調査能力を過信して裁決申請書や土地調査、意見書等の記載内容を鵜呑みにするのではなく、収用委員会は自らも職権を行使して調査を尽くすべきである。[18]

　ただ、裁決は起業者の裁決申請に対する応答的行政処分であるという面から見ると、収用委員会は、起業者の過失のない徹底した調査結果を踏まえた不明裁決の申請を受けて、審理をし、改めて職権調査を行ったうえで不明裁

---

[18] 前掲注3で示した「ガイドライン」では、「『確知することができない』とは、起業者による調査を踏まえて、収用委員会が自己の責任においても、審理における意見書等により事実関係を把握した上で、それでもなお、土地所有者等の氏名及び住所が確知できない場合」をいうとしている。ただ、事例によっては、収用委員会が自ら現地調査をする必要がある場合もある（後掲注22参照）。

決を行っていることが多い。つまり、不明裁決の裁決事例の多くは、起業者の不明裁決申請に始まるとさえ言えるのである。

　イ　上で述べた一般の土地の収用又は使用の裁決における裁決の効果は、そのまま不明裁決にも適用される。すなわち、不明裁決による所有者不明土地の所有権取得は原始取得であり（収用法101条1項参照）、その取得した所有権の対第三者効は、起業者の申請による移転登記（不動産登記法118条）により具備される。[19]

　また、所有者不明土地の一部を収用する場合は、前提登記として分筆が必要となるが、通常の手続きと同様に裁決手続き開始の登記の前提登記として分筆が行われるので、不明裁決による所有権移転登記はそのまま申請することができる。

　所有者不明土地については、当然、契約はできず、共同申請の登記も不可能であるが、契約取得にこだわらずに、起業者が、苦労を厭わず努力して収用法の不明裁決制度を利用する最大の利点は、その土地の所有権を完全に取得し、その取得した所有権の対第三者効を具備するために移転登記ができるということであると言っても過言ではないだろう。

　ただ、対象地が所有者不明の土地だからといって、権利取得裁決だけでは、事業を施工することはできない。明渡裁決の明渡しの期限の到来をまって、また、所有者不明の支障物件があるときは行政代執行を踏まえて着工することは、通常の事例の場合と同じである。

　なお、使用の不明裁決では、先に述べたとおり、裁決で取得された土地使用権は登記できない扱いであることに注意が必要である。

　ウ　所有者が誰であるか確知できない所有者不明土地でも、その土地の財産的価値は客観的に存在する。土地の価値が客観的な存在である以上、その価値を評価できるので不明裁決においても通常の裁決と同様に損失補償基準に基づき損失補償金額が裁決される。

---

(19) 昭40.12.27法務省民事局長回答

4項の不明裁決の場合、起業者は、裁決された補償金については「過失なく補償金の受けるべき者を確知することができないとき」にあたるので、供託することになる（収用法95条2項2号）。

　5項の不明裁決の場合は、存否不明の関係人の権利が「存するものとして」裁決され、併せて、裁決後に関係人の「権利が存しないものと確定した場合における土地所有者の受けるべき補償金」を裁決され、起業者は、存するものと裁決された存否不明の関係人の権利についての補償金を供託することとされている（収用法95条4項）。

　4項の不明裁決であれ、5項の不明裁決であれ不明裁決が行われた場合、供託制度を利用することで、その後補償金を受け取るべき者が明らかになった場合でも、その者は供託金の払い戻しを受けることができるので、補償金の支払いに関しては不利益は生じないことになる。

III　不明裁決の内容別の件数と種類

1　内容別の件数

　ア　現行法の下での不明裁決に関連する件数について、全国の収用委員会の裁決例を全て調べたデータがあるかどうかは寡聞にして承知していないが、東京都収用委員会のデータについては、首都高速道路株式会社用地室長の伊藤浩志氏が調査しており、それによると収用法の昭和42年改正法の施行後の1968（昭和43）年度から2016（平成28）年度までの49年間に土地所有者に関する不明裁決が64件、関係人に関するものが46件、両者が混在しているものが8件その他が9件の合計127件を数えることができるという。[20]次に、伊藤氏の了承を得て、筆者が、氏の調査結果を裁決内容の区分別に編集し直した件数を表3に示しておこう。

---

(20) 国土交通省によれば、2013（平25）年から2017（平29）年までの5年間の不明裁決件数は233件で、その間の権利取得裁決件数の33.8%を占めるという（国交省総合制作局総務課『不明裁決事例集』参照、国交省hpより）。東京都あるいは国交省いずれの数字からみても、不明裁決は決して珍しいものではないことが窺えよう。

第3部 競争法・行政法

表3 裁決内容の区分ごとの不明裁決の件数（昭和43年度～平成28年度）

（件）

裁決内容の区分			被収用者別等件数 （127件）					備考
型名	型の内容	型の区分	土地所有者	関係人	混在 (所) (関) (境)		境界	その他	(収用委員会の調査)
A	申請・申立において不明としていたものに対し、不明裁決をした事案	権利 存否不明		22					裁決申請と同じ結論 96
		帰属不明	25	2	2 (2) (2) (0)				
		種類不明		3					
		権利者 氏名及び住所不明	4	2	1 (1) (1) (0)				
		住所不明	19	8	4 (4) (4) (0)				
		境界不明		1 (1) (0) (1)			3		
B	申請・申立において不明としていなかったものに対し、不明裁決をした事案	権利 存否不明		2					裁決申請と異なる結論 31 (24)
		帰属不明	11	3	1 (1) (1) (0)				
		種類不明		1					
		権利者 氏名・住所不明	4						
C	申請・申立において関係人としていなかった者に対し、不明裁決をした事案			2					
D	申請・申立において不明としていたものに対し、不明裁決をしなかった事案			1 (1) (1) (0)				6	(7)
合計			63	45	10 (10) (9) (1)		3	6	127 (不明120、非不明7)

※　権利の存否不明は、土地所有者と関係人が争っていて、土地に対する所有権以外の権利が存するか否かが不明の場合である。権利の帰属不明は、複数の所有者間又は複数の関係人間で争っていて、所有権、又は土地の対する所有権以外の権利がどちらに帰属するか不明の場合である。権利の種類不明は、関係人が有する権利の種類が不明の場合で、例えば、先代から借りた借地権であるか、好意による使用貸借による権利であるかが不明の場合等である。

※　混在とは、1件の裁決に土地所有者に関する不明と、関係人に関する不明の両方が含まれている場合をいう。(所)(関)(境)は、それぞれ、(所有者)(関係人)(境界)の略である。

この表によると、収用委員会が、起業者の不明裁決申請を尊重して不明裁決としたものが96件（75.6％）である。それに対して、起業者は不明でないとして申請したものに対して独自の調査で不明裁決裁決としたものが24件（18.9％）、反対に不明の申請に対して不明でないとしたものが7件（5.5％）であるという。このことから、先に述べたとおり、「不明裁決の裁決例の多くは、起業者の不明裁決申請に始まる」ということが裏付けられたと言えよう。

不明裁決120件（全127件から不明でないとした7件を除したもの）のうち、4項の不明裁決は96件（80.0％）で、その内訳は、土地所有者に係るものが66件（境界不明3件を含む）、関係人に係るものが21件、混在するものが9件である。5項の不明裁決（関係人に係る権利の存否不明のもの）は24件（20.0％）である。

不明裁決120件について、不明の種別についてみると、権利者に関する不明（境界争いを含む）は46件（38.3％）で、権利に関するものは74件（61.7％）である。

イ　ところで、表3では、権利に関する不明裁決には権利の存否、帰属、種類の3種の不明が区分されている。まず、権利の存否の不明は、土地の所有者とその関係人間の争い、あるいは物件の所有者とその関係人間の争いの場合で、それぞれ関係人の有する権利の存否が問題となっている場合である。次いで、権利の帰属の不明は、土地所有者間での所有権の帰属が争われている場合が代表的なところである。その外、土地の関係人間で土地の所有権以外の権利の帰属が争われている場合の不明裁決もある。例えば、借地権付きの家屋の相続を巡って争っているような場合で、どちらに借地権が帰属するのか不明という場合である。観念的には、物件の関係人間でも権利の帰属争いが考えられるが、実際にはそのような争いの裁決例は、ほとんど見かけない。[21]最後に、権利の種類不明は、土地所有者と関係人間あるいは関係人同士の間で土地の所有権以外の権利の種類を巡っての争いの場合であるが、非常に珍しいものと言えよう。例えば、土地にある物件所有者が借地権を主張し

ているのに対して、土地所有者が借地権設定契約の締結を否定し、先代が好意で土地の使用を認めた使用借権を有しているに過ぎないと主張して争っているような場合である。

　ウ　また、土地所有者に関する不明裁決では、氏名及び住所の不明が8件、住所の不明が19件、権利の帰属不明が36件、境界不明が3件の合計66件（55.0％）となっていて、全不明裁決事件の半数強となっている。関係人に関する不明裁決では、氏名及び住所不明が2件、住所不明が8件、権利の帰属不明が5件、権利の種類不明が4件、権利の存否不明が24件、その他2件の計21件、合計45件（37.20％）となっている。土地所有者に関するものと関係人に関するものとが混在している不明裁決は、権利の帰属不明は3件、氏名及び住所不明が1件、住所不明が4件、境界不明が1件、合計9件（7.5％）となっている。

　この数字を角度を変えて見てみると、氏名又は住所の不明裁決は、いずれも起業者又は収用委員会が調査しても確知できなかったことからの不明裁決で44件（36.7％）といえるが、当事者間に何らかの争いがあって起業者又は収用委員会には、その争いを判定する権限がないことからの不明裁決は76件（63.3％）である。この結果、法律の規定上、起業者にしろ収用委員会の積極的な調査にしろ、調査で確知できないときの不明裁決が一般的であり、係争中による不明裁決は例外的であるように見えるが、実態は、「係争中」で確知できないことで不明裁決となる場合が非常に多く、調査で確知できなかった不明裁決はその半分強であることが分かる。

　このような傾向は、東京という大都市での特別な事情によるものか否か、全国の調査結果が見当たらないことから比較しようがなく、現在のところ判定することはできない。

---

(21) 物件の関係人の代表は借家権者と建物抵当権者であるが、裁決例の少なさは、借家権は借家の引き渡しが対抗要件であること（借地借家法31条）、建物抵当権の順位は登記の前後によること（民法373条）が影響しているのであろう。

2　内容別の種類
（1）所有者不明は公共事業の阻害要因か

ア　先に述べたように、収用委員会が裁決に当たって、土地所有者・関係人の氏名・住所を確知できないときには、不明裁決ができるとされている（収用法48条4項）が、確知できないものは氏名・住所に限らない。相続人Aと同Bとが、自分こそが相続財産を相続したと係争中の場合、収用委員会としては、ABどちらが相続人であるか確知できないこととなる。これは、権利の帰属が不明ということで、不明裁決となる。すなわち、起業者が裁決申請に際して、又は収用委員会が裁決をするに当たり、所有者を確知できなければその理由の如何を問わず所有者不明として扱うことができるのであり、4項の不明裁決での「氏名又は住所」は例示にすぎないと解されよう。同様に、5項の不明裁決の係争中というのは不明の状態を示しているに過ぎないとも解されよう。

イ　ところで、増田研究会の最終報告書は、不明事由として「台帳が更新されていない、台帳間の情報が異なるなどの理由により、所有者又は相続人の特定を直ちに行うことが難しい」とか「登記名義名義人が死亡しており、その相続人を特定できたとしても、相続人が多数となっている」といったことを述べている。[22]

しかし、不明裁決の不明事由と言われるには、先に述べたように、起業者は過失なく調査した結果であり、一般用語の「難しい」とか「多数」という状況であっても、さらに用地行政の専門家として社会通念上求められる程度の注意義務を十分に尽くして調査することが要求される。

また、同報告書は、土地の相続未登記問題が、所有者不明土地を増加させ、公共事業にとって大きな阻害要因になっていると強調し、例えば、「公共事業用地を取得しようとしたところ、昭和初期に50数人の共有地であったものが相続により現在700人の共有地となり、約10人の所有者の所在が不明で交渉が難航しているケースがある」という。非常に古い時代に対象地の所有者

---

(22) 前掲最終報告書4頁参照

が死去し相続が何代にもわたって繰り返されたが、相続登記が未了なまま経過して現在に至ったような相続の未登記の問題が所有者不明土地を増加させていることは間違いない。

　ただ、この記述を額面どおり受け取れば、確かに用地を契約で取得することは大変難航しそうである。だが、事例の内容の詳細は分かりかねるが、これまで本稿で述べてきた収用法の不明裁決の手続きからみれば、起業者が用地行政の専門家として相応の努力をして調査を尽くした上で不明裁決を申請するなら用地取得は可能である言える。

　なお、この点、はじめにで触れた新聞やTVで大きく取り上げられた大都市のJR駅近くで所有者不明土地が歩道拡幅工事を妨げているとの事例（注2参照）は、報道内容から見る限りだが、収用法の不明裁決で解決すべき典型的な事案だと思えるだけに、何故、道路設置者は収用法の適用をためらっているのかと言うことを報道すべきであったのではないだろうか。しかし、実際の報道は工事ができない理由として用地の契約取得ができないことのみを取り上げており、まるで増田研究会と歩調を合わせているかのような報道の仕方であった。所有者不明土地問題をクローズアップさせるための「ためにする報道」であったのではないのかとの疑念を抱かざるを得ない。

　ウ　確かに、所有者不明土地が、「山林管理、農地の集約、地籍調査」と言った公共事業では大きな阻害要因となることは疑いない。だが、「災害復旧、道路整備、土地区画整理」といった収用適格事業遂行のための用地取得問題にとっては、これまで縷々述べて来たように不明裁決制度で解決できるのであるから、阻害要因と断言するわけにはいかない。用地取得遂行の上で阻害要因となっているのは、所有者不明土地そのものではなく、不明裁決制度を活用しようとしない人的、組織的なものに根本的な問題があるのであろう。

　結局、所有者不明土地が、公共事業の阻害要因となるか否かは、公共事業の種類により、また、それぞれの事例の具体的な内容次第であると言うことは、氏名・住所が何故不明なのか、なぜ確知できないのかということもケー

ス・バイ・ケースであると言うことに帰着しよう。

（2）係争中であることによる不明
① 概要
　増田研究会の最終報告書は触れていないが、先に件数でみたとおり係争中であることによる不明裁決は非常に多い。裁判で争っている「係争中」の場合、裁判が終結するまで収用手続きを停止していることが司法制度の本来の趣旨から言えば妥当であろう（裁判所法3条参照）。だがそれでは、先に述べたように、用地取得の遅れから事業が遅延して事業遂行に多大な影響を与えてしまい、結果として、公益実現が阻害されることになるので、できるだけ早く用地を取得させて施設を建設させて公益実現を図りつつ、係争中の当事者に対する損失補償は供託制度を利用することで不利益の回避を図り、係争中であっても不明裁決で用地取得を実現させることは妥当なものであると言えよう。

　ところで、裁判での係争中ではないが、当事者間で権利の存否を巡って協議中であったり、事実上争っていて、合意ができていない場合も、起業者は不明の裁決申請をすることが行われている。

　上記のとおり、収用委員会には、当事者のそれぞれの法的主張の当否を判断して結着させる権限はなく、そのような権限は司法機関だけに属している（裁判所法3条参照）。それ故、起業者や収用委員会が介入して、当事者双方の承諾なく勝手に法的主張に独自の判断を行うことは、禍根を将来に残すであろう。当事者が協議中というのは、厳密には係争中とは言えないが、それに準じるものとして、起業者は不明裁決を申請し、収用委員会は原則として不明裁決をすることになる。

　ただ、裁決手続きは当事者各人別の補償額を判断する手続きでもあるので、その範囲で必要な限りで、明確な証拠があるときはそれぞれの主張の真否を判断をすることができる。そのように証拠に基づいて裁決する結果、その事件ではあたかも法的主張に判断を下す権限があるかのようになることがある

が、これは、上で述べた争訟的争い一般における収用委員会の判断権限の問題ではない。収用委員会は行政委員会として補償に係わる具体的な事項に関する法的主張には当否の判断を下すことができると言うべきである。被収用者が異議付記のない土地調書の証拠力を否定するには後からでは反証の提出を必要とされている（収用法38条参照）が、この規定の趣旨から、裁決は土地調書の証拠力（法定証拠）に従っていること、あるいは調書の証拠力を否定する反証に従うか、自らの職権調査を裁決の証拠としなければならないと言うことに、その根拠を求めることができよう。

この点に関連して、特殊な事例ではあるが、起業者は土地所有者（補償金の受領権者）をAとして裁決申請したが、審理においてAが所有者はBであるべきだとして争った事件に対して、収用委員会は、土地所有者はAかBかを判断するに際して、どちらに決すべきか心証を得られなかったとして不明裁決した例がある。[23]

② 係争中の相続財産

ア 共有地にかかる不明裁決には、共有地の分割にあたって裁判で争いになっている場合であることが少なくない。収用問題で係争中の共有地として代表的な事例は、相続財産としての土地である。

相続人が数人あるときは相続財産は分割されるまでは相続人の共有財産とされている（民法898条）。この共有地の相続財産が収用対象地である場合は、注意すべきことがある。共有の相続財産を巡って相続人間で係争中の場合は、単純に不明裁決と決めつける訳にはいかない場合がある。

民法は、法定相続人間で相続割合が争われている際の判断基準として法定相続分を定めている（民法900条）。裁決手続きで確定した相続人間で、相続した土地の相続割合を単純に争っている場合は、収用委員会は、民法所定の相続分でもって裁決すべきである。この場合、裁決された額に不満で受領を拒む者に対しては、起業者は裁決された補償金を供託することになる。な

---

[23] 東京都収用委員会平成3年9月9日裁決。拙稿「所有者不明土地と収用法の不明裁決」Evaluation誌68号参照

ぜなら、相続人が確定していて、ただ、単純に相続割合が争われている場合というのは、裁決手続きの面から見ると、対象地の被収用者各人に損失補償金として見積もられた金額（権利の価額）の多寡が不満で争っている場合と同義と言えよう。

収用委員会は、損失補償は各人別に裁決しなければならないとされていること（収用法69条）から、共有者（相続人）各人に対する損失補償額を判定する権限を有していると解されるので、法定相続分のように各人への補償額の配分の算定のための判断基準が法律に定められているときは、その法定の判断基準に従って、早急に、裁決すべきである。

それに対して、相続財産の土地が複数あって、そのうち誰が収用対象地を相続するのかと言うことを争っていたり、誰が土地を相続し誰が土地以外の財産を相続すべきかを争っているような場合は、収用対象地の相続人（権利者）は決まっていないので、共有地にかかる不明裁決と同様、所有者不明の裁決をすることになる。

　イ　土地の相続に関しては、相続人が多すぎて相続割合の合意形成がなされていない場合、相続人が多すぎて相続をする者としない者との判別ができず相続をする者についてはその相続分も判定できないという場合、相続登記が未了のまま相続が繰り返されていて現在「土地所有者」と称する人物の所有権が公示されていないことから所有者不明となっている場合、あるいは戦災や大災害で戸籍簿等が消失して相続人の一部が生死不明又は住所・居所不明などが認められる等の場合等、多くのケースがある。収用法の裁決手続きでは、これらを「所有者不明の土地」として一括りにせず、それぞれ内容に応じて区分して考えなければならない。

単に相続割合の合意が不成立である場合は、相続人は確知できる以上、如何に相続人が多数になろうとも、上述のとおり、起業者は補償金を法定相続分（家督相続と均分相続が入り交じっている場合は、法定相続分の判定は非常に複雑となるので注意が必要である）。で各自宛に見積もって裁決申請する。収用委員会は、法定相続分でもって各自宛に裁決をすることになる。

第3部　競争法・行政法

　それに対して、誰が相続人であるか、あるいは判明した相続人の生死はどうか等について、調査を尽くしても明らかにすることができないときは、相続人が確知できないとして不明裁決となる。

　そのような場合の裁決例として、東京都葛飾区の四つ木地区で非常に古い時代から先祖代々使用されて来た某一族の共同墓地（筆者の勝手な推測だが、おそらく江戸時代からと思われる）が、高速道路建設の用地に含まれることになった事件がある。[24] 起業者は、現在の墓地使用者（複数）が真実の土地所有者であることを明らかにしようと、調査に大変な努力を重ねたが、結局、登記簿の表題部の名義人と現在の墓地使用者との間に、正確な相続関係とその土地の所有権の承継関係を明らかにできなかったので、表題部の名義人を土地所有者としたうえで、登記簿及び旧土地台帳には住所の記載がないことから住所が確知できなかったとして不明裁決の申請をした。収用委員会は調査し検討して、起業者の申立どおり住所不明の裁決をしている。

Ⅳ　所有者不明土地措置法の不明裁定

1　所有者不明土地措置法の概要
（1）法の趣旨

　ア　先に述べたとおり、「所有者不明土地措置法」が2018（平30）年6月6日国会で可決され同月13日法律49号として公布されたが、本稿作成時段階では、まだ施行されていない。立法目的は「社会経済情勢の変化に伴い所有者不明土地が増加していることに鑑み、所有者不明土地の利用の円滑化及び土地の所有者の効果的な探索を図るため」、「地域福利増進事業の実施のための措置、所有者不明土地の収用又は使用に関する土地収用法の特例、土地の所有者等に関する情報の利用及び提供その他の特別の措置を講じ、もって国土の適正かつ合理的な利用に寄与することを目的とする」。とされている（措置法1条参照）。

---

(24) 東京都収用委員会昭和60年12月12日裁決。拙稿「所有者不明土地と収用法の不明裁決」Evaluation誌68号参照

この立法目的の下で「土地収用法の特例」として施行されると、収用法の不明裁決制度の実務に多大な影響を与えることが予想される。まだ、施行令等の付属法令が制定されていないので、実務的な問題点の詳細は明らかではないが、ここでは、紙幅の都合もあるので、所有者不明土地措置法の第3章「所有者不明土地の利用の円滑化のための特別の措置」の第1節「地域福利増進事業の実施のための措置」についてはその概要を、そして、第2節の「特定所有者不明土地の収用又は使用に関する土地収用法の特例」のうちの特に収用に関する部分について、その概要と気になったいくつかの問題点を、収用法の不明裁決制度と比較しつつ述べることにしよう。

　イ　所有者不明土地措置法は51か条にわたる収用法の特別法であり、附則を除き本体は6章で構成されているが、上で触れた第3章と、第4章の「土地の所有者の効果的な探索のための特別の措置」が、メインの部分であるといえよう。

　はじめに第4章についてであるが、都道府県又は市町村内で特定の利用目的で保有されている土地所有者等関連情報、例えば固定資産課税台帳や地籍調査票等をその利用目的以外の目的のために、内部で利用できるとしたこと（措置法39条）と、相続登記等未了の土地について、不動産登記法の特例として、登記官が職権で、登記名義人の死亡後長期間登記未了の土地である旨の付記登記をすること（同法40条）とが新設された。その他、第3章の第3節で「不在者の財産及び相続財産の管理」に関して家庭裁判所が行う不在者の財産管理についての必要な処分の命令（民法25条1項）や相続人不明の相続財産の管理人の選定（同法952条1項）について、民法の特例として、利害関係人又は検察官に加えて、特に必要があるときは国の行政機関の長又は地方公共団体の長も選定の請求をできることにした規定が新設された（措置法38条）。

　これらは、いずれも、用地行政の実務界では以前から希求されていた仕組みといって良く、ようやく立法化されたかというのが正直な感想である。また、不在者等の財産管理人選任の請求者の範囲を広げたことは、時宜に適っ

た立法であると言えよう。

　次に第3章（第3節を除く）であるが、筆者は、ここの「特別措置」については手放しで評価するわけにはいかない。ただ、その特別措置のうち第1節の地域福利増進事業の実施のための措置（措置法6条～26条）や第2節の収用法等の特例のうちの特定所有者不明土地の使用を知事の裁定で行うという仕組み（措置法27条1項参照）については、期限が付される土地使用権の設定である点で私的土地所有制に対する影響は限定的であろうと思われることから問題は比較的少なく、特に第1節の地域福利増進事業の実施のための措置は、大方の賛同を得るであろうし、筆者もそれなりに評価したい。

　しかし、特別措置のうち収用法及び都市計画法の特例のうちの事業認定事業の実施のための特定所有者不明土地の収用を知事の裁定で行うという仕組み（措置法27条～37条）については、憲法の保障する私的土地所有制に対する深刻な影響をもたらす契機となるのではないかと危惧されるだけでなく、用地実務にとっては看過できない問題があるように思われる。

（2）「特定所有者不明土地」の定義について

　所有者不明土地措置法が規定している所有者不明土地の利用のための対象地は、一般的な所有者不明土地ではなく「特定土地所有者不明土地」であるとされている（措置法10条1項、27条1項）。その特定土地所有者不明土地とは、「相当な努力が払われたと認められるものとして政令で定める方法により探索を行ってもなおその所有者の全部又は一部を確知することができない一筆の土地」とされる所有者不明の土地（措置法2条1項）のうち、現に建築物（物置等の簡易建築物を除く）。が存在せず、かつ、業務の用その他の特別な用途に供されていない土地をいう、と定義されている（同条2項）。

　この規定は、一見あまり問題がなさそうだが、考えてみると「調査の手法」は政令で定めることとしつつ、その調査の程度は法律が「相当な努力が払われたと認められる」程度で可とすると言うのであるから、政令で定めた手法での調査、すなわち政令でパターンを決めた調査で十分とする奇異な規定であると言わざるをえない。

先に述べたように、我が国の土地の私有財産制は地租改正に始まったので、入会地を除くと私有地は全て地租負担者として特定の所有者が決まっており、最初から所有者が不明な私有地はあり得ないはずである。その建前の下、事業認定申請前の測量・調査で公共事業の事業主体が私有地の所有者を地番で順次確認していたところ、地租は納付されていたが、いつの間にか誰が所有者かが判然としなくなっていた私有地がみつかり、次に裁決申請前の測量・調査で詳しく調査をしたが、結局、真の所有者を確知できなかったというのが、収用法の所有者不明土地を調査する際の代表的な事例の自然な流れということになる。さまざまな事情を背後に抱える所有者不明土地に関する調査の手法や程度は、ケースバイケースで、不明となった事情や状況にあわせて変化又は深化させていく必要があろう。その手法や程度は、予め一律に決めることはできないものであるから、事業主体が行うべき妥当な調査とは、先に述べたように、用地行政の専門家として要求される調査義務に反しない過失のない調査でなければならないとされるのである。

　このような視点でみると、所有者不明土地措置法の規定は奇妙であり、それは、事業主体は当初から対象地は不明土地であるに違いないという前提を置き、政令でパターン化した調査をすれば、よしとする規定であるからだと言わざるをえないのである。それどころか、所有者不明土地であるということをあらかじめ知っていて、それを確認するだけの調査をすれば可とするということをも意味しているのではないかとさえ思われる。さらに敷衍すると、所有者不明土地措置法は、収用法の不明裁決制度のように「過失がないと社会通念上認められる徹底した調査」ではなく、調査努力を大幅に軽減し、政令の規定の仕方によっては、登記簿等の公簿を確認さえすれば、実際の調査を不要とすることすら可能としたものとまで言えることになるのではなかろうか。

　結局、所有者不明土地措置法の規定は、用語の定義に名を借りて、当初から所有者不明であると知っている土地を「政令でパターン化した方法」で探索（調査）するものと規定したものであり、ひいては、政令でパターン化し

た方法で調査すれば足り、それがパターンどおり行われたか否かが問題で、十分に調査をしたか否かという調査程度に関する過失の有無を問う必要もないことに帰着することにもなろう。

2 地域福祉増進事業の実施のための措置
(1) 地域福祉増進事業の意義と手続き
① 地域福祉増進事業の意義

所有者不明土地措置法は、「地域福祉増進事業」(措置法2条3項)を実施する者は、その事業を実施するために「特定所有者不明土地」を使用する使用権及びその土地にある所有者不明物件の所有権又は使用権(以下あわせて「土地使用権等」という)を取得しようとするときは、知事に裁定を申請することができると規定した(措置法10条1項)。

その「地域福祉増進事業」とは、所有者不明土地措置法に地域住民その他の者の共同の福祉又は利便の増進を図るために行われる事業として列挙されている(措置法2条3項)。

列挙されている事業は、収用法3条に規定されている道路法、駐車場法、学校教育法、社会教育法及び社会福祉法に定められている道路等の整備事業(収用法適格事業)の外、これまで形式上、収用法適格事業の枠に入っていなかった病院、療養所、診療所、助産所の整備に関する事業、公園、緑地、広場、運動場の整備に関する事業、災害救助法による被災者用の住宅(災害の発生した日から3年を経過していないもの)の整備に関する事業、さらに政令で定める購買施設、教養文化施設等の地域住民その他の者の共同の福祉又は利便の増進に資するものの整備に関する事業等、それに、以上の事業に必要な通路、資材置き場等の附帯施設の整備事業である。

これらの事業は、従来、自己所有地や借用した国公有地や私有地に施設を建設して実施されてきた例が多いのであろうが、それが、今後、特定所有者不明土地を利用して事業を進めることができる。これまで収用法の事業認定の対象となりにくかった住民から要望されてきた直売所や小集会所などの文

化施設を、市町村等が「特定土地所有者不明土地」を使用して、比較的容易に建設ができることになり、きめ細かく「地域住民その他の者の共同の福祉又は利便の増進」を図ることができるようになろう。この立法は、過疎、高齢化に怯える市町村や公益団体にとっては多いに歓迎されることであろう。

しかし、所有者は明らかであるが空き地として放置されている土地には適用できない。このような土地に以上の事業を施行しようとするには、従来どおりの契約取得で対処する以外に方法はない。もっとも、道路法の道路整備事業のように収用適格事業の場合なら、収用法の適用によることができる。

② 知事の裁定の手続き

ア 所有者不明土地措置法は、地域福利増進事業を実施する者は、特定所有者不明土地に対して、土地使用権等を知事に裁定申請する（措置法10条1項）際、あらかじめ知事の許可を得て事業準備のために特定所有者不明土地又はその土地にある簡易建築物等に立ち入り測量・調査を行うことができる（措置法6条）。もっとも実際には、地元市町村としてはあらかじめ特定所有者不明土地であると知っていた土地に対して、あとづけで形式的に測量・調査の手続きを踏んだ上で知事の裁定を申請することになるのであろうか。

地域福利増進事業に係る土地使用権等の取得の裁定申請に対して、知事は、土地の適正且つ合理的な利用に寄与するものであること、対象地が特定所有者不明土地に該当するものであること等の要件に該当するか否かを書類上確認し（措置法11条1項参照）、要件に該当しないとして裁定申請を却下する場合を除き、「当該裁定申請に係る事業を実施するため必要かつ適当であると認めるときは」、その必要の限度において土地使用権等の取得を裁定する（措置法13条1項）。裁定の際には、特定所有者不明土地の所有者等が受ける損失補償金の額について、あらかじめ収用委員会の意見を聴いたうえで、裁定しなければならない（措置法13条4項参照）。

知事の裁定による土地等の使用権の存続期間については、裁定申請の範囲内でかつ10年を限度として決定することとされている（措置法13条3項）。期間延長の裁定申請（措置法19条1項）に対しては、知事が必要且つ適当と

認めるときは、10年を限度として延長を認めることができる（措置法19条3項、4項）。延長の裁定で損失補償を裁定する際にも、上記と同様に、収用委員会の意見を聴かなければならない（措置法19条4項参照）。

知事は、特定所有者不明土地でなくなったとき等、裁定申請に係る事業が要件を欠くにいたったときは、裁定を取り消すことができる（措置法23条）。

使用権の存続期間が満了したとき、又は裁定が取りされたときは、使用権者は、原則として、対象地を原状に回復して返還しなければならない（措置法24条）。

以上の特定所有者不明土地の土地使用権等の裁定手続きは、今後、地域福利増進事業を推進して行く上で、大いに有効であると言えるであろう。

　イ　この「地域福利増進事業」という公益実現の事業実施のために知事の裁定で設定される特定所有者不明土地を使用する土地使用権により、土地所有権等の権利行使が制限される（措置法15条）が、剥奪・消滅されることはなく使用権設定に伴う損失補償が行われること（同法16条以下）、及び使用権の存続期間又は延長期間が満了したときには原状に復して返還されること（同法24条1項）から、先に述べた収用法の土地使用裁決に基づく土地使用権と同様のいわゆる公用使用権であると解される。そしてまた、この使用権は、公法上の使用権であるとの理由で、私法上の権利を表示する不動産登記制度になじまないとされ、登記はできないとの扱いを受けることになる。

以上のことから、知事の裁定で設定される地域福利増進事業のための特定所有者不明土地に対する使用権が設定されても、私的土地所有制に対する影響は限定的であろうと言えよう。これは、収用法の特例としての知事の裁定による特定所有者不明土地の使用権（措置法27条以下参照）についても、同様である。

ただ、上記の土地使用権等の取得のうち物件の所有権取得については、次の、特定所有者不明土地の収用に関する収用法の特例で述べると同様の問題が生じるおそれがあろう。

3 特定所有者不明土地の収用に関する収用法の特例

(1) 収用裁定の概要と裁定手続き

ア 所有者不明土地措置法は、収用法の特例と言うことで、知事裁定による特定所有者不明土地の収用又は使用を認めるに至った。その手続きの概要は次のとおりである。

なお、上記の収用法の特例としての知事裁定による特定所有者不明土地の使用は、先の地域福利増進事業の土地使用の際に触れたので、ここでは、以下の記述からは除外し、特定所有者不明土地の収用に限定して述べることとする。

収用法20条の事業認定を受けた収用適格事業について、起業者が、起業地内にある特定所有者不明土地を収用しようとするときは、事業認定の告示があった日から1年以内に、知事に対し、特定所有者不明土地の収用の裁定を申請することができる（措置法27条1項）。

注意すべきは、特定所有者不明土地について裁定申請したときは収用委員会への裁決申請はできないこと、逆に、裁決申請をしたときは知事への裁定申請はできないことである（措置法31条1項）。また、裁定申請の際には、収用法36条1項の「土地調書及び物件調書を作成することを要しない」とされている（措置法31条3項）。

イ 知事は、起業者の特定所有者不明土地の収用の裁定申請が相当であると認めるときは、公告及び申請書の縦覧をする（措置法28条）。なお、裁定申請があった旨等を確知所有者等がいるときはその者に通知しなければならない。

2週間の縦覧期間が経過した後は、知事は、遅滞なく「裁定手続の開始を決定してその旨を公告し」かつ「裁定手続の開始の登記」を嘱託する（措置法30条1項）。

裁定申請があると、知事は、「必要な限度において」職員をして立ち入り調査をさせることができるとされている（措置法36条）ので、裁定申請された対象地が確かに特定所有者不明土地か否か、裁定申請が相当か否かといっ

たことについて、書類審査で済ませるのではなく、可能なかぎり現地調査等をさせるべきであろう。

ウ　知事は、起業者が収用しようとする土地が特定所有者不明土地に該当しない等、裁定申請が相当でないと認めるとき、又は裁定申請書の公告・縦覧期間内にその特定所有者不明土地の所有者又は準関係人から異議等の申し出があったときは、その裁定申請を却下しなければならない（措置法29条1項、2項）。

裁定申請を却下するとき、及び申請された事業が事業認定で告示された事業又は事業計画と著しく異なるときを除き、知事は、その裁定申請した事業を実施するため必要な限度において、その特定所有者不明土地の収用の裁定をしなければならない（措置法32条1項）。裁定には、特定所有者不明土地の所在、地番、地目、面積、所有権その他の権利を取得し又は消滅させる時期、引渡し等の期限、特定所有者不明土地所有者等が受ける損失補償金の額等の事項を定めなければならない（同条2項）。裁定に損失補償金の額を定めるには、先に述べた地域福利増進事業の知事の裁定と同様に、あらかじめ収用委員会の意見を聴かなければならない（措置法32条4項参照）。

エ　知事は、裁定をしたときは、遅滞なく、公告しなければならない（措置法33条）。公告があったときは、特定所有者不明土地について、収用法の権利取得裁決（同法48条1項）及び明渡し裁決（同法49条1項）があったものとみなして、同法7章の規定が適用される（措置法34条）。なお、裁定内容を確知所有者等がいるときはその者に文書で通知しなければならない（措置法33条参照）。

所有者不明土地措置法は、知事の裁定に収用法7章の規定が適用されると規定したことで、それが簡易な手続きで行われたにもかかわらず、収用委員会の裁決と同等の法的効果を得ることを意図したものであろうが、この意図が文字どおり実現できているか否か問題があるように思われる。

(2) 知事の裁定による収用の問題点
① 問題の所在
ア　知事は、一般行政機関として公共事業を「計画し」、かつ、「施行する」職責を負う当事者でもあるから、ケースによっては、その事業遂行に直接利害を有する立場に立つこともある。その場合、知事が特定所有者不明土地を収用しようとする当事者として、対象地を自ら簡易な手続きで特定所有者不明土地とみなして裁定申請し、自らの意思で収用裁定をすることになる。これでは、収用の対象地は特定所有者不明土地であるとはいうものの、まるで戦後廃止された旧収用法の仕組みの復活を彷彿とさせる。旧収用法では、旧内務省の地方長官であった都道府県知事が公共事業を計画し、実行し、収用審査会を主催し、私有地を収用していた。

戦後、国民主権と人権保障を基本原理として私的土地所有制の保障を掲げた憲法原則を受けて、一般行政機関から独立して職権を行使する収用委員会制度を擁して安定的に遂行されてきた我が国の土地収用法制の下で、特定所有者不明土地とは言え、その土地を収用するに際して、旧収用法的仕組みを復活させたことは、いかがなものであろうか。また、一般行政機関が、「事業を計画し、事業を認定し、土地を『収用する』裁定を行う」という三点セットの仕組みは、中国の収用法制に酷似する。(25)

所有者不明土地措置法を制定するに至った背景には、経済政策の合理性と経済発展の円滑化（効率化）があるといわれているようだ。だからと言って、旧収用法的仕組みを復活させ、あるいは、土地の所有制において根本的に異なる中国と類似の３点セットにした土地収用制度を採用するからには、そのことが憲法違反ではないとする根本的な理由を明らかにする規定を法律自体に定めておくべきであったのではなかろうか。しかし、同法には何の規定もない。

イ　これまで、収用委員会が土地の収用裁決を行うという既存の収用制度が、批判を浴びながらも基本的に支持されてきた理由は、いろいろあろうが、私有財産制に対する公権力による強力な例外措置である土地収用を、第三者

機関が一般行政機関から独立して行使する職権に基づき、煩雑だと批判された詳細な手続きで、そのうえ公示通知や公示送達を利用してまで慎重に行ってきたことに尽きるであろう。現行収用法制定以来の長い間、バカ丁寧とも言える起業者及び収用委員会の地道な努力の積み重ねが、制度への信頼を確かなものにし、仮に裁決に不満があっても最終的に裁判で争うことが保障されていること（収用法133条参照）とあいまって、制度の安定感を維持し、国民に安心感を与えてきたのではなかろうか。このような私有財産制の維持を強く意識し尊重してきたことが、所有者が不明な土地についても収用手続

（25）中国は、土地の私的所有制を否定し、都市の土地は国有で、住民は国から「使用権」の設定を受けて土地を利用しており、農村の土地は集団所有制をとっていて、その集団から請負契約で個々の農民は農地を耕作しているという複雑な土地法体系をとっている。新たな事業計画の下で、土地の利用形態を変えるときは、国家が土地を収用し（中国語では農村の土地については「徴収」、都市の土地については「回収」という）、計画に賛同する企業等に新規に使用権の設定が行われる。新たな事業を計画する立場、事業用地取得のための土地の収用（徴収又は回収）を請求する立場、その請求に基づいて収用を決定する立場の3点を1セットとして地方政府の一般行政機関の内部組織が権限を分掌して遂行している。

経済が発展するにつれ、中国国民の収用制度に対する不満・不信は大きくなり混乱が続いて、いまでは国政の大問題となっているようである。混乱の根本的原因としては、国有と集団所有という二元的な土地制度を踏まえた収用制度の複雑な仕組みが一因であろうが、それだけでなく、急速な経済発展をもたらした経済発展の円滑化（効率化）の優先を何よりも強調した国家目標の下で、それに最も適合するものとして、一般行政機関による3点セットの土地の収用法制が維持、強調されて来たことが大きな原因であろうと思われる。また、中央政府が度々制止通達を出していながら、過剰収用がなかなか止まらない中国の現状は、地方政府の一般行政機関による3点セットの仕組みが多いに影響しているのではなかろうか。

ただ、中国では、収用法制に対する国民の不満・不信を鎮めるために、さまざまな改革が試みられていて、中では、国民の権利利益擁護の面において、我が国の収用法制より優れた改革がすでに実現している部分もあることも注目される（拙稿「日本法から見た中国の収用法制」島根県立大学「総合政策論叢」24号90頁参照。中国の収用法制と日本の収用法を本格的に比較研究したものとしては、楊官鵬著『日中の土地収用制度の比較法的研究』（(株)プログレス、2017年）がある）。

きが維持され、不明裁決制度を発展させて来たものであろう。

　ウ　ただ、収用適格事業の限定列挙項目から漏れていた、上述の小規模な病院や診療所等、あるいは文化教養施設といった地域住民の福利厚生のための「地域福利増進事業」には収用法の適用は困難であったろう。また、収用事業に馴染みの少ない市町村にとっては不明裁決に必要な知識や経験に乏しいことから、詳細な調査は重荷に感じていただろう。それ故、先に述べたとおり、所有者不明土地措置法が、地域福利増進事業を実施するにあたり知事の裁定で特定所有者不明土地に使用権を設定する仕組みを新設したことは、一定の肯定的評価を与えることができよう。

　それに対して、知事の裁定で、起業地内にある「特定所有者不明土地」を収用できるとする収用法の特例については、手放しで評価することはできない。土地使用はまだしも、土地収用については、既存の土地所有権は剝奪され・消滅し、起業者が新たに取得した土地所有権は、原則として、起業者の下で永続するだけに、その対象が特定所有者不明土地であり、知事は収用裁定の際の損失補償については収用委員会の意見を聴かなければならないとされている（措置法32条4項）からと言って、この知事裁定による簡易な手続きに基づく土地収用制度の妥当性には、はなはだ疑問を感じざるをえない。

　以下に述べる問題点を踏まえると、これまで土地の私有財産制に対する憲法の保障という原則に対する強力な例外措置である収用制度を支えて来た詳細かつ厳格な手続きと慎重な運用という堅固な建物の屋上に、粗末なバラック小屋か、安普請のプレハブ小屋を建て増したかのような趣を受けるところである。

　②　裁定手続きの問題点

　ア　所有者不明土地措置法が定める特定所有者不明土地の収用についての知事の裁定手続きに関し、以下、気になる3点を述べておこう。

　　（ⅰ）裁決申請前の土地への立ち入り測量・調査が法定されていないことについて

　先に述べたように、実務の通例とは異なり、収用法の規定上、起業者は他

人の土地への立ち入り測量・調査は、事業準備のために事業認定申請前に行うものと、土地調書作成のために裁決申請前に行うものと、2回行うことになっている。

それに対して、知事の裁定による土地収用の手続きでは、収用法の事業認定を受けた事業のための裁定手続きであって、すでに事業認定申請前の測量・調査が終了済みであること（収用法11条以下）、また、知事への裁定申請には土地調書は不要であるとの規定と平仄をあわせる必要があること（措置法31条3項参照）から、特に、起業者が「裁定」申請前に土地への立ち入り測量・調査をする必要はないとしたものであろう。

知事への裁定申請の手続きにおいて、事業認定申請前の測量・調査だけで十分とすると、特定所有者不明土地の定義規定（措置法2条1項、2項）と微妙な点で齟齬が生じることになろう。

先に述べたとおり、事業認定前の測量・調査は、事業計画を作成するうえで必要な起業地の位置、範囲といった客観的な諸データを得るために行われるものであって、土地の権利関係の調査は目的にもなっていない。起業者の土地の権利関係の調査は、宅地等に立ち入る承諾を得るため（収用法12条参照）に、土地の占有者を見つけるのに必要な程度で事実上行われるに過ぎない。

以上のことから、起業者の事業認定申請前の測量・調査は、先に述べた所有者不明土地の定義に言う「相当な努力が払われたと認められるものとして政令で定める方法による探索」（措置法2条1項）と言えるようなものではない。そうだとすると、起業者は、政令でパターン化した探索もせずに、事業認定申請前の測量・調査を行ったことを口実にして特定所有者不明土地の収用を求めて、知事への裁定申請書に「特定所有者不明土地の所有者の全部又は一部を確知できない事情」らしきことを記入して知事の裁定を申請をすることも不可能ではないということになる。

(ⅱ) 土地・物件調書を作成しないことについて

土地調書は、先に述べたように、収用法の裁決手続きにおいて、起業者の

裁決申請書に添付する市町村別書類を作成する際の基礎資料であり、収用委員会が収用裁決をする際には、反証又は職権調査によりその記載内容が否定されないかぎり裁決の妥当性を担保する法定証拠の機能を果たす極めて重要な資料である。それだけに、従来から、起業者は、土地調書の作成のために、過失なきまでに調査を徹底し、人員と日時をかけ力を注ぎ、真摯な努力を積み重ねて来た。

　しかるに、所有者不明土地措置法は、特定所有者不明土地等の収用の裁定申請について、起業者は土地物件調書を作成することもなく、単に、裁定申請書に特定所有者不明土地の所有者を「確知することができない事情」を記載するだけでよしとしている（措置法27条2項4号参照）。そして、知事は、裁定申請を却下するとき及び申請の事業が事業認定の告示の事業と異なる等のときを除き、裁定申請に係る事業を実施するために必要な限度において、特定所有者不明土地の収用の裁定をしなければならないとされている（措置法32条1項）。

　すなわち、知事は、特定所有者不明土地の収用の裁定をするに当たり、起業者の努力の結晶である法定証拠の土地調書を必要としないと言うことは、職員をして対象地に立ち入り調査をさせること（措置法36条）はあっても、裁定申請書の形式審査のみで証拠調べもなく、収用を決定することもあると言わざるをえない。それは、知事の裁定という型をとりながら、コスト削減という美名の影で、努力を嫌い安易さを追い求める一部の起業者の不誠実さに土地収用という強権発動を丸投げすることを意味することになるのではないだろうか。

　（ⅲ）収用委員会の審理を経ないことについて

　一般行政機関の知事から独立して職権を行使する収用委員会（収用法51条）は、当事者へ通知をして、又は必要があるときは出頭を命じて（同法65条）、公開で審理を開催する（収用法62条）。当事者は、審理で裁決事項について意見を述べる権利が保障されている（同法63）。それだけでなく、収用委員会として、起業者に対し、裁決申請した対象地をなぜ所有者不明土地と

認定したのか、どのような調査をしたのか、調査を裏付ける資料はあるのか等々と言ったことを、納得いくまで釈明するよう求めることができるだけでなく、意見書の提出等を命令することもできる（収用法65条1項参照）。加えて、収用委員会は、所有者不明土地の場合には、審理開催通知のみならず、出頭命令や意見書提出命令を公示による通知で行い、裁決書を公示送達する（収用法135条2項、施行令5条、6条の2参照）。万が一、裁決後に所有者が現れて訴訟になった場合に、手続きに欠缺がないことを主張できるようにきめ細かく手続きを履行する。このように、収用裁決は、第三者機関の収用委員会が、当然に私有財産制を尊重しながら審理手続きを進めた上で行う行政処分である

　それに対して、所有者不明土地措置法は、上記のとおり、知事は、起業者の特定所有者不明土地についての収用裁定申請書を受け付けた後、公告、縦覧、裁定開始の決定及び登記の嘱託の諸手続きを行使するが、審理を行うことなく、収用の裁定を行うとしている（措置法28条、30条、32条）。対象地が特定所有者不明土地であるから、審理開催に伴う出頭命令、あるいは意見書提出命令などは不要であり、ましてや公示による通知などは論外だというのであろう。

　もっとも、先に述べたように、知事は、損失補償に関してはあらかじめ収用委員会の意見を聴かなければならないとされている（措置法32条4項）だけでなく、裁定申請を審査するに当たっても職員をして現地等を調査させることができるとされている（措置法36条）。しかし、損失補償に関して収用委員会の意見を聴くにしても、先に述べたように、収用法では収用決定と損失補償額判定を一体として構成している収用委員会の権限を都合良く切り離して利用しているだけではないかと非難されても仕方があるまい。また、職員による調査をするか否かは知事の任意であり、必要な限度においてとの規定は白地規定化しやすいという批判も受けよう。加えて、裁定には文書の作成は必須とはされておらず、ただ、裁定があったことを起業者及び確知の土地所有者等に文書で通知し、公告するとされている（措置法33条）が、公示

送達は必要とされていない。

　イ　以上のアの（ⅰ）、（ⅱ）、（ⅲ）に述べたところをまとめると、以下のように言えよう。収用法は、収用対象が所有者不明土地であっても、収用法の不明裁決手続きは、不明の土地所有者等の権利者に対して最大限配慮して進めることを求めることで、私有財産制の保障を尊重し、すこぶる慎重な姿勢を維持しようとしていることが特徴的である。

　それに対して、所有者不明土地措置法は、知事が、証拠に基づく審査もせずに土地収用を裁定することを認めており、この点は憲法の私有財産制の保障原則を遵守すべき法規範として、その責務を全うしているのか否か、非常に大きな疑念をひき起こすことになりかねないところであろう。

　特定所有者不明土地が対象であるということで、知事の裁定の手続きを簡易化したため、収用の結果だけを求めて、起業者が裁定申請書に「確知することができない事情」を記載しておりさえすれば、知事は形式的書類審査だけで済ませて可とする安逸な行政姿勢を容認しかねない。これでは、私有財産制に対しする影響は甚大で、人権保障よりもコスト削減と時間の節約だという姿勢の強調を垣間見るようである[26]。

（３）裁定後に想定される実務上の問題

①　知事裁定と登記の問題

　ア　実務上、想定される重大な問題に登記の問題がある。取得した土地所有権は、登記をしない限り第三者への対抗力を具備することができない（民法177条）。それは収用委員会の不明裁決で取得した所有者不明土地であっても変わりはなく、起業者の単独の移転登記申請（嘱託）で所有権移転登記ができること（不動産登記法118条）は既に述べた。

---

(26) 国土交通省のホームページ（HP）は、所有者不明土地措置法の法案を国会に提出するにあたって、公共事業の推進等の様々な場面において、所有者の特定等のため多大なコストを要して円滑な事業実施への大きな支障となっていること、その背景としては、所有者不明土地が全国的に増加していること、今後も増加の一途をたどることが見込まれることを述べて、立法目的は、公共事業の推進においてコスト軽減が主要な目的であることを表明していた。

第3部　競争法・行政法

　一方、知事の裁定による特定所有者不明土地の収用については、上で述べたように、収用法第7章の規定がそっくり適用される（措置法34条）ので、その効果は、収用委員会の収用裁決と同じで、特定所有者不明土地の所有権は、原始取得により起業者の下で完全所有権として永続することになる。従って、全筆収用の場合、起業者は新規に取得したその土地所有権に対第三者対抗力を具備させるためには、単独の申請（嘱託）で移転登記をすることになる。

　イ　問題は、一筆の土地の一部が用地取得の対象となる場合である。一筆の土地の一部が契約取得される場合、土地所有者（売主）が予め分筆しておき、そのうえで登記義務者（売主）と登記権利者（買主）が所有権移転登記を共同申請する（不動産登記法60条）。しかし、一筆の土地の一部が収用取得される場合は、土地所有者（被収用者）の予めの分筆はあり得ないので、先に述べたように、裁決手続開始の登記の前提登記としての分筆を起業者が単独申請することができるという通達（注13参照）は、裁決による所有権移転登記にあたっても重要な意味を有することになる。

　上の通達に従って、登記官が、裁決手続開始の登記の前提登記としての分筆を起業者の単独申請で認めるのもやぶさかでないとする根底にある実質的な理由は、起業者が過失なく徹底して調査して作成した土地調書、地元市町村役場の職員の立会署名押印による適正な手続きで作成されたとの公的保証、そして知事から独立して職権を行使をする収用委員会が行った裁決手続開始決定の際に行われる土地調書の内容審査、加えてそれらはいずれも詳細且つ複雑な手続きを経ていること等が、それぞれ醸し出している信頼性が、その理由である。この信頼性が登記官の態度決定に際しての事実上の担保となっているといって良いだろう。すなわち、第三者機関としての収用委員会制度に基礎付けられ、歴史的に醸成されてきた裁決手続きに対する全般的な信頼が基礎にあることで登記官は安んじて、債権者代位権行使（民法423条参照）の応用としての起業者の分筆の代位申請に応じていると言えるだろう。

　それに対して、知事の裁定による収用では、知事が嘱託する裁定手続開始

の登記に収用法45条の3の規定を準用する（措置法30条1項、2項）と形式的に定められているだけで、上記の収用裁決の手続きにおける信頼性の基になっている諸手続きは全て省かれ、徹底的に簡易化された手続きと、パターン化された調査と土地・物件調書を不要とする手続きで、しかも公共事業の実施機関の一般行政機関でもある知事の裁定手続開始の決定による分筆と裁定手続開始の登記に、登記官が果たして快く収用法の裁決手続きの場合と同列に扱ってくれるだろうか。

　つまるところ、収用法45条の3の規定が、裁定手続開始の登記に準用されて（措置法30条2項）いても、裁定手続開始の登記の前提登記としての分筆の問題が抜け落ちているのである。かりに、今後、収用法の裁決手続きでの上記の取扱通達と同様の通達が改めて出されたとしても、起業者が過失なく作成したとの市町村長の立会署名押印で作成に公的保証のある土地調書もないまま、知事へ裁定申請されているだけの状況の下で、登記問題に対しては国家賠償法上の責任を負っている登記官が安んじて起業者の代位申請の分筆に応じ、その上さらに単独申請の所有権移転登記に応じるのであろうか。

　仮に、知事の裁定手続開始の登記の前提登記としての分筆ができなかったとすると、収用裁決による所有権移転登記はできず、もともと未登記地であるという特定所有者不明土地に関して、登記の混乱がさらに上塗りされる事態となろう。

　なお、先に述べたように、収用法の特例としての知事の裁定による特定所有者不明土地の使用権については、公法上の使用権は登記できないとされているので、この登記の問題は生じないが、登記以外の問題は、知事の裁定による土地収用の場合と同様である。

　②　事後、土地所有者が現れたら……

　起業者が知事の収用裁決で特定所有者不明土地を原始取得した後、あるいは工事を始めた後、特定所有者不明土地の所有者が現れ、その土地の返還を求めたときに、知事の裁定という簡易な手続きで所有権を取得した起業者は、その要求にどう答えることになるのか。

所有者不明土地措置法は、知事の裁定の効力には「収用法第7章を適用する」と規定して収用の法的効果は、収用裁決と同じであると定めている。しかし、収用委員会の収用裁決の慎重な手続きは、行政権力の濫用を戒めようとする立法趣旨に基づくもので、知事の裁定のみで収用できるという簡易な手続きは、コスト削減・効率性重視を意図したものでその規定趣旨において根本的に異なる。それだけに、収用裁定の後に現れた真実の所有者からの土地の返還訴訟では、知事の裁定の適法性が争点とならざるを得ないだけに、起業者はその訴訟対応には苦慮することであろう。

　また、その所有者からの損失補償金の不満に関して起こされる訴訟は、当事者訴訟の規定（収用法133条2項）が準用されていない以上、知事に対する裁定取消訴訟となるのであろうが、裁決取消訴訟や裁決の損失補償についての当事者訴訟との整合性はどうなるのであろうか。取消訴訟との補償額算定を収用委員会へ丸投げしている（措置法35条参照）知事には、その訴訟に対応することができるのだろうか。それだけでなく起業者が着工している事業への影響をどのように考えることになるだろうか。

　あるいは、所有者不明土地と隣接地との間の境界がもともと曖昧で、その地域が地番混乱地域である場合、隣接地との境界については公図が当てにならず、といって所有者同士で話し合うこともできない。仮に、起業者が、用地欲しさからその事実を伏せて裁定申請していた場合、土地調書も作成されていない状況で、知事は、その事実を見破れるであろうか。

　さらに、対象地の隣接地の所有者が、隣接地には縄伸びがあるので裁定対象地は知事の裁定した範囲よりもっと狭いはずだという意見を主張する裁定取消訴訟もあり得よう。この主張を、準関係人の意見書提出権の問題として対処するとしても、裁定申請と手続き上無関係の隣接者に対して、意見書提出をわずか2週間の期間内という制限（措置法29条2項参照）は、十分な対応と言えるのかはなはだ疑問である。

　いずれにしても上記のような知事の裁定に関連する訴訟は、泥沼の争いとなるであろう。

V おわりに

ア 所有者不明土地措置法が、地域福利増進事業で特定所有者不明土地の使用権を取得する仕組みを創設するに当たって、公用使用の一種として使用期間を限定し（措置法13条2項3号、3項、19条1項参照）、使用期間の終了後は原状に復して返還されることとした（同法24条）のは、新たな仕組みを私有財産制の枠内に収めるためであろう。これは、収用法の特例としての特定所有者不明土地に対する知事の裁定による使用権の設定も同様であると言える。

しかし、土地収用と言うことになると、土地所有者の意思を無視して新規の所有権の原始取得を発効させ、既存の権利は全て剥奪・消滅させられるということになるだけに、私有財産制に対する影響が著しく大きい。それでも、所有者不明土地措置法が、収用法の特例として、知事の裁定で特定所有者不明土地の収用を認めることとしたのは、裁定で収用される対象地の特定所有者不明土地に対する損失補償は収用委員会の意見を聴いて判断されるのであるから、「正当な補償」による「公共のために用ひる」に該当するので、問題はないということであろう。

だが、これまで縷々述べて来たように、所有者不明土地措置法は、事業用地が所有者が不明であることを奇貨として、軽易な手続きで、永続的に公共事業用地にしてしまうために、知事の裁定で収用権を発動する仕組みを創設したのではないのか。あるいは、損失補償額の算定に収用委員会の意見を聴くとしても、裁定自体が一般行政機関である知事が書類の形式審査だけで済ませ得るという可能性を秘めている仕組みではあまりにも安直な形だけの「正当補償」とみなされ、憲法29条3項の趣旨に照らして、疑義を提起されても止むを得ないのではなかろうか。

特定所有者不明土地は、現在において、所有者を特定できない私有地であるからと言って、一般行政機関限りの簡易な手続きで収用することを認めたことは、将来に禍根を残すことになりはしないか。大震災の復興という非常

時でもない平時における収用手続きの著しい簡易化は、行政権の肥大化を招く「堤防の蟻の穴」となりかねない。かつて、美濃部達吉博士が、明治憲法下の旧収用法に関して、事業認定が内務大臣の専断的権限に委ねられていたことを捉えて「我が国法の官僚的傾向」と批判したことが思い出されるのである。[27]

　公共事業の用地取得問題において、所有者不明土地は収用法の不明裁決制度を利用するなら少々手こずることはあるが、決して阻害要因として絶対視する必要はない。市区町村長やその用地担当者が、用地は契約取得だけしかできないのだとの思い込みを捨て、日頃から収用手続きに関心をもち、本稿で述べたような不明裁決手続きに必要な努力を積み重ねるならば、所有者不明土地に慌てふためき、公共事業の阻害要因だと大騒ぎすることもなくなるであろう。

　イ　ところで、2011（平23）年3月11日の東日本大震災は、観測史上最大規模の大地震と大津波により東日本の太平洋沿岸の各地に甚大な被害をもたらした。壊滅的な被害を受けた地域が多数あったにもかかわらず、被災した市町村がその復興事業にあたって、収用法の手続きは煩雑でしかも資料収集に人手と時間を食い過ぎて使いにくいということで、収用法を適用した例はほとんどなかったとのことであった。[28]

　大津波の甚大な被害で、市町村の行政組織自体が破壊された事例もあったという大規模災害の被災地での復興事業において、収用法を適用するに際し、先例と従来の解釈を金科玉条とすることはそれこそ法匪のなせるわざで許さ

（27）美濃部達吉『公用収用法原理』151頁（（株）有斐閣、昭和62年復刻）は、「我が土地収用法の如く事業認定を内務大臣の専断的の権限に委ね、その審査に何らの特別の手続きを必要として居らぬのは、諸国の立法例の中にも最も手続きを簡単にして居る一例である。我が国法の官僚的傾向はこの点においてもあらわれて居る」。と述べている。

（28）東北大公共政策大学院『東日本大震災に照らした我が国災害対策法制の問題点と課題に対する実証研究Ⅲ（災害復興・予防対策編）』2014（平26）年1月31日公表参照。www.publicpolicy.law.tohoku.ac.jp

れない。大震災から3年を経た2014（平26）年に「東日本大震災復興特区法（平23法122）」及び「大規模災害からの復興に関する法律（平25法55）」が改正され、大震災等の大規模災害の復興事業の用地取得においては収用法の特例を認め、土地物件調査は、公簿を調査することで足り、調書の作成も不要となった（注4参照）。これは、大規模災害の被災地の復興という非常時における特別な場合の特例であって、平時において単なる用地取得のためのコスト削減等を意図した所有者不明土地措置法の収用の特例とは、その根本の趣旨が全く異なる。

　今後は、大震災等の大規模災害での復興事業の用地取得に収用法が適用しやすくなり、不幸にも所有者不明土地が多発した場合でも不明裁決が行われ安くなるだろう。大震災等の大規模災害に対する被災地の速やかな復興事業が活発化することを期待したい[29]。

　ウ　繰り返しになるが、所有者不明土地措置法が、対象地を特定所有者不明土地に限ってはいるが、平常時に簡易な手続きで土地収用ができるとしたことに踏み切ったことは、私有財産制に甚大な影響を与える立法であると言わざるを得ず、いわば「トロイアの木馬」的なものともなり得るだけに、施行令、規則等の制定が今後の問題となろう。

　所有者不明土地措置法には、時宜にあったそれなりに評価できる規定も多々あるが、ただ、収用法の特例としての知事の裁定による土地収用に関する規定には、理論上問題があるだけでなく、実務上も様々な問題が予想されるだけに、今後、どの事業主体が、どのような公共事業に適用し、どのような問題が生じたか等々、制度の運用に関する正確な情報が公開されるべきであろう。

---

(29) 拙稿「土地問題雑感　大震災の復興事業と土地収用法」Evaluation67号31頁参照

指定管理者制度の軌跡と今後の展望

濵 田 由 美

I 本稿の趣旨

　筆者は、長年、特別地方公共団体である都の区（特別区）[1]で勤務しており、その間、従前であれば特別区の職員が自ら行っていた事務・業務を、民間委託という名のもと民間事業者が実施するようになる場面を多く見てきた。[2]地方公共団体が自ら行っていた事務・業務を民間事業者が代わって行い、地方公共団体の運営の一部を担うという事象が進む中で、平成15年には、民間の能力を活用した住民サービスの向上と地方公共団体の経費節減等を目的とした「指定管理者制度」[3]が導入された。同制度の導入から10年以上が経過し、同制度は全国の地方公共団体において相当程度浸透した状況にあるが、一方でその適正な運営に向けた課題が指摘されているところでもある。

　そこで、本稿では、指定管理者制度の軌跡と導入状況を振り返り、同制度を円滑に運用するための実務的な留意点・課題を整理するとともに、公共サービスの民間開放が進む中での同制度の今後について考えることとする。なお、本稿における意見、主張等は筆者の個人的な見解であり、筆者が勤務す

（1）特別区については地方自治法（昭和22年法律第67号。以下「自治法」という。）第281条第1項で規定されており、普通地方公共団体である市と概ね同様の事務を処理している（同条第2項）。このため、本稿では特別地方公共団体、普通地方公共団体を問わず、単に「地方公共団体」と称する。
（2）当初は学校の警備や給食調理といった技能労務系の業務が主に民間委託で行われていたが、最近では、戸籍、国民健康保険といった権力性を伴う事務の一部も民間委託で行われている。
（3）平成15年7月17日付け総行行第87号、総務省自治行政局長通知による。

る地方公共団体の公的な見解ではないことを予めお断りしておきたい。

II 指定管理者制度の概要

指定管理者とは、公の施設（住民の福祉を増進する目的をもってその利用に供するための施設。自治法第244条第1項）の管理を行う法人その他の団体であって、地方公共団体が指定するものである（自治法第244の2第3項）。公の施設には、公立の図書館、美術館、体育館、福祉施設、病院、学校のような建築物のほか、道路、公園、上下水道といった社会基盤（インフラ）も含まれる。

1 公の施設の管理

平成15年に指定管理者制度が導入されるまでの間、公の施設の管理については、自治法上、次のような変遷がみられた。

（1）昭和38年自治法の一部改正（昭和38年法律第99号。昭和38年6月8日公布）

　　それまで財産管理的側面から「営造物」と称されていた図書館、美術館、体育館等について、住民へのサービス提供という給付的機能面と住民による利用権という側面を重視すべく、「公の施設」という言葉が用いられるようになった。[4]

　　併せて、公の施設の量的な増加、質的な多様化・高度化に伴い、全ての公の施設を地方公共団体が直営で管理するよりも、外部に委託する方が合理的・効率的であるという考えから、条例で定めることにより、公共団体又は公共的団体（町内会等）に委託することができるようになった。[5]

（2）平成3年自治法の一部改正（平成3年法律第24号。平成3年4月2

（4）成田頼明『指定管理者制度のすべて　制度詳解と実務の手引【改訂版】』3～5頁（第一法規株式会社、平成21年）。
（5）前掲書7頁。

日公布)

　民間活力の導入を目的として、公の施設の管理受託者に「普通地方公共団体が出資している法人で政令で定めるもの」が追加され、公共団体又は公共的団体のほか、地方公共団体が出資する株式会社形態の第三セクターで一定の条件を充たすものによる管理が可能となった(6)。

　また、従前、地方公共団体が収受していた公の施設の使用料を、管理受託者が収入として収受することが可能となった(管理受託者が収受する公の施設の利用に係る料金は、「利用料金」と規定された。)。利用料金制は、公の施設の管理運営に当たって管理受託者の自立的な経営努力を発揮しやすくし、並びに、地方公共団体及び管理受託者の会計事務の効率化を図るため創設されたものである(7)。

2　指定管理者制度導入の背景

　平成3年自治法改正以後も、国が、規制緩和、行政の民営化、行政経営への民間の経営手法の導入、PFI(8)の積極的導入等を進める中で、公の施設の管理についても、そのあり方の見直しが次のように様々な主体から提言された。
(1)　総合規制改革会議「中間とりまとめ」(平成14年7月23日)
　　より効率的な公共サービスを提供するためには、その提供方法の多様化を図ることが必要であり、「公の施設」の管理の担い手を、民間事業者等多様な主体に拡大すべきであること、また、より広範囲に民間への委託を実現するため、広く管理委託の考えを認めるべきであり、一定の条件での料金の決定権等を含めた管理委託を地方公共団体及び地方公共団体出資の法人(第三セクター)等のみならず、民間事業者等に対して

---

(6)　前掲書8頁。
(7)　長野士郎『逐条地方自治法第12次改訂新版』919頁(学陽書房、平成10年)。
(8)　PFI (Private Finance Initiative) とは、公共施設等の建設、維持管理、運営等を民間の資金、経営能力及び技術的能力を活用して行う手法を指す。内閣府ホームページ (http://www8.cao.go.jp/pfi/pfi_jouhou/aboutpfi/aboutpfi_index.html) による。

認容できるように自治法の改正についても検討を行うべきであることが提言された。

（２）総務省「制度・政策改革ビジョン」（平成14年8月28日）

　　分権型社会において住民ニーズが多様化しているため、地方行政サービスの民間委託を推進することにより、①最小コストでの住民満足度の向上、②地方組織の効率化の実現、③雇用の創出等地域経済の活性化推進を図ること、そのための具体的方針として、公共的団体・地方公共団体の出資法人等に限定している「公の施設」の管理受託者について、株式会社等民間の主体への拡大に向けて積極的に検討することが挙げられた。

（３）地方分権改革推進会議「事務・事業の在り方に関する意見」（平成14年10月30日）

　　「社会資本の管理に関する国の地方公共団体に対する関与も積極的に見直していくべき」とし、その具体的措置として、自治法第244条の2に基づく公の施設の管理受託者の範囲を民間事業者まで拡大することを、次期自治法改正の際に併せて実施するよう求めた。

（４）総合規制改革会議「規制改革の推進に関する第2次答申」（平成14年12月12日）

　　官民役割分担を再構築し、公共サービス分野における民間参入を積極的に推進していく観点から、「公の施設」の管理について、一定の条件の下での利用料金の決定等を含めた管理委託を、地方公共団体の出資法人等のみならず、民間事業者に対しても行うことができるように現行制度を改正すべきである、といった答申が出され、次期通常国会に法案（自治法改正）を提出予定となった。

　　以上のような公の施設の管理に関する提言・意見を受けて、指定管理者制度導入を含む自治法の一部改正法案が第156回国会に提出され、可決成立、公布、施行された。[9]

3 自治法における指定管理者制度の位置付け

　平成15年自治法改正により創設された指定管理者制度については次のような規定が設けられ、指定管理者には、公物管理権(10)のみならず、平成15年自治法改正前の公の施設の「管理の委託制度」では認められていなかった公の施設の使用許可等の行政処分も含めた管理が可能となった。

（1）指定管理者制度の条例化（自治法第244条の2第3項・第4項）

　　地方公共団体が、公の施設の設置の目的を効果的に達成するため必要があると認め、指定管理者に当該公の施設の管理を行わせるときは、条例を定めることとし、当該条例には、指定管理者の指定の手続、指定管理者が行う管理の基準及び業務の範囲その他必要な事項を定めるものとした。

（2）期間の指定（自治法第244条の2第5項）

　　指定管理者の指定は、期間を定めて行うものとし、指定管理者による管理が適切に行われているかどうかを地方公共団体が見直す機会を設けた。(11)

（3）指定管理者選定の議決事項化（自治法第244条の2第6項）

　　地方公共団体が指定管理者の指定をしようとするときは、あらかじめ、当該地方公共団体の議会の議決を経ることを義務付けた。

（4）事業報告書提出の義務化（自治法第244条の2第7項）

　　公の施設の設置者たる地方公共団体が、公の施設の管理状況や住民利用の状況等、指定管理者による管理の実態を把握するため(12)、指定管理者に、毎年度終了後、その管理する公の施設の管理の業務に関し事業報告書を作成し、当該公の施設を設置する地方公共団体に提出することを義務付けた。

（9）地方自治法の一部を改正する法律（平成15年法律第81号。平成15年6月13日公布、同年9月2日施行）による。
（10）公物本来の目的を達成させるための作用をいう。
（11）成田・前掲注4・26頁。
（12）成田・前掲注4・26頁。

(5) 利用料金制（自治法第244条の2第8項・第9項）

　　平成3年自治法改正時に導入した利用料金制を踏襲し、指定管理者にその管理する公の施設の利用に係る料金（利用料金）を当該指定管理者の収入として収受させることができることとした。また、利用料金は、公益上必要があると認める場合を除くほか、条例の定めるところにより、指定管理者が定めるものとした（ただし、指定管理者は、あらかじめ当該利用料金について当該地方公共団体の承認を受ける必要がある。）。

(6) 指定管理者に対する監督（自治法第244条の2第10項・第11項）

　　地方公共団体の長又は委員会は、指定管理者の管理する公の施設の管理の適正を期するため、指定管理者に対して、当該管理の業務又は経理の状況に関し報告を求め、実地について調査し、又は必要な指示をすることができることとし、地方公共団体は、指定管理者が当該指示に従わないときその他当該指定管理者による管理を継続することが適当でないと認めるときは、その指定を取り消し、又は期間を定めて管理の業務の全部又は一部の停止を命ずることができることとした。

(7) 不当な利用拒否・差別的取扱いの禁止（自治法第244条第2項・第3項）

　　指定管理者は、正当な理由がない限り、住民が公の施設を利用することを拒んではならないこと、また、住民が公の施設を利用することについて、不当な差別的取扱いをしてはならないことを定めた。

　公の施設については、昭和38年自治法改正時にその設置及び管理に関する事項を条例で定めることとしたが、指定管理者制度を導入するに当たっても、前記（1）及び（3）に見られるように、自治法は議会の議決を必要とする方法を採用した。これは、住民皆が利用する公の施設の管理に関しては、住民の代表である議会を関与させることにより、民主的な手続を担保する趣旨と考えられる。このため、指定管理者には、地方公共団体が公の施設を直接管理する場合と同様、施設を利用する住民を公平・公正に扱うことが義務付

けられている（前記（7）参照）。

Ⅲ　地方公共団体における指定管理者制度の導入状況

次章以降で留意点、課題等を論じるのに先立ち、本章では、公の施設に係る指定管理者制度の導入状況についての調査結果[13]を基に、指定管理者制度の現状について考察することとする。

表1　指定管理者制度が導入されている施設数

区分＼調査年	平成18年	平成21年	平成24年	平成27年
都道府県	7,083（－）	6,882（−2.8%）	7,123（ 3.5%）	6,909（−3.0%）
指定都市	5,540（－）	6,327（14.2%）	7,641（20.8%）	7,912（ 3.5%）
市区町村	48,942（－）	56,813（16.1%）	58,712（ 3.3%）	61,967（ 5.5%）
合　計	61,565（－）	70,022（13.7%）	73,476（ 4.9%）	76,788（ 4.5%）

※（　）内は前回調査からの増減率（小数点以下第2位を四捨五入。以下表2～表5中の％は同様の計算による。）

　都道府県の施設数は調査年により増減があるが、指定都市・市区町村の施設数は一貫して増加しており、都道府県も併せた傾向としては、増加率は鈍化しているものの、導入施設数は調査年ごとに増加している。これは、指定管理者制度を導入した平成15年以降も国が地方行革の推進の一環として、民間委託等の推進と併せて、指定管理者制度の積極的な活用を求めていたこと[14]

---

(13) 平成18年以降3年ごとに総務省が実施した調査の結果である。本章の表中の数値は、それぞれ「公の施設の指定管理者制度の導入状況に関する調査結果（平成19年1月、総務省自治行政局行政課）」、「公の施設の指定管理者制度の導入状況等に関する調査結果（平成21年10月、同）」、「同（平成24年11月、総務省自治行政局行政経営支援室）」、「同（平成28年3月、同）」による。平成18年を除き各年4月1日現在の数値（平成18年は9月2日現在の数値）である。

(14) 平成16年12月24日付け閣議決定「今後の行政改革の方針」、平成17年3月29日付け総行整第11号、総務事務次官通知「地方公共団体における行政改革の推進のための新たな指針の策定について」等により通知されている。

によると考えられる。

表2　指定管理者となった団体の種別別施設数（都道府県・指定都市・市区町村の合計。平成27年調査分）

区分＼種別	株式会社	一般（公益）社団（財団）法人等	地方公共団体	公共的団体（社会福祉法人等）	地縁による団体（自治会等）	特定非営利活動法人	左記以外の団体（共同企業体等）	合計
レクリエーション・スポーツ施設	4,893 (32.2%)	4,592 (30.3%)	82 (0.5%)	973 (6.4%)	860 (5.7%)	1,543 (10.2%)	2,235 (14.7%)	15,178 (19.6%)
産業振興施設（見本市施設等）	1,737 (26.1%)	869 (13.1%)	10 (0.2%)	1,439 (21.6%)	1,221 (18.3%)	207 (3.1%)	1,172 (17.6%)	6,655 (8.6%)
基盤施設（公園、公営住宅等）	6,374 (24.6%)	10,270 (39.6%)	105 (0.4%)	1,456 (21.6%)	2,410 (9.3%)	286 (1.1%)	5,013 (19.3%)	25,914 (33.5%)
文教施設（図書館、公民館等）	1,405 (8.8%)	2,403 (15.1%)	30 (0.2%)	1,047 (6.6%)	9,117 (57.3%)	661 (4.2%)	1,247 (7.8%)	15,910 (20.6%)
社会福祉施設（保育園、特養ホーム等）	589 (4.3%)	1,546 (11.3%)	12 (0.1%)	7,649 (55.9%)	2,247 (16.4%)	828 (6.1%)	814 (5.9%)	13,685 (17.7%)
合計	14,998 (19.4%)	19,680 (25.4%)	239 (0.3%)	12,564 (16.2%)	15,855 (20.5%)	3,525 (4.6%)	10,481 (13.6%)	77,342 (100.0%)

※種別については複数回答可であるため、施設の合計数（77,342）は、前記表1の平成27年合計（76,788）とは一致しない。

　施設の区分ごとに団体の種別を見ると、レクリエーション・スポーツ施設のように民間事業者でも同様の事業（旅館・ホテル営業、フィットネスクラブの運営等）を行っている施設については、株式会社が指定管理者となる比率が高く[15]、公民館等のように地域住民に密着した施設は、自治会・町内会等の地縁による団体の比率が高い。

　基盤施設について一般（公益）社団（財団）法人等の比率が高いのは、地方三公社（住宅供給公社、道路公社、土地開発公社）や地方公共団体の出資

---

[15] 株式会社が指定管理者となるメリットとしては、公の施設の指定管理者に選ばれることで信用力が増し広告宣伝効果が高まること、好不況にかかわらず地方公共団体からは指定管理料が支払われるため株式会社本体の業績が悪化しても一定の利益が見込まれる（いわば景気の調整弁の役割を担っている）ことが挙げられていた（筆者の聞取りによる）。

により設立した財団法人が指定されやすいことによると思われる。

また、社会福祉施設について公共的団体の比率が高いのは、その性質上、社会福祉法人が役割を担うことが多く、指定管理者制度導入前においても、管理委託制度のもと社会福祉法人が施設を管理していたという経緯によるものと考えられる。

表3 指定期間別施設数（施設数は、各調査年の都道府県・指定都市・市区町村の合計）

期間＼調査年	平成18年	平成21年	平成24年	平成27年
1年	2,217 （3.6%）	931 （1.3%）	699 （1.0%）	600 （0.8%）
2年	2,698 （4.4%）	1,147 （1.6%）	2,657 （3.6%）	1,265 （1.6%）
3年	29,139 （47.3%）	22,844 （32.6%）	16,389 （22.3%）	13,693 （17.8%）
4年	5,681 （9.2%）	7,305 （10.4%）	7,442 （10.1%）	5,898 （7.7%）
5年	17,813 （28.9%）	33,141 （47.3%）	41,132 （56.0%）	50,174 （65.3%）
6〜9年	530 （1.0%）	709 （1.0%）	897 （1.2%）	780 （1.1%）
10年	3,487 （5.7%）	3,945 （5.6%）	4,260 （5.8%）	4,378 （5.7%）
合計	61,565 （100.0%）	70,022 （100.0%）	73,476 （100.0%）	76,788 （100.0%）

自治法は、指定管理者の指定に当たってはその期間を定める旨、規定している（第244条の2第5項）。指定期間は、初回の平成18年調査では3年とする施設が最多であったが、これは、指定管理者制度の開始直後で未だ実績も無く同制度に対する評価も定まらない中、長期の指定期間を設定することに地方公共団体が懸念を有したことがその一因と思われる。

しかし、平成21年以降の調査では、指定期間を5年とする施設の比率が増加しており、その要因としては、指定管理者がその能力を発揮し、住民サービスの向上という指定管理者制度導入の目的を達成するにはある程度の期間が必要であることや、指定管理者の従業員の安定的な雇用を考えると3年では短いといったことが考えられる。

また、指定期間を10年とする施設が一定程度存在するのは、社会福祉施設（障害者福祉施設、特別養護老人ホーム、保育園等）では、指定管理者と施

第 3 部　競争法・行政法

設利用者間の人的関係が重視されており、長期の指定期間の設定が望まれているためと考えられる。

表 4　指定管理者の選定手続別施設数（平成27年調査分）

区　分	公募により候補者を募集、職員以外を中心とした合議体により選定	公募により候補者を募集、職員を中心とした合議体により選定	公募により候補者を募集（左記以外）	（小計）公募により候補者を募集	従前の管理受託者・指定管理者を公募の方法によることなく選定	左記以外の方法により選定	合　計
都道府県	3,488	260	629	4,377 (63.4%)	2,443 (35.4%)	89 (1.3%)	6,909 (100.0%)
指定都市	3,822	1,050	489	5,361 (67.8%)	2,126 (26.9%)	425 (5.4%)	7,912 (100.0%)
市区町村	11,425	11,685	2,883	25,993 (41.9%)	32,694 (52.8%)	3,280 (5.3%)	61,967 (100.0%)
合　計	18,735	12,995	4,001	35,731 (46.5%)	37,263 (48.5%)	3,794 (4.9%)	76,788 (100.0%)

　平成19年 1 月31日付け総行行第15号、総務省自治行政局長通知「指定管理者制度の運用について」では、「指定管理者の選定手続については、透明性の高い手続きが求められることから、指定管理者の指定に当たっては、複数の申請者に事業計画書を提出させること」とされており、[16]指定管理者の選定に当たっては、公募により候補者を募集することが期待されているものの、全体では、公募と非公募の比率は46.5％対48.5％と、若干、非公募の比率が高くなっている。ただし、公募により候補者を募集した場合には、「職員以外を中心とした合議体により選定」した施設数が、「職員を中心とした合議体により選定」した施設数を上回っており、専門家や利用者を交えて指定管理者を選定することにより、選定過程の透明性を確保しようとする工夫が見られる。

　なお、都道府県・指定都市に比べ市区町村の非公募の比率が高いのは、市

---

(16) ただし、平成22年12月28日付け総行経第38号、総務省自治行政局長通知「指定管理者制度の運用について」では、「複数の申請者に事業計画書を提出させることが望ましい」とされており、この要件は緩和されたようにも思われる。

区町村（とりわけ地方の市町村）での事業展開は、指定管理者がスケールメリットを得られるほどの規模にはならず、公募をしても応募できる者が限られてしまい（あるいは居ない）、従前の管理受託者・指定管理者を公募によらずに選定せざるを得ないという事情があるように思われる。

表5　指定管理者の評価を実施している施設数

区分＼調査年	平成21年	平成24年	平成27年
都道府県	6,707（97.5％） 2,783（40.4％）	7,117（99.9％） 3,339（46.9％）	6,909（100.0％） 3,358（48.6％）
指定都市	5,322（84.1％） 2,491（39.4％）	7,392（96.7％） 4,836（63.3％）	7,557（95.5％） 4,731（59.8％）
市区町村	30,989（54.5％） 6,135（10.8％）	38,787（66.1％） 9,044（15.4％）	44,479（71.8％） 12,182（19.7％）
合　計	43,018（61.4％） 11,409（16.3％）	53,296（72.5％） 17,219（23.4％）	58,945（76.8％） 20,271（26.4％）
【参考】指定管理者制度導入施設の全数（都道府県・指定都市・市区町村の合計）	70,022	73,476	76,788

※1　（　）内は、指定管理者制度導入施設の全数（地方公共団体の区分別）に対する比率
※2　下段の数値は「公共サービスについて専門的知見を有する外部有識者等の視点を導入」して評価を行った施設数を表す（上段の数値の内数）。
※3　本調査項目は平成21年調査以降に追加されたものである。

　指定管理者制度導入の目的は住民サービスの向上を図ることであり、指定管理者の選定に当たっては、公共サービスの水準の確保という観点が重要であることから、指定管理者が適切に施設の管理運営を行っているか、客観的に評価することが必要となる。
　このため、総務省は、「指定管理者の適切な評価を行うに当たっては、当該施設の態様に応じ、公共サービスについて専門的知見を有する外部有識者等の視点を導入することが重要である」としているが(17)、「公共サービスにつ

---

(17) 平成20年6月6日付け総財財第33号、総務事務次官通知「平成20年度地方財政の運営について」による。

いて専門的知見を有する外部有識者等の視点を導入」して評価を行った施設数の比率は、調査年を追うごとに増加しているものの、全体的に低率である。特に、市区町村では平成27年調査においても19.7%と2割を割り込んでいるが、これは、規模の小さい市町村では職員数も限られ評価の実施自体が難しいことに加え、専門的知見を有する外部有識者が少ないこと、また、外部有識者への評価委託に伴い経費負担が発生すること等が、その要因になっていると考えられる。

表6　指定管理者の指定の取消し

区分＼調査年	平成18年	平成21年	平成24年	平成27年
都道府県	－	10	153	66
指定都市	－	40	43	51
市区町村	－	622	635	579
合　計	34	672	831	696

※平成18年調査については地方公共団体の区分別施設数が不明であるため「－」とした。

　自治法第244条の2第11項は、指定管理者が地方公共団体の長等の指示に従わないときその他指定管理者による管理を継続することが適当でないと認めるときは、指定を取り消すことができる旨規定しており、指定管理者制度導入施設の全数と比較するとその数は極めて少ないが、指定を取り消された指定管理者が一定数存在する。取消しの理由としては、指定管理者の経営困難等による撤退（指定返上）、施設の見直しによる施設の休止・廃止といったことが挙げられており、取消理由は、指定管理者、地方公共団体の双方に起因するものとなっている。

IV　指定管理者制度の留意点

　本章では、前章で述べた指定管理者制度の導入状況を踏まえつつ、同制度を円滑に運用するための留意点を時系列に沿って検討することとする。

1　指定管理者制度導入の適否

　指定管理者制度導入の目的が、民間の能力を活用した住民サービスの向上と地方公共団体の経費節減にあること、また、指定管理者制度の積極的な活用の観点からすると、同制度導入の適否の判断基準は次のようなものとなる。

（1）民間事業者に委ねることで、利用者のニーズにあったサービス内容の充実や民間事業者のノウハウの活用が期待できるか、また、経費が節減される可能性があるか。

（2）地方公共団体の直営でなければ運営できない明確な理由があるか。

（3）同様・類似のサービスを提供する民間事業者が存在するか、また、民間事業者による運営が可能か。

（4）施設の性格として、税負担ではなく使用料・利用料金を基に運営を行うべき施設か。

　　これらの基準を勘案すると、公立図書館について指定管理者制度を導入すること（前章・表2参照。文教施設には図書館が含まれる。)[19]に否定的な見解が存することも理解できる。というのも、元々、公立図書館は料金を徴収しておらず[20]、無料施設である公立図書館に指定管理者制度を導入することは現行法制上困難であり[21]、判断基準の一つである「使用料・利用料金を基に運営を行うべき施設」には該当しないからである。

---

(18) 留意点を検討するに当たっては、適宜、筆者が勤務する東京都板橋区（以下単に「板橋区」という。）が作成した「指定管理者制度に関する指針（平成21年9月作成、平成28年3月最終改訂）」（以下「板橋区指針」という。）を参考にした。板橋区指針については、
http://www.city.itabashi.tokyo.jp/c_kurashi/022/022604.htmlを参照。

(19) 平成29年4月1日現在、指定管理者制度を導入する図書館の比率は都道府県で11.3％、指定都市で23.5％、市区町村で17.4％である（平成30年3月28日付け総務省「地方行政サービス改革の取組状況等に関する調査等の結果の公表」による）。

(20) 図書館法（昭和25年法律第118号）第17条では、「公立図書館は、入館料その他図書館資料の利用に対するいかなる対価をも徴収してはならない。」と規定されている。

2 指定管理者の募集（公募）

　総務省は、指定管理者の指定に当たっては公募によることを求めており、指定管理者制度導入施設の半数近くは公募により指定されている（前章・表4参照）。

　公募に際しては、（1）施設の設置目的・概要、（2）指定期間、（3）応募資格要件、（4）指定管理業務の内容、（5）管理の基準（地方公共団体と指定管理者間のリスク分担・損害賠償責任、情報公開・個人情報保護の取組み、危機管理対策等）、（6）サービス水準、（7）職員の配置、（8）指定管理料、（9）選定手続き・審査基準等の募集条項を示す必要がある。中でも、指定管理料は、指定管理者が適正な人員を配置し、利用者に適切なサービスを提供する上で重要なポイントとなるため、地方公共団体には厳密な算定が求められる。

　この点について総務省は、指定管理者制度導入時にこそ「経費の節減を図ることを目的とする」としていたものの、平成20年には「委託料については適切な積算に基づくものであること」[22]、平成22年には「指定管理者制度は、公共サービスの水準の確保という要請を果たす最も適切なサービス提供者を、議会の議決を経て指定するものであり、単なる価格競争による入札とは異なるものであること」といった通知を発出し[23]、サービス水準の確保には、相応の対価を支払う必要性を認めるに至っている[24]。

　地方公共団体の契約は、一般競争入札により締結するのが原則であるが

---

(21) 鑓水三千男「指定管理者制度の一断面－公立図書館への指定管理者制度導入の諸問題」鈴木庸夫先生古稀記念『自治体政策法務の理論と課題別実践』172頁（第一法規株式会社、平成29年）。

(22) 前掲注3の通知による。

(23) それぞれ前掲注17及び16の通知による。

(24) 板橋区においても、指定管理者制度創設当時、「再任用・再雇用職員による管理運営形態との比較から、職員標準人件費の6割を上限とする」としていた人件費を、現在は、特別区人事委員会が特別区職員の給与勧告に向けて実施する民間従業員の給与実態調査結果、民間の非正規従業員の賃金単価等を基に算定することとしている（板橋区指針42・43頁参照）。

（自治法第234条第1項・第2項）、業務委託契約や指定管理者の指定のように契約金額の相当部分を人件費が占めるものに一律に一般競争入札を取り入れると、いわゆる「官製ワーキングプア」を発生させるばかりか、サービス水準も低下し利用者の満足を得られず、結局は地方公共団体への信頼の喪失につながるため、総務省の通知は妥当なものと考えられる。

3 指定管理者の選定[25]

　公の施設に指定管理者制度を導入することを決定し、指定管理者を募集した後は、指定管理者を選定する段階になる。応募者の能力を客観的に判断・評価し、適切な指定管理者を選定するには、地方公共団体の職員のみならず、当該施設の運営に識見が有る者、施設利用者等の外部委員を交えた会議体の設置が求められ、実際、公募により指定管理者を募集した場合は「職員以外を中心とした合議体により選定」した施設数が半数以上を占めている（前章・表4参照）。

　選定に当たっては、予め選定基準を作成する必要がある。指定管理者制度導入の目的からすると、「施設のサービス向上」が第一に考えられるが、総務省の調査では「団体の業務遂行能力」も挙げられている[26]。指定管理者はいったん選定されれば複数年にわたって施設を運営することとなり、応募者の業務遂行能力、とりわけ財務状況の健全性が重要であることから（指定期間中に経営が破綻すると十分なサービス提供が不可能となる）、選定の際、公認会計士、税理士等の専門家にこの点の審査を依頼することも有益である。

　選定過程を透明化するには、具体的な選定手続や選定基準を事前に公表し、選定結果を公表するとともに、情報公開制度に基づく公開請求にも対応しなければならない。ただし、応募者の企画提案書には、応募者独自の効率的・

---

(25) 指定管理者の指定には議会の議決が必要であるため（自治法第244条の2第6項）正確には指定管理者の候補者であるが、本項では単に指定管理者という。
(26) 前掲注13の平成24年・27年調査では、選定基準の内容として「施設のサービスの向上」が第1位に、「団体の業務遂行能力」が第2位に挙げられている。

効果的な施設運営のノウハウが含まれており、これを公開すると、優良な提案を妨げることにもなるため、事業者情報の保護と選定過程の透明性の確保のバランスに配慮する必要がある。[27]

4　指定管理者との協定

指定管理者の選定後、議会の議決が得られれば、指定管理者に指定された旨を通知し、地方公共団体との間で協定書作成の協議に移る。指定管理者・地方公共団体間では、通常、全指定期間を通して効力を有する「基本協定書」と会計年度ごとに締結する「年度協定書」[28]を作成する。

基本協定書には、（1）協定の目的・指定期間、（2）指定管理者の責務、（3）職員の配置、（4）利用料金制を採用する場合の手続、（5）管理業務の内容・管理業務経費の支払、（6）情報公開に関する取扱い・個人情報の保護、（7）災害・事故等への対応策、（8）主たる管理業務の再委託の禁止、（9）事業計画書の提出、（10）モニタリング・評価・立入検査の実施、（11）指定期間満了等による引継ぎ、（12）第三者に損害を与えた場合の責任等、多岐にわたる事項が規定される。指定管理者制度は、地方公共団体が直営で行っていた業務を指定管理者が代わりに行うものであり、直営の場合と同等以上の効果的・効率的な管理が求められるため、これらの事項について詳細に取り決めておく必要がある。特に、災害・事故等への対応、損害賠償責任、指定管理者・地方公共団体間のリスク分担[29]といった危機管理分野については、実際に事故等が起きた場合に混乱が生じないよう、施設の特性に応

---

(27) 企画提案書の非公開部分があまりにも多いと、選定の際にどのような提案が評価されたか、また、指定管理者が選定時に提案した事業内容を指定後に実際に履行しているかどうかを、検証することは不可能となる。

(28) 地方公共団体の会計は、毎年4月1日に始まり翌年3月31日に終了する単年度ごとのものであるため（自治法第208条）、指定管理者に対する委託料の支払等について毎年度協定を締結することになるが、この点について、総務省は、「指定期間が複数年度にわたり、かつ、地方公共団体から指定管理者に対して委託料を支出することが確実に見込まれる場合には、債務負担行為（自治法第214条）を設定する」ように指導している（前掲注16の通知による）。

じた具体的な取決めが求められる。

5 適切な管理運営の確保

本項では、指定期間中、実際に公の施設を管理運営するに当たっての留意事項を検討することとする。

（1）サービス水準の設定及び利益等の適正化

指定管理者が地方公共団体と協力しつつ、公の施設の設置目的を実現し、指定管理者制度の目的である「住民サービスの向上」を図るには、指定期間中に指定管理者が達成すべきサービスの目標及び数値を計画・設定し（Plan）、実施し（Do）、評価し（Check）、改善する（Act）といったPDCAサイクルを機能させ、住民サービスの質の更なる向上を目指すことが重要である。[30]

また、民間事業者である指定管理者にとっては、公の施設の管理運営といえども一定の利益を確保する必要があり、指定管理者がその経営ノウハウや人的・物的経営資源を活かし、良質なサービスを提供するには、指定管理料に適正な利益を含めて算定することも考えなければならない。適正な利益がどの程度のものかは各指定管理者によっても異なり、それを地方公共団体が見積もるのは困難な面もあるが、日頃から民間事業者の経営に関与している公認会計士、税理士、中小企業診断士等の専門家に見積もってもらうのも一つの方法である。[31]

（2）個人情報の適切な保護

指定管理者制度の導入により、従前、地方公共団体の職員が取り扱ってい

---

(29) リスク分担には、物価・金利変動による経費の増額、不可抗力（自然災害）による業務の中止で発生した損害等について、指定管理者・地方公共団体の何れが負担するかといったことがある。

(30) 板橋区におけるサービス水準の設定・評価等の詳細については、板橋区指針44-50頁参照。

(31) 板橋区における適正な利益の設定方法等については、板橋区指針51～56頁参照。

第3部　競争法・行政法

た施設利用者等の個人情報は指定管理者の従業員が取り扱うことになる。総務省は、制度導入当初から留意事項として指定管理者における個人情報の保護を挙げており、各地方公共団体の個人情報保護条例で定める個人情報保護に関して必要な事項を、指定管理者との間で締結する協定書にも規定する等、必要な措置を講じることを求めている。(32)

指定管理者が取り扱う個人情報には、公立病院における患者情報、公立図書館における図書の貸出情報等のセンシティブ情報も含まれるので(33)、これらの施設で取り扱う個人情報には特段の注意が必要である。

(3)モニタリング・評価、監査

地方公共団体は、指定管理期間中、公の施設の管理運営を単に指定管理者に任せるのではなく、(1)で述べたサービス水準の維持・向上のほか、施設の効率的な運営や利用者の安全対策等を当初の導入目的に沿って適切に行っているか、モニタリング(点検)及び評価し、不足する部分については改善を進めるよう指定管理者を指導・監督する立場にある。

モニタリング・評価に関しては、①指定管理者が利用者アンケート調査等を基に自ら行う自己評価、②当該指定管理者制度導入施設を所管する地方公共団体の部署が行うものに加えて、③外部委員(利用者代表等)を交えた評価委員会を設置して行う方法が考えられる。モニタリング・評価に際しては、指定管理者の財務状況については公認会計士、税理士、中小企業診断士等の専門家に、指定管理者の従業員の労働条件については社会保険労務士等の専門家に点検を依頼し、より適正な評価を行うことが有効である(34)。特に、労働

---

(32) 前掲注3・注16の通知による。ただし、前掲注13の平成27年調査では、5.1%の施設で、協定書に個人情報保護に関する記載がされていなかった。
(33) 個人情報の保護に関する法律(平成15年法律第57号)第2条第3項では、本人の病歴や信条を「要配慮個人情報」とし、本人に対する不当な差別、偏見等の不利益が生じないように、その取扱いに特に配慮を要する個人情報としている。
(34) 板橋区におけるモニタリング・評価の詳細については、板橋区指針26〜29頁・31〜41頁参照。

条件については、従業員が継続して業務を遂行できるものでなければ、結果的にサービス水準を低下させることとなるため、労働法令の遵守、雇用条件への適切な配慮は必須のものである。[35]

指定管理者はモニタリング・評価のほか、自治法に基づく監査（第199条第7項）の対象にもなり、施設管理業務に関する出納その他の事務の執行が適正に行われているかについて監査を受けることになる。このように、指定管理者は様々な面からチェックがされる立場にあるが、指定管理者の本務は、施設を効率的に運営し、住民サービスの向上を図ることにあるので、これらのチェックの準備（評価に用いる書類作成等）のために過大な負担が生じないように、地方公共団体にも配慮が求められる。

（4）事業報告書の作成・提出

指定管理者は、毎年度終了後、指定管理者が管理する公の施設の管理の業務に関し事業報告書を作成し、公の施設を設置する普通地方公共団体に提出しなければならない（Ⅱ・3（4）参照）。事業報告書の内容には、施設管理業務の実施状況、公の施設の利用状況、事業の実施状況、料金収入の実績、人件費・施設維持費等の管理運営経費の収支状況、利用者の満足度を把握するための利用者アンケート結果、指定管理者の自己評価書等が含まれる。これらは全て前述したモニタリング・評価の対象となり、指定管理者がより良いサービスを提供するための資料として利用されるので、正確に作成されなければならない。

Ⅴ　課題と指定管理者制度の今後

本章では、前章で述べた留意点に配慮しながら指定管理者制度を運用した上でなお残る課題及び指定管理者制度の存続を含めた今後の展望について論じることとする。

---

(35) 前掲注16の通知にもその旨が記載されている。

第3部　競争法・行政法

1　指定管理者制度導入施設で起きた事故の損害賠償責任

公の施設でその利用者に事故があった場合、地方公共団体が公の施設を直接に管理運営しているのであれば、地方公共団体が国家賠償法（昭和22年法律第125号。以下「国賠法」という。）に基づき、損害賠償責任を負うことになる。一方、指定管理者が管理運営する公の施設でその利用者に事故があった場合、指定管理者という別の主体が存在する中で、指定管理者と地方公共団体がどのように損害賠償責任を負うのかが問題となる。ただし、公の施設の設置・管理上の瑕疵により損害が生じた場合は、設置者である地方公共団体が責任を負うと考えられるので（国賠法第2条第1項）、問題となるのは、[36]指定管理者が提供するサービス利用時の事故（例えば、特別養護老人ホーム入所者の入浴中の事故、プール利用者の水泳中の事故）に対し、地方公共団体が国賠法第1条第1項による責任を負うかについてである。

この点に関しては、先ず、指定管理者の従業員が国賠法第1条第1項に規定する「公共団体の公権力の行使に当る公務員」に該当するかを判断することになるが、（1）指定管理者制度が従前の管理委託制度と異なり公の施設の使用許可といった行政権限を有すること、（2）利用料金制を採用する場合には経営上の独立性も高いことから、地方公共団体ではなく指定管理者を「公共団体」と捉えて、国賠法を適用する余地もある。[37]

---

(36) 指定管理者が管理運営する公の施設について設置者の営造物責任が認められた判例として札幌地判平27・3・26判時2314号49頁がある。本件判決は、札幌ドーム（公の施設）で野球観戦中にファールボールが顔面を直撃し傷害を負った事故について、札幌ドームは通常有すべき安全性を欠いていたとして、設置者（札幌市）に損害賠償を命じたものである。ただし、控訴審（札幌高判平28・5・20判時2314号40頁）では、「社会通念上プロ野球の球場が有すべき安全性を欠いていたとはいえない」として、札幌市の責任は認めなかった。

(37) 松村享「国家賠償法上の公務員概念と指定管理者の責任－判例理論を踏まえて」自治研究第88巻第12号112頁（平成24年）による。ただし、松村氏は、国賠法の最も基本的な機能である被害者救済機能を重視する必要が高いことから、公の施設の設置主体である地方公共団体が「公共団体」として賠償責任を負うべきとされている。

また、地方公共団体が設置した病院や特別養護老人ホームを指定管理者が運営する場合、利用者（患者・入所者）との間には、診療契約や介護保険サービス提供契約といった民法上の契約関係があるため、契約の相手方は地方公共団体なのか、指定管理者なのか、債務不履行による損害賠償責任は、地方公共団体、指定管理者の何れが負うのか、という問題も存する。指定管理者が関係する損害賠償事件は判例も乏しく、(38)現時点では事故の個別の事情に応じて損害賠償責任を判断せざるを得ない状況である。

2　地方公共団体側の課題
（1）指定管理業務の引継ぎについて

　地方公共団体による直営の場合と異なり、①指定管理期間の満了、②指定管理者の指定の取消し（Ⅲ・表6参照）といった事由により指定管理業務の後任への引継ぎが発生する。①・②の場合、どのように指定管理業務を引き継ぐかについては協定書にも規定されるが（Ⅳ・4（11）のとおり）、実際には困難が予想される。というのは、①指定管理期間満了の場合、期間満了となる公の施設を今後も存続させるのであれば、期間満了前に後任の指定管理者を指定し、期間満了までに後任に引き継ぐこととなるが、後任の指定管理者が前任の指定管理者と異なる場合（特に、前任の指定管理者が引き続き指定管理者となる意思を持って再度応募したにもかかわらず指定されなかった場合）に、円滑な引継ぎが行われないという事例が見られるからである。(39)

　一方、②指定管理者の指定の取消しの場合、Ⅲ・表6で見たように、（ⅰ）指定管理者の経営困難等による撤退（指定返上）、（ⅱ）施設の見直しによる施設の休止・廃止が取消し理由としてあるが、（ⅰ）の場合は、後任の指定

---

(38) 診療契約の債務不履行に基づく損害賠償責任は、病院設置者である地方公共団体ではなく指定管理者が負うとした判例があるが（神戸地判平28・3・29判例集未搭載）、損害賠償事件については、和解により終了することも多く、実際どのような解決が図られたかを知るのは難しい。

(39) このような場合、結局、地方公共団体の職員が仲介役となって引継ぎを行わざるを得ず、その分の労力（コスト）が掛かることになる。

管理者を指定する暇も無く、地方公共団体が急遽直営で管理せざるを得ないことが懸念される(40)。また、（ⅱ）の場合は、施設の休止・廃止について指定管理者との間で十分な協議を重ねておかないと指定管理者側から地方公共団体に対し損害賠償請求をされる可能性がある(41)。

（２）公の施設の管理運営に係るノウハウの喪失

公の施設の管理運営を指定管理者に委ねることのデメリットとして、施設の管理運営に関するノウハウを学ぶ機会を地方公共団体の職員から奪ってしまうという点が挙げられる(42)。

公の施設の管理運営のノウハウには、建物や機械・電気設備等の保守点検といった施設のハード面の管理と、公の施設の設置目的を達成するための事業運営の双方があるが、これらについて職員の知識・技術が欠如すると、①どのような管理運営が最適なのか判断がつかず指定管理者の言いなりになりかねない、②指定管理者が経営困難等により撤退した場合（前記（１）・②・（ⅰ）の場合）、最悪の状況として公の施設を休止することも考えられ、これらは結局、利用者に不便を強いることになり、住民サービスの向上という指定管理者制度の目的にも逆行することになる。

このような弊害を回避しつつ、今後も指定管理者制度を継続するのであれば、地方公共団体は、同種の公の施設を複数設置している（例えば、障害者福祉施設や図書館が数館ある）場合は、そのうちの１館でも地方公共団体直営の施設として残し、管理運営のノウハウを蓄積すべきでないかと筆者は考えている。

---

(40) 前掲注13の調査のうち平成27年調査では、指定を取り消した後の管理を直営（業務委託を含む。）とした施設の比率は19.8%（都道府県・指定都市・市区町村合計）であった。

(41) 損害賠償請求の内容としては、施設の存続を前提として指定管理者が購入した物品の買取り請求、雇用した従業員の給料の補填請求等が考えられる。

(42) 一方、メリットとしては、人件費・利益率の計算等を通じたコスト意識の醸成、経営ノウハウの習得等が考えられる。

（3）意外に掛かる労力（コスト）

　指定管理者制度導入当時、総務省がその目的の一つに「地方公共団体の経費節減」を挙げていたこともあり、地方公共団体は、指定管理料を節減するとともに、従前、公の施設の管理運営に携わっていた職員数も大幅に削減した。[43]しかしながら、指定管理者制度を維持するには、指定管理者の公募に始まり、その選定、議会の議決、協定締結、モニタリング・評価、毎月の事業内容の確認・点検作業、現場での立入調査、指定管理者の指導・監督等、当初想定していたよりも相当多量かつ複雑な業務を行うこととなり、一定数の職員の配置が必要となっている。

　また、経費に関しても、地方公共団体は、適正な人件費や指定管理者の利益を含めた指定管理料を予算計上するほか、指定管理者の選定、評価等の際に専門家に対して支払う経費も必要であることを考えると、当初想定したほどには経費節減が図れていないように思う。

3　指定管理者制度の今後

　ここまで、指定管理者制度の留意点、課題等について述べてきたが、本項では指定管理者制度導入施設の存続を含めた指定管理者制度の今後について検討を加えておきたい。

　指定管理者制度は、「公の施設」を地方公共団体に代わって民間事業者が管理運営するものである。「公の施設」は、それぞれ目的を持って設置された施設であり、「公の施設」を考えるに当たって重要なのは、施設を管理することではなく、例えば、住民の健康増進のため（スポーツ施設を設置する）、住民の休息・保養のため（宿泊休養施設を設置する）といった設置目的を達成することである。そうであれば、地方公共団体が自ら施設を設置する必要は無く、民間事業者が提供する同様のサービスを住民が利用できるようにすれば良いのである。そのためには、地方公共団体と契約を締結した民間事業

---

(43) 単純に言うと、指定管理者制度に移行した公の施設に配属されていた全職員を削ることになる。

者が、住民に対し廉価でスポーツ施設・宿泊休養施設の利用サービスを提供するといった方法が考えられる。スポーツ施設・宿泊休養施設のように民間事業者が全く同様のサービスを提供するものについては、行政財産である公の施設を普通財産（自治法第238条第4項）に変更した上で、民間事業者に譲渡する等の手法により公の施設を廃止し、完全に民営化する方が妥当であろう。

このように考えると、指定管理者制度は、公の施設が持つ「住民へのサービス提供という給付的機能面」（Ⅱ・1（1）参照）を具現化し、公の施設を廃止する過程でのいわば過渡期的な制度であり、将来にわたって存続するものではないようにも思われる。

指定管理者制度導入施設のうち民間事業者でもサービス提供が可能なものについては完全民営化を進めていくとすれば（保育園、特別養護老人ホームといった社会福祉施設であっても民間事業者が運営するものが存在するから完全民営化は可能）、地方公共団体が設置する公の施設は相当程度限定される。少子高齢社会の進行による人口減少が確実視される中では、このような形で地方公共団体の負担を軽減し、今後、地方公共団体は、地方公共団体が主体でなければ実現が困難な分野（言い換えれば民間事業者が利益を確保しにくい分野）に特化した「住民福祉の向上」に注力すべきであろう。

---

(44) 地方公共団体と契約する民間事業者を選定するに当たっては、指定管理者の選定と同様、「住民サービスの向上」の観点を重視する必要がある。

(45) 民間事業者への普通財産の貸付という手法も考えられるが、譲渡の場合は、普通財産を民間事業者が所有することになり固定資産税の徴収を期待できるので、税収確保の点では優位である。

(46) 過去に建設された公共施設等が今後大量に更新時期を迎える一方で、地方公共団体の財政は依然として厳しい状況にあること、人口減少等により今後の公共施設等の利用需要が変化していくことを踏まえて、地方公共団体には「公共施設等総合管理計画」の策定が求められており（平成26年4月22日付け総財務第74号、総務大臣通知「公共施設等の総合的かつ計画的な管理の推進について」による）、今後、公の施設の廃止は避けられない問題になりうる。

本稿では、地方公共団体の運営に関し、公共サービスの民間開放の一環としての指定管理者制度を取り上げたが、地方公共団体の運営を巡っては、地方公共団体の内部統制（ガバナンス）についても検討されているところなので、どのような運営が地方公共団体が目指す「住民福祉の向上」に資するのか、一地方公共団体の職員として今後も注視していきたい。[47]

（追記）大西泰博先生古稀記念論文集への執筆の機会を与えてくださったことに感謝申し上げます。本来であれば、先生にご教授いただいた民法分野のテーマを取り上げるべきところですが、その分野は他の専門家の先生方にお任せし、私の職務に関連する「指定管理者制度」をテーマとした実務報告的な論文であることをご容赦いただければ幸いです。

---

(47) 地方自治法の一部を改正する法律（平成29年法律第54号。平成29年6月9日公布）により、内部統制に関する方針の策定、監査制度の充実強化等が規定された。

あとがき

1 お礼（感謝をこめて）

　このたびは、私の古稀記念論文集が出版される運びとなり、たいへん光栄に思うと同時に、深い感慨を覚え、また感謝の気持ちでいっぱいです。

　最初に、ご執筆いただいた方々に、心からお礼申し上げたいと思います。

　まず、秋山靖浩先生、岡田康夫先生、鎌野邦樹先生、寺尾仁先生、平松弘光先生、松本克美先生には、日ごろからご指導ご鞭撻をいただき、感謝にたえません。諸先生方は、日本の法学界のそれぞれの研究分野で、大活躍をされており、そうした先生方とお会いできましたことを、あらためてうれしく思っています。

　つぎに、以下の先生方は、いわば私の弟子に当たる方々となります。

　大木満先生と吉田和夫先生は、早稲田大学大学院法学研究科博士課程で学ばれた後、社会科学部の助手として、私の下で研究されたというご縁があり、なつかしい思いがあります。大学教員として、ご活躍されています。

　そして、濵田由美先生（修士・博士課程）と立花俊輔先生（修士）と内田輝明先生（修士）は、早稲田大学大学院社会科学研究科の私の研究室（市民生活関係法）に来られ、共に研究し、今現在は、実務家として指導的な立場におられます。

　また、大野武先生、倉重八千代先生は、私の社会科学部でのゼミ生であり、さらに、南部あゆみ先生は私の法学部でのゼミ生であり、その後、私の社会科学研究科で学ばれ、社会科学部の助手を経て、今は、大学教員としてがんばっておられます。

　柏木裕介先生は、社会科学部の私のゼミの卒業生で、弁護士として、特に独禁法関係の仕事でおおいに活躍されています。

　ところで、社会科学部は創設以来50年を過ぎました（夜間学部として出発）。

また、社会科学研究科（夜間大学院として出発）は、創設以来20年を過ぎました。私は、社会科学部創設10年目に助手として採用され、今日にいたっていますが、いろいろな意味で、たいへんでした。私の恩師である篠塚昭次先生は、私が社会科学部の助手になる際に、「社会科学部はもしかしたらつぶれるかも知れないが、行くからには、その学部で定年までがんばりなさい」との激励（？）の言葉をくださいました。

教育・授業環境や研究環境の劣悪さは、今現在の社会科学部からは想像できないでしょうが、たいへんであったことは事実です。何よりも学生が本当にかわいそうであったと思います。でも学生は、とても潑剌とし、明るかったと思います。そうした中で、数多くの学生が私のゼミで勉強し、10数名の方が弁護士となり、また20数名の方が司法書士となり、行政書士や公務員になった方も多数おり、さらに民間企業で、要職につき日本の社会を引っ張っていかれているのを見ると、うれしく思い、感謝の念にたえません。もちろん大学院社会科学研究科も若い研究科なので、過酷な状況は同じであったと思います。ゼミ生の諸君も院生の諸君も本当によくがんばってくださいました。なお、約10年ぐらいではあるが、共に勉学に励み、共に楽しんだ早稲田大学法学部のゼミ生諸君にも、心から厚くお礼申し上げます。本当にありがとうございます。

II　身辺雑記

私は、1949年2月6日に生を受けた。父は大西登、母は大西ヒデヨ（旧姓宗近）であり、生まれたのは母の実家（福井県今立郡北新庄村）である。

生まれた後は、鯖江市上小路町222番地（旧番地）で両親に育てられ、鯖江市立惜陰小学校（伊藤準子先生にはたいへんお世話になった）、鯖江市立鯖江中学校、福井県立藤島高等学校にそれぞれ入学し、卒業した。なお、私が育った場所は、後になって、明治大学の創立者のお一人である若き矢代操先生（民法）が鯖江から東京に出るまでの数年間住んでいたことが分かり、私は明治大学の要望により、明治大学にこの土地を売却することになり、現

あとがき

在は当該土地は明治大学の所有となっており、矢代操先生の掲示板がある（私が私の著書である『Lecture 民法　財産法を学ぶ』（敬文堂）の123頁で触れている謎めいた記述の中身は、このことである）。不思議なご縁である。

　早稲田大学法学部（正しくは第一法学部）には、1968年に入学した。学部2年生のとき、フランス留学から帰国された篠塚昭次先生という方が物権法の講義を行うとの情報が親しい友達からはいり、講義を受けることにしたが、このことが人生の大きな転機になるなどとは、夢にも思わなかったのである。授業は難解であった。テキストもなく、しかも私は、船橋諄一『物権法』（有斐閣）を読んでいたので、いわゆる篠塚先生の公信力説は、正直よく理解できなかった記憶がある（ただし、その後『民法セミナーⅡ　物権法（第一分冊〜第三分冊）』（敬文堂）が出版され、夢中で読み、やや理解したように思う）。その後、篠塚先生の債権各論や借地借家法の講義を受け、4年生のとき、どういうわけか大学院に行きたくなり、試験を受け、篠塚研究室に入ることになる。しかし、篠塚研究室には、既に、浦川道太郎先生、内田勝一先生、鎌田薫先生（もちろん当時は院生であったが）という民法学界・借地借家法学界をその後リードする先輩達がおり、研究会ではすごい議論をし、度肝を抜かれた。が、私にとっては、とてつもない研究の糧となった。

　博士課程の時に、社会科学部で助手の公募があり、試験を受けたところ、めでたく採用されることになったが、篠塚昭次先生の励ましのお言葉については、先に述べた通りである。そして、専任講師・助教授を経て、1986年に教授となった。その後1987年から2年間ボン大学に留学した（フライヘル　フォン　マーシャル教授のもとで研究した）。行政職としては、若きころに、教務副主任を仰せつかった後、2002年9月〜2004年9月まで大学院社会科学研究科長、2006年9月〜2008年9月まで社会科学総合学術院長を勤めた。諸先生方や事務員の方たちのお力添えを得て、研究科長の時は昼夜開講制、学術院長の時は昼間部移行とカリキュラムの大改革を手がけることができた。

　なお、教務副主任の時に早稲田大学創立100周年（1982年）を迎え、学術院長の時に早稲田大学創立125周年（2007年）を迎えることができ、鮮明な

記憶として残っている。

　ところで、若きころのことで、特に私の場合は、助手のころの思い出が忘れられない。篠塚昭次先生が、不動産登記制度研究会を立ち上げられ、全国の名だたる民法学者に声をかけられ、共同研究をはじめられたので、私も裏方としてお手伝いすることになった。その後、研究会の記録は別冊ジュリスト（増刊　1983年1月号）として、出版されているので、先生方のお名前等や内容等、詳しくはそちらを是非ごらんなっていただきたい。いずれにしても、大先生方の講義・議論が目の前で展開されるので、これほど贅沢な催しものは存在しないだろうと思われた。夢のような講義・議論であった。

　谷口知平先生は、ほとんど毎回研究会に出席されていた。実はどういうわけか高校時代の愛読書の一つが、湯川秀樹先生の『旅人』（角川書店・昭和39年11版）（今でも手元にある）であったが、その中で、湯川教授が、「私の年級には、もっとはっきりと目に立つ生徒が何人もいた。谷口知平君は、ほとんどいつも、首席で通した折紙つきの秀才であった。」（119頁）と述べていて、湯川教授よりも頭のいい人がいるんだと思い、とても印象に残っていた。ところが、その谷口先生と（もちろん学部時代に谷口先生が民法学者であることを知りびっくりしたが、谷口先生の論文を読むことが多々あった）、研究会で親しくお話ができ、とても感激したことを覚えている。

　五十嵐清先生もほとんど毎回出席されていた。五十嵐清先生は、本当に学問には厳しい先生だと思った。五十嵐清先生も、新潟高校時代大変な秀才であった。その大秀才の先生が、おそらく私にもっと研究するようにとのことであろうと推測されるが、論文をお書きになるたびにその抜き刷りを送ってくださった。もちろん恐れ多くて、批評を書いたことはない。またたびたびご著書もご恵送くださった。しかしながら、先生のご指導に対して十分な恩返しができていなくて、とても申し訳なく思う。ところである時、たしか三重のほうでの共同研究会のあと伊勢神宮あたりに出かけた時、先生は若いころ何かスポーツをおやりになってましたかとお尋ねしたところ、サッカーだとお話しになり、びっくりした（？失礼かな）ことを覚えている。五十嵐先

生ご夫妻と中国に土地問題・環境問題の視察に行ったこともなつかしく思い出される。

　石田喜久夫先生は、議論好きの気さくな先生だった。いつも楽しそうにお話になるのが印象的であった。石田先生は、これまた私に勉強するようにとのことであると思われるが、論文集や教科書を出版されるたびに、先生のサイン入りで、何冊もの書籍等を常にお送りくださった。紐解くのがとても楽しみであった。そして学問の面白さを教えていただいた。研究会の空き時間の時は、どなたかと将棋を楽しんでおられた。箱根の研究会の時、胃の調子が悪いということで、私が麓の薬局に行き、薬を購入しお持ちしたことに、とても先生が喜んでおられたことが思い出される。

　以上は、とても楽しい忘れられない思い出である。

III　著書等

　思い出深いのは、なんといっても『土地法の基礎的研究　土地利用と借地権・土地所有権』（敬文堂）である。これまでの論文をまとめておこうと考え、敬文堂から出版していただいた。しばらくして、浦川道太郎先生から、博士論文として申請するようにとのご指示があり、当初全く念頭になかったので、驚いたが、提出することにした。同じころ、土地法の第一人者である田山輝明先生からも、博士論文の価値があるとの励ましのお手紙をいただいた。幸いにも、この著書で、博士（法学）（早稲田大学）を取得することができた。感謝するしだいである。それから、『Lecture 民法総論　体系を学ぶ』（敬文堂）も思い出深い。常日頃きびしい内田勝一先生からは、献呈後すぐさま、この本には大西君の人生観が表れていますね、といったあたたかい内容のメールをいただき、とてもうれしく思った記憶がある。『Lecture 民法　財産法を学ぶ』（敬文堂）も元三省堂取締役の佐塚英樹氏と議論しながら書いたテキストで、たいへんなつかしい。

　恩師の篠塚昭次先生からは、原稿依頼があれば、極力引き受けなさいといわれていたので、かなりの原稿を書いた。初期のころで、特に思い出される

のは、篠塚先生との連名で書いた1974年度と1975年度の「土地法（学会回顧）」（法律時報）である。膨大な論文著書を読み、報告し、原稿を書いた。先生に原稿を渡す日の夜明けまで書いていた。

　書籍について、主なものを見ておこう。教科書類では、『民法総則』『物権・担保物権法』（青林書院）や『民法教室Ⅱ（債権）』（法律文化社）がある。演習関係では、『民法演習Ⅰ（総則）』『民法演習Ⅱ（物権）』『民法演習Ⅲ（債権総論）』（成文堂）がある。コンメンタール関係では、『住宅関係法（基本法コンメンタール）』『マンション法（基本法コンメンタール）』『借地借家法（新基本法コンメンタール）』（日本評論社）や『条解民法Ⅰ（総則・物権）』『判例コンメンタール民法Ⅲ』（三省堂）がある。法律相談書関係では、『新版　借地の法律相談』『借家の法律相談』『高齢者の法律相談』（有斐閣）がある。

　なお、『借地借家法＝条文と解説＝』（篠塚・田山・内田・大西）（有斐閣）は、討論形式のわかりやすい書籍と私自身は思っており、とてもなつかしい気がする。編集者であった稼勢政夫氏は、ある時、本の体裁は、筒井康隆著『文学部唯野教授』（岩波書店）（1990年）（とても面白い本と思う）を参考にしたと話されており、確かに言われてみればそのようである（どうぞご確認ください）。

　それでは、唯野教授が登場したところで、私は退場することにいたしましょう。

早稲田大学社会科学総合学術院教授
大西　泰博

【執筆者一覧】（執筆順、◎は編者）

秋山　靖浩	（あきやま　やすひろ）	早稲田大学大学院法務研究科教授
松本　克美	（まつもと　かつみ）	立命館大学大学院法務研究科教授
岡田　康夫	（おかだ　やすお）	東北学院大学法学部准教授
寺尾　仁	（てらお　ひとし）	新潟大学人文社会科学系（工学部）准教授
◎大野　武	（おおの　たけし）	明治学院大学法学部教授
内田　輝明	（うちだ　てるあき）	一般財団法人日本不動産研究所企画部次長 兼総務部次長
立花　俊輔	（たちばな　しゅんすけ）	公認会計士・不動産鑑定士
◎大木　満	（おおき　みちる）	明治学院大学法学部教授
◎吉田　和夫	（よしだ　かずお）	早稲田大学社会科学総合学術院教授
南部あゆみ	（なんぶ　あゆみ）	平成国際大学法学部准教授
倉重八千代	（くらしげ　やちよ）	明治学院大学法学部准教授
鎌野　邦樹	（かまの　くにき）	早稲田大学大学院法務研究科教授
柏木　裕介	（かしわぎ　ゆうすけ）	小池・柏木総合法律事務所弁護士
平松　弘光	（ひらまつ　ひろみつ）	島根県立大学名誉教授
濵田　由美	（はまだ　ゆみ）	板橋区総務部総務課法規係長・大東文化大学法学部非常勤講師

市民生活関係法の新たな展開
大西泰博先生古稀記念論文集

2019年1月26日　初版発行　　定価はカバーに表示してあります

編著者　吉　田　和　夫
　　　　大　木　　　満
　　　　大　野　　　武
発行者　竹　内　基　雄
発行所　株式会社　敬文堂
〒162-0041　東京都新宿区早稲田鶴巻町538
電話(03)3203-6161代　FAX(03)3204-0161
振替　00130-0-23737
http://www.keibundo.com

©2019　YOSHIDA. K
　　　　OHKI. M
　　　　OHNO. T

Printed in Japan

印刷・製本／信毎書籍印刷株式会社
カバー装丁／株式会社リリーフ・システムズ
落丁・乱丁本は、お取替えいたします。
ISBN978-4-7670-0229-3　C3032